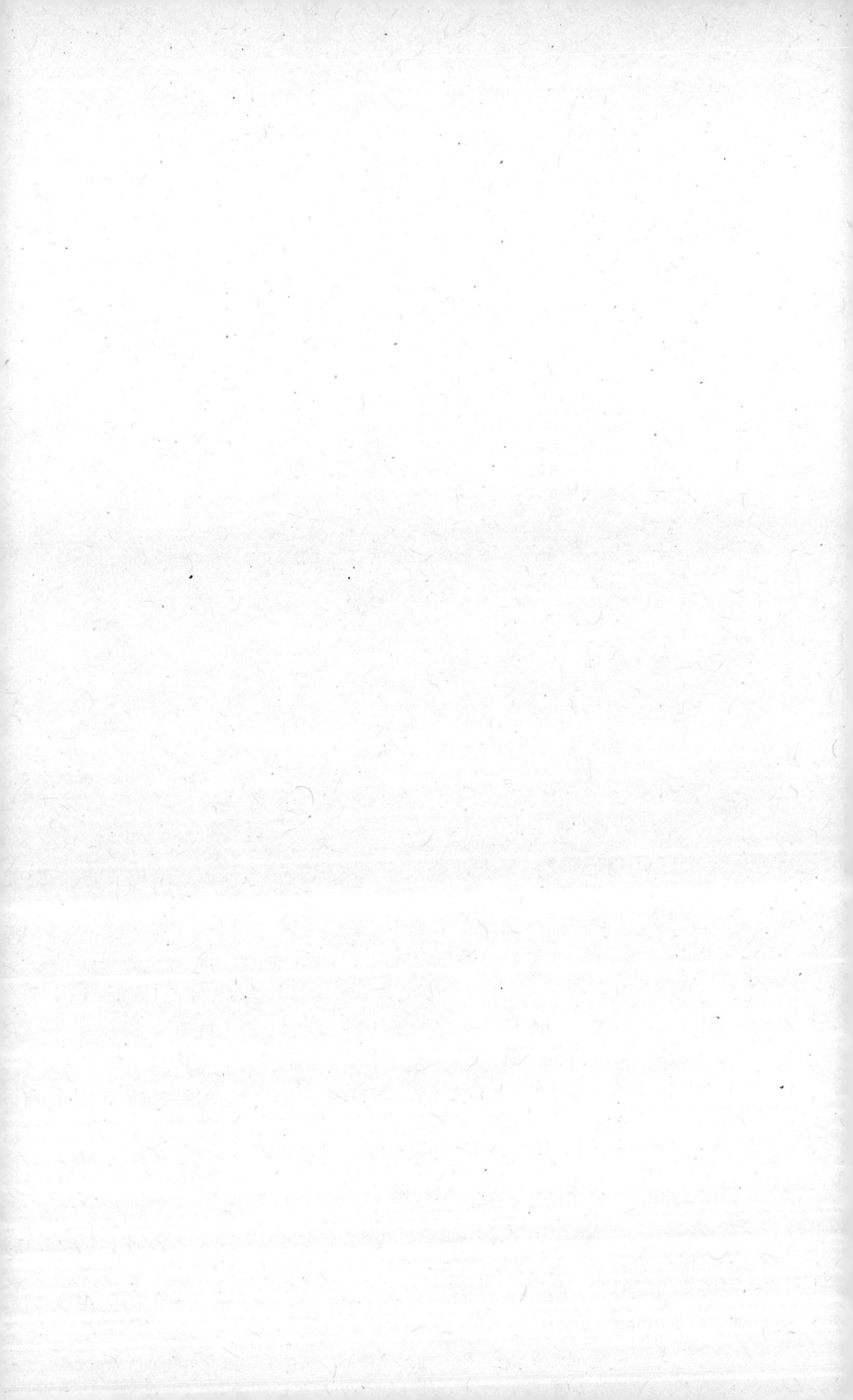

APPROCHES ET PRATIQUES EN ÉVALUATION DE PROGRAMME

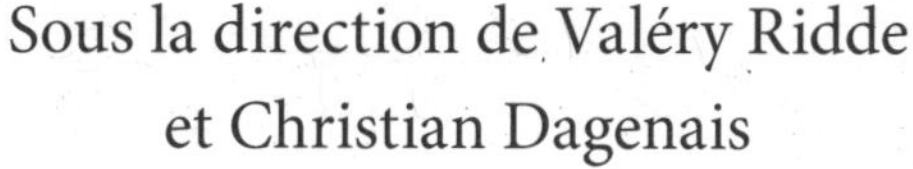

Sous la direction de Valéry Ridde
et Christian Dagenais

APPROCHES ET PRATIQUES EN ÉVALUATION DE PROGRAMME

Les Presses de l'Université de Montréal

Catalogage avant publication de Bibliothèque et Archives nationales du Québec et Bibliothèque et Archives Canada

Vedette principale au titre

Approches et pratiques en évaluation de programme

(Paramètres)
Comprend des réf. bibliogr.

ISBN 978-2-7606-2108-4

1. Évaluation de programme. 2. Recherche évaluative - (Programmes d'action sociale). 3. Évaluation de programme - Cas, Études de. I. Ridde, Valéry. II. Dagenais, Christian. III. Collection.

H62.A66 2009 361.2072 C2008-942550-2

Dépôt légal : 1er trimestre 2009
Bibliothèque et Archives nationales du Québec

Les Presses de l'Université de Montréal reconnaissent l'aide financière du gouvernement du Canada par l'entremise du Programme d'aide au développement de l'industrie de l'édition (PADIÉ) pour leurs activités d'édition.
Les Presses de l'Université de Montréal remercient de leur soutien financier le Conseil des Arts du Canada et la Société de développement des entreprises culturelles du Québec (SODEC).

IMPRIMÉ AU CANADA EN JANVIER 2009

Présentation

L'idée d'offrir en français un ouvrage pédagogique de référence sur l'évaluation de programme était en germe depuis longtemps. S'il existe bien dans nos bibliothèques de nombreux livres francophones consacrés à ce domaine, tous sont issus de disciplines particulières, celles, par exemple, des politiques publiques, des services sociaux, de l'administration publique, de la santé ou encore du développement international.

De surcroît, seul un très petit nombre d'ouvrages ont été rédigés avec des visées pédagogiques adaptées aux étudiants et aux professionnels qui participent à des formations en évaluation de programme. Les textes courts sont certes assez nombreux, mais épars et difficiles à trouver. Bien souvent, ils sont noyés au sein d'un ouvrage traitant d'un sujet plus général ou publiés dans une revue non spécialisée (seule une revue scientifique consacrée à l'évaluation publie des articles en français, la *Revue canadienne d'évaluation de programmes*) ou encore sous la forme d'une « littérature grise » parfois accessible sur Internet.

Régulièrement confrontés à ces lacunes dans notre enseignement universitaire et lors de formations professionnelles menées au Québec, en France ou en Afrique de l'Ouest, nous avons conçu le projet de publier le présent ouvrage. Sa planification et sa réalisation se sont étalées sur près de deux ans, le temps de trouver les thèmes principaux et, surtout, les auteurs clés, des spécialistes disposés à se plier aux exigences didactiques que nous avions élaborées. Tous les chapitres de ce livre ont donc été écrits sous une forme accessible par des pédagogues, des enseignants universitaires et des formateurs rompus depuis de longues années à l'exercice du partage de connaissances en évaluation de programme.

Dans la première partie, le lecteur approfondira sa compréhension de certains concepts dont il aura pu appréhender sommairement les contours dans une introduction générale. L'objectif est de montrer que le domaine de l'évaluation de programme fait appel à un nombre important de théories, d'approches et d'outils pour répondre aux questions posées par les commanditaires. En effet, l'évaluation puise dans différentes disciplines telles que l'étude des politiques publiques, l'épistémologie ou encore la statistique.

Un défi essentiel auquel fait face tout enseignant en évaluation est lié à la maîtrise de la grande diversité des approches évaluatives et des types d'évaluation. La seconde partie de l'ouvrage présente quelques études de cas choisies pour montrer clairement comment les concepts qui auront été exposés sont employés dans la pratique. Ces chapitres recouvrent plusieurs domaines disciplinaires et proposent divers exemples de pratiques évaluatives. Chaque étude suit un plan similaire permettant de rendre la description des cas relativement homogène. Le tableau 1.1 qui figure dans l'introduction, permettra au formateur de repérer, selon les types d'évaluation, les différentes études de cas correspondantes.

Les cas présentés sont tirés de contextes socio-économiques variés, ce qui permettra à ceux et à celles qui liront ce livre au Canada, au Burkina Faso ou en France, par exemple, d'appréhender des réalités différentes.

Nous souhaitons remercier les auteurs, qui ont répondu favorablement à nos requêtes et ont su se placer à la portée des étudiants pour partager leurs connaissances. Sans leurs efforts, ce manuel n'aurait évidemment pu voir le jour. Nous remercions également Zoé Brabant, Fatiha Halabi, Fanny Dubois, Julie de Barberac, Mélissa Paquet et Sophie Cloutier pour l'aide précieuse apportée aux différentes étapes du projet.

Valéry Ridde et Christian Dagenais

PREMIÈRE PARTIE

CONCEPTS ET APPROCHES

1
Introduction générale à l'évaluation de programme

Valéry Ridde et Christian Dagenais

L'évaluation n'est pas chose nouvelle. On raconte dans l'Ancien Testament qu'à la cour du roi de Babylone, Nabuchodonosor, le chef des eunuques organisa une évaluation que l'on qualifiera ici de quasi-expérimentale. Il s'agissait d'étudier les effets différenciés d'un régime alimentaire sur la santé des enfants hébreux de la cour. Mais au-delà de la légende, il faut reconnaître que le champ de l'évaluation de programme s'est surtout développé dans les trente dernières années. L'origine de la pratique et de la recherche en la matière se situe essentiellement dans le domaine de l'éducation. Les enseignants se sont interrogés sur l'influence que pouvaient avoir leurs cours sur les connaissances acquises par leurs élèves. En changeant d'objet, passant des habiletés et des connaissances acquises par les individus aux programmes qui organisaient cette transmission, le champ de l'évaluation s'est transformé pour devenir beaucoup plus interdisciplinaire. Ainsi, quand on cherche à appréhender pour la première fois le domaine de l'évaluation de programme, on s'aperçoit qu'il existe de multiples façons de le concevoir. Si vous consultez cinq ouvrages de référence, vous risquez d'y trouver cinq manières distinctes de définir l'évaluation et ses concepts. Il s'agit en effet d'une discipline dont les concepts et la pratique n'ont pas encore été clairement codifiés. Voilà pourquoi plusieurs sociétés nationales d'évaluation cherchent encore à se doter de chartes, de codes de déontologie, de normes de pratique ou de compétences essentielles, alors que d'autres en ont adopté récemment. Voilà aussi pourquoi, lorsque l'on souhaite renforcer les capacités et les pratiques évaluatives au sein d'une organisation, il est toujours bon de se doter d'une politique commune d'évaluation, voire d'un glossaire des termes que l'on utilisera (le présent ouvrage en propose un en page 327).

La présente introduction est basée sur notre propre expérience de l'enseignement et sur notre pratique de l'évaluation dans un grand nombre de contextes et sur diverses problématiques. Il ne s'agit évidemment pas de suggérer une nomenclature définitive ou supérieure aux autres. Notre objectif est bien plus modeste et consiste à présenter au lecteur le champ de l'évaluation de programme afin de faciliter sa lecture des différents chapitres de cet ouvrage.

Les courants de pensée : une brève histoire de l'évaluation

Les courants de pensée en évaluation sont nombreux, et la façon dont les évaluateurs se représentent le monde (leur « paradigme ») conditionne largement les questions qu'ils se posent et les stratégies qu'ils emploient pour y répondre (Bégin *et al.*, 1999). Nos valeurs, croyances et intérêts interfèrent assurément dans nos pratiques professionnelles. Dans le cas qui nous occupe, ils déterminent les choix théoriques et méthodologiques de la pratique de l'évaluation. Il ne s'agit pas de discuter longuement des grands paradigmes épistémologiques, mais il est essentiel d'en dire quelques mots pour que le lecteur, évaluateur actuel ou en devenir, soit en mesure de s'interroger à son tour sur ses propres choix[1]. Pour le définir simplement, un paradigme, selon la définition classique de Thomas Kuhn, est un système de croyances partagé par une majorité d'individus œuvrant au sein d'une même discipline. Ce système de référence est un cadre normatif qui oriente les questions, les méthodes et la manière d'attribuer un sens aux données que l'on recueille. À la suite de Levy, Gendron (2001) propose qu'un paradigme soit constitué de quatre champs interreliés.

1. Pour approfondir cette réflexion, nous suggérons la lecture de l'excellent manuel d'introduction à l'épistémologie de Fourez (2003).

FIGURE 1.1

Les quatre champs constitutifs d'un paradigme

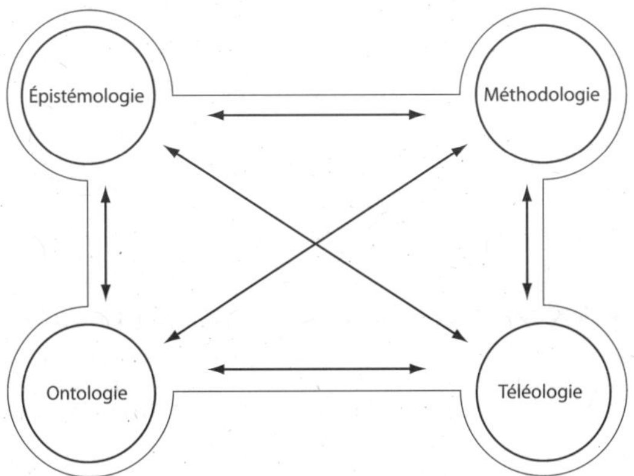

Source : Gendron, 2001.

- Le champ épistémologique renvoie à la vision du monde de l'évaluateur, la légitimité des analyses qu'il produit et surtout sa relation (et sa distance) avec les données qu'il recueille et analyse (subjectivité *par opposition à* objectivité).
- Le champ ontologique englobe la nature du monde vécu et la compréhension qu'on a de la manipulation possible par l'évaluateur des entités physiques ou mentales. C'est de la construction de la réalité dont il est ici question (une seule réalité *par opposition à* plusieurs).
- Le champ méthodologique rassemble les techniques que l'évaluateur emploie pour appréhender le monde vécu.
- Le champ téléologique regroupe les questions relatives aux finalités des évaluations ainsi qu'aux intérêts et intentions des évaluateurs d'un programme.

Le paradigme au sein duquel l'évaluateur s'inscrit conditionne les méthodes utilisées, par exemple, pour répondre aux questions d'évaluation posées par les responsables d'un programme. Certains évaluateurs, dits positivistes, ne pourront croire à l'efficacité d'un programme que dans la mesure où il aura été possible d'en comparer les effets, comme dans un laboratoire, entre un groupe de participants (cas) et un groupe de non-participants (témoins), l'appartenance de ces personnes à ces groupes ayant été déterminée aléatoirement (voir le chapitre 7). D'autres évaluateurs, plutôt constructivistes, affirmeront à l'inverse qu'il est impossible d'isoler les effets d'un programme de son environnement, et qu'il faut employer une méthodologie permettant de relever ces interactions. Ils considèrent ainsi que dans le cas des programmes sociaux, il est impossible de reproduire des conditions de laboratoire. Ils soutiennent aussi que toute connaissance sur les effets d'un programme est construite conjointement par les acteurs sociaux concernés. Ces évaluateurs constructivistes assument pleinement la subjectivité de leur jugement, puisqu'ils estiment que l'objectivité dont se réclame le camp positiviste n'est pas atteignable.

Les différents courants de pensée de l'évaluation se sont développés tout au long de son histoire. L'une des manières de décrire cette histoire, car nous sommes d'accord avec Shaw *et ses collègues* (2006) pour dire qu'il en existe plusieurs, est de suggérer l'existence, parfois concomitante, de quatre générations d'évaluation (Guba et Lincoln, 1987). La première génération est celle de la mesure, dont l'évaluateur est un spécialiste. La deuxième est plutôt de l'ordre de la description. L'évaluateur s'attache surtout aux processus qui permettent la survenue des effets constatés. Dans la troisième génération, le défi de l'évaluateur est de porter un jugement sur les résultats obtenus en regard des objectifs initialement fixés. Enfin, dans les années 1970 est apparue une quatrième génération, qui se veut bien plus interactive. Les évaluateurs usent de la négociation, deviennent des facilitateurs entre les instances impliquées. Il s'agit de reconnaître non seulement le point de vue et les valeurs de l'ensemble des acteurs concernés, mais aussi de faire en sorte qu'ils fassent partie intégrante de ce processus. Autrement dit, il s'agit d'évaluations pluralistes dont l'approche participative, décrite plus bas, est l'une des stratégies possibles.

L'évaluation de programme : une définition

Plutôt que de commencer par une définition universitaire, nous vous proposons un bref séjour au soleil, dans un pays de l'Afrique de l'Ouest. Par une radieuse journée de janvier, un expert québécois anime une séance de formation à l'évaluation de programme au Burkina Faso. Cette séance est organisée à l'intention des sages-femmes et des intervenantes d'une organisation non gouvernementale (ONG) qui met en œuvre un programme de maternité dite « à moindre risque ». En commençant sa formation sur l'évaluation de programme, l'expert interroge les participantes sur les mots qu'elles associent au terme « évaluation ». On évoque le contrôle, l'audit, la mesure, la vérification, etc. Des Canadiens présents dans la salle parlent de l'idée de reddition de comptes. La teneur de ce lexique ne surprend guère le formateur, puisque aujourd'hui encore, beaucoup associent avant tout l'évaluation à des fonctions de contrôle qui attribuent de bonnes ou de mauvaises notes à un programme. Puis, l'expert demande : « Quelle température fait-il aujourd'hui ? » Les agentes de la santé trouvent qu'il fait plutôt froid, les expatriées canadiennes de l'ONG, qu'il fait chaud, et l'expert québécois qui vient d'arriver juge qu'il fait très, très chaud. « Comment avez-vous fait pour juger de la température et dire qu'il fait froid ou chaud ? » Chacun répond de manière différente à la question de l'expert : « c'est l'hiver », « j'ai regardé le thermomètre », « j'ai comparé avec la température de la veille », « je transpire beaucoup plus aujourd'hui qu'hier ». Puis, les participantes admettent toutes avoir choisi leurs vêtements en fonction de la température de ce matin-là. Les personnes présentes à cet atelier de formation ont alors pris conscience du fait que l'évaluation est un acte permettant de porter un jugement (froid, chaud, tempéré) selon une démarche critique fondée sur une collecte systématique de données (température, sudation, saison) à propos de multiples objets (la température) dans le but de prendre des décisions (comment s'habiller).

Certains auteurs soutiennent que le jugement évaluatif à l'égard d'un programme doit être posé selon une démarche scientifique ou en ayant recours à des méthodes scientifiques. Nous préférons ne pas employer le terme « scientifique », car dans notre pratique de l'évaluation, le mot a toujours eu tendance à créer une certaine distance avec les parties impliquées dans l'évaluation. L'évaluateur est alors rapidement perçu comme un « chercheur », avec toutes les connotations qui, à tort ou à raison, s'y rattachent. En outre, évoquer la science fait perdurer la difficulté qu'ont la plupart des auteurs à différencier la recherche de l'évaluation (chapitre 2). La différence fondamentale, selon nous, entre la recherche et l'évaluation est que la finalité principale de la première est de produire des connaissances, alors que le but de la seconde est de fournir une information utile sur le fonctionnement d'un programme ou pour permettre une prise de décision le concernant.

Évidemment, les choses ne sont pas toujours aussi tranchées : on peut parfois produire des connaissances à l'aide d'une évaluation, ou prendre des décisions à la suite de travaux de recherche. Mais il reste que le choix de ne pas la définir explicitement comme une science ne signifie pas que l'évaluation soit une démarche frivole où le jugement que l'on porte sur l'objet programme n'est pas fondé. Au contraire, la rigueur et la systématisation en sont les deux valeurs-phares.

L'analogie climatique est simple, mais suffisamment claire pour définir l'acte d'évaluation et s'assurer que les personnes avec qui nous allons travailler ne la perçoivent pas comme un processus de contrôle (bien que cela puisse parfois être le cas). Évaluer la température est un peu plus simple que d'évaluer un programme. Mais comment peut-on définir un programme ? Ici encore, une multitude de définitions se croisent. Nous retenons celle de Plante (1994). Bien qu'un peu longue, elle a le mérite de préciser clairement les contours de ce qui constitue un programme.

> [Un programme est un] ensemble cohérent, organisé et structuré d'objectifs, de moyens et de personnes qui l'animent. Il se justifie sur la base de besoins définis comme une carence ou un manque qui affecte des individus, une collectivité ou une société. Il est sous le contrôle d'une ou de plusieurs personnes responsables de la qualité de sa formulation et de son fonctionnement. Il est mis en place pour transformer des choses ou l'état d'une chose.

Le maître mot de cette définition est transformation. Un programme est donc un ensemble organisé et cohérent d'activités dont l'objectif n'est pas d'exister pour lui-même, mais plutôt de produire des changements pour les participants potentiels. En effet, il ne sert à rien, ou alors à d'autres choses que celles qui sont évoquées ici, de développer un programme de maternité à moindre risque si celui-ci vise seulement à construire des maternités, à former des sages-femmes ou à rédiger des protocoles thérapeutiques. Ce que l'on vise avant tout, c'est l'obtention à court terme d'une meilleure qualité des soins pour les parturientes et leurs nouveau-nés, et à plus long terme, une réduction de la mortalité maternelle et infantile. Il faut aussi comprendre que tout programme peut produire des changements inattendus dont les évaluateurs devront aussi rendre compte. Ces effets peuvent avoir été anticipés ou non, et être bénéfiques, neutres ou nuisibles pour les participants.

Même si les frontières ne sont pas toujours faciles à tracer, cet ouvrage traite de l'évaluation de programme, et laisse donc de côté l'évaluation des pratiques professionnelles, des connaissances individuelles ou encore des politiques publiques.

Au-delà des aspects conceptuels de ces définitions de ce qu'est un programme, il faut noter combien les acteurs sociaux jouent un rôle crucial dans sa dynamique. C'est par l'exercice du pouvoir que se réalisent ou non les programmes, bien loin de se déployer d'eux-mêmes (Crozier et Friedberg, 1977 ; Lemieux, 2002). Il faut donc être très attentif au jeu des acteurs, aux relations de pouvoir et aux interactions sociales. Aussi plusieurs acteurs sont-ils impliqués lorsqu'un programme est défini, puis mis en œuvre, mais également lorsqu'il est évalué. L'évaluation, en tant qu'activité humaine, est source de tensions et de relations de pouvoir. Il ne faudrait donc pas voir un programme et son évaluation comme une activité mécanique, uniquement technique, où ne nous intéressent que les objectifs et les indicateurs.

Si un programme peut aussi être conçu intellectuellement comme la résultante d'un ordre négocié entre des acteurs sociaux, selon l'expression d'Anselm Strauss, pour les fins de cette introduction, il nous faut avoir recours à des subterfuges didactiques pour expliciter les concepts théoriques. Les différents termes que nous suggérons sont donc essentiellement heuristiques, car ils expliquent la matière enseignée. Il ne s'agit cependant pas de nier la complexité des programmes, dirait Edgar Morin, et des interactions sociales. Les tenants de l'évaluation réaliste perçoivent le changement social comme un système de transformation, un système ouvert qui est le produit d'une myriade d'éléments et de forces impossibles à quantifier (Pawson, 2006 : Ridde et Guichard, 2008 : Blaise *et al.*, 2009). On aura donc compris que la vision du monde et de la science qu'ont les évaluateurs – leur perspective paradigmatique – conditionne leur manière de percevoir et d'évaluer un programme.

L'évaluation n'est pas l'étape finale d'un programme

La vision des programmes qui veut que ceux-ci doivent être adaptés vient contredire celle qui décrit leur vie selon un cycle inéluctable allant de l'identification de besoins à l'évaluation, en passant par les étapes de la planification et de la mise en œuvre. La plupart des manuels de gestion de programme illustrent encore le processus des programmes par un cercle représentant ces différentes étapes jointes par des flèches. Les fondements de cette conception remontent assurément aux « étapistes » des années 1950 qui étudiaient les politiques publiques. L'évaluation y est souvent l'étape ultime du processus. D'autres ajoutent parfois la pérennité ou encore la capitalisation pour clore la boucle.

Nous estimons pour notre part que le processus des programmes n'est ni linéaire ni cyclique. À la suite des propositions théoriques énoncées par Pierre Pluye et ses collaborateurs (2004), il faudrait concevoir un programme comme étant composé d'une série de quatre sous-processus concomitants et interdépendants que sont la planification, la mise en œuvre, l'évaluation et la pérennisation. Ces quatre sous-processus pourraient ainsi être représentés par les quatre fils d'une même corde programmatique.

FIGURE 1.2

Concomitance et interdépendance des sous-processus d'un programme

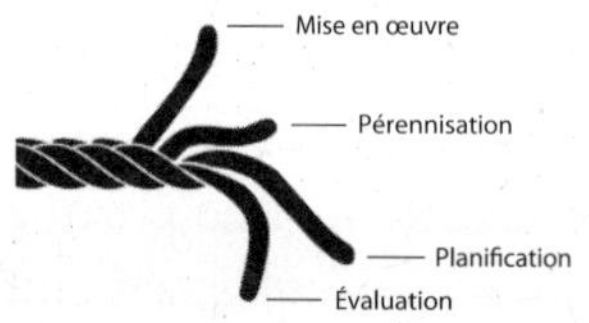

Adapté de Pluye *et al.*, 2002.

La planification permet de prévoir l'allocation des ressources nécessaires pour atteindre des objectifs précis grâce à la mise en œuvre d'activités préalablement définies. Quant à l'évaluation d'un programme, adaptant des définitions plus classiques et formelles (Grembowski, 2001 ; Mathison, 2004 ; Patton, 1997) que celle que nous avons évoquée, nous dirons qu'il s'agit d'un processus systématique de collecte d'informations utilisables pour porter un jugement sur un programme et ses composantes, dans le but de prendre des décisions. Enfin, alors que la mise en œuvre d'un programme consiste en la mobilisation de ressources pour organiser des activités afin d'atteindre des objectifs, la pérennisation concerne le devenir des programmes. La pérennisation est en effet centrée sur le processus qui permet la continuation des activités et des effets des programmes. La pérennité, elle, est le résultat du processus de pérennisation – résultat qui se manifeste dans les routines organisationnelles – et peut être évaluée de manière transversale, à tout moment et ponctuellement, en fonction de degrés de pérennité. Fait méconnu : les actions favorables à la pérennité doivent démarrer dès la mise en œuvre du programme, et non à la fin de celui-ci (Pluye *et al.*, 2005). Nous n'irons pas plus loin dans cette réflexion sur la pérennisation et la pérennité, certes nouvelle dans le domaine, mais dont les détails conceptuels et les illustrations empiriques sont présentés ailleurs (Pluye *et al.*, 2004; Ridde, Pluye et Queuille, 2006).

Retenons que ces quatre sous-processus sont concomitants. Ceux qui ont été impliqués dans des programmes savent bien que lorsque l'on met en place un programme (mise en œuvre), on s'interroge toujours sur ce qui se passe (évaluation). On revoit toujours ce qu'il a été prévu de faire (planification) en se préoccupant, ce qui demeure cependant souvent le maillon faible des programmes, de la façon de procéder pour assurer l'avenir de ces derniers (pérennisation).

La finalité d'une évaluation

Dans un livre publié au milieu des années 1980, Patton établit ce qu'il a nommé une « soupe à l'alphabet de l'évaluation » (*alphabet soup*), au sein de laquelle il finit par trouver 100 types d'évaluation de programme. Plus récemment, il a réduit ce nombre à 58. Stufflebeam (2001) suggère quant à lui de regrouper 22 types d'évaluation en quatre grandes catégories:

- pseudo-évaluations: relations publiques;
- quasi-évaluations: orientées vers les questions et les méthodes;
- amélioration et imputabilité: orientées vers le mérite et la valeur;
- plaidoyer social: orienté vers la différence dans la société.

Malgré ces distinctions variées, il est possible de suggérer des différences selon les finalités des évaluations. De manière classique, on estime que les évaluations poursuivent deux grands objectifs: rendre des comptes ou améliorer un programme. Le premier type d'objectifs permet aux responsables d'un programme de rendre des comptes dans une perspective d'imputabilité. On parle parfois d'une évaluation sommative, car elle est bien souvent réalisée à la fin d'un programme, soit *ex post*. Le second type d'objectifs produit des informations utiles pour corriger la manière dont les activités d'un programme sont mises en œuvre. On parle aussi d'évaluation formative, car celle-ci est habituellement effectuée pendant la mise en œuvre d'un programme. Au-delà de cette grande distinction dans la finalité d'une évaluation, quelques auteurs ont désiré en ajouter deux autres. D'un côté, l'évaluation serait aussi utile pour améliorer l'état des connaissances à propos de l'efficacité d'une intervention, pour construire une théorie et pour publier des articles scientifiques (Patton, 1997). Elle se rapproche ainsi de la pratique de recherche. D'un autre côté, la finalité de l'évaluation de programme ne serait pas uniquement liée aux programmes et à leurs composantes, mais aussi à l'amélioration des conditions sociales et collectives, ce que disait déjà Carol Weiss au début des années 1970. L'évaluation devient alors un moyen, elle n'est pas une fin en soi. Certains cherchent même à renforcer le pouvoir d'agir (*empowerment*) des participants au programme et à l'évaluation, ce dont nous traiterons au chapitre 14.

Planifier une évaluation

Si l'on fait abstraction de la concomitance des sous-processus, un processus évaluatif se déroule habituellement en deux phases, parfois successives mais qui peuvent être aussi parallèles ou en boucle. Il s'agit de la phase préévaluative et de la phase évaluative. Certains auteurs leur ajoutent une troisième phase, celle de l'utilisation des résultats des évaluations (chapitre 10) pour la prise de décisions (Grembowski, 2001). Notons cependant que tous les évaluateurs ne semblent pas être d'accord pour endosser cette responsabilité.

Le nom de la première phase est une traduction du concept anglophone d'*evaluability assessment*. L'étape préévaluative (Beaudry et Gauthier, 1992) permet de s'assurer, non seulement qu'il est possible de réaliser l'évaluation d'un programme, mais aussi que les évaluateurs disposent de toutes les informations sur la demande d'évaluation. Wholey propose quant à lui deux idées à cet égard. Il distingue l'étude de la faisabilité de l'évaluation (la présence des conditions permettant de réaliser l'évaluation), d'une part, et l'analyse du caractère évaluable d'un programme (essentiellement liée à la cohérence du modèle logique), d'autre part. Ainsi, les enjeux de l'évaluation, qui sont parfois politiques (chapitre 4), doivent être appréhendés, tout comme doivent être anticipés les conflits potentiels. Les tenants d'une évaluation centrée sur l'utilisation des résultats, comme Patton (1997) (chapitre 8), et ceux d'une évaluation réactive, comme Stake (2004), s'interrogeront immédiatement sur ce qui préoccupe les parties prenantes et sur la manière dont elles entendent mettre les recommandations en œuvre.

Ensuite, le cœur de cette démarche préévaluative est de vérifier que les individus concernés par l'évaluation savent précisément en quoi consiste le programme qu'il s'agit d'évaluer. Si nombre d'organisations mettent des interventions en œuvre et souhaitent qu'un jugement soit posé sur ces dernières, il est rare qu'elles disposent d'une description détaillée du programme, de ses composantes et de ses objectifs. Notre expérience montre que cette lacune constitue la norme plus que l'exception. Aussi le travail fondamental à réaliser d'emblée est-il de reconstituer la logique du programme (chapitre 6) tel qu'il a effectivement été mis en œuvre. Même si cette logique est parfois présente sous diverses formes dans les documents de planification, il existe toujours une différence entre ce que l'on a prévu de faire et ce que l'on fait vraiment ; c'est ce que mesure l'évaluation d'implantation (chapitre 20). Il demeure donc indispensable de décrire de manière consensuelle le programme dont il est question dans l'évaluation ainsi que ses composantes. Si l'on ne sait pas exactement quels sont les effets attendus d'un programme, comment en évaluer l'efficacité ? Si l'on ne connaît pas précisément l'enchaînement des activités et les éventuels liens de causalité avec des effets attendus, il est impossible d'attribuer au programme la responsabilité des changements observés.

Selon les écoles de pensée et leur terminologie, il faudra donc disposer, à la fin de cette préparation, d'un modèle logique, d'une théorie ou de la logique du programme à évaluer. Certains auteurs établissent une différence entre le modèle logique opérationnel d'un programme et son modèle théorique conceptuel. Dans la même veine, Chen (2005) différencie le modèle de changements (hypothèses descriptives à l'égard des relations causales qui expliquent l'atteinte des objectifs) du modèle d'action (hypothèses prescriptives à l'égard des composantes du programme qui vont faire en sorte qu'il fonctionne). Mais retenons surtout ici que la description précise d'un programme et des liens entre ses composantes est indispensable à tout processus évaluatif.

Pour y parvenir, il est souvent utile de faire une représentation graphique des relations entre les activités prévues et les effets attendus, dont on choisira la forme et les symboles. Les chapitres de la seconde partie de cet ouvrage fournissent des exemples intéressants à ce sujet. L'important, dans ces images, est que les relations soient claires et suffisamment précises pour orienter la manière dont les questions d'évaluation seront posées.

Ces représentations peuvent également être utiles pour montrer que la logique d'un programme ne produira pas d'effets tant que, par exemple, la manière dont celui-ci est conçu ira à l'encontre des connaissances dont nous disposons sur les manières d'intervenir dans un domaine particulier. Par exemple, les données probantes actuelles en matière de réduction de la mortalité maternelle nous apprennent que la formation d'accoucheuses traditionnelles et la tenue de consultations prénatales sont relativement inefficaces. Si la construction de la logique d'un programme par ses acteurs met en évidence qu'ils développent leur programme en suivant ces liens de causalité, l'évaluateur pourra d'emblée porter un jugement sur cette « logique illogique ». Dans un tel cas de figure, la phase préévaluative permet d'éviter la mise en œuvre d'une évaluation des effets et de suggérer, par exemple, de réaliser une évaluation des possibilités d'action afin de revoir la logique du programme. Nous proposons en figure 1.3 une représentation graphique des éléments composant un programme, mais il en existe beaucoup d'autres.

FIGURE 1.3

Représentation générique de la logique d'une intervention

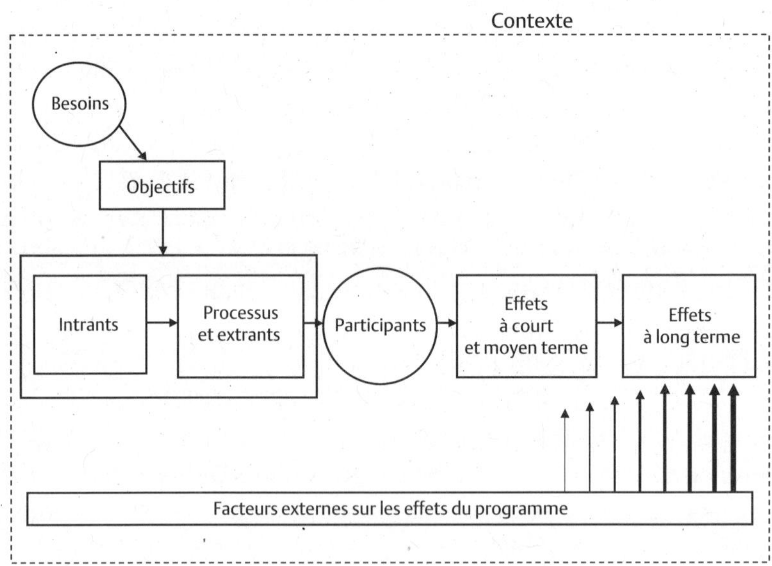

Si l'on conserve l'exemple du programme de maternité à moindre risque, les besoins (mortalité, morbidité) des participantes (les femmes en âge de procréer) impliquent la mise en œuvre d'un programme qui vise des objectifs (réduire la mortalité maternelle) dans un contexte particulier (celui d'une région de l'Afrique). Ce programme est composé d'*intrants* (les ressources financières et humaines nécessaires à la mise en place des activités) et de *processus* (formation, chantier de construction) qui produisent des *extrants* (livres, bâtiments de la maternité) dans le but de générer des effets à court terme (qualité des soins) sur les participantes (parturientes et sages-femmes) ou des effets à plus long terme (réduction du taux de mortalité maternelle).

Dans la figure 1.3, les participants sont visuellement bien séparés des processus afin de souligner le fait qu'un programme se justifie sur la base des changements qu'il cherche à induire en faveur de ses bénéficiaires. Les flèches horizontales mettent l'accent sur la chaîne des résultats, les liens de causes à effets. L'utilisation de flèches de plus en plus grandes au-dessous des effets permet d'insister sur l'importance de rester modeste quant à l'atteinte des effets. Car plus on se dirige vers la droite de la figure (vers les effets à long terme), plus des facteurs externes (autres programmes, acteurs, changements contextuels) sont susceptibles d'être à l'origine de ces effets, et donc, moins on peut en attribuer le bénéfice au programme. Ce n'est évidemment pas un programme de santé publique, quelle que soit son ampleur, qui pourra contribuer seul à réduire la mortalité maternelle. Par exemple, on sait parfaitement que l'accroissement du taux de scolarisation des petites filles aura sur la mortalité maternelle un effet à long terme aussi important, sinon plus, qu'un programme de santé publique.

Une fois la logique de l'intervention circonscrite, il faut pouvoir déterminer les questions d'évaluation auxquelles il s'agira de répondre. Dans de nombreux contextes, les commanditaires d'une évaluation veulent tout savoir sur tout, souvent en peu de temps et avec un budget restreint. Il est donc souvent indispensable de sérier les demandes et de vérifier la faisabilité de l'évaluation. On pourra mettre à profit l'approche suggérée au chapitre 9 pour mieux cerner les questions d'évaluation à l'aide des critères de temps, de ressources et d'accès aux données, ainsi que des critères politiques ou stratégiques.

Nous avons mis cette grille en pratique en 2005, lors d'une évaluation réalisée à Haïti. Une fois bien compris les enjeux et les besoins, une liste de la totalité des questions d'évaluation qui permettraient de répondre à l'ensemble des requêtes formulées dans le mandat que nous avions reçu a été dressée. Devant l'ampleur de la tâche et l'impossibilité manifeste de répondre à toutes ces interrogations, une liste des questions prioritaires a été constituée. Deux séries de critères ont été successivement appliquées pour effectuer cette sélection. La première série était d'ordre technique, reposant sur trois indicateurs : le temps, le budget et l'accès aux données. Certaines questions ont aussi été immédiatement écartées pour des raisons méthodologiques. La seconde série de critères était d'ordre stratégique et liée à l'utilisation potentielle des résultats de cette évaluation.

Une fois réglées ces questions cruciales, il faut élaborer un devis d'évaluation. Des exemples sont fournis dans la seconde partie de cet ouvrage. Encore une fois, afin de ne pas créer de distance inutile entre les évaluateurs et les parties prenantes, il est parfois préférable d'employer le terme « plan » plutôt que « protocole » ou « devis » d'évaluation, qui connotent le monde de la recherche. Pour chacune des questions d'évaluation retenues, il faut déterminer :

- les données nécessaires pour y répondre ;
- les instruments de collecte de ces données ;
- les personnes qui détiennent ces données et les lieux où elles se trouvent ;
- le moment où les instruments de collecte seront utilisés et par qui ;
- les méthodes d'analyse des données.

Ensuite, une évaluation de programme se gère comme toute action : il faut prévoir une liste des tâches, un calendrier d'exécution, une description des ressources humaines et un budget. Nous avons dit qu'une évaluation était surtout utile pour la prise de décisions ; par conséquent, il est indispensable, dès la planification, de s'interroger sur la manière dont seront reçus les résultats (chapitre 20). Il faut réfléchir aux stratégies que l'on entendra mettre en œuvre pour communiquer ces résultats et faire en sorte que les personnes concernées puissent se les approprier. Une évaluation n'est réellement utile que si ses résultats sont utilisables et utilisés.

La mise en œuvre d'une évaluation : types et approches

Nous avons choisi de négliger ici le côté théorique de la mise en œuvre d'une évaluation. En effet, plutôt que de discourir sur la réalisation, nous avons préféré présenter au lecteur des études de cas concrètes offrant des réponses à une question que les étudiants posent souvent: «*Comment fait-on l'évaluation d'un programme?*» Le lecteur trouvera donc dans la seconde partie de cet ouvrage plusieurs illustrations de démarches évaluatives. Pour accroître l'étendue de ces exemples, nous présenterons des évaluations effectuées dans plusieurs domaines comme l'action sociale, l'éducation, la santé ou l'administration, évaluations de différents types et qui s'appuient sur des approches distinctes.

Les types d'évaluation

La représentation schématique de la figure 1.4 est une introduction efficace aux différents types d'évaluation; le type d'évaluation étant ici défini par l'objet sur lequel porte le jugement de l'évaluateur. Dans le cas de l'évaluation d'un programme, cet objet peut être une composante du programme ou encore la relation entre ses composantes. Il serait trop long ici de passer en revue les différents types d'évaluation, aussi en donnerons-nous simplement quelques exemples.

FIGURE 1.4

Les types d'évaluation et leurs relations avec les composantes d'un programme

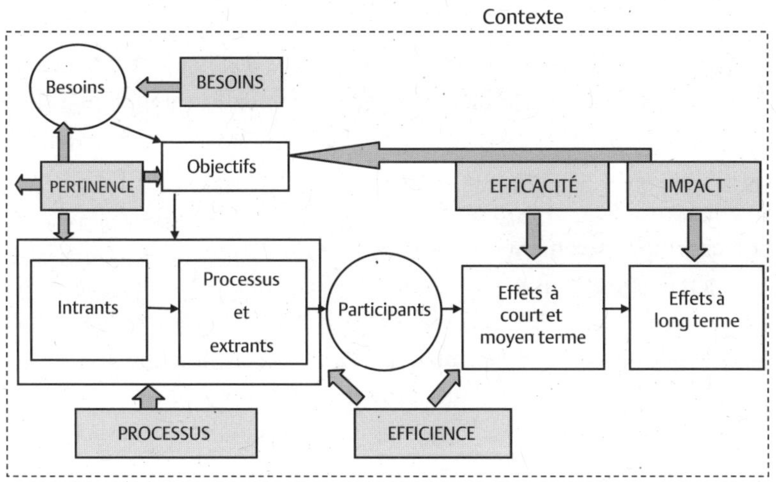

Le tableau 1.1 propose quelques exemples de questions choisis en fonction des divers types d'évaluation. Les études de cas de la seconde partie de cet ouvrage fournissent plusieurs illustrations empiriques de ces questions génériques.

TABLEAU 1.1

Types d'évaluation et questions génériques

Types d'évaluation	Exemples de questions génériques
Évaluation des besoins	Quels besoins le programme vise-t-il à satisfaire ? Les besoins des participants ont-ils évolué depuis le début de la mise en œuvre ? *Voir chapitre 12.*
Évaluation de la pertinence	Le programme répond-il aux besoins des participants ? Le programme prend-il en compte le contexte de sa mise en œuvre ?
Évaluation du processus	Le programme est-il mis en œuvre tel qu'il a été planifié ? Quels facteurs facilitent ou entravent la mise en œuvre du programme ? *Voir chapitres 13 et 15.*
Évaluation de l'efficacité	Les effets constatés à court terme correspondent-ils aux objectifs initialement fixés ? Comment les effets relevés chez les participants au programme se comparent-ils avec la situation des non-participants ? *Voir chapitres 14, 15, 16 et 17.*
Évaluation de l'impact	Les effets constatés à long terme correspondent-ils aux objectifs initialement fixés ?
Évaluation de l'efficience	Quel est le rapport entre les ressources et les effets du programme ? Ce programme est-il plus onéreux qu'un autre qui produirait le même effet ?

Notons que de nombreuses autres typologies sont proposées dans la littérature sur l'évaluation. Mais peu importe celle qui est privilégiée, il est toujours essentiel de bien analyser le contexte : selon sa nature, un programme n'aura pas les mêmes effets et ne sera pas mis en œuvre de la même manière. Il faut aussi rappeler que des effets non prévus, qu'ils soient favorables ou non aux participants, peuvent être générés, et ils doivent impérativement être relevés.

Chen (2005) estime que certains types d'évaluation s'appliquent mieux à certains moments de la vie d'un programme. Mais d'autres types d'évaluation peuvent aussi être employés. Par exemple, lorsque l'on souhaite concentrer les ressources sur des activités qui ont plus de chances de réussir, il est parfois utile de réaliser une évaluation des *possibilités d'action*. L'évaluation de la *cohérence* des activités d'un programme est aussi quelquefois requise. Certains distinguent l'évaluation de l'*implantation* (décrire ce qui se passe) de l'évaluation des processus (comprendre la dynamique interne). Au sein de la catégorie de l'évaluation d'efficience, aussi nommée « évaluation économique », il est utile de distinguer quatre types particuliers d'évaluation : minimisation des coûts, coût-efficacité, coût-utilité et coût-bénéfices (Drummond *et al.*, 1998). Il ne faut pas oublier, enfin, la possibilité de réaliser une évaluation de l'équité (Potvin *et al.*, 2008 ; Ridde *et al.*, 2009), ce qui est encore trop rarement fait.

Les approches évaluatives

Pour répondre aux questions, l'évaluateur peut avoir recours à plusieurs approches évaluatives. Le terme d'approche renvoie ici à la manière dont les experts interagissent avec les individus concernés par l'évaluation. On peut aussi définir l'approche comme étant la façon dont l'évaluateur assume son rôle. L'approche utilisée varie en fonction des situations, de l'organisation dans laquelle l'évaluateur évolue, de ses caractéristiques personnelles et des besoins précisés par les personnes concernées. Il n'y a pas d'approche qui soit *a priori* meilleure qu'une autre. Il s'agit de choisir celle qui paraît la plus pertinente dans le cas étudié. En forçant un peu le trait de l'idéal-type wébérien, il est possible de mettre en évidence les éléments fondamentaux qui caractérisent trois approches particulières.

L'évaluateur qui emploie une *approche directive* a un rôle d'expert et reste relativement neutre et distant par rapport à l'objet évalué. Il dirige l'ensemble des opérations et prend les décisions. Les différents acteurs ne sont impliqués qu'à titre de source d'information, et cela, à des moments particuliers de la démarche. Seul l'évaluateur a l'autorité pour juger de la valeur et du mérite du programme.

L'*approche axée sur le développement* d'un programme est moins connue et d'un emploi moins répandu (Patton, 1994 ; Ridde *et al.*, 2006). Son intérêt est que les résultats et le processus même de l'évaluation sont utilisés pour faire évoluer le programme au cours de sa mise en œuvre. L'expert en évaluation guide les parties prenantes pour faire en sorte que le projet s'améliore, s'adapte et réponde mieux aux besoins des participants. Il est membre à part entière de l'équipe du projet et participe aux prises de décisions, tant sur le plan de l'évaluation que sur celui du développement du projet.

Quant à l'*approche participative*, elle préconise la mise en œuvre du processus évaluatif selon une démarche de coopération entre des évaluateurs et des personnes concernées par l'évaluation, mais qui ne sont pas des évaluateurs professionnels. Trois raisons peuvent justifier le recours à une telle approche : la première est d'ordre pragmatique (accroître les chances de réussite du processus et maximiser l'utilisation des résultats), la deuxième est politique (souci démocratique de participation citoyenne et d'émancipation), et la troisième est épistémologique (il n'existe pas de réalité unique, et la pluralité des points de vue est essentielle à la construction d'un argument) (Weaver et Cousins, 2005). On peut distinguer deux tendances au sein de l'approche participative :

L'*évaluation pratique* sert à résoudre des problèmes, à améliorer un programme et à prendre des décisions. Elle est réalisée dans le cadre d'un partenariat égalitaire entre l'évaluateur et les parties prenantes, ces dernières étant essentiellement les personnes devant prendre les décisions.

L'*évaluation émancipatrice* est un moyen, mais aussi, dans une certaine mesure, une fin en soi. Le processus évaluatif doit favoriser l'accroissement du pouvoir d'agir (*empowerment*) des parties prenantes, dans une perspective de justice sociale. Les décisions à l'égard du processus évaluatif sont exclusivement prises par les parties prenantes, et non par l'évaluateur (Cousins et Whitmore, 1998 ; Ridde, 2006).

Les normes de pratique

À la suite de la création de multiples associations professionnelles et regroupements nationaux se consacrant à l'évaluation de programmes, essentiellement dans les pays à revenus élevés, l'année 2003 a vu naître l'Organisation internationale de coopération en évaluation (OICÉ). Dans les pays à moyens et faibles revenus, de telles associations sont encore rares. Dans l'Afrique de l'Ouest francophone, par exemple, l'une des premières à voir le jour a été le Réseau nigérien de suivi et évaluation (ReNSE), créé dans la foulée de la première conférence de l'Association africaine d'évaluation (AfrEA), tenue en 1999. L'une des premières tâches de ces associations professionnelles d'évaluateurs a été de se doter de normes de pratique, de codes d'éthique ou, plus récemment, d'une liste des compétences essentielles propres à cette profession. l'Association américaine d'évaluation, par exemple, a produit une liste de 30 critères garantissant la qualité d'une évaluation, critères qui sont répertoriés selon quatre dimensions clés d'une évaluation de programme de qualité : l'utilité, la faisabilité, la propriété et la précision. L'AfrEA a tenté d'adapter ces principes (Rouge, 2004). Les Suisses ont remplacé la troisième dimension par la déontologie. Les Français et leur jeune association professionnelle d'évaluation, qui date de 1999, se sont munis de sept principes directeurs : pluralité, distanciation, compétence, respect des personnes, transparence, opportunité et responsabilité. Enfin, depuis peu, tant aux États-Unis qu'au Québec, des tentatives ont cours pour établir une liste des compétences essentielles que devraient détenir les évaluateurs (Doré et Marceau, 2006 ; Stevahn *et al.*, 2005 ; voir aussi en encadré, p. 201).

L'objectif de cette introduction n'était pas de dresser un portrait exhaustif du champ de l'évaluation de programme. En effet, il existe de multiples manières d'approcher ce champ de pratique et de définir les termes qui y sont employés. Nous espérons cependant avoir initié le lecteur aux concepts essentiels à la compréhension de l'évaluation de programme. Les chapitres de la première partie de l'ouvrage approfondissent certaines notions abordées nécessairement trop rapidement ici. Dans la seconde partie, des études de cas détaillées illustrent des applications empiriques de ces concepts et montrent notamment la richesse et la diversité des pratiques évaluatives.

2

Recherche et évaluation de programme

Miri Levin-Rozalis

Il semble que les liens et les différences entre l'évaluation et la recherche suscitent constamment des questions. À la suite des congrès annuels de l'European Evaluation Society et de l'American Evaluation Association de 2002, j'ai décidé de relever le défi que constitue toute tentative de clarification des différences existant entre ces deux secteurs d'activités. Ma vision de l'évaluation, en tant que service aux intervenants et outil pour améliorer la conduite d'un projet, a fortement influencé la teneur de ce chapitre.

Dans mon travail d'évaluatrice, j'ai souvent été témoin du manque de connaissances concernant ce qu'est l'essence même de l'évaluation, et en particulier de la différence entre l'évaluation et la recherche. Dans la littérature, on rencontre souvent l'expression « recherche-évaluative » comme s'il s'agissait d'une sorte d'hybride, mais dans bien des cas, il s'agit du résultat d'un métissage qui ne correspond ni à une recherche adéquate ni à une évaluation appropriée.

Dans ce chapitre, je traiterai des similarités et des différences qui distinguent l'évaluation et la recherche. Je veux démontrer que ce sont des

---

Ce chapitre est adapté d'un article paru en anglais, en 2003, dans la *Revue canadienne d'évaluation de programme* (vol. 18, n° 3).

disciplines bien différentes, et cela, malgré les similarités qu'elles présentent et qui proviennent du fait qu'elles partagent des concepts, des instruments et, dans certains cas, des méthodes. Selon moi, la difficulté de faire la distinction entre la recherche et l'évaluation cause un préjudice à cette dernière. Les efforts constamment consentis par les évaluateurs pour appliquer à l'évaluation les critères de la recherche les forcent à abandonner les particularités de l'évaluation. Ce faisant, le caractère unique et la qualité de l'évaluation se trouvent diminués.

Les débats philosophiques qui ont cours sur la recherche scientifique portent généralement sur son essence – rationalistes contre empiristes, positivistes contre tenants de l'interactionnisme symbolique – et tendent à mettre l'accent sur des aspects particuliers de cette entreprise (Bechler, 1987; Caws, 1965; Copi, 1961; Hempel, 1965; Kincheloe et McLaren, 2000; Kuhn, 1962; Popper, 1959). Cependant, plusieurs critères et définitions sont reconnus par tous. On convient généralement que le but de la recherche, en tant que méthode scientifique, est de découvrir et de comprendre les lois fondamentales selon lesquelles le monde fonctionne, mais aussi d'accroître l'ensemble des connaissances afin d'arriver à une meilleure maîtrise de la nature et de satisfaire le désir naturel des êtres humains d'acquérir de nouvelles connaissances. Ainsi, dans le secteur de la recherche, recueillir des connaissances est le premier but de toute activité; la connaissance pure ayant une valeur intrinsèque.

On n'a pas proprement déterminé l'essence de l'évaluation comme on l'a fait pour la recherche scientifique. Cependant, par définition, l'évaluation est un processus constant de changement et de développement, car il est utilisé dans un objectif d'investigation ou d'étude. On considère généralement l'évaluation comme un outil pour les gestionnaires de programmes, les décideurs et les intervenants. On l'emploie dans plusieurs domaines, allant des processus éducatifs et sociaux aux services de santé et à l'agriculture, et elle peut se faire, par exemple, à l'aide d'études strictement quantitatives ou totalement non directives. L'évaluation a aussi de très nombreuses fonctions. D'abord, elle peut chercher à déterminer le degré de réussite d'un programme, à voir si un programme donné a évolué ou atteint ses buts, à connaître les effets secondaires des activités afin d'améliorer l'efficacité d'un projet éducatif, communautaire ou social en cours ou de contribuer à sa poursuite (Cronbach, 1963, 1983; House, 1980; JCSEE, 1981; Nevo, 1989; Patton, 1981; Scriven, 1967; Stufflebeam, 1971;

Tyler, 1950). L'évaluation peut aussi être une « opération pratique, matérielle et politique dont l'intérêt est d'examiner et d'améliorer nos façons de porter des jugements interprétatifs sur la valeur des actions humaines qui se déroulent dans des contextes sociaux et culturels particuliers » (Schwandt, 2002, p. 2).

Les demandes faites aux évaluateurs et à l'évaluation en général ont évolué, passant de l'examen d'objectifs opérationnels mesurables, dans les années 1950, à la cueillette, dans les années 1970, d'informations utiles pour les décideurs, allant même jusqu'à façonner l'intervention elle-même (Nevo, 1989 ; Scriven, 1967 ; Stufflebeam *et al.*, 1974). À la même époque, il est devenu évident que les évaluateurs, pour répondre efficacement aux besoins des différents projets, devaient être inventifs (Patton, 1981). Dans les années 1980, on attendait des évaluateurs qu'ils puissent tenir compte de tous ceux qui pouvaient être touchés par l'activité d'évaluation et utiliser l'évaluation pour restructurer et recadrer les concepts et points de vue pour leurs clients, les intervenants, décideurs et usagers du projet (Abma, 1997 ; Guba et Lincoln, 1989 ; Pawson 1996), ou encore influencer la structure du pouvoir en outillant ceux qui faisaient l'objet de l'évaluation (Brisolara, 1998 ; Cousins et Whitmore, 1998 ; Fetterman, 1996).

Ces changements et ces demandes entraient en conflit avec les cadres définis et structurés de la recherche. On attendait de l'évaluateur qu'il soit à même de déterminer quelles connaissances étaient importantes et pour qui, de savoir comment recueillir, traiter et interpréter ces connaissances, de décider des conclusions à tirer et de donner des conseils qui se fondent sur ces conclusions. Étant donné ces exigences, les évaluateurs se retrouvaient souvent pris entre le marteau et l'enclume. D'un côté, on leur demandait de trouver les réponses à un grand nombre de questions diversifiées, et de l'autre, il leur manquait un cadre clair et des outils appropriés pour le faire, tout en procédant dans un environnement en évolution constante (Eyken *et al.*, 1995 ; Guba et Lincoln, 1989 ; Tucker et Dempsey, 1991). Certains évaluateurs, pour régler ces problèmes, ont emprunté des méthodes de diverses disciplines (Finne *et al.*, 1995 ; Kazi, 1996 ; Tucker et Dempsey, 1991) alors que d'autres ont établi des liens avec la théorie (Chen, 1990 ; Chen et Rossi, 1981, 1992 ; Pawson et Tilley, 1997).

Malgré les différences entre l'évaluation et la recherche et celles qui existent entre les demandes adressées aux évaluateurs et les mandats attribués aux chercheurs, une confusion concernant le rôle de chacun persiste, et cela pour plusieurs raisons. Parmi elles, la définition même de la recherche, qui n'est pas claire et, particulièrement dans le domaine des sciences sociales, qui évolue constamment. La même situation prévaut en évaluation. Devant des conditions souvent embrouillées, les évaluateurs eux-mêmes cherchent un cadre de référence bien défini et reconnu avec lequel travailler. Les procédures et critères de la recherche fournissent ces cadres de références reconnus, et la recherche continue d'être tenue en plus haute estime que l'évaluation. Ces assertions, résumées dans le tableau suivant, seront approfondies dans les prochaines pages.

TABLEAU 2.1

Points communs et différences entre l'évaluation et la recherche

	Évaluation	Recherche
Domaines d'application	Application de l'examen aussi large que possible. Application limitée des résultats, qui sont concentrés sur le projet Le but est de fournir de la rétroaction concrète.	Application de l'examen aussi large que possible. Application des résultats aussi large que possible. Le but est d'accroître l'ensemble des connaissances scientifiques.
Théorie	Dépendance envers le terrain : la théorie sert à augmenter la compréhension des résultats.	Dépendance envers la théorie : la théorie est à la fois la source et l'objectif.
Méthodologie	Le choix du cadre de l'évaluation et des méthodes de cueillette de données provient du terrain. L'évaluateur réagit.	Le choix du cadre de recherche et des méthodes de cueillette de données provient de la théorie. Le chercheur agit.
Généralisation	Effort pour comprendre ce qui se produit dans un projet en particulier.	Effort pour formuler une loi générale ; la validité externe est importante.
Pertinence	Utilité pour le projet.	Accroissement des connaissances scientifiques.
Causalité	Accent mis sur la validité interne ; ce qui en recherche constitue un artéfact est vu en évaluation comme une variable interne permettant d'obtenir une causalité.	La validité interne est importante ; accent sur un petit nombre de variables causales isolées des autres variables.

Les domaines d'application

La principale différence qui existe entre l'évaluation et la recherche réside dans leurs champs d'application. Les deux cherchent à augmenter notre compréhension dans divers domaines, mais le type de compréhension à laquelle elles contribuent diffère. Le paradigme dominant en recherche vise l'expression de connaissances générales sous forme de lois ; ainsi, la compréhension qu'on veut atteindre est celle d'une loi abstraite et universelle pouvant s'appliquer au plus grand nombre d'événements possibles. (En sciences sociales, aujourd'hui, ce paradigme est remis en question par certains courants tels que l'approche interprétative, le relativisme, le poststructuralisme et la théorie critique, mais ces approches veulent également parvenir à une compréhension générale des phénomènes observés.) À l'opposé, le but de l'évaluation est de recueillir des connaissances pour développer une compréhension relativement à une activité concrète, un projet, et d'appliquer cette compréhension au projet lui-même sous forme de rétroaction. L'évaluation tente d'examiner les influences mutuelles d'un maximum de variables à un moment et à un endroit donnés.

Le but de la recherche est d'enrichir un ensemble de connaissances, la connaissance y ayant une valeur en soi, alors qu'en évaluation, la connaissance est un moyen d'arriver à certaines fins. Sa valeur réside d'abord et avant tout dans la rétroaction donnée au projet. Ainsi, l'évaluation est un processus circulaire dont le cycle débute et se termine avec le projet. Dans le cas d'interventions sociales, en éducation ou dans la communauté, les suivis effectués par les évaluateurs deviennent une nécessité. La capacité de se tenir à l'écart et d'observer, de percevoir et de comprendre les processus, de les organiser, de les analyser et de les rendre sous la forme d'une rétroaction intelligible est une contribution importante qui augmente l'efficacité d'un projet ou d'une activité dans des conditions qui évoluent.

À propos de l'application de l'évaluation et de la recherche, il est important de distinguer deux points : les procédures d'examen (questionnaires, entrevues, observations) que les évaluateurs et les chercheurs emploient pour recueillir des données, et les résultats et conclusions provenant des données, ainsi que leurs conséquences. La raison de cette distinction se trouve dans les principales différences entre l'évaluation et la recherche, dans leur application potentielle.

En ce qui concerne les procédures, une application étendue est importante, tant pour la recherche que pour l'évaluation. On recommande donc aux évaluateurs d'utiliser des procédures d'examen systématiques et répétables qui puissent être critiquées et faire l'objet d'un suivi. Si on utilise des procédures statistiques, il est important que ce soient des méthodes reconnues. Si cela est possible, mais souvent ce ne l'est pas, il est préférable d'employer des instruments connus pouvant être utilisés dans d'autres cadres.

On constate une autre différence entre l'évaluation et la recherche lorsqu'on aborde la question des résultats. Dans tout type de recherche, on souhaite que l'application des résultats et des conclusions qui en sont tirées soit la plus large possible afin de servir de base à des lois universelles. C'est le premier devoir de la recherche.

En évaluation, les résultats ne visent à être pertinents que pour le projet évalué, tout comme ils ne seront exacts que pour une certaine période du projet. On ne cherche pas à obtenir des lois immuables pouvant être appliquées au-delà du projet à l'étude. Cela ne signifie pas, comme le dit Pawson (1996), que l'on ne puisse considérer les « légendes » et les « histoires » provenant du milieu, sans conceptualisation ni apprentissage (Patton, 1997), comme de véritables résultats. Ceux-ci ne font que confirmer aux membres du projet la compréhension de leur situation qu'ils possédaient déjà avant l'évaluation. On ne prétend pas par là qu'il est impossible d'obtenir des résultats ou, plus souvent, des conclusions qui aient une valeur dépassant le cadre du projet lui-même, cela arrive fréquemment, mais ce n'est pas le but premier de l'évaluation. J'aborderai la question de la généralisation plus loin dans ce chapitre.

Lorsque des évaluateurs utilisent des procédures de recherche pour réaliser une évaluation, ils emploient des instruments adaptés aux questions auxquelles ils s'intéressent ; il en résulte une plus large applicabilité des résultats. Paradoxalement, des variables définies, qui restent générales et abstraites, peuvent accroître l'applicabilité des résultats, mais elles diminuent l'utilité des conclusions pour un projet. C'est-à-dire que la possibilité de généraliser les résultats et les variables augmente, mais celle de donner une rétroaction intelligible et cohérente sur la situation du projet dans son ensemble en est de beaucoup réduite. Ainsi, les instruments propres au domaine de la recherche donnent des réponses abstraites qui ont un degré élevé de généralisation et qui sont appropriées pour la recherche, des réponses valides qui sont recueillies à l'aide d'instruments fiables et qui peuvent être répliquées. La qualité de l'évaluation en est cependant amoindrie, car les gestionnaires du projet ne reçoivent pas de réponses utiles à leur propre travail ; des réponses qui soient directement reliées aux différentes activités, problématiques et clientèles du projet. Les résultats ayant un degré élevé de généralisabilité, constitués de variables théoriques et exprimés en langage scientifique sont difficilement traduisibles en propositions opérationnelles visant une amélioration. C'est pourquoi ils n'ont que peu ou pas de valeur en termes de rétroaction. (Un tel rapport peut être nécessaire pour justifier l'existence ou la poursuite d'un projet, ou encore pour obtenir du financement, mais non pour son fonctionnement quotidien.)

On retrouve en fait le même problème en recherche, où une application étendue des résultats s'oppose à une compréhension approfondie du sujet de recherche (Geertz, 1973; Goetz et LeCompte, 1984; LeCompte et Preissle, 1993; Sabar, 1990; Tucker et Dempsey, 1991). On élabore constamment de nouvelles méthodes de recherche comme l'étude de cas, l'ethnographie et autres méthodes de recherche qualitative (Creswell, 1998; Sabar, 1990) pour surmonter ces difficultés. Par ces approches, les chercheurs renoncent à une application trop étendue de leurs résultats afin de mieux comprendre les complexités de leur sujet de recherche. Dans de telles circonstances, les méthodes de recherche ressemblent aux approches utilisées dans l'évaluation de projets, sans toutefois en être identiques, puisque les buts et fonctions de la recherche qualitative ou ethnographique, ou encore de l'étude de cas, n'ont pas changé; la recherche visant toujours à enrichir l'ensemble des connaissances scientifiques en formulant des lois universelles, ainsi que l'application la plus étendue possible de ses résultats.

Les rôles de la théorie, des hypothèses et de la méthodologie

En recherche, la logique peut prendre trois voies pour relier la théorie et les données: la logique déductive, la logique inductive et l'inférence abductive. Dans la logique déductive, un lien solide existe entre les hypothèses de recherche et un postulat théorique antérieur. L'hypothèse – l'*explanandum* – est expliquée par les prémisses provenant de la théorie, et rien de nouveau ne s'y retrouve. Les postulats théoriques *a priori* constituent les *explanans*; ce sont eux qui expliquent l'hypothèse émise. La solidité du lien entre *explanans* (postulats *a priori*) et *explanandum* (hypothèse) n'est influencée par aucune information, établie ou nouvellement découverte et à confirmer. Cette façon de formuler des hypothèses est appropriée en recherche lorsqu'on examine une théorie ou qu'on essaie de la réfuter. Pour le chercheur, cela permet de s'assurer qu'il ne déviera pas en appliquant la théorie en question à son sujet de recherche. Ainsi, les phénomènes observés sur le terrain ne sont pas assujettis à la logique déductive, le terrain n'étant que l'environnement dans lequel les hypothèses *a priori* peuvent être examinées (Copi, 1961 ; Copi et Burgess-Jackson, 1995).

La logique déductive est à l'opposé de la logique utilisée en évaluation, car celle-ci examine le contexte afin de découvrir les variables et les éléments en jeu, ainsi que les liens entre eux ; le contexte ne sert pas à valider des variables et des hypothèses provenant d'une théorie préexistante. Pawson et Tilley sont les principaux tenants de la logique déductive. Voici un exemple emprunté de Weiss (1996) et cité par Owens et Rogers (1999). Lorsqu'un counseling en faveur de la contraception est associé à une réduction du nombre de grossesses, il apparaît que la cause de ce changement est le counseling. Mais qu'est-ce qui, dans cette démarche, a réellement causé le changement ? Les connaissances fournies ? Il se peut que le counseling aide à surmonter les tabous culturels qui vont à l'encontre de la planification familiale ; il peut donner aux femmes une plus grande confiance en elles ainsi qu'une plus grande capacité de s'affirmer lors des relations sexuelles ; il peut provoquer un déplacement du pouvoir dans les relations entre hommes et femmes. Ces raisons, ou d'autres encore d'ordres cognitif, affectif ou social, peuvent constituer les mécanismes qui entraîneront les résultats souhaités. Nous ne le saurons jamais en utilisant la logique déductive, car la théorie nous ramène, selon Pawson et Tilley (1997), aux mécanismes, aux contextes et aux résultats qui font partie de notre propre cadre de référence, ce qui n'est pas important lorsqu'on examine une théorie, mais qui est crucial lorsqu'on cherche à savoir ce qui fonctionne efficacement dans un projet.

En logique inductive, les hypothèses sont émises à partir des phénomènes généralisés observés sur le terrain. Ces hypothèses examinent les chances que des phénomènes se répètent pour formuler une loi générale des probabilités. Pour y arriver, on doit connaître les caractéristiques examinées du groupe auquel on s'intéresse et leurs conditions *a priori*. On peut faire une analogie avec la connaissance du fait qu'une pièce de monnaie a deux faces, et qu'elle retombe sur une seule de ses faces lorsqu'on la lance en l'air (Copi, 1961).

On ne retrouve généralement pas ces conditions en évaluation. Tout d'abord, il faut une généralisation empirique lorsque, de façon raisonnable, on croit se trouver devant un phénomène. Pour que cette généralisation soit empirique, il faut préalablement connaître les caractéristiques de ce phénomène, et que ces caractéristiques aient déjà été examinées. Une partie de l'évaluation débute tôt, au cours de cet examen, ou même avant celui-ci. Elle doit d'abord tenter d'exposer le phénomène significatif, et ne peut donc examiner dès lors ses caractéristiques ou la probabilité de son apparition. Ensuite, le but d'un examen empirique est de généraliser au-delà d'un cas individuel, de tenter de formuler une loi universelle, ce qui n'est pas l'objectif principal de l'évaluation, pour toutes les raisons mentionnées précédemment.

L'évaluation ne dépend pas de la théorie, mais bien de l'action sur le terrain. Il existe bien sûr des théories de l'évaluation, des modèles d'évaluation et diverses approches pour les questions d'évaluation. On utilise diverses théories dans l'interprétation des résultats d'une évaluation, mais l'élément essentiel d'une évaluation est ce qui est recueilli sur le terrain, en ce sens que les questions posées par une évaluation ne proviennent pas d'une théorie. Elles proviennent plutôt du projet évalué, de ses objectifs, de son environnement et de ses usagers, ainsi que des besoins des personnes qui gèrent l'intervention, de celles qui prennent les décisions et des parties concernées à différents niveaux, et enfin des besoins des évaluateurs.

Ainsi, le travail d'un évaluateur ressemble à celui d'un médecin ou d'un psychologue qui examine un patient en considérant l'histoire et les conditions qui lui sont particulières. Médecins et psychologues trouvent par la suite une validation de leurs résultats et de leurs hypothèses dans la littérature existante et dans les théories pertinentes. De la même façon, les évaluateurs fondent leur travail sur un large éventail de connaissances pratiques et théoriques dans les divers domaines où ils interviennent. Lorsqu'un médecin traite un patient, il ne cherche pas à valider une théorie (à moins de faire de la recherche médicale) ; pourtant, il compte sur des connaissances obtenues grâce à la recherche. De la même manière, tout en se basant sur des connaissances théoriques, les évaluateurs ne cherchent pas à valider une théorie. Lorsqu'on tente de formuler des hypothèses à partir d'un cadre de référence théorique particulier, on limite la portée de l'évaluation et on empêche l'évaluateur d'émettre des hypothèses ne provenant pas de ce cadre. Le cadre de référence dicte les concepts à utiliser et la relation attendue entre ceux-ci. Dans une évaluation, une théorie convenant au projet peut être choisie à une étape ultérieure, au moment où l'évaluateur explique les résultats et tire des conclusions.

Le troisième type de recherche logique, l'inférence abductive, est un guide précieux dans l'évaluation (Peirce, 1960). Les principes de l'inférence abductive sont basés sur l'idée qu'il n'y a pas d'hypothèses *a priori*, pas de présupposés et pas de théories élaborées antérieurement. Chaque événement est étudié en lui-même et son importance propre est examinée (Shank et Cunningham, 1996). Des hypothèses concernant cet événement sont alors émises : cet événement est-il lié à d'autres et, si oui, comment ? Est-ce un événement isolé et, si oui, quelle est sa signification ?

Les explications que l'on attribue à ces événements sont des « hypothèses en probation ». Un processus cyclique de vérification des observations faites se met en place, ce qui permet d'approfondir et de modifier les explications (Levin-Rozalis, 2000).

Je ne prétends pas que l'évaluateur examine tous les faits et tous les événements qui se produisent sur le terrain. Un tel examen n'est ni possible ni souhaitable. Je soutiens seulement l'idée qu'en recherche scientifique, la théorie constitue le cadre de référence qui établit quelles données sont pertinentes et lesquelles ne le sont pas, alors qu'en évaluation, ce sont les besoins du projet et la réalité dans laquelle il est mis en œuvre qui déterminent les questions et les variables. On recommande que les gestionnaires du projet, de concert avec les évaluateurs, définissent la problématique. Mais même lorsqu'on ne procède pas ainsi, les évaluateurs prennent la situation sur le terrain en considération, et c'est cette situation, dans toute sa complexité, qui génère les questions qui seront explorées.

Après avoir remarqué un phénomène singulier dans un projet, il peut être intéressant et important de l'examiner selon des méthodes de recherche contrôlées. On peut ainsi produire de nouvelles connaissances propres à contribuer, non seulement au projet, mais également à l'ensemble des connaissances scientifiques.

Les évaluateurs exposent la réalité à l'aide de tous les moyens scientifiques dont ils disposent, et de la façon la plus systématique qui soit pour chaque projet en particulier. Les conditions que l'on retrouve dans le milieu faisant l'objet de l'investigation prescrivent les instruments qui seront utilisés tout autant que le langage employé. Par exemple, un questionnaire n'est pas indiqué pour une population ayant des difficultés de lecture. Ces conditions dictent également les concepts utilisés au cours de l'examen ; par exemple, utiliser les concepts et le langage du projet plutôt que ceux du jargon spécialisé de l'évaluateur.

Les évaluateurs organisent leurs résultats en modèles significatifs et, si possible, comparables. Il est possible de généraliser des résultats spécifiques dans des structures et des processus plus étendus, ou d'établir une théorie explicative, mais trouver une explication cohérente pour ce qui se produit dans un projet, incluant les succès et les échecs, demeure le but principal de l'évaluation.

Par exemple, le gestionnaire d'un projet évalué avait un style de gestion autoritaire qui interdisait toute initiative de la part de ses employés. Sachant cela, il devint possible de trouver une explication générale soutenue par les théories sur les liens entre autoritarisme et initiative. Mais nous ne pouvions postuler à l'avance que ce gestionnaire était autoritaire, puisque nous n'avions aucune idée de son style de gestion ni du type d'interactions qu'il avait avec les employés du projet, et nous ne savions pas si les questions concernant les relations direction-employés allaient être pertinentes. Les évaluateurs doivent avoir suffisamment de connaissances sur les styles de gestion, ainsi que sur l'autoritarisme et l'initiative, pour élaborer une explication pertinente. Si ce n'est pas le cas, ils peuvent chercher de l'aide auprès de professionnels qui connaissent les styles de gestion.

Les questions qui guident l'activité d'évaluation n'émanent pas d'une théorie, mais, dans de nombreux cas, le projet lui-même est une démonstration de l'application d'une théorie. Les programmes et méthodes du projet sont basés sur la logique d'une certaine théorie ou sur la manière dont les initiateurs, les gestionnaires et les bailleurs de fonds voient le monde. Parmi les éléments que l'évaluation examine, il y a la qualité de la logique déterminant les activités du projet, son lien avec ce qui se produit dans le milieu et la vérification de la congruence des résultats avec la logique (la théorie directrice). Dans ce cas, les questions que pose l'évaluateur font partie du dialogue qui s'engage avec la théorie.

La méthodologie traditionnelle de la recherche provient de la théorie ainsi que de ses hypothèses et généralisations empiriques. Elle est le fruit de la planification rigoureuse d'une stratégie d'opérationalisation des hypothèses, c'est-à-dire de la formulation des variables en éléments observables. Un élément observable doit être ancré dans la réalité ; une situation propice à l'observation doit être repérée ou créée artificiellement avant que les observations scientifiques nécessaires à la vérification de l'hypothèse ne se déroulent. Pour cela, le chercheur doit choisir les variables les plus appropriées aux concepts de l'hypothèse : les sujets, le terrain et le cadre qui conviennent le mieux.

La méthodologie de l'évaluation diffère de celle de la recherche. Alors que les chercheurs peuvent choisir leurs propres sujets de recherche et proposer eux-mêmes une approche (nous l'appellerons la méthode active), les évaluateurs sont réactifs et proactifs. Ils réagissent aux événements et tentent parfois de les diriger. Les évaluateurs ne peuvent choisir eux-mêmes les participants au projet, ni son environnement ou ses variables. Le milieu et les participants sont prédéterminés et les variables, en partie à tout le moins, ne sont pas connues à l'avance. Il y a bien une idée générale des questions d'évaluation, mais celles-ci ne sont pas définies sous forme d'hypothèse et les variables ne sont pas opérationnelles. Parfois, même la définition nominale des concepts est matière à évaluation. Les instruments dont on se sert pour l'évaluation (entrevues, discussions, observations, questionnaires, vidéos, analyses de protocoles, analyses de dialogues, etc.) sont choisis et planifiés en fonction de la population concernée, des activités à vérifier, de la question à étudier, du temps et de l'argent dont on dispose, ainsi que du contrat entre les gestionnaires ou les initiateurs du projet et l'équipe d'évaluation.

La validité des résultats d'évaluation

Chaque projet étant différent des autres et exigeant également une approche distincte, il n'est pas rare d'avoir à traiter avec les questions de la validité des résultats et de la possibilité de les généraliser. En ce qui concerne la validité d'un cadre de recherche ou d'évaluation, on dit généralement que la recherche et le chercheur insistent sur la validité interne et externe (Cook et Campbell, 1976, 1979), alors que les évaluateurs mettent l'accent sur la validité interne seulement, puisqu'ils s'intéressent au fonctionnement immédiat d'un projet en particulier.

La méthodologie de l'évaluation surmonte avec assez de facilité la plupart des problèmes qui menacent la validité interne provenant des variables qui font l'objet de l'examen (par exemple, l'histoire, la maturation, la sélection ou la mortalité). Tous ces éléments sont inclus dans le champ de l'évaluation. Contrairement à la recherche, l'évaluation s'occupe d'un nombre considérable de variables, et non pas de variables isolées.

Les variables qui, en recherche, seraient considérées comme des artéfacts suscitent au contraire l'intérêt de l'évaluateur.

La question de la validité de la mesure en évaluation est liée au fait que la mesure en sciences sociales est, à très peu d'exceptions près, indirecte, car la plupart des concepts auxquels elle s'intéresse sont abstraits ou sont des construits théoriques. Ce qui signifie que les chercheurs en sciences sociales ne peuvent jamais être tout à fait certains que ce qu'ils mesurent *de facto* est bien ce qu'ils désirent mesurer (Nachemias et Nachemias, 1982). Cependant, l'incertitude concernant la validité de construit (variable théorique vague ou confuse, ou manque de congruence entre la variable théorique et la variable observable) ne pose pas un problème en évaluation, puisque la définition opérationnelle et les questions utilisées proviennent de ce qui se passe sur le terrain, et non d'une théorie. En évaluation, la validité de construit d'un instrument de mesure correspond à la congruence entre l'observation et l'étiquette de la variable étudiée (Peres et Yatsiv, 1994).

Durant les vingt dernières années, les auteurs ont plutôt penché vers une définition vague de la validité, permettant ainsi les jugements subjectifs. Par exemple, Cronbach (1983) affirme que la validité est plus subjective qu'objective. Krathwohl (1982) compare la validité à la persuasion, au sérieux et au consensus. Campbell, à qui revient la paternité des concepts de validité interne et externe, a pris presque entièrement ses distances par rapport à ces concepts (Campbell, 1986). Il suggère de formuler de nouvelles définitions, la validité interne devenant la validité locale, molaire (pragmatique et athéorique) et causale. Cette innovation met en doute l'idée qu'un nombre déterminé de traitements occasionne un réel changement dans une activité, un lieu et un temps spécifiques. Selon Campbell, on retrouve sur le terrain des relations de cause à effet dont aucune théorie ne peut expliquer l'origine et qu'on ne sait comment généraliser. Pour y arriver, on doit renverser l'ordre habituel des interventions, qui est d'aborder la théorie avant l'activité. La cause et l'effet que l'on constate sur le terrain et qui ne proviennent pas d'une théorie reconnue peuvent devenir un tremplin pour une nouvelle théorie.

La validité externe concerne la généralisation des résultats et les liens irréfutables pouvant être prédits entre les phénomènes empiriques. Puisque la recherche vise habituellement à généraliser des résultats obtenus pour pouvoir les appliquer à d'autres réalités (organismes, populations, situations, temps) afin de formuler une loi universelle, une question typique de la recherche pourrait être : « Le développement de relations sociales entre des personnes vivant ensemble 24 heures par jour durant une période de temps prolongée peut-il être appliqué à d'autres personnes dans d'autres situations ? » Mais dans une évaluation, la consolidation d'un groupe de candidats à un cours pour pilotes de chasse, par exemple, peut très bien être la question à étudier et qui doit permettre aux commandants de prendre des décisions. Les facteurs d'évaluation auraient-ils la même importance pour des personnes qui dirigent un camp d'été pour jeunes et qui cherchent à augmenter le degré de satisfaction des participants ? Les évaluateurs en charge de l'enquête auprès des pilotes de chasse ne cherchent pas vraiment à savoir si les mêmes liens se forment entre les habitants d'une maison de retraite et ceux d'un pensionnat, alors que cette question peut très bien intéresser des chercheurs. La question de la validité externe est donc extrêmement importante pour la recherche, mais elle l'est moins pour l'évaluation.

D'un autre côté, la possibilité de généraliser l'effet d'un projet est tout de même une question importante. Des gestionnaires ou des entrepreneurs mettent toujours un projet en œuvre dans le but d'obtenir un effet désiré. L'évaluation peut vérifier si les effets du projet peuvent être généralisés ou si le projet a un plus grand potentiel d'application, si on s'intéresse à ces questions. En d'autres termes, on se questionne sur la possibilité de reprendre le traitement mis en œuvre par le projet, de l'appliquer à d'autres environnements, à d'autres populations. On peut donc généraliser des conclusions, mais non des résultats.

Lorsqu'on effectue, à partir d'un échantillon, une généralisation destinée à d'autres groupes de participants, il faut vérifier la représentativité réelle de cet échantillon. En évaluation, on s'intéresse à la généralisation de chaque partie du projet à d'autres et d'un ensemble de variables à un autre afin d'éviter de décrire le projet comme une série d'événements déconnectés les uns des autres. Par exemple, si la définition des tâches du personnel senior d'un projet se caractérise par des limites floues, il devient justifié de se demander si cela caractérise également les tâches de l'ensemble du personnel du projet. S'il y a un manque de familiarité avec les concepts centraux d'un projet dans une des écoles participant à ce projet (c'est-à-dire qu'il y a un problème dans une école en particulier), cette même lacune est-elle présente dans d'autres écoles du projet ? Les gestionnaires du projet ont-ils eu de la difficulté à transmettre leur message ?

Ces hypothèses quant à la possibilité de généraliser les résultats d'une évaluation aident l'évaluateur à dresser un portrait cohérent d'un programme, à repérer des phénomènes inhabituels (par exemple, une inefficacité dans une situation où l'on est généralement efficace) et à déterminer la source de ces problèmes (des gestionnaires incapables de mobiliser les enseignants, lesquels ne leur font plus confiance). La possibilité de généraliser un résultat particulier procure aux évaluateurs un outil important pour comprendre le domaine dans lequel ils travaillent; cela leur fournit des connaissances importantes et pertinentes pour eux-mêmes comme pour le projet dans lequel ils interviennent.

L'examen d'un nombre de variables significatives, dans le cadre d'une recherche structurée, peut faire partie d'un contexte plus vaste d'évaluation qui inclut d'autres examens, des variables additionnelles et des questions concernant les liens entre les événements ainsi que les effets de leurs interactions. Les concepts opérationnels de « variables isolées », d'« échantillons contrôlés » et de « généralisation » n'existent pas dans le domaine de l'évaluation. Dans la pratique, les variables ne sont pas isolées, les groupes examinés ne sont pas purs ou contrôlés, et la possibilité de généraliser est très limitée et même parfois nulle.

L'influence que peuvent avoir ces notions sur le succès ou l'échec d'un projet en particulier n'est généralement pas le genre de question que les chercheurs se posent, mais pour les évaluateurs, c'est l'essence même de leur travail. Les chercheurs choisissent leurs sujets de recherche en fonction de leur domaine de spécialisation ainsi que de l'intérêt et de l'importance que ces sujets présentent. Les évaluateurs choisissent les leurs en fonction de l'utilité probable des réponses qu'ils en tireront pour le projet sur lequel ils travaillent. En d'autres termes, c'est en fonction de la pertinence pour le projet qu'ils effectuent leurs choix.

L'importance de la pertinence

La pertinence d'une évaluation est extrêmement importante, puisqu'une part essentielle de sa valeur tient au fait qu'elle doive être en mesure de procurer une rétroaction efficace aux décideurs d'un projet. L'évaluateur fournit un service qui se doit d'être efficace, et l'efficacité et la pertinence de la rétroaction concernant le résultat d'un projet à un moment précis et impliquant une clientèle spécifique dépendent de la qualité de l'examen effectué. En recherche, parce que le but est de pouvoir généraliser les résultats, on ne questionne pas la pertinence de ces résultats pour le domaine dans lequel la recherche est faite (à moins qu'on ne travaille dans le département de « recherche et développement » d'une entreprise, qui doit répondre à des besoins bien précis). Par ailleurs, il peut y avoir négociation entre l'évaluateur et les directeurs du projet ou les bailleurs de fonds, concernant les sujets qui sont pertinents ou non et l'allocation des ressources destinées à l'évaluation.

L'intérêt d'une évaluation est en soi une raison suffisante pour la justifier, mais cet intérêt ne suffit pas à formuler les questions de l'évaluation. Inversement, les sujets de recherche scientifique ne font pas l'objet de négociations, mais bien de discussions entre un chercheur et ses collègues. Les décisions concernant la manière d'examiner un sujet de recherche restent à la discrétion de ses initiateurs.

La mise en œuvre d'une procédure d'examen pour un suivi de variables généralisées et abstraites n'est pas vraiment utile pour les évaluateurs et leurs clients à la lumière du critère de pertinence. Et cela parce que les réponses qui peuvent en découler sont loin de la réalité des clients et de leurs préoccupations immédiates.

Pour être pertinente et utile, la rétroaction doit répondre aux conditions suivantes :

L'immédiateté. La rétroaction devrait être immédiate ou offerte dans un délai permettant d'effectuer une analyse des résultats et d'en tirer des conclusions qui contribueront à un changement ou à la planification d'un changement. Si la rétroaction est retardée trop longtemps, elle risque d'être inutile aux personnes à qui elle est destinée. Même dans le cas d'une évaluation sommative *post facto*, la rétroaction doit être disponible rapidement pour des fins de planification future.

La spécificité. La rétroaction doit être spécifique afin de donner des réponses en lien direct avec le projet faisant l'objet de l'évaluation. Ce qui signifie qu'elle s'adresse à la clientèle cible du projet, à ses gestionnaires et à ses planificateurs ; elle ne devrait donc pas traiter de concepts généralisés.

Nous trouvons un bon exemple de cela dans un projet de renforcement de l'autonomie des femmes chez les Bédouins. La frustration de ces femmes peut devenir plus claire, pour les personnes qui dirigent ce projet, si on examine des facteurs concrets de leur situation. Par exemple, on ne devrait pas dire, au cours de la rétroaction : « La structure patriarcale de cette société est menacée, aussi les hommes résistent-ils au projet parce que les femmes reçoivent un traitement différent. Il faut faire quelque chose pour réduire la perception de menace et la résistance qui en résulte. » Il serait préférable de se limiter à indiquer aux intervenants du projet que les hommes ne coopèrent pas, qu'ils ne permettent pas à leurs femmes de participer à certaines activités, et qu'il serait bon de rassembler les hommes pour leur expliquer les objectifs du programme.

Les résultats exprimés comme des lois universelles ou des concepts théoriques abstraits sont généralement inutiles aux gestionnaires et aux décideurs œuvrant sur le terrain ; de plus, ils ne sont pas toujours bien compris par les non-initiés au domaine scientifique.

Le langage du projet. La rétroaction doit être formulée à l'aide de la terminologie propre au projet ou, à tout le moins, dans un langage qui soit compris par ses gestionnaires et ses initiateurs, même si leurs définitions et leur terminologie ne correspondent pas tout à fait au jargon professionnel des évaluateurs. Si, dans la terminologie d'un projet, on utilise le terme « conseillers », on ne doit pas le remplacer par « chefs de groupe », « agents de changement », « coordonnateurs » ou « animateurs », même si on croit que ces termes sont plus justes. Si un projet parle de créer du pouvoir ou de l'autonomie dans une population ciblée, ce sont les concepts qu'on doit employer. On peut bien sûr négocier un changement en cas d'utilisation de concepts inadéquats, ou tenter d'introduire de nouveaux termes durant la mise en œuvre de l'évaluation, mais lorsqu'une terminologie particulière existe déjà, on se doit de l'utiliser. Cela est vrai pour différents types d'évaluation comme les évaluations formative, sommative, de processus et de résultats.

Les jugements de valeur. On ne peut parler de pertinence de la rétroaction sans aborder une des principales différences entre l'évaluation et la recherche, différence liée à la pertinence des résultats, soit l'aspect « jugement » inhérent à l'évaluation. L'histoire de la discipline de l'évaluation montre que le besoin du client est inscrit au cœur même de son développement, le rôle des évaluateurs étant d'interpréter et de juger les résultats des programmes. C'est aussi l'origine même de l'évaluation en tant que discipline. À la fin des années 1970, un comité fut en effet mis sur pied aux États-Unis avec pour mission de définir l'essence de l'évaluation en tant que discipline. Ce comité a décidé d'insister sur l'importance de la décision que doit prendre l'évaluateur quant à la valeur de l'objet évalué (JCSEE, 1981). Cela vaut aussi pour les évaluations sommatives, qui se concentrent sur un seul résultat, soit mesurer l'atteinte des objectifs d'un projet, ce qui est une demande fréquente (Mor, 1992). Cela est particulièrement vrai en ce qui concerne les approches formatives si populaires de nos jours, qui discutent de la valeur des buts d'un projet, des dommages ou des pertes qu'il peut entraîner et de l'importance de ses effets.

La recherche scientifique tente d'être objective, et les résultats en constituent le message ultime. L'évaluation, parce qu'elle est un outil de prise de décisions, ne peut, et ne devrait d'ailleurs pas, éviter de faire des recommandations, même si celles-ci touchent des valeurs. Un processus d'évaluation qui n'impliquerait que la collecte de données, sans jugement porté sur leur essence, sans avis, sans proposition d'alternatives et sans choisir entre elles ne serait ni possible ni souhaitable (Cordray, 1986; JCSEE, 1981; Levin-Rozalis, 1987, 1998; Lincoln et Guba, 1986; Scriven, 1967, 1983; Stake, 1969).

Le problème de la causalité

L'effort consenti pour comprendre la cause et la nature d'un phénomène, ainsi que la nature de la cause elle-même, représente un élément important de la rétroaction provenant d'une évaluation. On peut à tout le moins essayer de maîtriser les effets d'une cause lorsqu'on connaît celle-ci, mais les réponses concernant les liens entre variables ne sont généralement pas satisfaisantes. Nachemias et Nachemias (1982) soutiennent qu'il y a un dilemme fondamental entre la causalité et la généralisation : en effet, afin de s'assurer que l'évidence de la causalité est bien claire, on sacrifie souvent la possibilité de généraliser. Cela est bien sûr vrai pour la recherche scientifique. Mais en évaluation, tel que discuté plus haut, la possibilité de généraliser n'est généralement pas aussi importante que la compréhension de la cause d'un phénomène.

Par exemple, des enfants participant à un projet (Levin-Rozalis et Bar-On, 1994) se plaignaient constamment de la nourriture, qu'ils qualifiaient de « nourriture d'école », alors qu'ils disaient vouloir de la « nourriture de maison ». On a tenté à plusieurs reprises d'améliorer la qualité des repas ou de préparer de la cuisine traditionnelle, mais en vain. Il n'y avait pas de corrélation entre le type de nourriture et le nombre de plaintes. Une enquête approfondie a démontré que les enfants ne trouvaient pas vraiment que la nourriture était mauvaise, mais bien que celle-ci leur servait de moyen pour exprimer une insatisfaction face au projet, faute d'avoir d'autres moyens de le faire. Parce qu'ils considéraient comme un honneur le fait de faire partie de ce projet, les enfants n'osaient pas exprimer cette insatisfaction. En comprenant la nature du problème des enfants et donc la cause de leurs plaintes, les gestionnaires du projet ont pu parler ouvertement du problème et le régler. Après que ce problème fut résolu, les plaintes concernant la nourriture ont cessé.

Mor (1992) soutient que même une évaluation sommative, qui est menée alors qu'un projet est terminé, ne peut se satisfaire des seuls résultats du projet, mais doit examiner ce qui a été fait et comment, expliquer pourquoi les résultats sont ce qu'ils sont, définir les causes de cet état de fait. Cela ne signifie bien sûr pas qu'une explication causale existe nécessairement, qu'elle soit toujours facile à trouver, ni d'ailleurs que les évaluateurs doivent toujours déployer de grands efforts pour la découvrir.

3
La construction d'un jugement

Bernard Perret

Les définitions courantes de l'évaluation mettent l'accent sur l'idée de mesure : évaluer un programme ou une politique, c'est, pour l'essentiel, chercher à mesurer ses effets. Cette caractérisation a l'avantage d'être simple, mais elle reflète assez mal la réalité des pratiques. Le but de la discipline n'est pas seulement de mesurer les effets des actions publiques, mais également d'en comprendre les mécanismes. Par ailleurs, l'évaluation n'est pas une activité purement scientifique : c'est une démarche collective de *construction de jugements pratiques*, c'est-à-dire de jugements portés en vue de poser une action ou de prendre une décision. Or, tout jugement se cristallise dans un langage. Pour contribuer à l'articulation d'un jugement, les faits bruts doivent être transformés en *arguments*. De ce fait, l'évaluation revêt un caractère *rhétorique*, ce terme n'ayant ici aucune connotation péjorative, mais renvoyant seulement à l'idée d'une « pratique réglée » de l'argumentation. Il est suggestif, dans cette perspective, de penser le déroulement d'une évaluation comme celui d'un *procès*, modèle type d'une discussion soumise à des règles formelles portant sur le statut, les critères de validité et le poids relatif des arguments.

En établissant ce cadre d'analyse, on ne perd pas de vue les aspects techniques de l'évaluation, mais on les replace dans leur contexte. La recherche de preuves valides, objet central de la discussion méthodologique, s'inscrit dans la perspective plus large d'une réflexion sur les fondements d'un jugement pratique. Il ne s'agit pas de s'affranchir des impératifs de la méthode scientifique, mais au contraire d'étendre l'exigence de rigueur à l'ensemble du processus social d'évaluation, en amont et en aval du travail de recherche, depuis la formulation des questions d'évaluation jusqu'aux techniques de mise en forme et de diffusion des résultats.

Les limites de l'analyse causale

On emploie fréquemment l'expression « recherche évaluative » (*evaluation research*) pour désigner la partie la plus « scientifique » du travail d'évaluation, à savoir la mesure et l'analyse des effets propres d'une action (typiquement un « programme ») sur la société.

À ses débuts, l'évaluation de programme cherchait à imiter les sciences dites « exactes », comme la biologie. L'objectif était de mesurer les effets des interventions sur la société avec la même précision scientifique que, par exemple, celle que l'on exige dans les tests d'efficacité d'un nouveau médicament. Aujourd'hui encore, la recherche évaluative s'entend d'abord comme une activité de modélisation et de mesure. Il s'agit, idéalement, d'établir et de quantifier un lien de causalité entre un « traitement » et un effet recherché (par exemple, entre une mesure d'aide à l'emploi et la diminution du chômage). En pratique, cependant, cette ambition se heurte à deux types d'obstacles. En premier lieu, l'évaluation porte souvent sur des politiques complexes mêlant différents types de mesures (subventions, réglementations...) dont les objectifs sont reformulés au fil du temps et le contenu concret modifié au gré des situations locales. On peut illustrer cela par l'exemple des programmes de développement social des zones urbaines défavorisées, sans cesse remaniées et complexifiées au cours des années. Dans un tel cas de figure, l'analyse causale semble hors de portée, voire dénuée de sens. En second lieu, lorsque la nature des questions posées la rend envisageable, l'analyse causale bute souvent sur des obstacles techniques qui limitent sa portée. Mesurer un effet, c'est toujours comparer deux situations : d'une manière ou d'une autre, il faut observer ou reconstituer ce qui se serait passé si le programme n'avait pas été mis en œuvre. Il n'y a pas lieu de présenter ici en détail les méthodes utilisées à cette fin (expérimentation avec groupe de contrôle, protocole quasi-expérimental avec estimation d'un modèle, etc.), mais simplement de souligner que les conditions pratiques de leur mise en œuvre sont rarement réunies, tant elles supposent de protocoles d'observation rigoureux et (ou) de données complètes sur les phénomènes analysés.

L'évaluation s'intéresse autant à la compréhension qu'à la mesure

À supposer même que l'analyse causale débouche sur des conclusions précises, il est rare que l'évaluation puisse s'en contenter. Tout d'abord, même lorsqu'on parvient à mesurer un effet, il s'avère presque aussi important de comprendre comment et pourquoi il se produit. Chen (1990) prend l'exemple des médicaments : « Si une évaluation "boîte noire" montre qu'un nouveau médicament est capable de soigner une maladie mais ne fournit pas d'information sur ses mécanismes d'efficacité, les médecins hésiteront à prescrire ce nouveau médicament, parce que les conditions dans lesquelles il agit et les risques d'effets indésirables ne seront pas connus » (p. 18 et 42 ; voir aussi Chen, 2005).

L'analyse des mécanismes – qui repose sur des recherches qualitatives (monographies, enquêtes par entretien...), mais également sur l'activité auto-interprétative des acteurs eux-mêmes – vise notamment à déterminer à quelles conditions et dans quel contexte un programme est susceptible de produire les effets attendus. L'adjectif « qualitatif », qui s'oppose à « quantitatif », signifie simplement que l'analyse vise à décrire et à comprendre par des mots plus que par des chiffres. Un courant important en évaluation contemporaine, l'évaluation fondée sur une théorie (*Theory based evaluation*), recommande de centrer l'évaluation sur les mécanismes d'action ou, plus largement, la « théorie du programme ». La théorie d'un programme, c'est la structure logique des idées et des raisonnements sur lesquels il repose. Cette théorie peut se décomposer en segments élémentaires constitués, par exemple, de relations supposées entre des mesures d'incitation et le comportement des personnes ou des collectivités qui en bénéficient. Les évaluateurs en donnent parfois une représentation graphique (comme dans la méthode dite du « cadre logique »).

Concevoir une politique, c'est comme bâtir une théorie : cela revient à émettre des hypothèses sur les conséquences de certaines actions. Ces hypothèses sont souvent fragiles, fondées sur des idées reçues. C'est l'objet même de l'évaluation que de les soumettre à l'épreuve des faits. En pratique, la mesure des effets étant difficile, il suffit souvent d'observer ce qui se passe, de décrire et d'interpréter le comportement des acteurs sociaux concernés, pour se faire une idée de la validité des raisonnements qui sous-tendent une politique.

L'évaluation doit viser une remise en question des idées des décideurs

Le jugement évaluatif n'est jamais le résultat mécanique de l'application d'une méthode – qu'elle soit quantitative ou qualitative. Comme tout jugement, c'est aussi un travail sur les représentations de la réalité, qui passe par la médiation de l'échange verbal. Comme l'indiquent Thomas Schwandt et Jennifer Greene (2006), « l'intérêt pour les techniques ou les méthodes ne doit pas obscurcir la nature foncièrement discursive de l'évaluation », le terme « discursif » signifiant ici « le fait que le vocabulaire et les concepts utilisés pour connaître et exprimer la valeur d'une politique sont construits socialement par des êtres humains ».

Il est important de comprendre que cette « construction sociale de la réalité » (Berger et Lupman, 1966) ne peut être circonscrite à l'évaluation. Il est rare que les méthodes de la recherche évaluative permettent de répondre à toutes les questions qui se posent au sujet d'une action publique. Les décideurs et les acteurs disposent d'ailleurs toujours d'*autres informations*, d'origines et de natures variées, qui leur permettent *a minima* de se forger une opinion : statistiques, articles de presse, points de vue exprimés par les groupes d'intérêt, etc. L'influence de ces informations n'est évidemment pas proportionnelle à leur pertinence scientifique. Certains faits impressionnent parce qu'ils frappent directement la sensibilité, créant ou renforçant des opinions qu'une analyse rigoureuse de la réalité aura bien du mal à déconstruire. Il en va ainsi, par exemple, des « faits divers », lorsqu'ils sont présentés par les médias comme des images emblématiques d'une société rongée par l'insécurité.

Toutes ces informations sont organisées, interprétées et pondérées par leurs récepteurs en fonction de leur vécu, de leurs inclinations idéologiques et de leurs besoins pratiques. Dès avant son lancement, les commanditaires d'une évaluation ont leurs idées sur la politique évaluée, sur ses résultats probables et sur ce qui, le cas échéant, « fait problème ». En d'autres termes, ils ont leur propre théorie sur cette politique.

Il est important que l'évaluation prenne en compte le point de vue initial des décideurs et des autres protagonistes de l'évaluation, non bien sûr comme des vérités définitives, mais comme des hypothèses à vérifier et à relativiser ou à approfondir. Pour que l'impact d'une évaluation sur les représentations communes de la réalité soit plus important, celle-ci doit s'efforcer de remettre ces représentations en question, de les soumettre à des tests susceptibles de les invalider. Or, cela ne peut être fait qu'en se plaçant dans le même espace sémantique. Si les résultats des évaluations sont fréquemment ignorés ou négligés, c'est parce qu'ils sont souvent exprimés dans un langage que leurs destinataires ne reconnaissent pas, car trop différent de celui dans lequel ils formulent leurs préoccupations, leurs convictions ou leurs expériences. Le travail autour de la formulation des questions d'évaluation revêt de ce fait une importance cruciale.

Produire des données significatives au regard des représentations communes

Le but de l'évaluation n'est pas de produire des données scientifiques, mais de réduire l'incertitude et de renforcer la cohérence des décisions et des pratiques. En l'absence de preuves formelles de l'efficacité d'une action, on se satisfait souvent de « quasi-preuves », voire d'indices. Dans la vie réelle, on s'autorise souvent à tirer des conclusions générales à partir d'un petit nombre d'observations, pourvu qu'elles aient du sens, c'est-à-dire qu'elles s'intègrent dans un schéma rationnel et plausible préalablement construit (l'équivalent, pourrait-on dire, du « mobile » d'un crime). Nous sommes satisfaits quand nous disposons d'un faisceau d'indices convergents susceptibles d'emporter l'« intime conviction » d'une personne de bonne foi (c'est à dessein que j'emploie ici le vocabulaire du procès criminel). Il en va de même en évaluation. La phrase suivante, tirée d'un rapport d'évaluation, illustre la manière dont une observation portant sur un échantillon limité vient renforcer un point de vue préalablement constitué : « Il a été prouvé que les pathologies psychiatriques atteignant les parents pouvaient engendrer un risque majeur de mauvais traitement. Ainsi, dans notre série de 39 couples ayant exercé des mauvais traitements à l'égard de leurs enfants, 20 présentaient des troubles ou des antécédents psychiatriques importants. »

Trop d'information tue l'information

Les jugements pratiques sur l'action publique s'appuient donc sur des données nombreuses et variées. On pourrait en déduire, un peu hâtivement, que l'évaluation doit s'efforcer avant tout de rassembler le maximum d'information sur son objet, en partant du principe que l'on n'est jamais trop bien informé. Mais ce serait oublier qu'une surabondance de renseignements inadaptés est presque aussi nuisible qu'un manque d'information. Nous sommes tous encombrés de données non pertinentes – le phénomène des spams en fournit une bonne illustration – qu'il nous faut écarter au prix de dépenses non négligeables de temps et d'attention. Force est de reconnaître que toute information n'est pas bonne à prendre en considération. L'un de ceux qui ont le plus lucidement attiré l'attention sur ce phénomène est le prix Nobel d'économie Herbert Simon : « Dans un monde où l'attention est une ressource majeure des plus rares, l'information peut être un luxe coûteux, car elle peut détourner notre attention de ce qui est important vers ce qui ne l'est pas. Nous ne pouvons nous permettre de traiter une information simplement parce qu'elle est là » (Leca, 1993). Il suffit de parcourir un rapport sur un sujet quelconque pour vérifier qu'il contient en général un grand nombre de données inutiles.

Pour être utile, l'information évaluative doit donc être construite et formatée en vue de besoins spécifiques. La liste des questions à traiter doit être établie en fonction des attentes exprimées par les décideurs et porteurs d'enjeux. De même, au stade de la rédaction d'un rapport, les résultats, conclusions et recommandations doivent être hiérarchisés en tenant compte de ces attentes. Un rapport doit attirer l'attention sur les données les plus importantes et les « mettre en scène » de manière adéquate.

Le cerveau humain ne fonctionne pas comme un ordinateur

Cette conception « constructiviste » de l'évaluation peut être étayée par des considérations tirées de travaux contemporains sur le fonctionnement du cerveau humain (voir Varela, 1999, et Kolb et Whishaw, 2002). Nous comprenons mieux, aujourd'hui, que celui-ci ne fonctionne pas comme un ordinateur, mais comme un système en équilibre dynamique doté d'une grande capacité d'autorégulation. Contrairement à un ordinateur, qui traite systématiquement les données qui lui sont soumises par ses périphériques d'entrée, notre cerveau choisit « librement » de prendre ou non en compte les informations qu'il capte par les cinq sens. Il les intègre en fonction de son propre programme, lequel garde la trace de tout le vécu antérieur de la personne. En d'autres mots, le cerveau consacre l'essentiel de son énergie à répondre à des questions qu'il se pose lui-même, et cela, dans la logique de son propre mouvement. Nous ne sommes pas préoccupés d'abord par ce que nous voyons et entendons, mais par la manière dont ces informations nouvelles peuvent nous aider à résoudre nos problèmes, affecter nos croyances et, plus largement, faciliter ou compliquer la gestion de nos états mentaux. Le lecteur d'un rapport d'évaluation, comme n'importe quel sujet pensant, utilise de manière sélective l'information mise à sa disposition en fonction de ses besoins et centres d'intérêt. L'évaluation lui sera d'autant plus profitable qu'elle parlera son langage et répondra à ses préoccupations.

L'approche cognitive des politiques publiques

L'évaluation, en résumé, est toujours un travail sur le langage et les représentations. Elle ne produit pas seulement des connaissances, mais aussi de nouvelles idées, une nouvelle manière d'appréhender les problèmes. Elle contribue à produire de nouveaux référentiels pour l'action publique. Cette conception de l'évaluation fait écho à « l'approche cognitive des politiques publiques ». Selon ce courant de pensée (voir Muller, 2006), il est erroné de considérer les politiques publiques comme le fruit de décisions rationnelles prises par des décideurs tout puissants et éclairés. Dans la réalité, l'action publique est la résultante instable d'une confrontation sans fin entre des forces sociales et des idéologies contradictoires. Et c'est de cet affrontement qu'émergent les conceptions qui servent de fondement intellectuel et idéologique à l'action publique. Comme l'indique Yves Surel (2000) : « Les politiques publiques sont le fruit d'interactions sociales qui donnent lieu à la production d'idées, de représentations et de valeurs communes. » L'évaluation peut être vue comme une méthode d'organisation de processus cognitifs et discursifs formalisés qui participent d'un processus plus large d'interactions sociales autour des enjeux de l'action publique. Il est important de préciser qu'elle assure cette fonction de production de référentiels à différents niveaux : celui de la conception des politiques, mais également celui de leur mise en œuvre par les acteurs de terrain. À chacun de ces niveaux, l'action publique est en effet partiellement redéfinie dans ses modalités et dans ses buts, et peut donc être remise en question par l'évaluation.

L'évaluation comme processus organisé de production d'idées partagées

Dans une opération d'évaluation, la connaissance n'est donc pas un but en soi ; il s'agit toujours de répondre à des questions que se posent les décideurs et (ou) acteurs de la politique. L'adaptation de la connaissance produite aux besoins de ses utilisateurs est révélatrice de la qualité du *processus* et de la *procédure* d'évaluation. Le *processus* est l'ensemble des interactions sociales suscitées par l'évaluation pour négocier son objet, ses questions, ses méthodes (le « projet d'évaluation ») et la formulation de ses conclusions. La *procédure* est la forme institutionnelle de ce processus. Elle comporte notamment la structuration d'une « scène évaluative » – distribution des rôles entre le commanditaire, le chef de projet, le comité d'évaluation, les experts et chargés d'étude, etc. La procédure recouvre également les normes méthodologiques et déontologiques qui règlent le processus – normes de qualité élaborées par les sociétés professionnelles d'évaluation ou normes internes d'une organisation.

Le choix des critères de résultats

En amont de la recherche évaluative, le processus d'évaluation commence par la formulation d'un questionnement évaluatif, lui-même appuyé sur une explicitation de la théorie du programme centrée sur l'articulation et la hiérarchisation de ses objectifs. En effet, les critères de résultats finalement sélectionnés dans une évaluation ne représentent qu'un sous-ensemble du vaste champ des phénomènes susceptibles d'être affectés par le programme. Avant même d'essayer de mesurer des résultats, on doit construire un cadre d'analyse et déterminer *a priori* les effets observables les plus à même de renseigner sur la réussite du programme, en regard de ses objectifs politiques (le « référentiel d'évaluation »).

Le choix de cadres de description

Toute opération de collecte d'information suppose la construction préalable de catégories, de nomenclatures, d'indicateurs, etc. Il est également nécessaire de procéder à des découpages temporels, spatiaux, etc. « Toute quantification suppose une mise en forme préalable de la réalité : il faut choisir les phénomènes à mesurer parmi une multitude de possibilités, définir des « unités statistiques » (donner un sens précis à des termes tels que ménage, entreprise, agglomération, quartier), élaborer des typologies et des nomenclatures, etc. Les chiffres n'ont de sens qu'à l'intérieur d'un cadre conceptuel sous-tendu par une représentation plus ou moins conventionnelle de la réalité. Celle-ci est toujours sujette à controverse, comme en témoignent les débats récurrents sur la mesure d'un « taux de chômage » ou d'un « taux de délinquance », par exemple (Perret et Seibel, 1993).

Une discussion pluraliste pour interpréter les résultats

En aval de la mesure, l'interprétation des chiffres repose toujours sur des modes d'appréhension de la réalité extérieurs aux données elles-mêmes. Il faut, d'une part, choisir parmi les résultats ceux que l'on considère comme les plus importants et, d'autre part, passer des résultats aux conclusions, aux jugements et aux recommandations. On a besoin pour cela de critères, de points de comparaison, qu'il faut aller chercher dans un stock de références préalablement constituées. L'exemple suivant, tiré d'une recherche évaluative, montre que cette activité d'interprétation est inhérente à la production de données chiffrées. La mesure d'un phénomène ne prend de sens que comparée à celle d'autres phénomènes supposément mieux connus du lecteur : « La fréquence des mauvais traitements infligés aux nouveau-nés est élevée (1,8 % de l'ensemble de la population). Pour donner une comparaison, cette fréquence de pathologie peut être rapprochée de celle des malformations fœtales dans l'ensemble de la population. »

Dans une recherche relevant d'une discipline scientifique (économie, sociologie, sciences de l'éducation, santé publique…), toute donnée est interprétée dans le cadre d'un schéma théorique propre à cette discipline. Le chercheur est censé maîtriser à la fois l'objet de la recherche, ses objectifs et son contexte. Il n'en va pas de même en évaluation. Dès lors qu'elle fait appel à des considérations politiques ou opérationnelles ne relevant pas d'un domaine scientifique spécialisé, l'interprétation des résultats cesse d'être le monopole des experts pour devenir l'enjeu d'un débat pluraliste. L'organisation de ce débat est l'une des tâches principales des comités ou instances d'évaluation chargés d'en piloter les démarches.

L'apport de la théorie de l'argumentation

Une tradition qui remonte à Aristote

Les développements qui précèdent montrent l'intérêt d'analyser les pratiques évaluatives en tant que *pratiques argumentatives*. Pour Jürgen Habermas (1981, p. 41), une pratique argumentative peut être analysée selon trois points de vue : le processus (social), la procédure (les règles) et la production d'arguments. On retrouve ces trois aspects en évaluation. Il existe, dans le champ social, différents types de pratiques argumentatives, chacune étant caractérisée par la nature des arguments échangés (politiques, juridiques, moraux, esthétiques, etc.) et des « prétentions à la validité » qui y sont émises. La notion de « prétention à la validité » est importante ; elle signifie que tout argument prétend établir une vérité, mais que toutes les vérités ne se situent pas sur le même plan. Pour prendre un exemple classique, il n'est pas pertinent d'opposer un jugement esthétique ou moral à un argument de fait.

On peut faire remonter l'origine de la réflexion sur l'argumentation à la *Rhétorique* d'Aristote. Bien qu'il traite surtout de rhétorique au sens d'art de la persuasion (« la rhétorique est la faculté de considérer, pour chaque question, ce qui peut être propre à persuader »), Aristote observe qu'elle peut être vue dans une perspective plus large, comme un art de la discussion adapté à l'examen des questions incertaines : « L'objet de la rhétorique n'est pas tant de persuader que de voir l'état probable des choses par rapport à chaque question. » Aristote souligne fortement le lien entre la rhétorique et l'incertitude. Si la question de l'argumentation se pose, c'est qu'il y a incertitude, et donc doute ou pluralisme des opinions légitimes : « Nous délibérons sur des questions qui comportent des solutions diverses : car personne ne délibère sur des faits qui ne peuvent avoir été, être, ou devoir être autrement qu'ils ne sont présentés ; auquel cas il n'y a rien à faire qu'à reconnaître qu'ils sont ainsi[1]. » Pour Aristote, l'une des

1. *Rhétorique*, Paris, Livre de Poche, 1991, p. 81 et 87.

caractéristiques de la rhétorique est le recours fréquent à l'induction, c'est-à-dire aux exemples, faute de pouvoir démontrer de manière contraignante les thèses que l'on veut défendre.

Le schéma de Toulmin

Le logicien britannique Stephen Toulmin (1993) a posé les bases d'une réflexion moderne sur l'argumentation. Sa théorie de l'argument peut être résumée par un diagramme qui permet de visualiser la structure logique de toute forme d'argumentation :

FIGURE 3.1

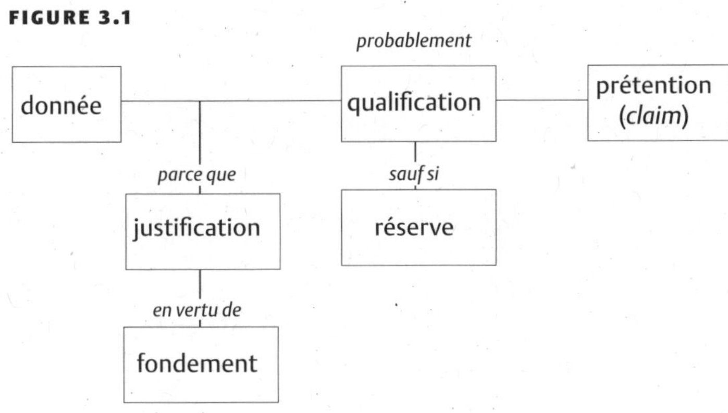

- la *prétention* est le point (toujours sujet à disussion) que souhaite établir l'auteur de l'argument. Ce n'est pas une simple affirmation, mais une conclusion partielle qui justifie un effort d'argumentation spécifique ;
- la *donnée* est l'information nouvelle mobilisée comme support direct de la prétention ;
- la *justification* exprime le raisonnement utilisé pour établir un lien entre la donnée et la prétention ;
- le *fondement* est constitué par les faits ou raisonnements, supposés préalablement connus, qui viennent fonder, renforcer ou légitimer le principe contenu dans la justification ;
- la *qualification* indique le degré de certitude ou la force rationnelle que l'auteur attribue à la justification ;
- la *réserve* précise les circonstances ou les conditions qui peuvent réduire la force et la portée de l'argument.

Cette structure logique ne doit pas être confondue avec la structure grammaticale des phrases. Le schéma de Toulmin est rarement reconnaissable au premier coup d'œil. En effet, distinguer la donnée, la justification et le fondement n'est pas toujours évident. Prenons la phrase suivante : « La baisse récente du [taux de] chômage semble prouver l'efficacité des mesures gouvernementales. » Cet argument s'analyse comme suit :

- *prétention* : les mesures gouvernementales sont efficaces ;
- *donnée* : le taux de chômage baisse ;
- *justification* : la concomitance de la mise en œuvre des mesures et de la baisse du taux de chômage est l'indice d'un *rapport de cause à effet* ;
- *fondement* : on sait *par ailleurs* que les mesures gouvernementales sont, *par leur nature même,* susceptibles d'être efficaces ;
- *qualification* : elle est exprimée par un verbe de modalité, en l'occurrence « semble » ;
- *réserve* : aucune.

Toulmin insiste sur le fait que tous nos arguments ont une face cachée. Ils font appel de manière implicite à des éléments de contexte supposés connus et correctement interprétés. La validité d'un argument n'est donc pas une affaire de logique pure : elle dépend de stipulations supposées et acceptées par le public du débat. Dans l'exemple donné, il est clair que l'argument n'a guère de valeur si l'on ne croit pas au départ en l'efficacité probable des mesures gouvernementales. L'un des apports de Toulmin a été de souligner que l'on ne peut analyser les pratiques d'argumentation en se référant au modèle de la logique formelle. Le modèle pertinent serait plutôt celui de la procédure judiciaire, qui peut aider à prendre conscience de l'hétérogénéité des arguments mobilisés dans toute discussion orientée vers un jugement :

> Les énoncés judiciaires ont plusieurs fonctions distinctes. Jugements sur une plainte, preuves d'identification, témoignages au sujet d'événements ou de controverses, interprétations d'un statut ou discussion de sa validité, exemptions de l'application d'une loi, plaidoyers en atténuation, verdicts, sentences : toutes ces différentes classes de proposition ont leur part à jouer dans la procédure judiciaire, et les différences entre elles sont loin d'être sans importance. Quand nous quittons le domaine particulier du droit pour considérer les arguments rationnels en général, nous sommes immédiatement confrontés à la question de savoir s'il ne faut pas les analyser à l'aide d'un ensemble de catégories d'une égale complexité. (Toulmin, 1993, p. 96)

Les types de données et de justifications employés en évaluation

Dans les évaluations, on trouve des arguments de nature *factuelle* (faits bruts, données chiffrées, constats et descriptions), mais également des arguments *logiques* (fondés sur un raisonnement logico-mathématique) ainsi que des arguments fondés sur des *témoignages*, des *points de vue* ou des *opinions.* Certains arguments ont un caractère *normatif*: ils s'appuient sur des valeurs ou des normes supposées reconnues. On trouve également des arguments d'*autorité* sous différentes formes: autorité d'un expert, d'une théorie, d'un corpus de connaissances, etc. Il est important de distinguer ces différents registres et de faire apparaître clairement leur articulation respective.

Tous les arguments n'ont pas la même portée. Les méthodes de la recherche quantitative ont pour but de produire des arguments quasiment contraignants reposant sur des certitudes de type mathématique. Il ressort cependant des travaux de Toulmin que le lien entre les faits établis et les conclusions que l'on en tire n'est jamais un lien strictement logique: il est assuré par des *justifications* elles-mêmes appuyées sur des *fondements* de natures diverses. Il en résulte que les arguments factuels ou scientifiques doivent toujours composer avec des arguments au statut plus incertain. Pour en rester au niveau le plus élémentaire, un chiffre doit toujours être *qualifié* pour permettre de porter un jugement sur une situation: l'augmentation du nombre de bénéficiaires d'une mesure peut être qualifiée de « rapide » ou « lente », l'évolution d'une situation peut être qualifiée de « satisfaisante » ou de « préoccupante », un effet peut être qualifié de « significatif », etc.

Les éléments d'une « bonne pratique » de l'argumentation

L'évaluation comme discussion méthodique

Par bien des aspects, l'évaluation s'apparente à une discussion ordinaire au cours de laquelle des arguments sont échangés dans le but de parvenir à un jugement mieux fondé et, autant que possible, partagé. Si le jugement évaluatif diffère du jugement ordinaire, c'est moins par son objet et la nature des informations mobilisées que par l'effort pour inscrire le processus argumentatif dans un cadre méthodologique et procédural rigoureux.

L'extrait suivant, tiré d'un guide méthodologique français, résume parfaitement ce point :

> Contrairement à une recherche scientifique menée dans un cadre disciplinaire déterminé, qui privilégie un nombre limité de raisonnements, l'évaluation cherche à utiliser toutes les heuristiques, et à s'adapter aux conditions réelles de la délibération et de la prise de décision. Comme toute discussion ou réflexion menée à des fins pratiques, l'évaluation n'exclut *a priori* aucun élément d'information concernant son objet, quelle que soit sa nature (quantitative ou qualitative) et son origine, dès lors qu'il semble pertinent. [Mais] cet éclectisme n'est pas synonyme de confusion : contrairement à une discussion ordinaire, menée sans méthode formelle, l'évaluation s'efforce de ne pas mélanger les différents types d'arguments, mais de les hiérarchiser, de les pondérer et de relier chacun à des conclusions spécifiques. (Conseil scientifique de l'évaluation, 1996, p. 49)

« Discutabilité » versus persuasion

L'analogie du procès employée plus haut est suggestive, mais pas totalement pertinente. Une évaluation n'est pas un affrontement réglé de deux thèses contradictoires, mais un processus coopératif par lequel on cherche à établir un jugement raisonnable en regard de critères socialement légitimes (les objectifs d'une politique particulière ou, plus largement, l'intérêt général). Un rapport d'évaluation doit donc assurer la *discutabilité* des prétentions qu'il contient. Tout doit être fait pour qu'un lecteur quelconque puisse se faire une idée précise de la validité des arguments : connaissance des sources d'information et de leurs faiblesses éventuelles, limites inhérentes aux méthodes employées, etc. En d'autres termes, il convient de garantir la traçabilité des arguments.

L'explicitation du questionnement comme élément de la traçabilité des arguments

Un argument constitue toujours une réponse à une question. Le langage courant en porte la marque, puisque le terme « question » y est souvent associé à l'idée de signification – même en l'absence de point d'interrogation, par exemple quand on cherche « ce dont il est question » dans un texte. Dans la discussion courante, les questions restent souvent implicites.

En revanche, dans l'argumentation qui fonde une décision de justice pénale, les questions sont explicitement posées. Il en va de même en évaluation : la formulation dans un langage clair des questions auxquelles on veut répondre est un facteur de clarification de l'argumentation évaluative. Le rappel de la liste des questions examinées permet de déterminer plus clairement les prétentions et leur nature (ce que l'on veut démontrer et ce sur quoi on s'appuie dans ce but).

Les conséquences pratiques pour les démarches d'évaluation

La conduite d'un projet d'évaluation doit être orientée vers la construction d'un jugement raisonnable, « appropriable » et « discutable ». Cela exige notamment de :

- déterminer *ex ante – au préalable* – les enjeux cruciaux du point de vue d'un jugement orienté vers l'action, c'est-à-dire les sujets sur lesquels il semble important de lever une incertitude, ainsi que les idées qu'il importe de valider ou de préciser ;
- formuler les questions d'évaluation en des termes qui préfigurent les points cruciaux de l'argumentation que l'on cherche à bâtir ;
- affecter les moyens dont on dispose aux investigations les plus susceptibles de permettre de répondre aux questions les plus importantes du point de vue de leur impact sur les jugements pratiques des décideurs et acteurs clés de la politique ;
- être particulièrement attentifs, au moment de la rédaction du rapport d'évaluation, à la rigueur et à la clarté de l'argumentation. Le rapport d'évaluation doit expliciter l'objet, les objectifs et les méthodes mises en œuvre, sans oublier de préciser leurs limites. Il doit permettre au lecteur de faire la part entre les faits établis et les opinions majoritaires, les conclusions qui en sont déduites et les recommandations qui en sont tirées.

Appliquer l'exigence de rigueur aux processus sociocognitifs

Notre insistance sur les dimensions discursive et interprétative de l'évaluation ne doit pas s'entendre comme une relativisation des enjeux du travail plus strictement technique de mesure des effets d'une action. Il s'agissait plutôt d'attirer l'attention sur le fait que la phase de collecte et de traitement de l'information est toujours inscrite dans un processus plus large d'interactions sociales diversifiées dont la bonne organisation fait partie du travail d'évaluation. Ces interactions participent pleinement de l'efficacité de l'évaluation, non seulement sur les plans social, managérial et politique, mais également sur le plan strictement cognitif. La connaissance sociale n'a en effet de valeur, d'utilité et même de consistance qu'en tant qu'elle est reliée à des questions et à des jugements. Or, l'élaboration de ceux-ci relève d'une forme de travail intellectuel collectif que l'on peut rendre plus efficace et pertinent en le soumettant à des règles méthodologiques simples.

De ce point de vue, la réflexion sur les méthodes et les démarches d'évaluation a une grande portée épistémologique et politique trop peu soulignée à notre sens. Elle suggère la possibilité et l'intérêt d'appliquer les exigences de la rigueur et de l'objectivité qui ont fait le succès de la science à une classe plus étendue de processus sociocognitifs. On entrevoit ainsi la possibilité de développer une méthode et des pratiques visant à rendre plus réfléchi, organisé et systématique le travail sur soi des sociétés humaines qui, pour l'heure, apprennent peu et lentement de leurs expériences.

Pour aller plus loin :

Deux ouvrages classiques, déjà anciens, sur la théorie de l'argumentation :

TOULMIN, S. (1993), *Les usages de l'argumentation*, Paris, Presses universitaires de France.

PERELMAN, C. et L. OLBRECHTS-TYTECA (1958), *La nouvelle rhétorique. Traité de l'argumentation*, Paris, Presses universitaires de France.

Ouvrages abordant l'évaluation du point de vue de la discussion et de l'argumentation :

PERRET, B. (2001), *L'évaluation des politiques publiques*, Paris, La Découverte.

— (1995), « La construction du jugement », dans Conseil scientifique de l'évaluation, *L'évaluation en développement 1994*, Paris, La Documentation française.

Schwandt, T. A. (2005), « Politics of evaluation », dans S. Mathison (dir.), *Encyclopedia of Evaluation*, Thousand Oaks, Sage Publications.

House, E. R. et K. R. Howe (1999), *Values in evaluation and social research*, Thousand Oaks, Sage Publications.

Internet

Perret, B. (1996), « Évaluation, gouvernance et procéduralisation de l'expertise », Intervention au séminaire sur « Les mutations contemporaines de l'art de gouverner » organisé par la Cellule de prospective de la Commission européenne, Bruxelles, < http ://perso.orange.fr/bernard.perret/eva-proc.htm >.

4
L'analyse des politiques publiques

Steve Jacob et Christine Rothmayr

L'évaluation de politiques ou de programmes publics est traditionnellement présentée comme une pratique ancrée théoriquement et méthodologiquement dans de nombreuses disciplines, dont l'économie, la psychologie et la sociologie. Son lieu de naissance précis reste toutefois plus difficile à déterminer, même si certains auteurs n'hésitent pas à affirmer que « la science politique est probablement le lieu de naissance de l'évaluation » (Schneider, 1986, p. 222 ; notre traduction). Dans ce chapitre, nous n'avons pas la prétention de trancher définitivement ce débat. Nous nous attarderons davantage à décrire la parenté entre l'évaluation et l'analyse des politiques publiques, un champ de la science politique actuellement en pleine expansion.

Plusieurs éléments rapprochent en effet l'évaluation et l'analyse des politiques publiques. *Primo,* il s'agit de processus centrés sur l'examen de l'intervention de l'État, et plus particulièrement des ministères et des organismes qui le composent, par ses actions concrètes et ses réalisations observables. Ces études appréhendent leur sujet par l'angle d'un objet politique commun qui, bien souvent, est le secteur de l'activité gouvernementale (par exemple, emploi, économie, environnement…). *Secundo,* l'évaluation et l'analyse des politiques alimentent le répertoire des connaissances et des savoirs mobilisables par les décideurs et les gestionnaires. Il s'agit donc ici de la constitution d'un savoir davantage orienté vers la résolution de problèmes que vers la production de savoirs fondamentaux. Les chercheurs et les évaluateurs développent un langage commun en vue de « dire la vérité aux décideurs[1] », ce qui les place parfois en position de conseiller du prince (Duran, 1997). *Tertio,* les travaux d'évaluation et d'analyse des politiques accordent une place importante au jeu des acteurs dans l'étude des processus, afin de prendre en considération les enjeux de pouvoir comme nous allons le faire dans ce chapitre. En règle générale, tous les acteurs qui se trouvent dans le périmètre de la politique ou du programme considéré font l'objet d'une attention particulière, qu'ils relèvent du secteur public (parlementaires, ministres, gestionnaires, etc.) ou du secteur privé (groupes d'intérêt, ONG, société civile, etc.).

Mais il existe également des éléments de dissemblance entre l'évaluation et l'analyse des politiques, comme l'atteste le scepticisme de Brewer et deLeon (1983) à l'égard des travaux évaluatifs, dont les standards théoriques sont élevés mais qui, selon ces auteurs, se concrétisent difficilement. La principale différence réside dans le jugement de valeur porté par l'évaluateur sur la politique ou le programme qu'il étudie. À ce sujet, Vincent Lemieux (2006a) considère que « l'analyse des politiques sert à décrire ou à expliquer comment se réalisent les politiques dans leurs différentes phases, alors que l'évaluation de programmes vise plutôt à juger si les programmes sont conformes à des valeurs prescrites ou présumées ». Et ce jugement n'est pas sans conséquences sur les programmes, les décideurs ou les gestionnaires au sein des ministères et organismes. C'est à ce titre que « l'évaluation peut être considérée comme un processus politique, c'est-à-dire comme un ensemble de relations de pouvoir entre les acteurs concernés » (Lemieux, 2006e). En effet, l'évaluation, comme les autres étapes des politiques publiques que nous décrirons ici, ne peut être appréhendée sans prendre en considération le fait qu'elle est une activité politique qui s'appuie sur une démarche méthodologique rigoureuse. Pour parvenir à ses conclusions et à ses recommandations, et lorsque celles-ci sont retenues, l'évaluateur initie un processus d'apprentissage et de changement plus ou moins important du programme évalué. Nous reviendrons

1. Notre traduction du célèbre « *speaking truth to power* » de Wildavsky (1979).

un peu plus tard sur les différentes formes d'utilisation de la démarche évaluative, qui ne se cantonnent pas à la description de constats, mais qui ont par la suite auprès des décideurs et des gestionnaires des répercussions qui, dans certains cas, peuvent entraîner l'abolition du programme.

Afin d'établir des liens entre l'évaluation et l'analyse des politiques publiques, nous allons structurer notre explication autour du cycle de la politique. Les grilles d'analyse séquentielles qui découlent des travaux de Lasswell (1956) et de Jones (1970) permettent de comparer une politique ou un programme public à un organisme vivant dont la croissance est rythmée par des étapes successives allant de sa naissance jusqu'à sa mort ou sa renaissance. Une grille séquentielle regroupe donc, de façon ordonnée, les étapes qui structurent le développement d'une politique ou d'un programme public. Les différentes étapes du cycle de la politique varient selon les auteurs. Dans ce chapitre, nous nous concentrerons sur cinq étapes :

1. La prise en compte de l'émergence et de l'identification d'un problème permet de comprendre comment un problème privé devient un problème social, et donc d'appréhender les origines d'une éventuelle intervention publique par l'étude des controverses.
2. La mise à l'agenda est l'étape au cours de laquelle un décideur (parlementaire, élu, gestionnaire), qualifié d'entrepreneur politique, s'implique activement dans la promotion des intérêts qui se sont construits précédemment, et cela, en vue de convaincre de la pertinence politique de l'action de l'État en la matière. Cette implication résulte bien souvent de la mobilisation d'acteurs, de ressources et de stratégies variées (Cobb et Rochefort, 1993).
3. La formulation et l'adoption d'une politique ou d'un programme impliquent l'opérationnalisation et l'appréciation de différentes possibilités envisageables pour résoudre le problème à l'origine d'une intervention publique.
4. La mise en œuvre a trait à l'application des décisions adoptées précédemment. Au cours de cette étape, il arrive que des adaptations et des ajustements soient nécessaires pour parvenir à concrétiser les intentions des décideurs (Pressman et Wildavsky, 1973).
5. L'évaluation et la terminaison s'interrogent sur l'évolution et la pérennité des politiques et des programmes publics. L'évaluation n'étant pas une fin en soi, l'étude de la terminaison permet d'observer l'utilisation

de ses conclusions et recommandations quant à l'apprentissage, à la continuité ou à l'abolition du programme, et le suivi qui en est donné (deLeon, 1987).

FIGURE 4.1

Les étapes du cycle de la politique publique

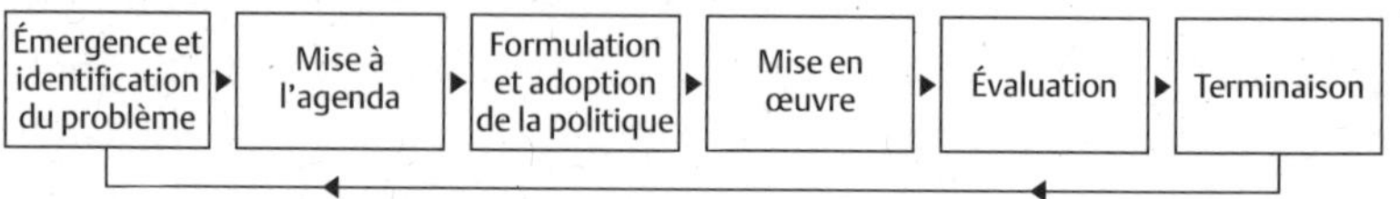

Source : Inspiré de Muller, 2003, p. 24.

Cette schématisation du cycle d'une politique publique est une fiction, tant pour les analystes des politiques publiques que pour les évaluateurs. Les analystes savent que, bien souvent, ces séquences s'intercalent, se chevauchent, voire se superposent (Sabatier, 1997). De leur côté, les évaluateurs savent que l'évaluation n'intervient pas uniquement à la fin du cycle des politiques en vue de le boucler. L'évaluation vise à produire un savoir sur le fonctionnement et les effets d'une politique en l'appréciant à l'aune de plusieurs critères comme l'opportunité, la pertinence, l'efficacité et l'efficience. Ces connaissances servent à piloter la conduite de l'action publique.

De ce point de vue, et contrairement à la vision suggérée par l'analyse séquentielle des politiques, il est illusoire et artificiel de considérer que l'évaluation n'a lieu qu'après l'étape de la mise en œuvre. En tant qu'instrument de pilotage, il est possible de mobiliser l'évaluation au cours de chacune des phases d'une politique ou d'un programme. Une évaluation *ex ante* peut en effet alimenter les étapes de l'émergence d'un problème, de la mise à l'agenda ou de la formulation d'une politique, puisque, s'il s'agit par exemple de grands projets environnementaux ou d'infrastructure, ses résultats éclairent les décideurs sur leur faisabilité et les impacts qui en sont attendus. Au moment de la mise en œuvre d'une politique, les décideurs ou les gestionnaires publics peuvent commander une évaluation concomitante afin de documenter le processus de la mise en œuvre et d'y apporter des adaptations. Enfin, après quelques années de mise en œuvre d'une politique, certains souhaitent identifier, mesurer et analyser les effets de l'action publique au moyen d'une évaluation *ex post* (il s'agit du type d'évaluation dont il est le plus souvent fait mention dans la littérature).

La littérature en administration publique nous enseigne que l'évaluation n'est qu'un instrument de pilotage parmi d'autres (par exemple, vérification, suivi, audit…) et qu'il n'est pas toujours évident de les distinguer avec précision. Ainsi, avec la montée en puissance du paradigme managérial, centré sur la performance, l'évaluation apparaît davantage comme un instrument de gestion qu'un outil de contrôle (Segsworth, 2004). Néanmoins, le principal élément qui permet de distinguer l'évaluation des autres instruments de pilotage de l'action publique réside dans l'attention qu'elle porte aux effets d'une politique ou d'un programme, c'est-à-dire aux changements (positifs ou négatifs, souhaités ou inattendus…) engendrés auprès des acteurs. De ce point de vue, les autres instruments de pilotage ne disposent pas des outils méthodologiques leur permettant d'identifier et d'isoler avec précision les effets imputables à l'intervention publique. Enfin, l'évaluation peut entraîner un questionnement et donc une remise en cause de la pertinence ou de l'opportunité des décisions préalables.

Cependant, malgré les limites traditionnellement énoncées à l'encontre de cette approche séquentielle, il nous apparaît tout de même utile de rattacher cette schématisation au processus d'évaluation. En effet, il nous semble opportun d'utiliser ce cycle pour analyser et comprendre la démarche évaluative. Cette déconstruction analytique permet d'isoler les moments clés du processus et de se concentrer sur les interactions entre les différents acteurs de l'évaluation (commanditaires, évaluateur, évalués). Au-delà de cette schématisation, nous nous attarderons également sur les principales théories d'analyse des politiques publiques qui nous aident à mieux comprendre le déroulement du processus évaluatif. À cet effet, la littérature sur l'analyse des politiques enrichit la compréhension de la pratique évaluative. Dans ce chapitre, nous allons nous appuyer sur l'analyse des politiques publiques pour mieux définir la pratique de l'évaluation et présenter les principaux enseignements théoriques relatifs à chacune des phases définies ci-dessus. Cela nous permettra de mettre en évidence les facteurs clés que les évaluateurs doivent avoir à l'esprit pour surmonter les écueils qui jalonnent le processus évaluatif.

La justification de l'évaluation : émergence et identification du problème

Dans une dimension centrée sur la résolution des problèmes, l'émergence d'une politique ou d'un programme résulte d'une volonté de changement en vue d'améliorer une situation vécue par certains membres de la collectivité (par exemple, chômage, délinquance, pollution…). Pour cela, il est indispensable que la situation problématique à laquelle sont confrontés les bénéficiaires pressentis d'une intervention publique soit érigée en problème collectif ou public, c'est-à-dire que celle-ci soit sortie de la sphère confidentielle ou privée dans laquelle elle se trouve à l'origine (Garraud, 1990). L'évaluation est parfois présente dans cette vision « traditionnelle » de l'émergence d'une politique, puisqu'il lui arrive d'alimenter cette première étape du cycle de la politique. Dans certains cas, l'évaluation attire l'attention du public sur un problème spécifique et s'avère donc être une des sources potentielles d'information qui permettent d'identifier un problème autour duquel une demande, voire une revendication sociale, pourra éventuellement se structurer. En l'absence de cette mobilisation et de cette reconnaissance sociale de la situation privée problématique, celle-ci ne sera pas thématisée politiquement et ne donnera pas lieu à une intervention publique (Knoepfel *et al.*, 2001). L'intervention publique résulterait donc d'un processus structuré en différentes étapes : l'identification d'un problème (*naming*), la désignation des causes et des responsabilités (*blaming*) et la revendication d'un changement (*claiming*) (Cobb et Ross, 1997). En prenant en considération tous ces éléments, il est entendu que la façon dont le débat va s'organiser influencera considérablement la suite des opérations. De ce point de vue, les analystes de politiques observent couramment que la structuration du débat oriente le registre des solutions dans lequel puiseront ensuite les décideurs.

La réalisation d'une évaluation n'est possible que si des acteurs en manifestent le désir. La nécessité, et parfois même l'urgence, d'une évaluation résulte de l'apparition de problèmes sérieux dans le fonctionnement d'un programme ou de déficits de mise en œuvre dans une politique, qui s'observent sous la forme de dysfonctionnements de la gestion publique. Dans ce cas, la crise devient un révélateur montrant l'urgence d'entreprendre une évaluation en vue d'alimenter le débat à l'aide de données probantes (*evidence-based policy*) ou de faire taire une polémique ou une controverse publiques. À cet égard, les décideurs ou gestionnaires confrontés à une crise insistent sur la nécessité de faire toute la lumière avec transparence sur ce phénomène (Jacob, 2006); l'évaluation externe constitue alors une voie commode, puisqu'elle permet de s'appuyer sur l'analyse d'une tierce partie (l'évaluateur) présentée comme neutre, experte et impartiale.

Dans d'autres cas, la réalisation d'une évaluation est prévue par le décideur lui-même, qui peut adopter une clause évaluative. Les clauses d'évaluation sont des dispositions que le législateur insère dans une loi et qui rendent obligatoire la réalisation d'une évaluation dans un délai plus ou moins imposé. Une telle clause peut être plus ou moins détaillée, allant de la simple intention d'évaluation à la mention des conditions pratiques de la démarche évaluative. Ces clauses permettent aux évaluateurs d'anticiper les attentes du commanditaire et favorisent un travail préparatoire en matière de collecte des données, d'élaboration d'instruments de mesure et de suivi, ainsi que de planification de l'exercice.

Le type de raisonnement a des conséquences sur les objectifs de l'évaluation (notamment sur l'implication, la collaboration, voire la conflictualité) à toutes les étapes ultérieures: au cours de la définition du mandat, au moment de l'implication des acteurs pendant la réalisation de l'évaluation et, bien sûr, lors de l'utilisation, au moment du suivi, des conclusions et des recommandations. Si l'évaluation est « imposée », elle apparaît comme un instrument de contrôle aux yeux de ceux qui sont présentés comme étant les responsables de la situation dénoncée initialement. Ils auront peur, se méfieront de l'exercice et tenteront d'en freiner la progression. On peut aussi dénoncer la partialité ou l'instrumentalisation politique des résultats produits. En conclusion, à l'issue de cette première étape, il est indispensable que l'évaluateur s'interroge sur l'origine de son mandat (d'où vient-il? qui l'a défini?) afin d'anticiper la suite du processus.

La commande de l'évaluation: mise à l'agenda

De nombreux auteurs considèrent que la phase de la mise à l'agenda est cruciale pour la formulation et la mise en œuvre ultérieures des politiques et des programmes publics (Kingdon, 1984; Baumgartner et Jones, 1993). Leurs explications s'appuient sur deux raisons principales. En premier lieu, la phase de mise à l'agenda apparaît comme un filtre qui permet de déterminer quels sont les enjeux qui figureront, ou non, sur l'agenda politique. Les analystes de politiques ont démontré qu'il ne suffit pas de se demander quels sont les acteurs qui parviennent à faire émerger un enjeu sur l'agenda politique pour comprendre ce processus. En effet, les analyses s'enrichissent lorsque l'on prend en considération les acteurs qui ont le pouvoir d'entraver l'inscription d'un problème à l'agenda (Bachrach et Baratz, 1963). En second lieu, les analystes qui se concentrent sur cette étape insistent sur l'importance d'étudier la manière dont un problème ou un enjeu est (re)configuré au cours de cette étape du cycle de la politique. À ce stade, la définition et la traduction d'un problème dépendent des intérêts et des valeurs des acteurs impliqués, et se répercutent sur la définition des objectifs de la politique à venir et sur le type de solutions qui seront finalement retenues (Stone, 1989; Cobb et Rochefort, 1993).

Ces travaux peuvent alimenter les réflexions sur la décision d'entreprendre, ou non, une démarche évaluative. Dans cette perspective, la commande d'une évaluation ne se limite pas à ses aspects «technocratiques», mais revêt une dimension politique importante.

Tout d'abord, la décision d'évaluer un programme ou de se concentrer sur une de ses dimensions précises est déterminée par la fonction occupée par le commanditaire potentiel et par ses intérêts, mais aussi par ses connaissances sur le programme concerné. C'est à cette étape qu'on détermine si cette évaluation répond à un besoin général et qu'on en définit les objectifs spécifiques. Les réponses aux questions «Pourquoi entreprendre une évaluation?» et «Quels sont les objectifs poursuivis par le commanditaire?» dépendent fortement des acteurs qui initient l'exercice et de leur capacité d'inscrire la nécessité d'une évaluation à l'agenda administratif. Dans une perspective pluraliste, nous pouvons imaginer que le «jeu évaluatif» est ouvert à tout le monde (Dahl, 1961). Ce point de vue est d'ailleurs renforcé par les théoriciens de l'évaluation qui plaident pour la prise en compte d'un éventail d'intérêts élargi (Patton, 2000; Fetterman, 2001) et qui encouragent la démocratisation de la démarche évaluative (House et Howe, 2000). Cependant, les responsabilités et les prérogatives ne sont pas les mêmes pour toutes les parties prenantes en présence. La capacité pour un acteur d'entreprendre ou non une évaluation est influencée par la manière dont la pratique est institutionnalisée auprès des organes parlementaires, gouvernementaux ou administratifs (Jacob, 2005), ou par l'existence plus ou moins systématisée de clauses évaluatives.

Dans la pratique, la décision d'entreprendre une évaluation provient bien souvent des fonctionnaires responsables de la mise en œuvre de la politique ou du programme, des gestionnaires publics ou des institutions gouvernementales de vérification et de contrôle (Segsworth, 2002). Les fonctionnaires de première ligne peuvent également concourir à la prise de conscience du besoin d'évaluer une politique ou un programme, même si leur influence reste limitée, puisque leurs capacités décisionnelles sont peu développées. Lorsqu'un programme ou une politique est l'objet d'une controverse, il arrive que les décideurs (parlementaires, ministres, hauts fonctionnaires...), les groupes d'intérêt ou même les citoyens fassent pression pour conduire une évaluation (Jacob, 2007, p. 185-190). Toutefois, cela représente plutôt l'exception que la règle.

Par ailleurs, les motivations qui amènent les acteurs à entamer une évaluation ne sont pas toujours transparentes. Bien souvent, les raisons légitimes côtoient des motivations plus stratégiques, voire carrément intéressées. C'est également le cas dans le processus décisionnel classique, puisque, comme le démontre la littérature sur l'analyse des politiques, le fait de résoudre un problème n'est pas la seule explication à prendre en considération pour comprendre les justifications qui conduisent à l'élaboration d'une nouvelle politique. Dans le même ordre d'idées, en observant la pratique évaluative, nous constatons que l'amélioration d'un programme ou d'une politique, la mise en place d'un processus d'apprentissage organisationnel, la transmission d'informations aux décideurs ou le respect d'obligations évaluatives ne sont pas les seules motivations qui poussent les acteurs à entreprendre une telle démarche. Les intérêts cachés amplifient les risques d'instrumentalisation de l'évaluation. Il s'agit, par exemple, de l'ajournement d'une décision, de la légitimation d'une décision déjà prise, des tentatives d'apaiser les résistances au sein d'une administration, de l'amélioration de l'image d'une unité ou d'une organisation, et, par extension, du renforcement de sa position au sein de l'appareil administratif (Weiss, 1998).

Il est évidemment important qu'un évaluateur externe connaisse le contexte dans lequel a été prise la décision d'entamer une évaluation. En répondant aux questions « Comment est-on parvenu à cette décision ? » et « Y a-t-il eu des résistances, voire des oppositions, à la volonté de réaliser une évaluation ? », l'évaluateur disposera d'une information utile à la réalisation de son mandat. Il pourra adopter un comportement adéquat, puisqu'il sera à même d'opérer des choix éclairés en matière de consultation, d'implication ou de collaboration entre les différentes parties prenantes. Les chercheurs qui s'intéressent davantage à la mise en œuvre des programmes ou des politiques ont d'ailleurs mis en évidence la nécessité de se référer à ces facteurs contextuels pour comprendre les positionnements ultérieurs des acteurs.

En répondant aux questions « Quels sont les acteurs qui ont défini le problème et proposé des solutions ? » et « Quels sont les acteurs qui ont été impliqués ou exclus du processus ? », il est possible d'anticiper la manière dont se déroulera la mise en œuvre de la politique et le comportement des acteurs associés ou non à cette étape. Il en va bien sûr de même en évaluation. C'est la raison pour laquelle l'évaluateur pourrait identifier et recenser systématiquement toutes les parties prenantes (*stakeholders*) directement ou indirectement concernées par la politique ou le programme à évaluer. À ce stade, il convient de dépasser les apparences et de sonder méticuleusement l'ensemble des intérêts qui seront en jeu au cours de l'évaluation. En effet, en identifiant les parties prenantes, leurs aspirations et leurs besoins, l'évaluateur peut pressentir les relations de pouvoir auxquelles il sera potentiellement confronté. Cela lui permettra d'anticiper les points de tension éventuels ou les moments où il aura possiblement à reformuler les attentes relatives à son travail. Ceux-ci peuvent d'ailleurs surgir dès les prémisses de l'évaluation, c'est-à-dire lors de la définition du mandat, comme nous allons le voir dès maintenant.

La définition du mandat évaluatif : formulation et adoption de la politique

Le processus décisionnel a depuis longtemps attiré l'attention de nombreux chercheurs en analyse des politiques. Plusieurs théories expliquant la manière dont les décideurs élaborent et fondent leurs choix ont été proposées. Il y a plus d'un demi-siècle, Herbert Simon, considérant que le modèle de l'acteur rationnel, l'*Homo economicus* dont les choix se fondent sur la maximisation de ses propres intérêts, ne permettait pas de comprendre le processus politique, a enrichi le cadre d'analyse en y intégrant le concept de rationalité limitée (Simon, 1945). Dans cette perspective, la rationalité parfaite n'existe pas, puisque les connaissances sont incomplètes et fragmentées, les acteurs n'anticipant pas toujours précisément les conséquences de leurs actions et n'étant pas capables d'analyser complètement tous les aspects d'un problème. Dans ces conditions, leurs capacités de réflexion sont limitées; ils font donc face aux problèmes et prennent leurs décisions de manière fragmentée plutôt que simultanée. De plus, les routines et les autres solutions auxquelles ils ont déjà eu recours influencent leurs choix. En conséquence, les décisions qui sont adoptées permettent de satisfaire les objectifs poursuivis plutôt que de maximiser les gains. Par la suite, Lindblom a rompu encore plus radicalement avec la figure du décideur rationnel. De son point de vue, la décision politique se caractérise par l'incrémentalisme (Lindblom, 1979). Les décisions ne sont pas le résultat d'analyses planifiées ou de réflexions globales. Au contraire, les acteurs analysent les problèmes qu'ils rencontrent par rapport aux solutions disponibles; ils fondent leurs choix sur ce qui existe réellement et procèdent à de rapides comparaisons en vue de déterminer la pertinence de leur adoption. Ainsi, les politiques évoluent d'une manière progressive, comme le démontrent en effet plusieurs études accréditant le fait que les décisions politiques se fondent bien plus sur l'éventail des politiques existantes que sur l'innovation (Rose et Davies, 1993; Pierson, 2000).

Les concepts de culture ou de pratique évaluative attirent l'attention sur le fait que les valeurs, les routines et les procédures d'une unité, d'un département ou d'une organisation (ministère, agence…) peuvent elles aussi affecter sérieusement l'élaboration d'un mandat d'évaluation, bien souvent matérialisé sous la forme d'un cahier des charges.

En fait, en rédigeant un mandat d'évaluation, les décideurs publics reproduisent très souvent les habitudes et procédures politico-administratives ancrées dans leur environnement. Comme nous l'avons déjà mentionné, les caractéristiques des dispositifs d'institutionnalisation de la pratique évaluative influencent ce processus et sont cruciaux pour comprendre les éléments qui affectent la préparation d'un mandat et, ultérieurement, les résultats de l'exercice d'évaluation. Dans le même ordre d'idées, le profil de l'évaluateur aura également des répercussions sur l'ensemble de l'exercice. En effet, une évaluation réalisée par un organisme en charge d'une vérification (comptable et financière) et d'une évaluation n'aboutira pas nécessairement aux mêmes démarches, conclusions et recommandations qu'une évaluation confiée à une unité interne d'évaluation ou à un évaluateur externe (Segsworth, 2002, 2005; Saint-Martin, 2004).

Au cours de cette étape, il est nécessaire que le commanditaire définisse les objectifs de l'évaluation. La littérature nous enseigne que ces derniers sont nombreux, et qu'ils vont de la transmission d'informations aux décideurs jusqu'à la suppression d'un programme ou d'une politique, en passant par la mise en œuvre d'un processus d'apprentissage organisationnel au sein de l'administration en charge de la politique ou du programme évalué (Weiss, 1998). Les finalités de l'évaluation sont donc bien souvent étroitement liées aux ambitions poursuivies par celui qui va ultimement disposer de l'information produite par cet exercice. De plus, la réalisation d'une évaluation, en termes pratiques et concrets, requiert des décisions au sujet de l'approche privilégiée (par exemple, guidée par les théories participative, réaliste, émancipatrice…), du choix de l'évaluateur (en cas d'évaluation externe), mais aussi du devis évaluatif à appliquer, c'est-à-dire des méthodes retenues, de l'agenda et de la planification, du budget octroyé et de la valorisation souhaitée des résultats. Contrairement aux apparences, ces choix sont loin d'être neutres ou anodins, puisqu'ils auront une incidence non négligeable sur le déroulement de l'évaluation ainsi que sur les conclusions et les recommandations auxquelles parviendra l'évaluateur.

L'analyse des politiques nous enseigne que tous les acteurs ne peuvent pas s'organiser de la même manière en vue de défendre leurs intérêts et qu'ils ne disposent pas tous du même poids lorsqu'il s'agit de faire pression, voire d'influencer le processus décisionnel (Bachrach et Baratz, 1970). Il en va de même en ce qui concerne la définition d'un mandat d'évaluation. Les analystes de politiques considèrent qu'en observant les acteurs impliqués dans le processus de formulation d'un programme ou d'une politique, y compris le jeu de la distribution des ressources qui l'accompagne, il est possible d'en comprendre les résultats. Il s'agit là d'un élément intéressant à prendre en considération lorsqu'on compare les débats relatifs à la participation de la société civile aux processus décisionnels et d'élaboration de politiques en général (démocratie délibérative, panel de citoyens…) (Dryzek, 1990) avec les débats entourant le rôle de l'évaluateur et l'implication des parties prenantes, en particulier dans la littérature sur l'évaluation. Dans les deux cas, il y a une tendance qui plaide en faveur d'un renforcement de la participation et qui encourage un élargissement de l'inclusion des acteurs dans le processus décisionnel.

Les promoteurs de ce mouvement utilisent différents arguments pour appuyer leur point de vue. Selon eux, la participation au processus décisionnel accroît la légitimité des choix effectués, et donc de l'intervention publique, et facilite la réussite de la mise en œuvre quant à la coopération, mais aussi au contenu, c'est-à-dire à la réalisation des objectifs définis précédemment. Il en va de même pour l'évaluation, où les promoteurs d'une démarche participative mettent l'accent sur le fait que la réalisation d'une évaluation peut être guidée par des considérations sociales, que la participation favorise l'utilisation des résultats produits et que l'inclusion d'un éventail plus large ou différencié de parties prenantes renforce la qualité, la validité et l'interprétation des données recueillies. Ce qui se reflète ultimement sur les conclusions et les recommandations formulées par l'évaluateur.

En résumé, même s'il existe des différences entre la définition d'un mandat évaluatif et l'élaboration d'une politique ou d'un programme du point de vue de la légitimité démocratique et de la reddition ultérieure de comptes, il est indéniable que leur contenu sera affecté par la nature des acteurs (impliqués, exclus ou qui ne souhaitent pas participer à cette étape, sur une base volontaire et parfois stratégique) et par les ressources dont ils disposent, et qui affectent la répartition des sources d'influence et de pouvoir. De plus, la définition d'un mandat évaluatif peut être fortement conditionnée par les pratiques existantes, les routines bureaucratiques et les formes d'institutionnalisation de la pratique, comme nous l'avons déjà vu. Il ne faut cependant pas conclure prématurément à un déterminisme dans la démarche évaluative. Ce serait négliger les dimensions partenariales de cette pratique. En effet, tout au long du processus, il y aura des moments de discussion, et parfois même de négociation, entre l'évaluateur et le commanditaire, en vue de concilier les dimensions scientifique et politique de l'exercice. L'évaluation étant davantage un métier (méthodologiquement exigeant) qu'une science, elle permet donc des aménagements. Ceux-ci ne sont pas exclusivement d'ordre politique. Ainsi, parallèlement à la diplomatie, l'évaluateur doit faire preuve de pragmatisme pour tenir compte des contraintes qui ne manquent jamais de surgir sur le plan des ressources (temporelles, budgétaires...). Comme nous allons le voir maintenant, la réalisation d'une évaluation est une alchimie entre le scientifiquement désirable et le matériellement réalisable.

La réalisation de l'évaluation : mise en œuvre

Les analystes de politiques considèrent que l'étape de la mise en œuvre consiste à agir en vue de concrétiser les objectifs d'une politique. Cette opérationnalisation des intentions en réalisations n'est pas un processus dénué d'enjeux. Il ne s'agit pas d'une simple transposition neutre et indifférente de la volonté des décideurs, puisque c'est au cours de cette étape que sont interprétées les directives gouvernementales (Muller, 2003). À ce sujet, les administrations se sont progressivement éloignées de la conception wébérienne selon laquelle la discrétion administrative est un obstacle à l'efficacité de la bureaucratie, à la neutralité et à l'anticipation de l'action administrative pour rencontrer les exigences de la nouvelle gestion publique. Pour les tenants de ce courant, la discrétion permet de maximiser l'efficacité des administrations en évitant la rigidité excessive qui caractérise bien souvent les organisations bureaucratiques.

Cette traduction des décisions politiques en effets concrets est bien souvent tributaire de ses créateurs et des autres acteurs concernés ultérieurement (Lemieux, 1995 ; Bardach, 1977). S'il peut y avoir plusieurs compréhensions et formulations d'un problème, il peut aussi y avoir des réinterprétations à l'étape de la mise en œuvre. Dans ce cas, les agents publics disposent d'une marge de manœuvre, voire d'une certaine latitude pour agir (Goggin *et al.*, 1990). Cette forme de discrétion administrative se retrouve en évaluation, où les acteurs impliqués dans l'exercice interprètent le mandat qui leur est confié en vue de s'adapter à des circonstances particulières (accessibilité des données, émergence d'une nouvelle question évaluative…).

Comme le démontre Bardach (1977), il est important de considérer le jeu entre les acteurs. Tous ne s'engagent pas (ou ne sont pas impliqués) de la même manière. L'enthousiasme à collaborer ou non à une évaluation est révélateur de la perception que les acteurs ont de cet exercice et, parfois, de leur anticipation des résultats. Certains tenteront donc d'orienter le processus à leur avantage, tandis que d'autres chercheront à l'entraver pour en compliquer la réalisation. À côté de cette attitude stratégiquement orientée, il est important de préciser que la littérature sur l'évaluation accorde une grande attention à l'implication de tiers. L'évaluation impliquant les parties prenantes (Cousins et Whitmore, 1998 ; Guba et Lincoln, 1989 ; Fetterman, 2001) permet de prendre en considération une variété de points de vue et d'offrir à d'autres acteurs que le traditionnel duo commanditaire-évaluateur une possibilité d'influer sur la démarche évaluative. Comme nous l'avons déjà mentionné, l'identification préalable de toutes les parties prenantes en présence permet d'anticiper les situations auxquelles l'évaluateur risque d'avoir à faire face dans son travail.

En comparant la réalisation du mandat évaluatif à la mise en œuvre d'une politique ou d'un programme public, il n'est pas possible de faire abstraction des problèmes qui peuvent survenir au cours de cette étape et que la littérature sur l'analyse des politiques qualifie de « déficits de mise en œuvre » (Pressman et Wildavsky, 1973). Il s'agit des décalages, parfois considérables, qui se produisent entre les intentions des décideurs et les effets observés sur le terrain. Cela peut également se produire au cours d'une évaluation qui peut engendrer des conséquences inattendues. Dans les études d'analyse de politiques (Hogwood et Gunn, 1984; Sabatier, 1997), nous avons trouvé quelques éléments dont il faut tenir compte si l'on souhaite réduire ce risque et éviter que l'évaluation s'enlise, n'aboutisse pas ou produise des effets pervers. Il s'agit d'être attentif au fait qu'aucune contrainte n'est insurmontable, de favoriser l'implication d'une autorité reconnue, d'ancrer l'évaluation sur une théorie d'intervention valide, de définir des objectifs clairs, d'obtenir des informations pertinentes et de faire en sorte qu'une coordination parfaite soit établie entre les acteurs concernés.

Enfin, durant cette étape, il est nécessaire de veiller à la cohérence des actions entreprises. Par exemple, dans le cadre d'une évaluation d'envergure, il faut s'assurer que les différentes évaluations réalisées simultanément sur plusieurs sites (évaluation de multiples projets, de plusieurs sites…) sont cohérentes. Plus simplement, l'évaluateur peut, à chacune des étapes, s'interroger sur le sens des actions qu'il entreprend pour s'assurer qu'elles le mènent dans la direction souhaitée. Ces réflexions peuvent s'appuyer sur des standards de qualité, qui sont des guides utiles pour encadrer la démarche d'évaluation (par exemple, *The Joint Committee on Standard for Educational Evaluation,* Standards d'évaluation de la Société suisse d'évaluation – SEVAL). À ce sujet, nous considérons les standards comme des outils qui permettent à l'évaluateur de situer sa pratique à l'aune de normes ou de conceptions habituelles et usuelles en la matière, et non comme un catéchisme prescriptif à suivre à la lettre. En effet, bien souvent, l'évaluateur est amené à s'écarter de ces normes pour faire face à certaines situations particulières ou tenir compte du contexte, éventuellement culturel, dans lequel il évolue. Dans de tels cas, il devra parfois adapter ses instruments de collecte ou ses grilles d'analyse, même si nous privilégions la parcimonie à ce sujet, car l'évaluateur peut avoir la sensation d'innover alors qu'il ne fait que réinventer la roue.

Du savoir produit à l'utilisation des conclusions : terminaison de la politique

Pour les évaluateurs, la production de connaissances sur le fonctionnement de l'État et sur les effets produits par son intervention est un objectif important. Ce constat est d'autant plus pertinent que les relations entre savoir et décision se renforcent et que l'expertise se popularise. Même si l'expertise publique a de tout temps joué un rôle important dans le processus décisionnel, les sociétés contemporaines sont confrontées à une offre d'expertise de plus en plus diversifiée provenant tant des universités que des groupes d'intérêt. Dans ce contexte, les décideurs publics sont amenés à justifier leurs choix. Cet impératif de transparence amplifie le recours à des données probantes (*evidence-based policy*). L'évaluation devient dès lors une source d'expertise non négligeable. C'est pour cette raison que les évaluateurs insistent sur l'impératif de rigueur méthodologique de leur démarche, afin de ne pas prêter le flanc à la critique, et donc de décrédibiliser le travail accompli.

La production de savoirs évaluatifs ne constitue cependant pas une fin en soi, et certains considèrent que le plus difficile commence lorsque le rapport d'évaluation est déposé. En effet, les connaissances produites peuvent éclairer les décisions ultérieures sur la politique ou le programme concerné. En prenant en considération les conclusions et les recommandations formulées dans l'évaluation, les décideurs ou les gestionnaires peuvent convenir du maintien, de la reformulation ou de la suppression de cette politique ou de ce programme. Il ne faut pas forcer le trait pour y voir un des enjeux majeurs du processus évaluatif. La question de l'utilisation des connaissances produites par les évaluations est centrale dans la littérature (voir le chapitre 8). Lors de chacune des étapes que nous avons mentionnées, l'évaluation peut susciter un processus d'apprentissage qui permet d'amender les buts et les moyens d'une politique ou d'un programme public. Certains considèrent d'ailleurs que le critère de validation d'une évaluation ne se résume pas uniquement aux questions de rigueur scientifique et méthodologique, mais qu'il dépend aussi fortement de l'utilisation des connaissances produites et de leurs répercussions sur le terrain. Il convient cependant de constater qu'il est rare, à l'exception de certains projets pilotes, qu'une évaluation entraîne la suppression d'une politique ou d'un programme.

Les chercheurs qui s'intéressent à l'évolution des politiques sur de plus ou moins longues périodes s'appuient sur plusieurs corpus théoriques qui peuvent être mobilisés par les évaluateurs en vue d'élargir le débat sur l'utilisation des conclusions et des recommandations d'une évaluation. Sur un axe partant de l'inutilisation des résultats jusqu'à leur utilisation, il est possible de mobiliser deux grandes approches : la dépendance au chemin emprunté (*path dependency*) et l'incrémentalisme. Selon la première approche, les ornières de la voie dans laquelle s'est engagée l'action publique sont si profondes qu'il est difficile de changer de direction (notamment quant aux coûts politiques ou financiers). Dans ce contexte, les évaluations seront peu utilisées. Dans une perspective axée davantage sur le changement, l'incrémentalisme nous enseigne que les aménagements de programmes publics sont les résultats d'un lent processus d'adaptation et de changements marginaux qui peuvent progressivement entraîner une reconfiguration importante des programmes. Dans ce cas de figure, les conclusions et recommandations d'une évaluation peuvent faciliter l'adoption de mesures de changements portant sur la mise en œuvre d'un programme (par exemple, moyens mis à disposition, processus), ce qui peut ensuite entraîner un réaménagement plus important de ce dernier.

On a pu voir que les débats et les enseignements théoriques de l'analyse des politiques peuvent enrichir la compréhension du contexte politique de l'évaluation. Cela implique qu'il ne faut pas réduire la pratique évaluative à un exercice « technocratique », mais plutôt qu'on peut la percevoir comme un élément du processus décisionnel. Toutefois, la littérature présentée dans ce chapitre nous rappelle que l'évaluation n'est pas la prise de décision. La grande variété des théories nous permettant de comprendre le cycle de la politique en général et les moments de la prise de décision en particulier nous rappelle sans cesse qu'une multitude de facteurs interviennent dans ces processus. Le savoir produit par l'évaluation n'est qu'une pierre (peut-être une clé de voûte) dans l'édifice du processus politique.

Pour aller plus loin :

Massardier, Gilles (2003), *Politiques et action publique*, Paris, Armand Colin.

Une synthèse de la littérature relative à l'analyse de l'action des pouvoirs publics qui s'adresse en priorité aux étudiants souhaitant se familiariser avec les concepts de base de l'analyse des politiques. En se concentrant sur les rôles des principaux acteurs impliqués dans la gestion publique, l'auteur contribue à la réflexion sur les mutations de l'État contemporain.

Alkin, Marvin C. (dir.) (2004), *Evaluation Roots. Tracing Theorists' Views and Influences*, Thousand Oaks, Sage Publications.

En donnant la parole aux théoriciens qui font évoluer la discipline de l'évaluation, Marvin Alkin offre une compilation de témoignages qui reflète la diversité des pratiques et dote le lecteur des principales clés de compréhension qui lui permettront de s'orienter et d'opérer des choix raisonnés au moment d'initier une démarche évaluative.

Kusek, Jody Z. et Ray C. Rist (2006), *Dix étapes pour mettre en place un système de suivi et d'évaluation*, Montréal, Saint-Martin.

En s'appuyant sur une solide expérience de terrain acquise à la Banque mondiale, les auteurs présentent les différentes étapes du processus de suivi et d'évaluation. Les exemples proviennent de programmes de coopération au développement.

Internet

WWW Virtual Library: The World Wide Evaluation Gateway, <www.policy-evaluation.org> .

International Development Evaluation Association, <www.ideas-int.org>.

European Evaluation Society, <http ://europeanevaluation.org>.

5
La construction du modèle logique d'un programme

Nancy L. Porteous

Le modèle d'analyse logique est un outil visuel visant à décrire un programme dans sa logique (ou sa théorie) fondamentale. Malgré leur diversité, les programmes ont en partage certains éléments, et le modèle logique est un diagramme de ces éléments communs qui illustre le contenu (quoi ?), les destinataires (qui ?) et la raison d'être (pourquoi ?) du programme (voir la figure 5.1). Il est essentiel d'avoir une vision commune de la logique d'un programme avant d'élaborer des mesures de surveillance et d'évaluation.

Un modèle logique peut s'appliquer à des programmes de tout genre et dont la portée peut être large ou restreinte. On peut également élaborer ce type de modèle pour l'ensemble des activités d'un organisme. Dans le présent chapitre, le terme « programme » aura donc un sens assez large pour inclure les projets, les politiques ou d'autres types d'initiative tels que les interventions, les projets pilotes, les événements, les processus, les campagnes et les services. Un programme peut être très vaste ou très restreint, ou encore se situer quelque part entre ces deux extrêmes. Fondamentalement, un programme consiste en une série d'activités appuyées par un ensemble de ressources et visant à atteindre des résultats spécifiques au sein de groupes cibles définis.

FIGURE 5.1

Modèle d'analyse logique

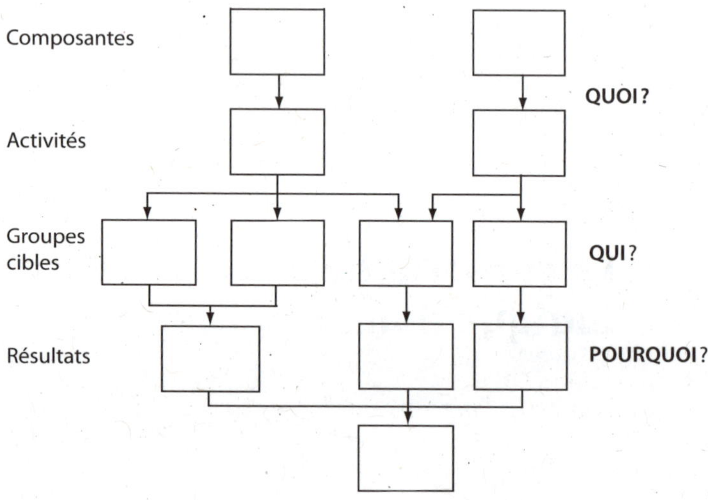

Il est utile de définir ici les termes qu'on utilise dans un modèle logique pour décrire les principaux éléments d'un programme :

Quoi ?

- Les **composantes** d'un programme sont des séries d'activités étroitement apparentées.
- Les **activités** sont les mesures mises en œuvre par le programme pour parvenir aux résultats désirés.

Qui ?

- Les **groupes cibles** sont les clientèles – individus, groupes, collectivités ou organismes à qui s'adresse le programme.

Pourquoi ?

- Les **résultats** sont les changements que l'on espère effectuer par l'entremise du programme.

Éléments facultatifs :

- Les **intrants** sont les ressources qui permettent la réalisation des activités ;
- les **extrants** sont les services, les événements ou les biens produits par les activités ;
- les **facteurs contributifs** représentent ce qui explique que les activités ou les extrants produisent les résultats (par exemple, les réactions des participants, comme leur intérêt ou leur satisfaction à l'égard du programme) ;
- les **facteurs externes** sont des éléments situés à l'extérieur de la sphère du programme, mais qui exercent une influence sur ce dernier.

Nous traiterons de tous ces éléments, mais abordons tout d'abord les notions de mise en situation et de contexte.

Utilité, avantages et défis des modèles logiques

Le modèle logique de programme constitue un outil important de planification et d'évaluation depuis la fin des années 1980. Ce modèle permet de compiler et de visualiser l'information concernant un programme à l'aide d'un schéma, afin de favoriser la compréhension des enjeux du programme. Idéalement, l'élaboration d'un modèle logique s'effectue à l'étape de la planification d'un programme. S'il n'existe aucun modèle logique, l'élaboration d'un tel outil devient une première étape cruciale dans tout processus d'évaluation.

Les modèles logiques sont également très utiles pour communiquer les tenants et aboutissants d'un programme à divers intervenants à l'égard d'une foule d'objectifs. Un modèle logique permet de transmettre rapidement la raison d'être d'un programme au moment de l'initiation et de la formation du personnel et des bénévoles (voir le tableau 5.1).

Le processus d'élaboration d'un modèle logique a en soi une valeur inestimable. Les dialogues, les discussions et parfois même les débats qui s'ensuivent permettent d'élucider des conceptualisations nouvelles ou encore d'autres interprétations possibles d'un programme et des objectifs qu'il est censé atteindre. Nous l'avons déjà mentionné, un modèle logique dûment établi constitue un outil très utile de planification et d'évaluation. Le tableau 5.2 en énonce les avantages.

TABLEAU 5.1

Possibilités d'utilisation du modèle logique d'un programme

Buts	Publics visés
Planification	Gestionnaires, employés, partenaires et autres intervenants, planificateurs
Demandes de subventions	Bailleurs de fonds
Communication	Décideurs, cadres supérieurs, collègues d'autres organismes, partenaires du programme, représentants des médias, participants
Initiation et formation	Nouveaux employés ou bénévoles
Surveillance et évaluation	Spécialistes de l'évaluation et intervenants

TABLEAU 5.2

Avantages liés à l'élaboration et à l'utilisation d'un modèle logique de programme

Processus : élaborer un modèle logique	Produit : disposer d'un modèle logique complet
Combler le fossé entre la planification stratégique et la planification opérationnelle.	Résumer les principaux éléments d'un programme (de préférence sur une seule page).
Permettre aux intervenants de discuter du programme et de s'entendre sur la description qu'ils en font.	Expliquer la théorie qui sous-tend les activités du programme de même que les hypothèses.
Ouvrir la voie à des façons différentes ou novatrices d'élaborer un programme.	Pouvoir décrire facilement le programme à d'autres personnes.
Faire ressortir les points de compréhension ou les perceptions qui diffèrent à l'égard du programme.	Démontrer les relations causales entre les activités et les résultats (par exemple, telle activité est censée produire tels résultats).
Expliquer nettement la différence entre les activités et les résultats escomptés.	Aider à déterminer qui est responsable de tels résultats au cours de telle période.
Faciliter la détermination de questions importantes pour l'évaluation.	Contribuer à l'élaboration de mesures de rendement du programme pouvant être évaluées de façon suivie.

Malgré ces points forts, le modèle logique comporte aussi certains inconvénients :

- L'utilisation d'un modèle logique peut exiger du temps.
- Il ne s'agit que d'une représentation de la réalité – un simple modèle :
  - On ne saurait étudier tous les volets d'un programme.
  - On risque de trop simplifier le programme, par exemple en omettant d'illustrer de façon adéquate le contexte du programme et les influences externes qui agissent sur lui.

- On risque de transformer des systèmes complexes en systèmes linéaires.

À propos des modèles logiques, Westley, Zimmerman et Patton (2006), énoncent cet avertissement général : « Les conceptualisations de ce genre présupposent une connaissance préalable du déroulement exact d'une innovation. Dans les milieux complexes et très dynamiques, les préacquis ne sont pas possibles ni souhaitables, puisqu'ils peuvent restreindre l'ouverture et la souplesse » (p. 237 ; notre traduction).

Les éléments d'un modèle logique

Les éléments essentiels d'un modèle logique sont les composantes et les activités qui s'y rattachent, les publics cibles et les résultats à court, moyen et long terme. Dans certains cas, il peut également être utile d'inclure les éléments facultatifs que sont les intrants, les extrants et les facteurs contributifs.

Intrants
Composantes et activités
Extrants
Groupes cibles
Facteurs contributifs
Résultats

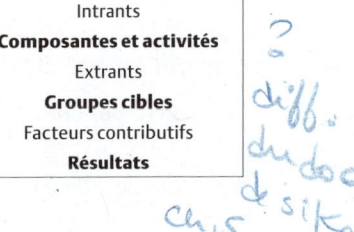

Composantes, activités et groupes cibles

Les **composantes** d'un programme sont des ensembles d'activités étroitement liées. Leur nombre dépend de l'envergure du programme et de la façon dont les intervenants le conceptualisent et l'administrent. Le modèle logique applicable à un vaste programme pourrait comporter plusieurs composantes, mais un petit programme peut n'en comporter qu'une seule.

On les exprime le plus souvent à l'aide d'énoncés courts, comme dans les exemples suivants :

- défense des droits
- développement communautaire
- collecte de fonds
- éducation publique
- consultation
- intervention immédiate
- service de référence
- formation

Conseil : S'attarder aux thèmes ou aux ensembles d'activités. Il s'agira parfois des grandes stratégies utilisées ou encore des secteurs d'activités ou de services.

Les **activités** sont les principales fonctions ou tâches que le personnel du programme accomplit, ou encore les services qu'il offre. Elles représentent le moyen d'atteindre les résultats escomptés. Pour aider les intervenants à y réfléchir, réunissez tous les documents qui portent sur le programme. Il peut s'agir d'une description des activités du programme, de plans de travail ou de plans opérationnels.

On les désigne par des verbes d'action, comme :

- animer
- élaborer
- fournir
- établir
- distribuer
- former
- identifier
- soutenir

Conseil : Éviter les aspects administratifs du programme comme le service de la paie ou les évaluations de rendement.

Les **groupes cibles** sont les individus, les groupes, les organismes et les collectivités auxquels sont destinés les services prévus par le programme, c'est-à-dire les clients, les destinataires, les bénéficiaires, les consommateurs, les populations jugées prioritaires ou le public « cible » du programme. Ils peuvent être définis en fonction de caractéristiques sociodémographiques (comme l'âge, le revenu, l'emploi, la situation géographique, la composition du ménage, l'éducation, le sexe, la langue, un handicap, l'origine ethnique ou l'orientation sexuelle) ou en fonction de la santé ou du statut social, de problématiques particulières ou de troubles de comportement.

Les groups cibles se définissent à l'aide de descriptions brèves :

- femmes autochtones
- familles à faible revenu vivant en milieu rural
- nouveaux immigrants, réfugiés
- aînés vivant seuls
- sans-abri ou personnes à risque de le devenir
- jeunes d'origine haïtienne de 14 à 17 ans

Conseil : Faire preuve d'une grande précision en combinant plusieurs caractéristiques.

Les résultats

Les résultats sont les changements que le programme devrait produire au sein de chaque groupe cible, autrement dit, ils renvoient aux objectifs, aux buts, aux solutions, aux avantages, aux effets ou aux conséquences anticipés de la mise en œuvre du programme. Il s'agit de choisir la terminologie qui convient le mieux au contexte de chaque programme. Il reste que les résultats portent sur les effets du programme plutôt que sur les activités qu'il comporte ; il s'agit donc de la finalité du programme et non de la méthode ou du processus employé. Les résultats répondent à la question « Et alors ? ».

Le nombre de résultats varie selon l'envergure et la complexité du programme, et en fonction de ses objectifs et de son public cible. Par la mise en œuvre d'un programme, on espère généralement des résultats positifs. Par contre, alors que certains programmes viseront à initier ou à maintenir un changement positif, d'autres contribueront plutôt à ce que la situation des participants se détériore moins rapidement.

Il est important de bien démontrer la séquence des changements souhaités par le groupe cible. En général, on obtient non pas une solution unique résultant de l'addition des activités et des intrants d'un programme, mais bien une série de résultats, l'un menant au suivant. On peut exprimer cette séquence par des phrases comme : « **Si** tel résultat se produit, **alors** tel autre résultat devrait en découler, entraînant tel autre résultat. » On peut parler d'une hiérarchie ou d'une séquence de résultats.

TABLEAU 5.3

Séquence typique de résultats

Résultats à court terme ↓	Changements relatifs au degré de sensibilisation à une problématique, aux connaissances, aux aptitudes ou aux compétences
Résultats à moyen terme ↓	Changements d'habitudes ou de comportements
Résultats à long terme	Changements des conditions sociales, économiques, environnementales ou liées à la santé

Les résultats à court terme sont les effets directs d'un programme sur les participants, par exemple, les changements touchant le degré de sensibilisation à l'égard d'une question ou d'un problème, l'accroissement des connaissances ou un changement d'attitude ou le perfectionnement de compétences. Les résultats à moyen terme se traduisent par un changement dans les habitudes, dans les comportements ou dans les aptitudes. Les résultats à long terme sont les conséquences sociales, économiques ou environnementales du programme, de même que ses répercussions sur l'ensemble de la collectivité. Mais quel que soit le programme, il y a généralement fort à parier que ces résultats à long terme seront peu nombreux.

Ces trois ordres de résultats s'articulent donc de façon séquentielle. Par exemple, **si** un programme d'habiletés parentales offre des sessions de groupes conçues à l'intention de jeunes parents d'enfants d'âge préscolaire, **alors** ces parents pourront accroître leurs connaissances et leurs aptitudes pour s'occuper de leurs enfants. **Si** les parents approfondissent leurs connaissances et leurs aptitudes afin de mieux s'occuper de leurs enfants, **alors** ils auront des comportements plus appropriés en tant que parents, comme préparer des repas équilibrés, prodiguer de bons soins aux enfants malades, communiquer de façon efficace, fixer des limites,

FIGURE 5.2

Modèle logique d'un programme d'habiletés parentales

Composantes	Éducation en matière de santé
	↓
Activités	• Animer des discussions à partir de modules rédigés sur les sujets relatifs aux habiletés parentales • Distribuer des dépliants sur divers sujets • Distribuer des dépliants sur d'autres ressources communautaires
	↓
Groupes cibles	Parents d'enfants âgés entre 2 et 4 ans, en particulier
	↓
Résultats à court terme	Les parents qui participent auront: • Une connaissance accrue des soins à prodiguer à un jeune enfant • Un soutien accru et constant des pairs • Une connaissance accrue des ressources et des services offerts • Des habiletés parentales améliorées
	↓
Résultats à moyen terme	Nombre accru de parents qui adoptent des comportements parentaux appropriés
Résultats à long terme	Nombre accru d'enfants capables d'atteindre leur niveau optimal de développement physique, mental, émotionnel et social

aborder les questions de sexualité, ou favoriser l'estime de soi chez leurs enfants. **Si** les parents sont capables d'aborder leur rôle de façon plus saine, **alors** leurs enfants devraient être en mesure d'atteindre un niveau optimal en termes de développement physique, mental, émotionnel et social. En d'autres mots, leurs enfants seront plus sains.

Il est à noter que les activités d'un tel programme sont destinées aux parents. Ce sont eux qui forment le groupe cible, celui des destinataires des services. Toutefois, leurs enfants en sont, en bout de ligne, les bénéficiaires. Voilà pourquoi il est important de préciser dans l'énoncé des résultats qui bénéficie des changements induits par chacun de ces résultats.

La terminologie utilisée pour décrire les résultats à court, moyen et long termes varie selon les organismes et les secteurs. Répétons-le, il est important de choisir la terminologie qui s'accorde le mieux au contexte de l'étude.

TABLEAU 5.4

Exemples de terminologies pour des séquences de résultats

<table>
<tr><th></th><th>Bibliographie</th><th>Gouvernement du Canada</th></tr>
<tr><td>Résultats à court terme</td><td rowspan="2">Résultats</td><td>Résultats immédiats (ou directs)</td></tr>
<tr><td>Résultats à moyen terme</td><td>Résultats intermédiaires (ou indirects)</td></tr>
<tr><td>Résultats à long terme</td><td>Impacts</td><td>Résultats finaux (ou ultimes)</td></tr>
</table>

La distinction entre les résultats à court, moyen et long termes relève davantage de la séquence que de la durée. L'expression court terme n'équivaut pas nécessairement à un mois, et parler de long terme ne veut pas toujours dire cinq ans. Tout dépend du programme et de ses objectifs. Par exemple, il aura fallu près de 25 ans pour constater les résultats d'un programme multistratégique visant à contrer le tabagisme. À l'inverse, les effets à long terme d'un programme d'immunisation visant à réduire le taux de maladies contagieuses se manifestent beaucoup plus rapidement.

Les éléments facultatifs d'un modèle logique

Les **intrants** sont les ressources qui permettent aux activités d'un programme d'être mises en œuvre. On peut compter parmi les intrants les ressources financières (l'encaisse, le budget, les fonds), les ressources humaines (le personnel, les bénévoles, les experts techniques), les ressources physiques (les installations) ou les ressources matérielles (l'équipement et les matériaux).

Les **extrants** sont les services, les événements ou les biens produits par les activités des programmes à l'intention des groupes cibles. Ils sont tangibles et quantifiables.

Les **facteurs contributifs** représentent ce qui mène les activités ou les extrants vers les résultats à court terme. La participation d'un groupe cible à un programme est un bon exemple de facteur contributif typique. La réaction des participants à l'égard du programme en constitue un autre exemple. Les participants sont-ils intéressés, enthousiastes ? Sont-ils satisfaits ? Une activité, ou un extrant, ne pourra vraisemblablement pas produire les résultats à court terme désirés si les participants n'en sont pas satisfaits ou s'ils n'y trouvent aucun intérêt. Cela dit, l'intérêt et la satisfaction ne sont pas les buts recherchés ; ce sont plutôt les moyens par lesquels les résultats peuvent être atteints.

Les **facteurs externes** sont des éléments situés à l'extérieur de la sphère du programme, mais qui exercent une influence sur lui. À titre d'exemple, pensons à des changements dans la situation politique ou économique, à l'agitation civile, aux médias, à des événements imprévus tels que des épidémies ou des désastres naturels, etc. Ces facteurs externes illustrent la complexité potentielle des contextes des programmes.

Influence et responsabilité

Plus on se dirige vers le bas dans le schéma d'un modèle logique, moins l'influence qu'exerce un programme sur l'atteinte réelle de ses résultats est grande. En d'autres termes, lorsqu'on passe des intrants aux extrants, il est de plus en plus probable que des forces externes au programme interviennent. Steve Montague, du Réseau de gestion de la performance, distingue quatre degrés de contrôle ou d'influence.

1. Contrôle direct. Les programmes sont responsables de la gestion de leur budget et des activités visant à produire les extrants. Même s'il y a des changements dans l'environnement d'un programme, y compris la réaffectation des ressources, les gestionnaires et le personnel d'un programme doivent « contrôler » les aspects opérationnels de ce programme, notamment les activités et les extrants.
2. Influence directe. Les programmes *influencent* l'atteinte réelle des résultats, mais ils ne peuvent pas contrôler certains éléments, comme le fait de rejoindre ou non les groupes cibles, leurs réactions aux activités, ou encore le fait de constater des changements immédiats par suite de leur participation aux programmes. L'influence des programmes, dans ces cas, est dite *directe* – les équipes des programmes adaptent intentionnellement leurs activités en vue de satisfaire aux besoins particuliers des groupes cibles.
3. Influence indirecte ou concourante. Lorsqu'il s'agit de résultats à moyen et à long termes, l'influence d'un programme est, au mieux, indirecte. Les programmes, ainsi que tous les autres facteurs touchant les participants au programme, peuvent *contribuer* à des changements dans leurs habitudes ou leur comportement.
4. Hors du contrôle ou de l'influence. De nombreux facteurs externes interviennent dans la vie des participants à un programme et influent sur la manière dont ils prennent part au programme et y réagissent. Bien que les programmes prévoient et reconnaissent ces facteurs, ils ne peuvent en général pas les contrôler ou les influencer.

Le tableau 5.5 illustre le degré d'influence normalement associé à chaque élément d'un programme. À mesure que le degré de contrôle ou d'influence diminue, le niveau de responsabilité que l'on attend normalement de la part des gestionnaires des programmes et de leurs équipes décroît.

En ajoutant des cercles concentriques autour du modèle logique, on arrive à illustrer les degrés d'influence décroissants sur la séquence des résultats. À titre d'exemple, voyons le cas du Centre de prévention et de contrôle des maladies chroniques, qui provient de l'Agence de la santé publique du Canada.

TABLEAU 5.5

Degrés d'influence des éléments d'un programme et niveaux de responsabilité attendue

Degré de contrôle ou d'influence	Éléments du programme	Niveau de responsabilité imputé au programme
Contrôle direct ↓	Intrants : ressources qui supportent les activités	Élevé
	Composantes et activités qui s'y rattachent : réalisations, services rendus	
	Extrants : biens, services ou événements	
Influence directe ↓	Groupes cibles : individus, groupes ou collectivités	Modéré
	Facteurs contributifs : participation, réactions	
	Résultats à court terme : changements relatifs au niveau de sensibilisation, aux connaissances, aux aptitudes ou aux compétences	
Influence concourante ou indirecte ↓	Résultats à moyen terme : changements relatifs aux habitudes et au comportement	Faible
	Résultats à long terme : changements dans les conditions sociales, économiques, environnementales ou sanitaires	
Hors du contrôle ou de l'influence	Facteurs externes : changements dans la situation politique ou économique, agitation civile, médias, événements imprévus tels que des épidémies ou des désastres naturels	Aucun

La figure 5.3 représente un modèle logique de niveau élevé qui ne renvoie qu'aux résultats attribuables aux quatre composantes principales de l'organisme. Par la suite, on peut établir un modèle logique plus détaillé incluant des sous-composantes, des activités, des extrants et des résultats à court et moyen termes plus précis et correspondant à chacune des composantes. Il s'agit d'une approche hiérarchique dont le but est de créer des modèles logiques comportant des niveaux de détail différents selon les destinataires et les objectifs des programmes.

FIGURE 5.3

Modèle logique du Centre de prévention et de contrôle des maladies chroniques

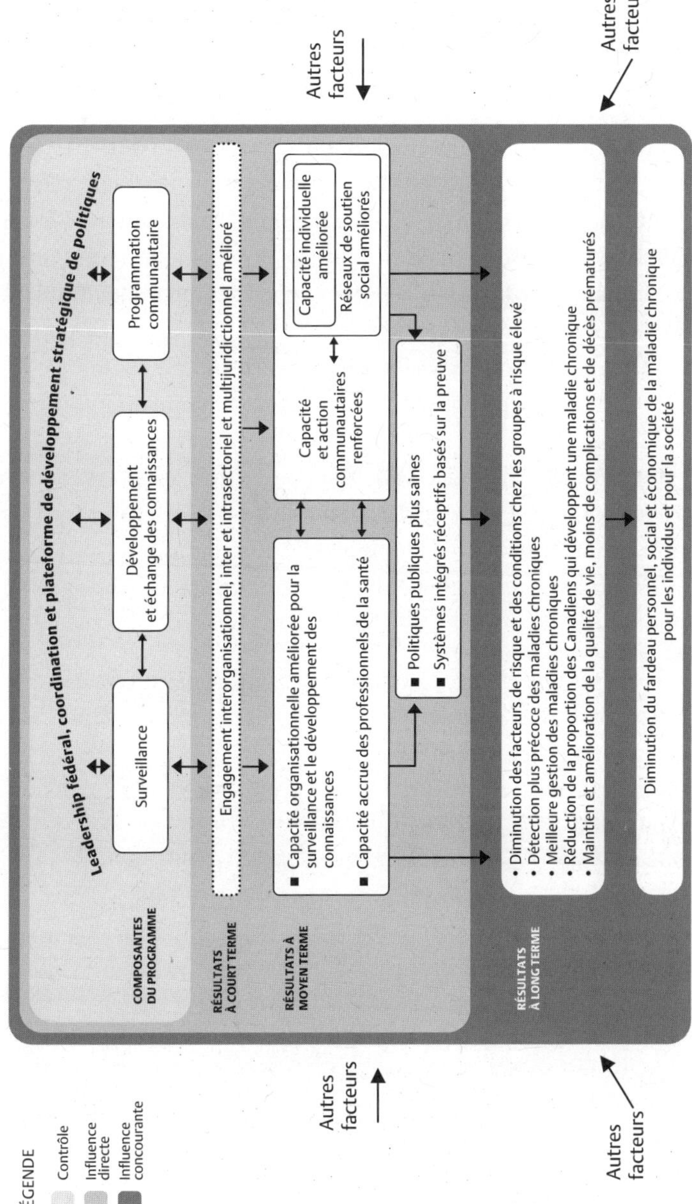

L'élaboration d'un modèle logique

Qui devrait participer ?

Traditionnellement, les évaluateurs procédaient pratiquement seuls à l'élaboration d'un modèle logique en guise de point de départ du processus d'évaluation. Ils se fiaient à la documentation existante relative au programme et aux quelques entretiens qu'ils obtenaient avec les principaux membres du personnel. De nos jours, il est beaucoup plus commun, voire recommandé, de favoriser la participation des intervenants du programme dans l'élaboration des modèles logiques. Bien souvent, le processus d'élaboration d'un modèle logique est aussi utile que le modèle logique lui-même ; et cela s'applique autant aux intervenants du programme qu'aux évaluateurs.

Il existe plusieurs façons de faire participer les intervenants à l'élaboration du modèle logique. La méthode à privilégier dépend des relations entre les intervenants, de la complexité du programme, du délai disponible et des habiletés de l'évaluateur en tant qu'animateur. Trois grandes options sont offertes :

1. Préparer une ébauche pour amorcer la discussion avec les intervenants (on peut ainsi gagner du temps, mais les intervenants pourraient se sentir moins concernés).
2. Partir de zéro avec l'ensemble du groupe (les participants s'impliquent plus, mais cela exige plus de temps).
3. Demander à des sous-groupes de préparer des ébauches sur différents éléments du programme (on peut ainsi atteindre l'équilibre entre l'implication du groupe et le temps d'exécution nécessaire).

Quelle que soit la méthode utilisée, il faut demander aux principaux intervenants de vérifier l'exactitude des travaux ; reconnaître la nécessité de contester ou de remettre en question la logique du programme ; et obtenir un accord sur le modèle logique établi avant de procéder à l'évaluation.

L'élaboration d'un modèle logique est un processus itératif. Il faudra sans doute passer par plusieurs ébauches avant de parvenir à la version finale. Il suffit de mettre l'accent sur les avantages du processus et de ne pas se soucier de produire le modèle logique parfait dès le départ.

L'évaluateur devrait stimuler la discussion parmi les intervenants s'il est confronté à des perspectives hautement divergentes quant à la façon dont le programme devrait être traduit dans le cadre du modèle logique. Il devrait s'efforcer de comprendre les hypothèses, les valeurs et les partis pris des intervenants et tenter de trouver un terrain d'entente. S'il est impossible d'obtenir un consensus, il faut déterminer si tous les intervenants peuvent au moins accepter une version particulière du modèle logique. En dernier recours, il est possible d'utiliser plus d'un modèle logique pour tenir compte de tous les principaux éléments du programme au moment de la planification et de la détermination des questions et des indicateurs de l'évaluation.

Il faut parfois plusieurs essais avant d'en arriver à un modèle réduit à sa plus simple expression. Il peut être utile de modifier l'ordre des composantes ou des groupes cibles pour atténuer « l'effet spaghetti », soit un enchevêtrement qui réduit considérablement l'impact visuel du modèle et qui ne permet pas de bien saisir la logique du programme.

Par où commencer ?

Il n'existe pas de bon ou de mauvais point de départ. Tout dépend de la participation de chacun au programme et de la place qu'il y occupe. Les exécutants de première ligne jugent souvent plus facile de commencer par les activités et les groupes cibles, tandis que les gestionnaires préfèrent habituellement commencer par les résultats escomptés. La décision peut cependant dépendre de l'étape de développement du programme. Dans le cas de nouveaux programmes, il est souvent plus approprié de commencer par les résultats visés (quels changements espère-t-on obtenir ?) pour ensuite examiner les moyens, alors qu'il est plus naturel s'il s'agit de programmes déjà bien établis de définir d'abord les activités (que fait le programme ?) avant d'évaluer les effets.

Dans le cas de programmes établis, il faut consulter toute la documentation disponible, y compris :

- les plans stratégiques de l'organisme (sa vision, sa mission, son mandat et ses valeurs) ;
- les organigrammes ;
- les plans opérationnels, budgétaires et d'exécution relatifs au programme ;

- le matériel d'initiation et de formation du personnel ;
- le matériel publicitaire produit pour le programme (les brochures et circulaires) ;
- les rapports d'évaluation des comités antérieurs, etc.

Il est toujours préférable de se concentrer sur la façon dont le programme fonctionne *de facto*, et non sur la façon dont il a été conçu, sur son fonctionnement antérieur ou sur son déroulement idéal.

Dans le cas de nouveaux programmes, on se réfère généralement :

- aux évaluations des besoins et aux enquêtes préalables effectuées pour le programme ;
- aux descriptions ou aux rapports d'évaluation de programmes similaires offerts par d'autres organismes ;
- aux rapports de consultation des intervenants sur le sujet à l'étude.

Le format et le sens du déroulement

Il existe une foule de guides et de manuels sur les modèles logiques, et autant de termes et de formats. Il faut éviter de s'y attarder pour se concentrer plutôt sur la compréhension de la conception des modèles logiques et choisir l'approche qui convient le mieux au contexte du programme à évaluer. Il est important d'utiliser le vocabulaire et les méthodes employés par chaque organisme ou par plusieurs organismes qui partagent régulièrement de l'information sur leurs programmes.

Certains modèles sont présentés sous forme de tableaux ou de matrices, mais les tableaux traduisent difficilement les relations de cause à effet présumées entre les activités et les résultats. Par conséquent, on recommande fortement d'encourager les équipes associées aux programmes à *tracer un schéma* du modèle logique de leur programme. Une représentation visuelle a toujours un impact important.

Le mode traditionnel d'élaboration de modèles logiques consiste en l'usage de boîtes reliées par des flèches horizontales ou verticales (voir la figure 5.1). Dans un modèle logique vertical, on retrouve donc les activités en haut de la page et les résultats en bas de page, ou inversement. Dans le cas d'un modèle horizontal, les activités peuvent se situer à droite et les résultats à gauche, ou vice-versa :

FIGURE 5.4

Deux formats de modèles logiques

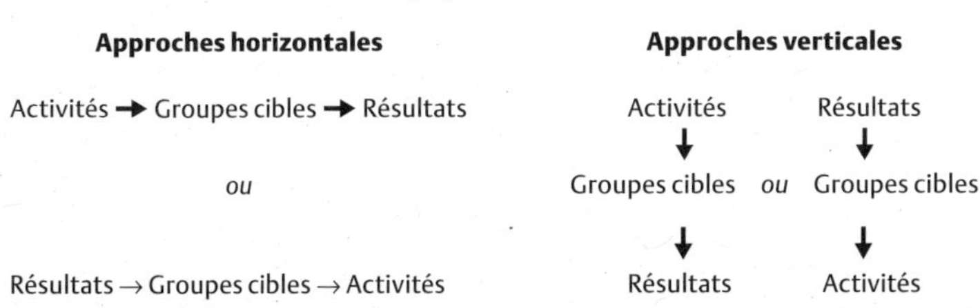

On peut utiliser divers progiciels pour tracer le modèle logique définitif. Les équipes de programmes pourraient plus facilement utiliser des logiciels spécialisés pour la création de tableaux et de diagrammes ou d'élaboration de processus, mais elles n'en auraient peut-être pas un usage très fréquent. Les applications de bureautique servant à produire des présentations seront sans doute plus facilement accessibles. Certains utilisent des logiciels de traitement de texte ou des chiffriers électroniques, mais ces derniers peuvent être d'usage complexe.

Dans certaines situations, il se peut que le processus d'élaboration du modèle logique et son format doivent être revus et adaptés. Michael Quinn Patton rappelle ainsi que :

> Parmi les groupes culturels où la tradition orale est très présente, comme c'est le cas chez des peuples autochtones d'Amérique du Nord [...], le langage et la méthode utilisés par les évaluateurs pour établir des modèles logiques [...] peuvent être très rebutants. Les modèles logiques sont typiquement linéaires et rigides, et le vocabulaire théorique est parfois intimidant. En lieu et place, il est possible d'adapter le modèle logique en fonction des modes de communication culturellement préférables, ceci afin de mettre en valeur les connaissances et savoir-faire des populations [...]. [On peut ainsi] utiliser le scénario-maquette, qui permet d'organiser les récits en une séquence d'images plutôt que de recourir aux flèches et aux cases qu'affectionnent les concepteurs d'organigrammes. (Patton, 2002 ; notre traduction)

L'évaluation des modèles logiques

La représentation d'un programme n'est ni bonne ni mauvaise en soi, mais certaines sont nettement plus fiables sur le plan théorique. Il s'agit d'amener les gestionnaires et le personnel des programmes à s'interroger sur la logique qui sous-tend leurs programmes et à en justifier les relations sous-jacentes de cause à effet à l'aide d'éléments probants puisés dans la littérature.

Voici une liste de questions pouvant servir à l'évaluation de modèles logiques. Si la réponse à l'une de ces questions est négative, les intervenants devraient prendre le temps de repenser le programme et son modèle logique.

TABLEAU 5.6

Liste de vérification pour l'évaluation d'un modèle logique

Pertinence et réalisme

- ❑ Les activités et les résultats répondent-ils à un besoin manifeste au sein du groupe cible?
- ❑ Les ressources sont-elles suffisantes pour entreprendre les activités du programme?
- ❑ Les facteurs externes, y compris les imprévus, ont-ils été pris en compte?

Précisions suffisantes

- ❑ Tous les éléments sont-ils clairement énoncés?
- ❑ Toutes les activités, tous les groupes cibles et tous les résultats prévisibles sont-ils inclus?
- ❑ Existe-t-il un document écrit pour accompagner l'élément visuel?

Exactitude

- ❑ Y a-t-il des erreurs ou des omissions?
- ❑ Les résultats inscrits sont-ils de véritables résultats, et non pas des extrants ou des activités?
- ❑ Tous les résultats annoncent-ils un changement projeté?
- ❑ Les perspectives des principaux intervenants ont-elles été prises en compte?
- ❑ Les intervenants sont-ils à l'aise avec le modèle logique?

Logique

- ❑ Existe-t-il des lacunes, c'est-à-dire toutes les composantes conduisent-elles à un ou à plusieurs résultats par l'entremise d'activités et de groupes cibles (bref, manque-t-il quelque chose)?
- ❑ La séquence des résultats est-elle logique? Est-il raisonnable de prévoir que les activités du programme aboutiront réellement aux résultats escomptés? En d'autres mots, les relations causales sont-elles plausibles et corroborées par la documentation, l'expérience de l'équipe du programme ou celle d'autres personnes assurant la prestation de programmes semblables? Si vous dirigez *telles* activités vers *tels* groupes cibles, est-il alors raisonnable de prévoir obtenir *tels* résultats?
- ❑ Les résultats du programme sont-ils en harmonie avec la vision, la mission, les principes et le plan stratégique à long terme de l'organisme?
- ❑ Les résultats seront-ils mesurables?
- ❑ L'équipe du programme est-elle à l'aise pour accepter la responsabilité des résultats à court terme?

Simplicité visuelle

- ❑ Le modèle logique tient-il en une seule page?
- ❑ Le modèle logique se lit-il facilement en un coup d'œil?
- ❑ A-t-on évité la multiplication abusive des cases ou un enchevêtrement de type « spaghetti »?

Source: Porteous *et al.*, 2002. Tiré en partie de Poole *et al.* (2000), « Evaluating performance measurement systems in nonprofit agencies: The Program Accountability Quality Scale [PAQS] », *American Journal of Evaluation*, vol. 21, nº 1, p. 15-26.

Le modèle logique est un outil très utile de planification et d'évaluation. Il est en effet important de bien cerner la théorie d'un programme avant de commencer à mesurer son efficacité et son rendement. La flexibilité du modèle logique, tant en termes de terminologie que dans la grande diversité des formats qu'il est possible d'employer, permet de l'adapter à n'importe quel programme, quelle qu'en soit l'envergure.

Pour aller plus loin :

Porteous, N. L., B. J. Sheldrick et P. J. Stewart (1997), *Trousse d'évaluation des programmes*, Ottawa, Service de santé d'Ottawa-Carleton.

Un guide indiquant, étape par étape, comment élaborer un modèle logique à l'aide de feuilles de travail et d'exemples, de même qu'un article portant sur l'enseignement de cette technique. Commandes en ligne : < www.ottawa.ca/residents/funding/toolkit/index_fr.html >.

Porteous, N. L., B. J. Sheldrick et P. J. Stewart (2002), « *Présentation des modèles logiques aux équipes de projet pour faciliter le processus d'apprentissage* », *Revue canadienne d'évaluation de programme*, Édition spéciale, vol. 17, n° 3, p. 113-141.

Internet

Le Secrétariat du Conseil du Trésor du Canada offre un outil en ligne sur la gestion axée sur les résultats (GAR). Le second module porte sur la description d'un programme, d'une politique ou d'un projet et sur l'élaboration du modèle logique s'y rattachant : <www.tbs-sct.gc.ca/eval/tools_outils/RBM_GAR_cour/Enh/module_02/module_02_f.asp>.

Promotion Santé Suisse a élaboré un modèle de classification de résultats qui constitue une ressource utile pour la création de modèles logiques de programmes de santé publique : <www.gesundheitsfoerderung.ch/common/files/knowhow/tools/N107713_Ergebnismodell_fr.pdf>.

La Fondation W. K. Kellogg a publié en 2002 un document très complet intitulé *Using Logic Models to Bring Together Planning, Evaluation and Action : Logic Model Development Guide* : <www.wkkf.org/Pubs/Tools/Evaluation/Pub3669.pdf>.

L'Unité de développement et d'évaluation des programmes du Programme d'extension des coopératives de l'Université du Wisconsin a un excellent site Internet sur les modèles logiques, où l'on trouve un module d'auto-information, des feuilles de travail, une bibliographie et plusieurs exemples : <www.uwex.edu/ces/pdande/evaluation/evallogicmodel.html>.

Le Centre for Disease Control des États-Unis a produit un bon guide d'élaboration et d'utilisation des modèles logiques : <www.cdc.gov/DHDSP/state_program/evaluation_guides/logic_model.htm>.

6
Attribution et causalité des effets

Robert R. Haccoun et Pierre McDuff

Soucieuse du fait que la transmission de maladies graves comme le VIH et l'hépatite est favorisée par l'échange de seringues contaminées, une importante municipalité canadienne décide d'autoriser et de financer un programme d'échange de seringues destiné aux héroïnomanes. Une évaluation effectuée à la suite de la mise en œuvre de ce programme démontre que l'incidence de nouveaux cas d'infection (VIH et hépatite) est statistiquement inférieure à ce qu'elle était auparavant. Quelque chose a donc changé ! Mais pouvons-nous conclure hors de tout doute que ce programme d'échange est la cause de cette diminution et qu'il est donc un « succès » ? D'autres villes devraient-elles suivre cet exemple ?

Les réponses à ces questions et l'assurance avec laquelle nous pouvons les exprimer dépendent principalement des démarches et des procédures qui ont été mises en œuvre pour évaluer ce programme. Parmi ces démarches, le choix du devis d'évaluation, la constitution du groupe témoin et les menaces aux validités interne et externe constituent des éléments importants de l'attribution causale et seront abordés plus en détail dans ce chapitre.

Bien qu'il existe une vaste gamme de techniques évaluatives, celles-ci partagent toutes – en particulier celles qui impliquent des personnes – un certain nombre de caractéristiques :

- la mesure d'au moins un phénomène qui devrait logiquement être influencé (la variable dépendante) par le traitement ou l'intervention (la variable indépendante) ;
- l'étude d'un ou de plusieurs groupes de personnes ciblées par l'intervention, le traitement ou le programme et (ou) qui y participent ;
- (au moins) une collecte de ces informations. Ces collectes sont organisées d'une manière précise que nous nommons « devis d'évaluation ». Ces devis peuvent être très simples ou très complexes, et le choix de l'un d'eux dépend du degré de précision requis et du niveau d'inférence requis, aussi bien que des possibilités de réalisation concrète de l'évaluation. Certains devis ne permettent de faire qu'une simple description des résultats, alors que d'autres peuvent fournir des informations sur la ou les causes ayant mené à ces résultats. Dans ce chapitre, nous nous concentrerons sur les évaluations causales ;
- enfin, toute évaluation exige une analyse, quantitative ou qualitative, des informations.

La différence entre l'évaluation et l'évaluation causale

Si l'*évaluation de programme* permet de quantifier un résultat (par exemple, le taux d'infections a-t-il véritablement diminué ?) et de le qualifier (cette différence est-elle grande ou petite ?), *l'évaluation causale* sert quant à elle à estimer la cause probable de ce résultat (est-ce bien le programme d'échange de seringues qui est la cause de ce résultat ?).

En évaluation causale, la cause est nommée *variable indépendante*, alors que l'effet prend le nom de *variable dépendante*. Ainsi, lorsqu'une boule de billard blanche percute une boule noire, la trajectoire de la boule noire (la variable dépendante) est *l'effet* que la boule blanche (la variable indépendante) *cause*. En évaluation causale, la ou les *variables indépendantes* sont les interventions qui définissent le programme. Ainsi, dans l'exemple du programme d'échange de seringues, la variable indépendante est la présence ou non du programme. À l'opposé, la ou les *variables dépendantes* sont les phénomènes mesurés qui devraient logiquement être influencés par la variable indépendante. Dans le cas du programme d'échange de seringues, la variable dépendante principale est le taux d'infection au VIH ou à l'hépatite.

En évaluation causale, il faut estimer le degré avec lequel une cause précise est responsable d'un effet mesuré. On le fait entre autres par élimination des causes alternatives possibles. Par exemple, si la table de billard est inclinée, le mouvement de la boule noire (l'effet) ne peut être entièrement attribué au mouvement de la boule blanche qui la percute (la cause). Bien qu'il soit possible que la boule blanche soit la cause de la trajectoire de la boule noire, elle n'en est pas nécessairement la cause, ni nécessairement la seule cause. Dans ce cas, l'attribution causale est ambiguë.

Pour minimiser l'ambiguïté des conclusions, il est généralement souhaitable de mesurer, outre la variable dépendante, certaines autres variables susceptibles d'affecter le résultat du programme et (ou) d'être affectées par ce résultat. Dans l'exemple du programme d'échange de seringues, en plus de mesurer les taux d'infection, on pourrait aussi mesurer un ensemble de variables connexes qui pourraient également influencer le taux d'infections rapporté, comme les attitudes envers les pratiques sécuritaires et les comportements des participants. Ainsi, en plus des résultats médicaux, des mesures des changements d'attitudes et (ou) de l'évolution de divers comportements à risque (tels que les relations sexuelles non protégées) pourraient aider à déterminer avec plus de précision les éléments qui ont contribué au succès ou à l'échec de l'intervention, mais aussi à identifier les éléments qui pourraient être modifiés pour l'améliorer.

Les devis de collecte de données en évaluation causale

La détermination de la causalité implique des collectes de données organisées de manière précise par l'utilisation de devis. Il existe plusieurs types de devis qui permettent de faire des inférences causales, mais le degré de certitude des conclusions causales des différents types de devis varie. Ils se distinguent les uns des autres par leur capacité de réduire l'ambiguïté causale.

La figure 6.1 présente six devis de collecte de données utilisés dans la pratique évaluative. Bien qu'il en existe beaucoup d'autres (l'ouvrage original de Cook et Campbell, 1979, en fournit une liste exhaustive, actualisée en 2002 par Shadish, Cook et Campbell), nous centrons notre discussion sur ces six devis, car ce sont ceux qui sont le plus fréquemment utilisés dans la pratique, particulièrement pour les évaluations de programmes de grande envergure.

Les devis A, B et C sont des devis non expérimentaux, alors que les devis D, E et F sont expérimentaux ou quasi-expérimentaux. Les devis A, B et C sont parfois nommés évaluations à groupe unique parce qu'ils permettent de comparer les résultats obtenus par des personnes après une intervention à ceux qui ont été obtenus par ces mêmes personnes avant l'intervention. Toutefois, alors que le devis A n'est pas en mesure d'offrir de conclusions causales qui soient valides, les devis B et C entraînent des inférences causales ambiguës. Les devis D, E et F sont quant à eux des devis d'évaluations expérimentales ou quasi-expérimentales qui permettent de comparer les résultats obtenus par les personnes cibles à ceux ayant été obtenus par un (ou plusieurs) groupes indépendants de personnes qui n'ont pas bénéficié du traitement ou de l'intervention. En principe, ces trois derniers devis permettent tous de faire des attributions causales, mais la certitude des conclusions est plus forte pour les évaluations expérimentales que pour les évaluations quasi-expérimentales. Nous reviendrons sur la distinction entre les devis expérimentaux et quasi-expérimentaux après la présentation des six types de devis.

Dans chacun des graphiques, les informateurs qui participent au programme sont représentés par des cercles, et ceux qui n'y participent pas, par des carrés. Les mêmes mesures sont prises sur les deux groupes. L'abscisse des graphiques représente le moment de la collecte de l'information, alors que la flèche noire indique le moment où l'intervention a lieu. À titre d'exemple, pour le devis A, nous voyons que des mesures sont prises une fois avant et une fois après une intervention. Nous voyons aussi que les données ne sont recueillies que pour le groupe qui fait l'objet de l'intervention ou qui fait partie du programme devant être évalué. À l'opposé, dans le devis F, nous voyons que des données sont recueillies plusieurs fois avant et plusieurs fois après l'intervention, tant auprès du groupe qui bénéficie de l'intervention qu'auprès d'un autre groupe qui n'en bénéficie pas. Le devis B – la stratégie par référence interne (SRI) – est un cas spécial qui sera discuté séparément, car il repose sur une logique de collecte des informations qui diffère de celle qui est requise par les autres devis.

Le devis A (pré-post à groupe unique) comporte des mesures prises seulement auprès des participants au programme. La variable dépendante est mesurée à deux reprises, une fois avant et une fois après l'intervention.

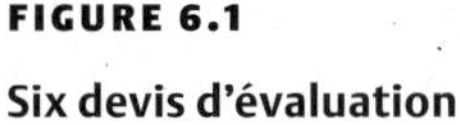

FIGURE 6.1

Six devis d'évaluation

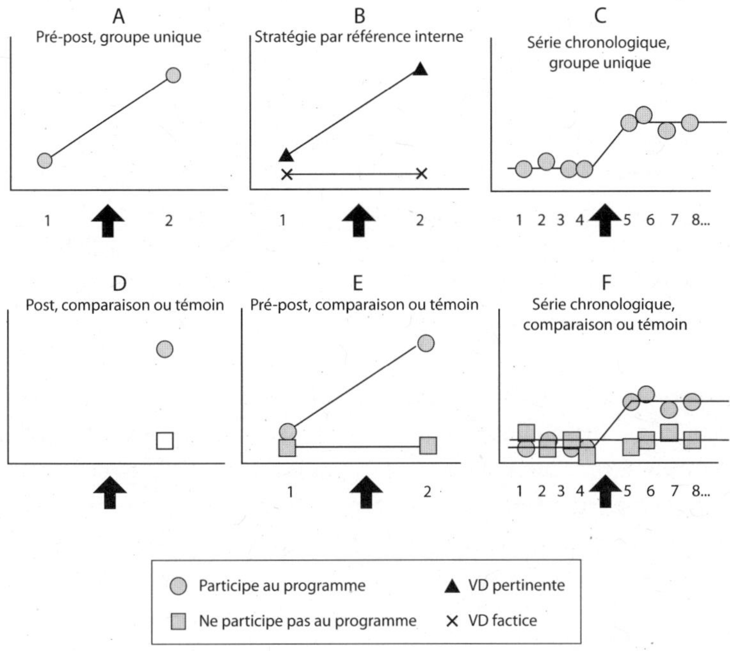

L'analyse statistique consiste alors à déterminer s'il existe une différence statistiquement significative entre les moments des deux collectes de données (à l'aide d'un test t pairé ou d'un test de McNemar[1]) et à déterminer l'ampleur de cette différence. L'utilisation de ce devis pour évaluer un programme d'échange de seringues hypothétique exigerait que l'on détermine le taux moyen d'infections, tant pour l'année précédant l'introduction du programme que pour l'année suivant l'arrêt du programme, afin de vérifier si la différence entre ces deux taux est statistiquement significative. Ce devis permet de déterminer si les participants au programme sont « différents » après l'intervention, mais il ne permet pas

1. À titre indicatif, nous donnons quelques exemples de tests statistiques adéquats pour chacun des devis. Il nous faut toutefois préciser que la liste des tests possibles pourrait à elle seule faire l'objet d'un autre chapitre, si nous prenions en considération les types de distributions, la taille de l'échantillon et la nature du problème évalué. Nous renvoyons donc le lecteur aux ouvrages indiqués dans la sélection bibliographique qui clôt ce chapitre.

d'identifier la cause de cette différence, puisque d'autres événements qui coïncident avec l'intervention pourraient aussi en être la cause.

Le devis C (série chronologique à groupe unique), tout comme le devis A, nécessite la collecte des mesures dépendantes avant et après l'intervention, et cela seulement auprès des participants au programme. Il se distingue du modèle pré-post à groupe unique par le fait qu'il répète la collecte des informations plusieurs fois avant et plusieurs fois après l'intervention. L'analyse statistique des données diffère de celle qui est requise par le devis A, car avec le devis C, il ne faut pas simplement comparer la moyenne des résultats postintervention à la moyenne des résultats pré-intervention. Il faut exécuter une analyse de tendance (généralement une régression polynomiale) démontrant la présence d'une cassure nette coïncidant avec l'intervention entre les résultats pré- et les résultats post, ce que les statisticiens nomment une relation quadratique. Ce devis est souvent utilisé lorsqu'il est possible d'avoir accès à des données objectives qui peuvent être recueillies sans déranger les sujets de l'intervention. Ce devis serait particulièrement utile pour l'évaluation du programme d'échange de seringues, car il serait facile de mesurer les taux d'infections sur plusieurs années en consultant les registres des hôpitaux de la ville. Mais tout comme pour le devis A, il est possible qu'une variable autre que l'intervention soit la cause de l'effet constaté. Toutefois, étant donné que nous recueillons plusieurs mesures pré- et plusieurs mesures post, et que le changement brusque coïncide avec le traitement, nous avons ici une plus grande certitude quant au fait que l'intervention en est la cause.

Le devis D (post avec comparaison indépendante) est le devis « expérimental causal » le plus simple. Nous lui attribuons cette étiquette, car la comparaison est centrée sur la différence entre un groupe qui bénéficie d'une intervention et un autre qui n'en bénéficie pas[2]. La collecte de données n'est réalisée qu'une seule fois, après l'intervention. L'analyse statistique (un test t ou un test de proportions) porte sur la différence entre les résultats moyens obtenus par ces deux groupes sur la variable dépendante après l'intervention. Puisque nous ne mesurons la variable dépendante qu'en une occasion, il n'est pas possible de mesurer le changement chez les participants. Par conséquent, la validité de l'inférence causale et la

2. Par opposition, les devis à groupe unique sont qualifiés de non expérimentaux, car ils n'impliquent pas l'utilisation d'un groupe témoin. Nous nous étendrons davantage sur cette distinction dans les pages suivantes.

certitude que nous avons par rapport à cette conclusion dépendront en grande partie du degré d'équivalence initiale des deux groupes.

Le devis E (pré-post avec comparaison indépendante) est identique au devis D, mais une collecte d'information est également faite avant le début de l'intervention. Comme il s'agit d'un devis expérimental, les données seront donc recueillies auprès de deux groupes indépendants, l'un qui fait l'objet de l'intervention et l'autre, qui n'en bénéficie pas. L'analyse statistique[3] servira non seulement à démontrer qu'il existe une différence pré-post, mais aussi que cette différence n'est constatée que pour le groupe qui aura participé à l'intervention. Il s'agit donc de démontrer l'existence d'une interaction statistiquement significative entre les conditions de traitement (participe ou non à l'intervention) et le moment de la collecte d'information (pré-post).

Le devis F (série chronologique avec comparaison indépendante) est identique au devis C, mais il ajoute des collectes de données auprès d'un groupe qui n'aura pas bénéficié de l'intervention. La démonstration statistique consistera à établir la présence (ou l'absence) d'une relation quadratique seulement chez le groupe qui bénéficie de l'intervention, et cela à l'aide d'une régression polynomiale.

Le devis expérimental versus le devis non expérimental

En analysant les devis décrits à la figure 6.1, on remarque que c'est la présence d'un groupe de comparaison qui distingue les modèles expérimentaux et quasi-expérimentaux des modèles non expérimentaux. Avec les devis non expérimentaux, on compare les résultats obtenus après l'intervention à ceux qui ont été obtenus avant l'intervention pour un même groupe de personnes. Par conséquent, il est tout à fait plausible que des variables connexes à l'intervention soient responsables d'une éventuelle différence pré-post. À strictement parler, il est donc inapproprié d'attribuer les différences pré-post (causales) au seul effet de la variable indépendante lorsqu'on utilise un devis non expérimental.

3. Parmi les méthodes les plus fréquemment utilisées pour l'analyse du devis E, on suggère depuis quelques années d'utiliser de préférence les trois suivantes : 1- la régression hiérarchique utilisant la mesure post-test comme variable dépendante, le score au prétest en tant que variable contrôle et le traitement en tant que variable indépendante ; 2- l'analyse de covariance (où la mesure prétest est la covariable) ; et 3- l'analyse de variance à mesures répétées (voir entre autres Gliner *et al.* (2003).

En revanche, la logique causale des modèles expérimentaux est facile à comprendre. En présumant que les deux groupes sont initialement identiques quant à la variable dépendante et que l'intervention n'est menée qu'avec un des groupes, la différence entre les deux ne peut être attribuée qu'à l'effet de l'intervention. Nous concluons donc que l'intervention est bien la cause de la différence. Naturellement, la validité de cette inférence repose sur l'équivalence initiale entre les groupes. Si les deux groupes ne sont pas identiques au départ, l'inférence causale est menacée, car la différence entre les groupes pourrait être attribuable à la différence initiale plutôt qu'au traitement.

Devis expérimental ou devis quasi-expérimental ?

Il existe deux techniques générales pour constituer un groupe de comparaison. Dans un cas, nous pourrions commencer avec une seule cohorte de personnes qui seraient réparties aléatoirement en deux groupes. L'intervention serait effectuée sur un seul des groupes et l'autre deviendrait le groupe de comparaison qui, dans ce cas, serait qualifié de *groupe témoin*. Les devis qui exigent de constituer des groupes en faisant appel à la répartition aléatoire prennent le nom de *devis expérimentaux*. La répartition aléatoire est la technique qui assure le mieux l'équivalence des groupes.

Par ailleurs, pour des raisons pratiques ou éthiques, il n'est pas toujours possible de constituer un groupe témoin[4]. Par exemple, pour l'évaluation d'un programme d'échange de seringues, où la participation au programme serait faite sur une base volontaire, nous ne pourrions décider de refuser l'accès aux seringues à certains héroïnomanes choisis aléatoirement pour faire partie du groupe de comparaison. De la même façon, lors de l'évaluation d'un programme de distribution de moustiquaires visant à réduire l'incidence de la malaria, il ne serait pas éthique d'offrir des moustiquaires à seulement un échantillon de villageois. Enfin, les règles de l'aléa ne fonctionnent que lorsque le nombre de personnes dans

4. Une exception provient des domaines médical et pharmaceutique, où la répartition aléatoire est presque toujours utilisée lorsqu'il s'agit d'évaluer l'efficacité de procédures et (ou) de médicaments. De plus, et particulièrement dans ce domaine de recherche évaluative, il est habituel de faire appel à trois groupes composés de façon aléatoire : un groupe reçoit le médicament expérimental, un groupe reçoit un placebo et un groupe ne reçoit ni l'un ni l'autre.

chaque groupe est relativement important. Le nombre minimal de sujets par groupe étant relatif à la variabilité au sein de la population, ce nombre pourrait être relativement faible (N ≈ 30 pour chaque groupe). Il devrait toutefois être plus important lorsque la variance est plus grande et (ou) lorsque la variable sous-jacente n'est pas distribuée normalement (voir Haccoun et Cousineau, 2007).

Lorsqu'il s'agit d'évaluer les impacts de programmes qui s'adressent à un petit nombre de personnes, la répartition aléatoire ne garantit pas nécessairement l'équivalence des groupes. Par conséquent, il est généralement plus facile de comparer le groupe expérimental à un groupe naturel qui lui ressemble. Par exemple, le groupe de comparaison pourrait être les héroïnomanes d'une autre ville canadienne de taille similaire, mais qui n'offre pas de programme d'échange de seringues. Ainsi, lorsque les groupes ne sont pas répartis aléatoirement, le devis devient un *devis quasi-expérimental* et le groupe témoin prend le nom de *groupe de comparaison*. Les modèles quasi-expérimentaux permettent de faire des inférences causales, mais celles-ci ne sont jamais aussi certaines que celles des devis expérimentaux. En effet, avec les devis quasi-expérimentaux, il reste toujours un doute sur l'équivalence initiale des groupes. La différence observée pourrait donc être attribuable à l'inégalité initiale tout autant qu'au traitement. Par exemple, pour l'évaluation du programme d'échange de seringues ou de celui qui portait sur les moustiquaires, le problème reste : est-ce que la population d'héroïnomanes dans les deux villes ou la densité de moustiques dans les deux villages est véritablement similaire ?

Somme toute, la validité des inférences causales dépend du degré de certitude que nous avons quant au fait que la différence observée puisse être attribuée à la cause présumée. Ainsi, nous voyons que l'inégalité initiale des groupes constitue une menace importante à la validité des inférences causales, mais il ne s'agit toutefois pas de la seule.

L'inférence causale et les concepts de validité interne et externe

La notion de démonstration causale implique nécessairement l'idée de preuve qu'un effet observé ne peut pas avoir été créé par autre chose que la variable causale en jeu. En réalité, il faut reconnaître qu'aucune technique ou procédure ne peut entièrement garantir cette conclusion. Il s'agit plutôt d'une probabilité qui peut être plus ou moins forte.

Dans un des ouvrages classiques les plus importants de ce domaine, Campbell et Stanley (1963) ont analysé les risques relatifs à la validité interne et externe associés à l'utilisation de divers devis de recherche. La validité interne est liée aux possibilités d'interprétation des résultats, alors que la validité externe porte sur la généralisation à la population des résultats obtenus dans une évaluation. L'encadré suivant énumère les menaces qui, selon ces auteurs, pèsent sur la validité interne et externe. Chacun de ces obstacles est ici illustré dans le cadre d'un programme de formation portant sur la réduction du stress au travail.

Les obstacles à la validité : l'exemple d'un programme de réduction du stress au travail

Obstacles à la validité interne

1. *Histoire* : Les événements qui coïncident avec le traitement pourraient être à l'origine des résultats obtenus.
Au moment de la formation, vous avez vu un documentaire qui traite du même sujet. Un changement du niveau de stress pourrait être causé par la formation, par le documentaire ou par les deux.

2. *Maturation* : L'évolution naturelle des participants affecte les effets répertoriés.
Le simple passage du temps fait en sorte que votre réaction au stress change.

3. *Mesure* : La mesure faite avant le traitement affecte la réaction de la personne après le traitement.
La mesure du stress avant la formation vous fait découvrir que vous êtes une personne stressée.

4. *Instrumentation* : Un changement dans la mesure elle-même.
Les questionnaires utilisés pour mesurer votre niveau de stress avant et après la formation ne sont pas les mêmes.

5. *Régression statistique* : Lorsque l'assignation au programme est déterminée par les résultats au prétest, leurs résultats au post-test régressent vers la moyenne.
On mesure le niveau de stress par questionnaire avant la formation. Seules les personnes ayant des résultats élevés reçoivent la formation. Lors du post-test, les scores obtenus sur la mesure de stress auront tendance à s'abaisser pour ces personnes.

6. *Sélection* : Les participants qui sont choisis pour faire partie du programme ne sont pas équivalents à ceux qui n'en font pas partie.
La formation est offerte aux seules personnes qui désirent la suivre alors que le groupe de comparaison est composé de ceux qui ne le désirent pas. La réaction au stress est différente pour ceux qui s'inscrivent ou qui ne s'inscrivent pas.

7. *Mortalité expérimentale* : la perte de sujets qui faisaient partie du programme ou du groupe de comparaison n'est pas la même.
Les personnes qui sont très stressées quittent le programme avant sa fin et, par conséquent, il n'est plus possible de mesurer leur niveau de stress post formation.

8. *Interaction entre sélection et maturation* : l'évolution naturelle des personnes dans le groupe de comparaison diffère de l'évolution naturelle de ceux qui participent au programme.

Obstacles à la validité externe

1. *Réactivité au prétest* : le simple fait d'être mesuré affecte les mesures subséquentes.
En mesurant l'état initial de stress ressenti par le participant, celui-ci réalise qu'il est stressé.

2. *Interaction entre la sélection des participants et le programme* : le traitement administré interagit avec la sélection différentielle.
Les personnes choisies pour le groupe de traitement sont plus (ou moins) sensibles au stress que celles qui sont choisies pour le groupe de comparaison.

3. *L'effet Hawthorne* : le fait de se savoir « étudié » affecte les résultats des participants. Les participants à l'étude réalisent qu'on leur prête attention, ce qui altère leur comportement.
4. *Les effets résiduels des traitements multiples* : les effets d'un premier traitement contaminent les effets produits par les traitements subséquents. Si les sujets qui participent au programme étaient préalablement traités par des médicaments, l'effet du programme de formation sur la réduction du stress sera indéterminé.
Source : Adapté de Campbell et Stanley, 1963, p. 5-6.

La liste produite par Campbell et Stanley est importante, car elle propose une manière pratique d'évaluer la qualité de divers devis pour l'évaluation. Les devis qui produisent les inférences causales les moins ambiguës sont ceux qui éliminent le plus ces menaces à la validité interne et externe.

L'évaluation de la validité des divers devis de collecte de données

Les tableaux 6.1 et 6.2 reprennent les devis décrits à la figure 6.1 et les analyses sur les risques relatifs qui pèsent sur leur validité interne et externe. Ces évaluations sont tirées de Campbell et Stanley (1963).

TABLEAU 6.1

Les risques aux validités interne et externe pour les devis d'évaluation A et C

	A **Pré-post, groupe unique**	**C** **Série chronologique, groupe unique**
Validité interne		
1. Histoire	E	E
2. Maturation	E	F
3. Testage	E	F
4. Instrumentation	E	M
5. Régression statistique	M	F
6. Sélection différentielle	F	F
7. Mortalité expérimentale	F	F
8. Interaction sélection / maturation	E	F
Validité externe		
1. Réactivité au prétest	E	E *(F si mesures objectives)
2. Interaction sélection / programme	E	M
3. Effet Hawthorne	E	M
4. Effets résiduels de traitements multiples	X	X
E : risque élevé ; **F** : risque faible ; **M** : risque moyen ; **X** : ne s'applique pas		

En comparant le nombre de risques E (élevés) et F (faibles) pour les deux modèles, nous voyons clairement que le modèle A (pré-post à groupe unique) est nettement inférieur au modèle C. En fait, le modèle C peut éliminer la plupart des risques relatifs à la validité des conclusions, alors que le modèle A présente tous les risques, sauf ceux qui se rapportent à la non-équivalence des groupes traité et de comparaison. Le risque 9 (réactivité au prétest) est noté E (élevé) pour le devis par série chronologique, mais il devient faible (F) lorsque les mesures recueillies sont des données objectives qui peuvent être mesurées sans que les personnes puissent en être conscientes.

TABLEAU 6.2

Les risques aux validités interne et externe pour les devis d'évaluation D, E et F

	D **Post, groupe témoin ou de comparaison**	**E** **Pré-post, groupe témoin ou de comparaison**	**F** **Série chronologique, groupe témoin ou de comparaison**
Validité interne			
1. Histoire	F	F (F)	F
2. Maturation	F (M)	M (F)	F
3. Testage	F	F (F)	F*
4. Instrumentation	F	F (F)	F*
5. Régression statistique	F	F (F)	F
6. Sélection différentielle	F (E)	E (F)	F
7. Mortalité expérimentale	F (E)	E (F)	F
8. Interaction sélection / maturation	F (E)	E (F)	F
Validité externe			
1. Réactivité au prétest	X	E	E** (F si mesures objectives)
2. Interaction sélection / programme	M (E)	M	E
3. Effet Hawthorne	M (X)	M	F
4. Effets résiduels de traitements multiples	X	X	X

E : risque élevé ; **F** : risque faible ; **M** : risque moyen ; **X** : ne s'applique pas
Les risques sont évalués pour les devis qui se servent d'un groupe témoin. Lorsque la comparaison est faite avec un groupe de comparaison, le risque est indiqué entre parenthèses.
* Pour le devis F, le risque du testage répété est faible avec des mesures objectives, mais très élevé avec des mesures perceptuelles.

Un cas particulier : le devis B (stratégie par référence interne)

En pratique, particulièrement dans les programmes de grande envergure, il est très difficile de constituer des groupes de comparaison, et encore plus difficile d'établir des groupes témoins. Dans ces cas, on préfère employer le devis par série chronologique, bien que son utilisation ne soit pas toujours possible pour des raisons pratiques (par exemple, il n'est pas toujours possible d'avoir accès à des données objectives et l'utilisation de mesures répétées peut créer des problèmes de validité interne, particulièrement les effets dus au testage et à l'instrumentation). Pour cette raison, la plupart des évaluations faites dans la pratique (comme pour l'évaluation des programmes de formation – voir Saks et Haccoun, 2007) se limitent au devis A : le devis pré-post à groupe unique. Cependant, comme nous l'avons vu au tableau 6.1, l'utilisation du devis A ne permet pas de faire des inférences causales adéquates.

Il est cependant possible d'améliorer le devis A en faisant appel au devis B, la stratégie par référence interne conçue par Haccoun et Hamtiaux (1994). Cette technique propose d'inclure dans les mesures avant et après non seulement des mesures qui devraient être affectées par le programme (les mesures « pertinentes » à la figure 6.1), mais aussi des variables connexes à l'intervention, c'est-à-dire qui ne sont pas la cible de l'intervention (les mesures « factices »). Si le changement pré-post évalué à l'aide des mesures pertinentes est plus grand que le changement évalué avec les mesures factices, nous obtenons une preuve causale de l'efficacité du programme. À l'opposé, si les changements dans les variables factices et pertinentes sont statistiquement égaux, il n'est pas possible de conclure à l'efficacité du programme.

La forme statistique requise est une analyse de variance (avec mesures répétées) où une interaction statistique entre les mesures (pertinentes-factices) et le moment de mesure (pré-post) signifiera que le programme est efficace. Lorsque les améliorations sont équivalentes pour les deux séries de mesures, nous ne pouvons pas conclure que le programme est efficace. En langage statistique, on dira que la stratégie par référence interne est susceptible d'entraîner des erreurs de type II (Haccoun et Cousineau, 2007), erreurs que nous expliquerons ici brièvement.

Lorsque les deux séries de variables montrent des améliorations équivalentes, il n'est pas possible de choisir entre deux interprétations potentielles : soit a) le programme n'est pas efficace et les changements sont attribuables à l'un ou l'autre des risques liés aux validités, ou b) le programme est efficace et les participants généralisent les impacts du programme aux mesures factices. Par exemple, pour le programme d'échange de seringues, en plus de mesurer les taux d'infection par VIH et hépatite (les variables pertinentes), nous pourrions recueillir des données sur les comportements sexuels non sécuritaires (variables factices). Mais la difficulté, dans un cas semblable, est que le programme d'échange pourrait avoir conscientisé les héroïnomanes au problème des comportements non sécuritaires, occasionnant ainsi des changements de leurs comportements sexuels, mais aussi de leurs comportements strictement liés à l'utilisation de l'héroïne. Dans ce cas, l'intervention est efficace dans les faits, mais le devis B ne peut en établir la preuve.

Des vérifications empiriques (Haccoun et Hamtiaux, 1994; Frese *et al.*, 2003) démontrent que la stratégie par référence interne (SRI) peut offrir des inférences causales équivalentes à celles qui sont produites par le devis expérimental E. Le devis SRI est donc supérieur au modèle A, mais il doit tout de même être considéré comme un modèle causal minimal à n'être utilisé que lorsqu'il n'est pas possible de faire appel à un devis autre que celui du modèle A. Il ne doit jamais être substitué aux autres devis (D à F) si leur emploi est possible.

L'analyse des données : signification statistique et signification pratique

Les comparaisons requises dans le domaine de l'évaluation exigent l'utilisation de procédures statistiques, principalement des tests comparatifs comme les tests t et (ou) les analyses de variance/covariance ou des régressions linéaires. Lorsque ces tests font ressortir des différences (ou des corrélations) « statistiquement significatives », nous concluons (en tenant compte d'un risque d'erreur pré-établi, par exemple 5 %) qu'il existe une différence « réelle », c'est-à-dire une différence qui apparaîtra aussi dans l'ensemble de la population. Nous pourrions ainsi conclure que l'incidence du VIH et de l'hépatite est différente *dans la population* depuis l'instauration du programme d'échange de seringues. Toutefois, selon le nombre de participants et certaines autres caractéristiques propres à l'étude[5], il

5. Voir Haccoun et Cousineau (2007) pour une discussion plus approfondie des caractéristiques qui affectent les chances de conclure à la signification statistique.

est possible que même des différences triviales puissent être statistiquement significatives. Aussi serait-il erroné de conclure que l'impact du programme est substantiel en ne nous basant que sur la simple signification statistique. De fait, *la signification statistique est une preuve essentielle, mais minimale et insuffisante,* de l'efficacité d'un programme.

Il est donc important de soumettre les données à une analyse additionnelle, soit la détermination de l'ampleur de la différence ; c'est ce que les statisticiens nomment *la taille de l'effet.* Ces procédures statistiques additionnelles, telles que le coefficient de détermination rxy^2, ou le ratio de corrélation η^2 (êta au carré), permettent de répondre à la question suivante : quelle proportion de toutes les différences relevées par le test comparatif peut être expliquée par le traitement ou le programme ? Si la différence est grande, cela indiquera que le programme pourrait avoir un impact pratique d'envergure : il aurait alors un niveau élevé de signification pratique. Mais si la différence est petite, il y aurait peut-être moins de raisons de poursuivre le programme, particulièrement lorsque celui-ci est coûteux ou difficile à mettre en œuvre. Sa signification pratique serait faible.

En résumé, les évaluations doivent d'abord tester la signification statistique et, par la suite, démontrer la taille de l'effet. Advenant le cas où la différence serait statistiquement significative, l'interprétation du succès ou de l'échec d'un programme serait alors basée principalement sur la taille de l'effet, car celle-ci indique la portée réelle – la signification pratique – du programme.

Quelques considérations sur le choix d'un modèle d'évaluation causale

L'objectif idéalisé d'une évaluation causale est de produire une attribution claire de la causalité d'un effet. Par conséquent, l'évaluateur choisira, parmi les modèles d'évaluation disponibles, celui qui offrira la conclusion causale la plus solide. Mais l'évaluateur se doit aussi d'être sensible à l'éthique de sa démarche ainsi qu'à l'aspect pratique et aux coûts associés à ce choix : les modèles ne sont pas tous également ou facilement applicables et appropriés à tous les contextes (voir chapitre 9).

Dans la pratique, les modèles strictement expérimentaux (avec groupe témoin ou groupe de comparaison) sont généralement difficiles à utiliser. Le devis par série chronologique est sans doute celui qui reste le plus commode. Mais là encore, il faut prendre en considération le fait que celui-ci peut être efficacement employé surtout lorsque l'on a accès à des données objectives pouvant être recueillies sans créer de réactivité chez les participants. En l'absence de ces conditions, et lorsque nous devons nous limiter à un modèle pré-post à groupe unique, il sera préférable de l'améliorer en faisant appel à la stratégie par référence interne.

En bout de ligne, le choix d'un modèle dépend du risque associé à une erreur dans l'attribution de la causalité. Si le fait de tirer une conclusion fausse n'a qu'une importance secondaire, alors on peut employer un modèle d'évaluation plus simple comme le modèle B. À l'inverse, lorsque les conséquences d'une telle erreur pourraient être graves, seuls les modèles d'évaluations complexes – les modèles expérimentaux – doivent être retenus.

Pour aller plus loin :

Collins, L. M. et J. L. Horn (1991), *Best Methods for the Analysis of Change: Recent Advances, Unanswered Questions, Future Directions*, Washington, American Psychological Association.

L'ouvrage aborde certains aspects de la mesure du changement, à l'aide, entre autres, des modèles d'équations structurales et des variables latentes.

Gliner, J. A., G. A. Morgan et R. J. Harmon (2003), « Pretest-posttest comparison group designs: Analysis and interpretation », *Journal of the American Academy of Child and Adolescent Psychiatry*, vol. 42, n° 4, p. 500-503.

Ce court article de vulgarisation présente les forces et faiblesses des analyses basées sur la régression hiérarchique, l'analyse de covariance, l'analyse de variance avec mesures répétées et l'approche du score de différence.

Haccoun, R. R. et D. Cousineau (2007), *Statistiques: Concepts et applications*, Montréal, Les Presses de l'Université de Montréal.

Introduction à la logique et aux techniques d'inférence. La présentation est généralement non mathématique et axée sur les concepts et les interprétations qui peuvent découler des diverses techniques statistiques. Les pages Web associées au livre présentent des problèmes et des banques de données qui peuvent être analysées à l'aide de SPSS, un logiciel professionnel d'analyse statistique.

Saks, M. A. et R. R. Haccoun (2007), *Improving Performance Through Training and Development*, 4e édition, Toronto, Nelson Publishers.

Bien qu'il traite principalement de la formation en milieu de travail, cet ouvrage comprend deux chapitres complets consacrés à l'évaluation, à ses mesures, à ses techniques et à ses devis.

7
Les méthodes mixtes

Pierre Pluye, Lucie Nadeau, Marie-Pierre Gagnon, Roland Grad, Janique Johnson-Lafleur et Frances Griffiths

La philosophie actuelle des méthodes mixtes de recherche et d'évaluation repose essentiellement sur le pragmatisme (Johnson, 2007). Ces méthodes, qui combinent les méthodes de collecte et d'analyse de données qualitatives et quantitatives, sont de plus en plus populaires et, au fil des ans, plusieurs termes ont été proposés pour nommer ces combinaisons : études triangulées ou multiméthodes, ou encore méthodes mélangées (*blended*), intégrées, multiples ou mixtes. Johnson (2007) a effectué une revue critique de la littérature scientifique sur les méthodes mixtes et a proposé une définition de ces méthodes pour la recherche. Cette revue de littérature suggère de définir les méthodes mixtes pour l'évaluation de programme de la manière suivante. Une évaluation mixte est un type d'évaluation dans lequel un expert ou une équipe d'experts combine les méthodes qualitatives et quantitatives d'évaluation (approches et (ou) devis et (ou) techniques de collecte et d'analyse de données) dans le but d'approfondir la compréhension et la corroboration des résultats d'évaluation des programmes.

Dans le tableau 7.1, nous présentons une liste non exhaustive de méthodes qualitatives et quantitatives susceptibles d'être utilisées en méthodes mixtes. Les lecteurs non familiers peuvent se référer aux dictionnaires de Muchielli (1994) pour les méthodes qualitatives et de Last (2004) pour les méthodes quantitatives.

TABLEAU 7.1

Méthode mixte : Les principales méthodes qualitatives et quantitatives

Méthodes qualitatives	Méthodes quantitatives
Communication et information • Analyse de discours • Analyse de contenu qualitative • Sémiotique **Idéaux-types et « patterns »** • Analyse des événements • Théorisation ancrée • Étude de cas qualitative **Actions sociales** • Herméneutique • Histoires de vie • Phénoménologie **Société et interactions sociales** • Ethnographie • Ethnométhodologie • Interactionnisme symbolique **Connaissance tacite** • Art • Expertise • Métaphores • Mythes	**Études expérimentales** • Essai contrôlé randomisé • Essai contrôlé • Essai contrôlé pré-post **Études observationnelles** • Étude de cohorte • Étude de comparaison de cas • Étude pré-post / séries temporelles • Enquête transversale • Série de cas • Rapport de cas

À titre d'illustration, une méthode mixte d'évaluation des services de santé mentale en milieu multiethnique pourrait combiner une enquête quantitative transversale (questionnaire structuré) et une étude ethnographique (documents, entrevues et observations), permettant ainsi de mieux comprendre les résultats de l'enquête et d'élaborer un nouveau programme pour faciliter l'accès aux services (Groleau *et al.*, 2007). Dans cet exemple, l'enquête seule aurait suffi pour révéler les problèmes d'accessibilité, mais elle aurait été insuffisante pour permettre de créer un programme approprié. Comme l'indiquent Sharp et Frechtling (1997), « en se concentrant principalement sur des techniques quantitatives, les experts peuvent passer à côté de certaines parties importantes de l'histoire. Les évaluateurs expérimentés ont maintes fois constaté que de meilleurs résultats sont obtenus en utilisant des méthodes mixtes d'évaluation» (p. 2). De fait, on a depuis longtemps combiné ces méthodes en recherche et en évaluation, et cette combinaison peut même être vue comme inévitable dans le domaine de l'évaluation (Rallis et Rossman, 2003, p. 491). Mais ce n'est que récemment que ce type de combinaisons a été conceptualisé en termes de méthodes mixtes (Creswell et Plano Clark, 2007; Greene, 2006; Johnson, 2007; Tashakkori et Teddlie, 2003).

En général, les méthodes mixtes sont utilisées en vue de combiner les forces respectives des méthodes quantitatives et qualitatives. D'une part, les évaluations quantitatives examinent habituellement des associations de facteurs (par exemple, des causes et leurs effets) pouvant être généralisées à toute une population, notamment grâce à des inférences statistiques. Les évaluations quantitatives peuvent être classifiées en catégories expérimentales ou observationnelles. D'autre part, les évaluations qualitatives fournissent des descriptions détaillées de phénomènes complexes fondées empiriquement sur un contexte spécifique pouvant être théoriquement applicables dans d'autres situations (par exemple, une étude ethnographique). Par conséquent, la partie qualitative d'une évaluation mixte peut fournir une meilleure compréhension du développement des programmes complexes (planification, implantation et pérennisation), et une compréhension approfondie des raisons pour lesquelles ces programmes fonctionnent bien dans certains contextes (ou ne fonctionnent pas dans d'autres situations). Enfin, comme «il suffit d'un cas unique pour défier la théorie» (Yin, 1994, p. 38), les évaluations quantitatives observationnelles longitudinales ou la partie qualitative des évaluations mixtes peuvent défier certains résultats d'études expérimentales en leur opposant un effet négatif inattendu à moyen terme (effet non détecté par l'étude expérimentale).

Ce chapitre vise à présenter notre conception des méthodes mixtes, puis à décrire les approches, devis et techniques de collecte et d'analyse de données qualitatives et quantitatives qui sont utiles pour planifier ou implanter des méthodes mixtes pour l'évaluation des programmes. Une illustration sera tirée de notre travail en évaluation des technologies. Dans les sections finales, nous proposerons des critères de qualité pour planifier ou évaluer les méthodes mixtes, et pour effectuer une revue de littérature mixte pour l'évaluation des programmes.

Les méthodes mixtes et les débats entre méthodes quantitatives et qualitatives

La méthodologie des méthodes mixtes peut être conceptualisée à partir des débats méthodologiques entre les tenants des méthodes quantitatives et ceux des méthodes qualitatives. Ces débats suggèrent deux idéaux-types méthodologiques, souvent considérés comme deux paradigmes concurrents, qui sont respectivement associés aux méthodes quantitatives et qualitatives : l'empirisme logique (matérialisme, réalisme et arguments objectifs habituellement associés aux méthodes quantitatives) et le constructivisme (idéalisme, relativisme et arguments subjectifs habituellement associés aux méthodes qualitatives). Un paradigme est défini comme étant une norme (ou un standard) institutionnelle des sciences. Bien que selon Kuhn (1983), l'évolution des sciences soit caractérisée par des transitions successives d'un paradigme à l'autre, des révolutions, de nombreux historiens ou philosophes des sciences observent que plusieurs paradigmes ou « visions du monde » coexistent (Morgan, 2007). Par exemple, l'empirisme logique, le paradigme dominant des disciplines scientifiques au XXe siècle, est contesté par les tenants du constructivisme (Denzin et Lincoln, 1994), et coexiste avec le constructivisme. Dans cette section, nous allons brièvement présenter ces deux idéaux-types, leurs principales forces et faiblesses en évaluation de programme, et la façon dont ces idéaux-types permettent de conceptualiser les méthodes mixtes.

L'empirisme logique vise à étudier des phénomènes selon des lois empiriques, par exemple la force de l'association entre des facteurs importants de l'implantation des programmes (mesurés en valeurs de variables indépendantes) et les résultats observés en termes d'implantation (mesurés en valeurs de variables dépendantes). Les relations causales constituent un exemple de ces lois empiriques et sont présentées en détail au chapitre 6, intitulé « Attribution et causalité des effets d'un programme ». L'empirisme logique dérive du positivisme proposé au XIXe siècle, intègre les critiques postpositivistes du XXe siècle et propose habituellement (mais pas nécessairement) que les lois empiriques sont informées par une théorie qui préexiste à la démarche de recherche (approche déductive ou confirmatoire). Par exemple, les empiristes logiques assument habituellement (mais encore là, pas nécessairement) qu'il n'y a pas de causalité sans organisation normative préalable du champ d'exploration empirique par une explication scientifique logique. L'étude de la causalité est alors fondée sur des hypothèses formulées à l'aide de relations conditionnelles (langage de la science selon l'empirisme logique)[1].

En évaluation de programme, des biais peuvent influencer la validité des études quantitatives expérimentales ou quasi-expérimentales. Les sources des biais sont plus ou moins contrôlées selon les devis utilisés, les études expérimentales étant considérées comme les plus valides pour examiner des relations causales (plus valides que les études quantitatives observationnelles, par exemple). Les études expérimentales ont néanmoins leurs propres faiblesses (Mays *et al.*, 2005; Pawson, 2005). Ainsi, une évaluation expérimentale peut être inadéquate selon le contexte ou la question, et elle peut même être contredite par des études observationnelles. Par exemple, les études expérimentales sont moins appropriées que les études de cohorte pour évaluer les rares effets négatifs à long terme des programmes (la randomisation de milliers de personnes peut être nécessaire pour détecter ces effets, mais elle risque d'être irréalisable ou trop coûteuse). De plus, les programmes peuvent être conceptualisés en tant qu'interventions sociales complexes agissant sur des systèmes sociaux complexes. Or, les études expérimentales fournissent habituellement peu ou pas de résultats empiriques expliquant pourquoi les effets des interventions varient selon différents contextes d'implantation.

Quant au constructivisme, il vise à découvrir et à explorer des phénomènes complexes, à décrire leurs variations selon leur contexte et à en proposer des interprétations différentes pour mieux les comprendre (approche inductive ou exploratoire). Le constructivisme dérive des approches dites compréhensives développées en Allemagne dans les années 1920 par Weber, et à Chicago, par les fondateurs d'une approche sociologique américaine appelée « interactionnisme symbolique ». Les chercheurs qualitatifs soulignent la nature socialement construite de la réalité, la relation intime entre le chercheur, le phénomène étudié et leur contexte (Denzin et Lincoln, 1994). Ils examinent les aspects historiques, interprétatifs et narratifs en fonction de leur contexte de production culturel, économique et social (Abbott, 1998).

1. Nous remercions François Béland, de l'Université de Montréal, pour ses commentaires sur l'empirisme logique. Ce paragraphe ne rend évidemment pas compte de tous les travaux des empiristes logiques, et notamment de ceux qui ont développé une logique « inductive ».

Les méthodes qualitatives ont été développées de manière concomitante dans plusieurs disciplines et utilisent différentes procédures interprétatives (par exemple, l'ethnographie en anthropologie et les ethnométhodes en sociologie). Les méthodes qualitatives ont du succès, en évaluation de programme, car elles satisfont les besoins des décideurs et des professionnels en termes de compréhension riche et détaillée des interventions sociales complexes (Patton, 2002), compréhension utile pour la planification, l'implantation et la pérennisation des programmes. Plus particulièrement, les études qualitatives fournissent des résultats empiriques expliquant pourquoi les effets des interventions varient selon les différents contextes d'implantation. Cependant, les méthodes qualitatives sont critiquées parce que les résultats peuvent être idiosyncrasiques à un contexte spécifique (aucune connaissance transférable à un autre contexte), ou fondés sur des procédures interprétatives tacites, non reproductibles et non vérifiables (Huberman et Miles, 1991).

Les méthodes mixtes questionnent ces idéaux-types, et suggèrent des types méthodologiques différents de ces deux idéaux-types. Par exemple, les études quantitatives exploratoires ne correspondent pas à l'idéal-type méthodologique de l'empirisme logique. Les résultats statistiques ou épidémiologiques peuvent être considérés comme des constructions sociales utiles pour explorer et comprendre des phénomènes sociaux (constructionnisme ou réalisme constructif). Ainsi, Kallerud et Ramberg (2002) favorisent l'interprétation constructiviste des enquêtes. Autre exemple, les études qualitatives inductives-déductives ne correspondent pas à l'idéal-type méthodologique du constructivisme. Les résultats qualitatifs sont souvent intégrés dans des recherches examinant des relations causales, et sont considérés comme des arguments scientifiques valides pour générer des théories ou des hypothèses (post-positivisme). Ainsi, selon Campbell (1988), une considération qualitative des différents contextes de mesure permet de proposer des hypothèses rivales plausibles.

Le débat entre méthodes quantitatives (ci-après QUANT) et méthodes qualitatives (ci-après QUAL) permet de concevoir les méthodes mixtes (ci-après MM) par rapport aux deux idéaux-types méthodologiques résumés ci-dessus. Inspirés par Johnson (2007), nous proposons l'idée que les MM s'inscrivent entre les idéaux-types QUANT et QUAL selon trois types méthodologiques qui peuvent être classifiés comme suit le long d'un continuum (figure 7.1) : QUANT mixte (QUANT dominant qual), idéal-type MM (QUANT et QUAL égaux) et QUAL mixte (QUAL dominant quant). Le terme « idéal », dans le concept d'idéal-type proposé par Max Weber, réfère à la notion d'idée, et un idéal-type intègre plusieurs caractéristiques typiques des phénomènes sociaux pour mieux les comprendre. Tel que précisé en introduction de ce chapitre, en évaluation de programme, les méthodes quantitatives et qualitatives coexistent, et cette coexistence contribue au développement des MM et, par ces dernières, au développement de combinaisons d'approches, de devis et de techniques.

FIGURE 7.1

Conceptualisation des méthodes mixtes d'après Johnson

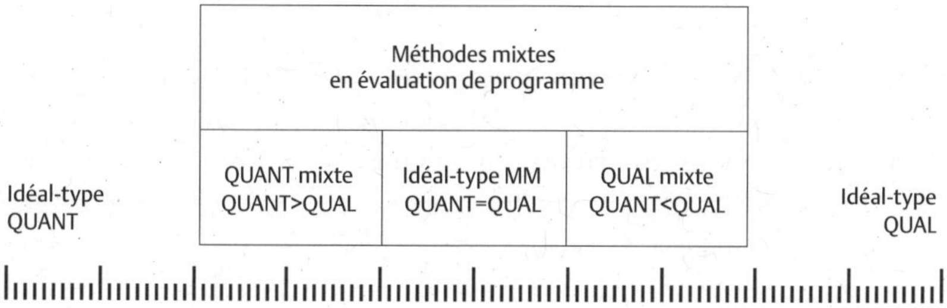

	Méthodes mixtes en évaluation de programme			
Idéal-type QUANT	QUANT mixte QUANT>QUAL	Idéal-type MM QUANT=QUAL	QUAL mixte QUANT<QUAL	Idéal-type QUAL

Source : Johnson, 2007.

Les méthodes mixtes : approches, devis et techniques de collecte et d'analyse de données

La présente section vise à présenter toutes les possibilités de combinaisons et d'intégration des approches, des devis et des techniques pour faciliter la planification et l'évaluation des MM. Tout comme Johnson (2007), nous sommes d'avis qu'il est légitime de considérer comme MM toute combinaison d'approches méthodologiques, de devis et de techniques de collecte ou d'analyse de données, mais uniquement lorsque ces combinaisons satisfont trois conditions : 1) au moins une méthode QUAL et une méthode QUANT sont combinées (par exemple, l'ethnographie et l'expérimentation), 2) chaque méthode est utilisée de façon rigoureuse par rapport aux critères généralement admis (voir la section suivante « Planification et qualité des MM en évaluation de programmes »), et 3) la combinaison des méthodes se traduit par une intégration des approches méthodologiques, des devis ou des techniques (par exemple, des observations et des mesures), et des données et (ou) des résultats. Inversement, selon nous, ne sont pas des MM : 1) une méthode QUANT avec collecte ou analyse de données qualitatives qui ne réfère pas à une méthode QUAL, ou vice-versa, 2) les combinaisons de méthodes QUANT, 3) les combinaisons de méthodes QUAL, et 4) les juxtapositions de méthodes QUAL et QUANT sans aucune intégration d'approches, de devis, de techniques, de données et (ou) résultats QUAL et QUANT.

Les approches

Les experts des MM comme Bryman (sociologie) et Cresswell (psychologie), ainsi que Greene, Morgan, Tashakkori et Teddlie (éducation) proposent différentes typologies des approches en MM. Nous nous inspirons ici uniquement des propositions de Teddlie et Tashakkori (2003). Évidemment, les MM sont impossibles lorsque les méthodes QUANT et QUAL sont considérées comme incompatibles ou *incommensurables* (positivisme radical ou constructivisme radical). Trois approches principales soutiennent les MM en évaluation de programme.

L'approche *complémentaire* indique que les résultats QUAL et QUANT sont présentés séparément, mais qu'un élément QUAL contribue à un élément QUANT, ou vice-versa. Par exemple, les résultats QUAL et QUANT sont clairement distincts dans la section « Résultats » des rapports d'évaluation ou des publications, mais au moins une phrase suggère que les résultats QUAL et QUANT sont complémentaires.

L'approche par *tension dialectique* souligne les divergences toujours possibles entre les résultats QUAL et QUANT (voir encadré). Par exemple, des divergences entre les résultats QUANT et QUAL sont clairement énoncées dans la section « Résultats » des rapports d'évaluation ou des publications, et au moins une phrase suggère comment résoudre ces divergences. L'approche MM par *tension dialectique* peut coexister avec la précédente. Elle postule l'existence de différentes « visions partielles du monde » (Teddlie et Tashakkori, 2003, p. 18). Quatre stratégies sont proposées pour résoudre les divergences entre données ou résultats QUAL et QUANT : réconciliation, « fourchettage », initiation (nouveau projet de recherche ou collecte/analyse de données) ou exclusion. Ces stratégies sont présentées ailleurs (Pluye *et al.*, 2009).

Les approches complémentaire et par tension dialectique

Notre expérience de l'utilisation des méthodes mixtes pour évaluer l'impact de ressources électroniques sur les professionnels de santé (Pluye et Grad, 2005) a spécifiquement démontré des périodes de complémentarité et de tension dialectique.

- Complémentarité (octobre 2003-septembre 2004). Nos collectes de données quantitatives et qualitatives sont devenues complémentaires. La collecte de données quantitatives était fondée sur des résultats qualitatifs. L'analyse des données quantitatives a permis de guider la collecte de données qualitatives (archives et entrevues). Pendant cette période, nous avons intégré des sources multiples de données (qualitatives et quantitatives) liées à l'utilisation et à l'impact des ressources électroniques.
- Tension dialectique (octobre 2004-juin 2005). Nos collectes de données quantitatives et qualitatives sont demeurées complémentaires, mais nous avons éprouvé une tension dialectique entre les données qualitatives et quantitatives quand nous avons effectué une revue de la littérature incluant des études quantitatives, qualitatives et mixtes sur l'impact des ressources électroniques. Cette revue montre des résultats contradictoires entre les études expérimentales (impact équivoque) et les études observationnelles ou qualitatives (impact positif).

Notre expérience suggère que les études mixtes pourraient être successivement ou simultanément complémentaires et en tension dialectique. La combinaison des méthodes qualitatives et quantitatives nous a menés à proposer une nouvelle méthode pour évaluer l'impact des ressources électroniques (< www.mcgill.ca.ott >).

Source : Pluye, P. et R. M. Grad (2005), « A mixed methods study diary », *The AMIA Student Working Group News*, vol. 2, n° 3.

L'approche MM par *assimilation* suggère que les résultats QUAL et QUANT soient assimilés sous forme QUAL ou QUANT. Par exemple, les fréquences d'occurrence des thèmes QUAL sont présentées, et il n'y a aucune distinction claire entre les résultats QUAL et QUANT dans la section « Résultats » des rapports d'évaluation ou des publications. Selon Teddlie et Tashakkori (2003), les méthodes QUAL et QUANT peuvent être conçues comme indépendantes, et il est légitime de faire des MM par *assimilation*.

Les devis

On peut concevoir les devis des MM en évaluation de programme grâce aux classifications des MM proposées par Creswell et ses collègues (2003, 2004 et 2007). Par exemple, Creswell et Plano Clark (2007) décrivent deux types de devis séquentiels et deux types de devis concomitants. En premier lieu, les devis séquentiels peuvent être explicatifs ou exploratoires.

- *Devis séquentiel explicatif.* Une évaluation QUANT est suivie d'une évaluation QUAL, et la priorité est habituellement accordée à la première (QUANT puis QUAL). Les méthodes QUANT et QUAL sont habituellement intégrées lorsque les résultats QUAL sont mobilisés pour interpréter ou expliquer des résultats QUANT inattendus.

- *Devis séquentiel exploratoire.* Une évaluation QUAL est suivie d'une évaluation QUANT, et la priorité est habituellement accordée à la première (QUAL puis QUANT). Les méthodes QUAL et QUANT sont habituellement intégrées lorsque les résultats QUANT sont mobilisés pour confirmer et généraliser les résultats QUAL.

En second lieu, les devis concomitants peuvent être triangulés ou nichés. Dans ces devis, les méthodes QUANT et QUAL sont habituellement intégrées dès la planification de la recherche, ainsi que lorsque les données QUAL et QUANT sont collectées ou analysées.

- *Devis concomitant triangulé.* Une évaluation QUANT est basée sur la convergence et la correspondance avec une évaluation QUAL concomitante (collection ou analyse concomitante de données QUANT et QUAL).
- *Devis concomitant niché.* L'évaluation est principalement QUANT et intègre une composante QUAL mineure, ou encore principalement QUAL avec une composante QUANT mineure.

Ces quatre types de devis sont proposés pour planifier des études MM simples plutôt que des programmes de recherche composés de plusieurs études, mais ils peuvent certainement s'appliquer aux deux (Creswell et Plano Clark, 2007). On peut transposer cette nuance dans le domaine des évaluations de la manière suivante. Les MM en évaluation de programme peuvent combiner des méthodes QUAL et QUANT à l'intérieur d'une étude d'évaluation unique ou dans un ensemble d'évaluations étroitement liées. À titre d'illustration, nous présentons ici un devis d'évaluation des technologies. Cet exemple montre comment combiner une évaluation QUANT longitudinale (étude de cohorte) avec une évaluation QUAL (étude de cas multiple) dans un devis MM concomitant.

Un exemple de devis concomitant

- *Évaluation quantitative* (Grad *et al.*, 2005). Nous avons élaboré une méthode pour évaluer systématiquement l'impact des recherches d'information dans les ressources électroniques. Nous avons évalué une ressource, InfoRetriever, avec une cohorte de 26 résidents. InfoRetriever est un engin de recherche qui combine sept bases de données, incluant un manuel de référence, des lignes directrices, des systèmes experts, et des synopsis d'articles de recherche sélectionnés pour leur pertinence et leur validité en médecine familiale. Un questionnaire électronique d'évaluation était rempli par ces professionnels pour rapporter l'impact perçu de chaque item d'information trouvé dans InfoRetriever. Le questionnaire a permis d'évaluer 2495 items d'information. Les rapports d'impact positif les plus fréquents étaient « Ma pratique est améliorée » et « J'ai appris quelque chose de nouveau ».
- *Évaluation qualitative concomitante* (Pluye *et al.*, 2007). Notre méthode a permis d'évaluer systématiquement la pertinence situationnelle des ressources électroniques. Nous avons d'abord identifié sept raisons pour lesquelles les professionnels cherchent des informations : quatre objectifs cognitifs (par exemple, répondre à une question clinique) et trois objectifs organisationnels (par exemple, échanger des informations avec d'autres professionnels). Puis, nous avons conduit une étude de cas multiple. Les cas consistaient en des recherches effectuées dans InfoRetriever par 17 résidents pendant deux mois. Les entrevues avec ces professionnels (collecte de données qualitatives) étaient guidées par les questionnaires mentionnés ci-dessus (collecte concomitante de données quantitatives). Notre analyse concomitante des données qualitatives et quantitatives a porté sur 156 recherches critiques (contexte et conséquences clairement décrits) liées à 877 items d'information. Pour chaque cas, les données qualitatives étaient assignées à un objectif cognitif ou organisationnel (analyse thématique). Les résidents ont atteint leurs objectifs dans 85,9 % des cas (pertinence situationnelle). Les résultats soutiennent les objectifs proposés et suggèrent des niveaux de pertinence.
- *Évaluation quantitative modifiée.* Grâce aux résultats du devis concomitant, notre nouveau questionnaire intègre les sept objectifs ci-dessus pour évaluer systématiquement l'impact et la pertinence situationnelle.

Sources : Grad, R. M., *et al.* (2005), « Assessing the impact of clinical information-retrieval technology in a family practice residency », *Journal of Evaluation in Clinical Practice*, vol. 11, n° 6.

Pluye, P. *et al.* (2007), « Seven reasons why family physicians search clinical information-retrieval technology : Toward an organizational model », *Journal of Evaluation in Clinical Practice*, vol. 13, n° 1. »

Les techniques

Les techniques mobilisées en MM pour évaluer des programmes peuvent s'inspirer de tous les types de combinaisons des techniques pour la collecte et l'analyse de données QUAL et QUANT. Bryman (2006) a effectué une revue de littérature couvrant 232 articles en sciences sociales qui rapportaient l'emploi de MM. Il en a conclu que l'entrevue structurée, ou questionnaire, tend à prédominer du côté des techniques QUANT (enquêtes transversales), et que l'entrevue ouverte ou semi-structurée tend à prédominer du côté des techniques QUAL. Selon cette revue de littérature, les techniques de collecte de données associées aux MM sont, par ordre alphabétique : les entrevues individuelles (non structurées, semi-structurées,

structurées), les groupes de discussion, les questionnaires (avec ou sans réponses ouvertes) et l'observation participante (de type ethnographique) et la recension de documents. Selon cette revue de littérature, les techniques d'analyse de données associées aux MM sont, par ordre alphabétique: l'analyse de contenu, l'analyse thématique qualitative de documents, la quantification de données qualitatives (par exemple, la quantification des réponses fournies par les interviewés) et les analyses statistiques.

De plus, une proportion substantielle des articles mentionne que la collecte de données QUANT et QUAL n'était pas fondée, comme on pourrait s'y attendre, sur des instrumentations distinctes. Une telle combinaison des techniques correspond au *Devis concomitant niché* présenté plus haut (méthode QUANT intégrant une composante QUAL mineure, ou méthode QUAL intégrant une composante QUANT mineure). Cette combinaison suppose par exemple que des entrevues ethnographiques peuvent être analysées en utilisant des statistiques textuelles (MM lexico-sémantiques) et que des réponses aux questions ouvertes d'un questionnaire peuvent être interprétées à l'aide d'une analyse de contenu qualitative exploratoire. Cette combinaison de techniques illustre encore une fois comment les MM suggèrent des types méthodologiques différents par rapport aux idéaux-types *empirisme logique* et *constructivisme*. Cet aperçu des approches, devis et techniques permet de planifier les MM en évaluation de programme, et d'aborder la question de la qualité des MM.

La planification et la qualité des méthodes mixtes en évaluation de programme

Il existe peu de recommandations spécifiques pour planifier les MM en évaluation de programme (Greene, Caracelli et Graham, 1989; Greene, 2006), mais des lignes directrices sont en cours d'élaboration pour les devis et les techniques de collecte et analyse de données. Au moment où nous écrivons ce chapitre, il n'existe pas de norme généralement admise pour planifier une MM de «bonne qualité» ou pour évaluer la qualité méthodologique des MM. Selon Creswell *et al.* (2004), des travaux sont nécessaires pour préciser les critères de qualité des MM.

À partir de notre revue de littérature (Pluye *et al.*, 2007), nous proposons de concevoir la planification et la qualité des MM de la manière suivante (tableau 7.2). Les MM doivent réconcilier les idéaux-types *empirisme logique* et *constructivisme* résumés plus haut. La théorie constructionniste de Hacking (1999) permet, à notre avis, cette réconciliation. Les MM créent un « effet de boucle » entre les données probantes provenant des études QUAL et QUANT, et construisent ainsi un nouveau « type mixte » de données probantes. Cette conception des MM soutient l'usage de différents critères pour différentes méthodes. Ainsi, nous proposons 1) d'évaluer la qualité méthodologique des composantes QUAL des MM à partir de critères utilisés pour évaluer les méthodes QUAL, 2) d'évaluer les composantes QUANT des MM à partir de critères utilisés en épidémiologie pour évaluer les méthodes QUANT expérimentales et observationnelles ; et 3) d'évaluer la qualité générale des MM en fonction de ce que nous avons présenté dans la section précédente sur les approches, devis et techniques des MM.

- *Qualité des méthodes QUAL.* Mays et Pope (2000) et Popay, Rogers et William (1998) sont fréquemment cités comme sources de critères de rigueur, et proposent six caractéristiques pour évaluer la qualité des méthodes QUAL en fonction de la présence ou de l'absence 1) d'objectif ou de question QUAL, 2) d'approche ou de méthode QUAL, 3) de description du contexte, 4) de description des participants et (ou) de justification de l'échantillon, 5) de collecte systématique ou d'analyse systématique de données QUAL, et 6) d'une démarche réflexive des chercheurs sur leur méthode.
- *Qualité des méthodes QUANT expérimentales.* Plus de 100 échelles ont été conçues pour examiner la validité des méthodes QUANT expérimentales (Katrak *et al.*, 2004). Cependant, l'échelle de Jadad *et al.* (1996) est la seule qui ait été établie selon des principes méthodologiques reconnus (Moher *et al.*, 1999, p. 27). Cette échelle générique, et la version 5.0 du guide gratuit de la Collaboration Cochrane (Higgins et Green, 2008) suggèrent d'évaluer la qualité des études QUANT expérimentales en fonction de la présence ou de l'absence de trois caractéristiques : 1) procédure appropriée pour l'allocation des interventions et (ou) la randomisation, 2) allocation des interventions et (ou) randomisation à l'aveugle, et 3) résultats complets et faible taux d'abandon.
- *Qualité des méthodes QUANT observationnelles.* Une revue récente et systématique de la littérature sur les critères de qualité méthodologique des études QUANT observationnelles suggère d'évaluer cette qualité en fonction de la présence ou de l'absence de trois caractéristiques (Sanderson *et al.*, 2007) : 1) un échantillonnage et un échantillon appropriés,

2) une justification des mesures (validité ou mesures standard), et 3) un contrôle des variables confondantes.

- *Qualité générale des MM.* En plus de l'évaluation des composantes QUAL et QUANT, nous proposons d'évaluer aussi l'ensemble de la qualité des MM en fonction de la présence ou de l'absence de trois caractéristiques : 1) une justification du devis MM, 2) une combinaison de techniques de collecte et d'analyse de données QUAL et QUANT, et 3) une intégration des données et (ou) résultats QUAL et QUANT.

TABLEAU 7.2

Planification et qualité des méthodes mixtes en évaluation de programme

Planifier/examiner au besoin	Critères de qualité des méthodes mixtes
1. Éléments mixtes	• Justification du devis MM • Combinaison des techniques QUAL et QUANT • Intégration des données et (ou) résultats QUAL et QUANT
2. Composantes qualitatives	• Objectif et (ou) question qualitative • Approche et (ou) méthode qualitative • Description du contexte • Description des participants et (ou) justification de l'échantillon • Collecte et analyse systématique des données qualitatives • Réflexivité des évaluateurs sur leur méthode et résultats
3. Composantes quantitatives expérimentales	• Allocation des interventions et (ou) randomisation appropriées • Allocation et (ou) randomisation à l'aveugle • Résultats complets et faible taux d'abandon
4. Composantes quantitatives observationnelles	• Échantillonnage et échantillon appropriés • Justification des mesures (validité ou standards) • Contrôle des variables confondantes

Il faut souligner que l'évaluation de la qualité des méthodes QUAL est controversée, et donc, par conséquent, celle des composantes QUAL des MM l'est aussi pour au moins trois raisons : quelle que soit leur qualité, certaines études QUAL peuvent *illuminer*, c'est-à-dire clarifier ou améliorer la compréhension des phénomènes observés (Sandelowski, 1993) ; peu de méthodes QUAL correspondent à des critères de qualité explicites généralement admis par une communauté de chercheurs (Sandelowski *et al.*, 2007) ; enfin, les méthodes QUAL ne sont pas des entités fixes telles que présentées dans les outils d'évaluation de la qualité, et nombreux sont ceux qui critiquent la prémisse voulant qu'il existe clairement une bonne et une mauvaise manière d'appliquer les méthodes QUAL.

Par conséquent, alors même que se développent les MM, il faut tenter d'en promouvoir la qualité en s'appuyant sur des critères de rigueur et ne pas tuer dans l'œuf la créativité et les découvertes associées aux composantes qualitatives des MM en imposant des critères stricts qui, justement, empêcheraient de bénéficier de la richesse que peut offrir la combinaison des méthodes QUAL et QUANT. Pour cela, il serait possible d'utiliser les critères proposés au tableau 7.2 pour exclure des MM, en évaluation de programme, les études et les composantes QUAL ou QUANT de faible qualité.

Une revue de littérature mixte pour les évaluations de programme

Dans toute démarche d'évaluation, la revue de littérature constitue un élément essentiel qui permet de préciser les objectifs de l'évaluation en fonction de ce qui est déjà connu, ou de discuter de ses résultats. On connaît les métasynthèses d'études QUAL (par exemple, les méta-ethnographies) et les revues systématiques d'études QUANT (les *Cochrane reviews* en santé et les *Campbell reviews* en éducation). On connaît cependant moins ce que nous appelons les revues de littérature mixtes (RLM), c'est-à-dire les revues concomitantes d'études QUAL, QUANT et MM (Pluye *et al.*, 2007). Par exemple, effectuer une RLM permet de faire la synthèse de tout type de connaissances empiriques entourant les programmes à évaluer ou en cours d'évaluation. Des exemples peuvent être trouvés en éducation, en santé, en gestion et en sciences sociales. Nous résumons en encadré une RLM que nous avons effectuée pour améliorer notre méthode d'évaluation des technologies.

Nous avons également examiné un échantillon de 59 RLM en sciences de la santé. Les RLM constituent un type de MM dont les données sont documentaires (documents rapportant des évaluations ou des études tant QUANT, QUAL que MM). Chaque RLM examine en moyenne 26 études QUANT, 17,9 études QUAL et 3,7 études MM. Les trois approches mentionnées plus haut sont utilisées par les RLM. Les résultats QUAL et QUANT sont complémentaires dans 54 % des cas, ils sont en tension dialectique dans 7 % des cas, et sont assimilés à des résultats QUANT ou QUAL dans 36 % des cas.

Bénéficiant du développement des MM, les RLM ont récemment émergé comme une nouvelle forme de revue de littérature. Des 59 RLM examinées dans le domaine de la santé, 56 (95 %) ont été publiées depuis 2000. Selon notre échantillon, les RLM sont utiles pour explorer de nouvelles connaissances (par exemple, découvrir les tendances actuelles

Une RLM en évaluation des technologies

- L'évaluation des technologies est complexe et ouverte au pluralisme méthodologique. Nous avons identifié, sélectionné, évalué et fait la synthèse de tous les types d'études empiriques examinant l'impact des ressources électroniques sur les professionnels.
- *Méthodes.* Nous avons revu la littérature internationale des années 1960 à 2004. Deux réviseurs ont identifié indépendamment les études potentiellement pertinentes en scrutant respectivement 3 368 et 3 249 références (titre, auteurs, revue, résumé) en utilisant deux stratégies de recherche dans des bases de données bibliographiques. Des études additionnelles ont été identifiées à la main (recherche dans des dossiers personnels et des revues spécialisées) et en effectuant une recherche des articles citant les articles sélectionnés par l'entremise de la base de données bibliographique ISI Web of Sciences. Les textes entiers de 605 articles ont été examinés pour leur pertinence. Parmi ceux-ci, 40 (6,6 %) ont été évalués indépendamment par deux réviseurs pour leur pertinence et leur qualité méthodologique. Ces articles rapportaient des recherches évaluatives quantitatives, qualitatives ou mixtes. De ces derniers, 26 (4,3 %) ont été retenus comme pertinents et de qualité acceptable pour faire une synthèse. Pour chaque article retenu, deux équipes ont effectué une analyse de contenu qualitative pour faire la synthèse des résultats quantitatifs et qualitatifs.
- *Résultats.* Les études quantitatives observationnelles suggèrent qu'environ un tiers des recherches d'information dans les ressources électroniques ont un impact positif sur les médecins. Les études quantitatives expérimentales ou effectuées en laboratoires informatiques (simulations) sont contradictoires quant à l'impact des ressources électroniques par rapport aux autres sources d'information comme le matériel éducatif imprimé. Les résultats qualitatifs et la qualification des résultats quantitatifs soutiennent et complètent les types d'impact que nous avons proposés dans une étude pilote.

Source : Pluye, P. *et al.* (2005), « The Impact of Clinical Information-Retrieval Technology on Physicians : A Literature Review of Quantitative, Qualitative and Mixed-method Studies », *International Journal of Medical Informatics*, vol. 74, nº 9.

concernant le programme évalué) et (ou) pour confirmer des savoirs (par exemple, justifier les prémisses du programme évalué). Les RLM sont utilisées dans des buts exploratoires (62 %) ou de validation (19 %), ou encore dans ces deux buts à la fois (exploratoire et de validation) (19 %).

Nous avons identifié trois types de RLM (*systématiques, reproductibles* ou *de convenance*) selon qu'elles satisfont ou non aux caractéristiques des revues systématiques de littérature (Moynihan, 2002) : formulation d'une question ; identification des études potentiellement pertinentes ; sélection des études pertinentes ; évaluation de la qualité des études sélectionnées ; synthèse des résultats des études retenues pour leur pertinence et leur qualité. Nous avons identifié 17 *RLM systématiques* (29 %) qui satisfont les 5 caractéristiques mentionnées, et 23 (39 %) *RLM reproductibles* qui satisfont 4 caractéristiques (question, identification, sélection et synthèse) et n'évaluent pas la qualité des études sélectionnées pour leur pertinence. Quant aux 19 *RLM de convenance* (32 %), elles satisfont uniquement à deux caractéristiques (question et synthèse), car l'identification et la sélection ne peuvent pas être reproduites à partir des informations disponibles et parce qu'il n'y avait pas d'évaluation de la qualité des études retenues. Si les évaluateurs décident de conduire une RLM systématique, ils peuvent utiliser le tableau 7.2 pour évaluer la qualité des études QUAL, QUANT et MM sélectionnées pour leur pertinence.

Conclusion

La majorité des experts ont plaidé pour une vision pragmatique des méthodes mixtes, une vision qui rejette la thèse d'incommensurabilité qui sépare le constructivisme et l'empirisme logique en deux idéaux-types méthodologiques incompatibles (Johnson, 2007). Le présent chapitre montre comment les propositions de Hacking (constructionnisme) peuvent également aider à conceptualiser les MM et les données probantes mixtes, et à partir de cette conceptualisation, il décrit trois approches méthodologiques MM pour l'évaluation des programmes, quatre types de devis MM et diverses combinaisons de techniques de collecte et d'analyse de données pour les MM. De plus, il propose des critères pour planifier et évaluer la qualité des MM. Selon notre expérience, les MM devraient être planifiées, implantées et évaluées par un expert en méthodes QUAL et QUANT, ou par au moins deux experts ayant des expertises complémentaires en méthodes QUAL et QUANT. Par exemple, notre évaluation des techniques et notre revue de littérature ont été conduites par un chercheur ayant une formation en épidémiologie avec une expertise en MM et en méthodes QUAL, et par des chercheurs détenant une expertise en méthodes QUANT.

En conclusion, nous proposons un plan de cours pour enseigner les MM qui peut être utile aux évaluateurs, aux étudiants et aux professeurs dans le domaine de l'évaluation de programme. Ce cours a été implanté en 2008. Bien que le cours soit destiné aux étudiants dans le domaine de la santé, il a été construit sur la base d'autres programmes nord-américains en éducation, en psychologie et en sociologie. Le cours est conduit par un chercheur QUAL (sociologue), un chercheur QUANT (épidémiologiste) et un chercheur détenant une formation en épidémiologie avec une expertise en MM et en méthodes QUAL.

Enseigner les méthodes mixtes : plan de cours

- Cours 1. Introduction : Afin de préparer les étudiants pour les études mixtes, une brève introduction à chaque type de recherche est fournie aux étudiants.
- Cours 2. Problème de recherche : Les étudiants sont regroupés en équipes, et chaque équipe élabore un projet de recherche et des questions ou des objectifs de recherche (en lien avec les méthodes mixtes).
- Cours 3. Revue mixte de la littérature : Les étudiants apprennent les techniques pour conduire une revue de littérature incluant des études qualitatives, quantitatives et mixtes.
- Cours 4. Devis mixtes : Les devis mixtes sont présentés, et chaque équipe d'étudiants applique un devis approprié pour répondre à ses questions ou atteindre ses objectifs.
- Cours 5. Instrumentation : Les étudiants construisent l'instrumentation appropriée, avec des composantes qualitatives et quantitatives, pour appliquer leur devis de recherche.
- Cours 6. Collecte de données et réflexion sur l'instrumentation : Les étudiants appliquent et présentent leur instrumentation à leurs pairs et en discutent avec eux.
- Cours 7. Travailler avec des mots et des nombres : Les étudiants organisent leurs données qualitatives et quantitatives.
- Cours 8. Analyser des mots : Les étudiants interprètent et analysent leurs données qualitatives en élaborant des catégories et la visualisation des informations.
- Cours 9. Analyse des données quantitatives : Les étudiants utilisent un programme informatique pour analyser les données quantitatives.
- Cours 10. Analyse des données qualitatives assistée par ordinateur : Les étudiants apprennent à employer un programme informatique pour analyser les données qualitatives, et intégrer les données qualitatives et quantitatives.
- Cours 11. Comparaison des méthodes qualitatives, quantitatives et mixtes : Les étudiants explorent les différentes méthodes pour voir comment elles se complètent et s'influencent.
- Cours 12. Session de lecture critique : Les étudiants évaluent de façon critique un article qui utilise un devis mixte.

Source : Levine, A., B. Nicolau et P. Pluye, « Applied Mixed Methods in Health Research », plan de cours, Université McGill.

Pour aller plus loin :

Creswell, J. W., et Plano Clark, V. L. (2007), *Designing and conducting Mixed Methods Research*, Thousand Oaks, Sage Publications.

Ce livre contient les plus récentes propositions de John Creswell (auteur du livre à succès *Research Design*) et de Vicki Plano Clark sur les types de devis de recherche et d'évaluation utilisant des méthodes mixtes. Il comprend des recommandations pratiques pour élaborer, étape par étape, un devis d'évaluation utilisant des méthodes mixtes. Ce livre constitue un manuel de base suffisant pour mener à bien une évaluation mixte.

Greene, J. C., Caracelli, V. J., et Graham, W. F. (1989), « Toward a Conceptual Framework for Mixed-Method Evaluation Designs », *Educational Evaluation and Policy Analysis*, vol. 11, nº 3, p. 255-274.

Dans cet article, un cadre conceptuel des méthodes mixtes en évaluation est proposé à partir de la littérature et de l'analyse de 57 recherches évaluatives utilisant des méthodes mixtes. Cinq stratégies d'évaluation utilisant des méthodes mixtes sont identifiées : la triangulation, la complémentarité, le développement, l'initiation et l'expansion.

TASHAKKORI, A., et TEDDLIE, C. (2003), *Handbook of mixed methods in social and behavioral research*, Thousand Oaks, Sage Publications.

Ce livre présente les fondements de l'utilisation des méthodes mixtes. Les défis théoriques sont très bien développés et illustrés à l'aide d'exemples concrets. Tous les aspects des méthodes mixtes sont abordés par les auteurs clés dans le domaine. L'ouvrage offre une revue de littérature des méthodes mixtes très complète. Par rapport au manuel de Creswell et Plano Clark (2007), il constitue une référence incontournable pour les évaluateurs, les étudiants et les chercheurs qui veulent utiliser les méthodes mixtes de manière plus avancée.

Internet

User-Friendly Guide to Mixed Method Evaluations

L. Sharp et J. Frechtlin partent du constat qu'en se concentrant uniquement sur des méthodes quantitatives, les évaluateurs peuvent rater certains aspects importants des programmes évalués. La plupart du temps, de meilleurs résultats sont obtenus en utilisant des méthodes mixtes. Cet ouvrage, libre d'accès en ligne, s'adresse aux évaluateurs qui veulent des conseils pratiques plutôt que des recommandations théoriques et méthodologiques : <www.nsf.gov/pubs/1997/nsf97153/start.htm>.

Voir aussi ce glossaire, dont le contenu est tiré du même ouvrage : <www.fiu.edu/~bridges/glossary.htm>.

Journal of Mixed Methods Research

La publication internationale de référence pour les articles qui portent sur les méthodes mixtes dans toutes les disciplines. Soutenu par les chefs de file de ce domaine, chaque numéro explore des recherches et des évaluations originales utilisant des méthodes mixtes, et présente des articles méthodologiques et théoriques qui contribuent aux connaissances sur ces méthodes. Le site de la revue : <www.sagepub.com/journalsProdDesc.nav?prodId=Journal201775>.

8
L'évaluation axée sur l'utilisation

Michael Quinn Patton et Francine LaBossière

L'évaluation axée sur l'utilisation est basée sur le principe selon lequel les évaluations devraient être jugées en fonction de leur utilité. Ainsi, un évaluateur devrait concevoir et mener une évaluation en tenant compte, du début jusqu'à la fin, de son utilisation future. Pour ce faire, celui-ci doit bien comprendre ce que les demandeurs d'une évaluation et les utilisateurs ciblés veulent savoir et comment ils entendent disposer des informations qui en découleront. L'accent est donc mis sur l'*utilisation attendue* des résultats de l'évaluation par des personnes identifiées à l'avance, les *utilisateurs attendus.*

Pour toute évaluation, il y a plusieurs utilisateurs potentiels et diverses utilisations possibles. L'évaluation axée sur l'utilisation exige que l'on passe de ce qui est général et vague – c'est-à-dire de publics potentiels et d'utilisations possibles – à ce qui est spécifique et concret: des usagers bien identifiés et un engagement manifeste de leur part à se servir de l'évaluation à des fins précises. L'utilité d'une évaluation est trop importante pour n'être qu'espérée ou présumée; il est donc nécessaire de la prévoir et de la renforcer tout au long du processus évaluatif.

Une erreur souvent commise est de présumer qu'une évaluation contribuera forcément à l'amélioration d'un programme ou aux décisions qui l'entourent. Pourtant, les décideurs et les intervenants du programme ne sont pas nécessairement enchantés lorsqu'ils reçoivent les résultats d'une évaluation. Parmi les critiques les plus fréquentes, on retrouve celles-ci :

- le rapport est en retard, les décisions ont déjà été prises ;
- le rapport est très volumineux, personne ne le lira ;
- les questions posées ne sont pas les bonnes ;
- le rapport ne nous dit pas ce que nous voulions savoir ;
- le jargon rend le rapport ennuyeux et difficile à comprendre.

L'évaluation axée sur l'utilisation ne prône pas un seul type d'évaluation, de modèle, de méthode, de théorie ni même d'utilisation. Il s'agit plutôt d'un processus visant à aider les utilisateurs de l'évaluation à faire ces choix en fonction de leurs besoins. Comme on peut le voir dans les différents chapitres de ce manuel, il existe aujourd'hui plusieurs options dans le domaine de l'évaluation. L'approche axée sur l'utilisation peut s'appliquer à tout type de but, d'objet d'évaluation, de devis et de données. Quel que soit le type d'évaluation choisi, cette approche vise à en assurer une utilisation optimale.

Comment est-il possible d'accroître l'utilité d'une évaluation ? En posant les bonnes questions, en sachant quels sont les vrais besoins d'information, en faisant coïncider les résultats de l'évaluation avec les moments de prise de décision, et en travaillant étroitement avec les utilisateurs attendus de l'évaluation.

La clé d'une évaluation utile est de bien préciser les besoins d'information et de s'interroger sur la pertinence de l'évaluation tout au long du processus : *Pourquoi fait-on cela ? À quoi cela servira-t-il ? Est-ce vraiment ce que l'on veut savoir ? Cette façon de faire nous donnera-t-elle des informations utiles ? Comment compte-t-on concrètement utiliser les données ?* Si les utilisateurs attendus prévoient se servir des résultats pour « améliorer une intervention », il faut les aider à être plus précis : *Veut-on un programme plus efficace ? Mieux perçu par la population ? Qui dessert une plus grande clientèle ? Quels aspects de l'intervention veut-on améliorer ?* En posant ce genre de questions, l'évaluateur et les utilisateurs augmentent les chances de voir l'évaluation répondre efficacement à leurs besoins et être réellement utile.

Si une évaluation a été demandée en vue d'aider à une prise de décision, il faut savoir quelles sont les questions que les décideurs se posent vraiment.

Veulent-ils savoir si un programme local devrait être étendu à un plus grand nombre de régions ? Est-ce qu'ils veulent connaître les effets d'un programme sur quelques indicateurs spécifiques ? Ou alors, dans un contexte de coupures budgétaires, la véritable question porte-t-elle sur la possibilité de faire aussi bien avec moins ? En connaissant les vraies questions et le contexte dans lequel une décision doit être prise, un évaluateur peut s'assurer d'aller chercher des données qui seront pertinentes pour les décideurs.

Cependant, il ne suffit pas de donner les *bonnes informations* aux décideurs ; il faut aussi les leur transmettre au *bon moment.* Un évaluateur doit donc savoir quand se prendront les décisions et s'assurer que les informations voulues soient disponibles au moment opportun. Sans ce souci constant de la pertinence et des échéances, les décideurs risquent de se retrouver face à des résultats d'évaluation qu'ils pourront juger intéressants, mais qui ne les aideront pas dans leur prise de décision.

Enfin, la recherche en psychologie a montré qu'une personne sera plus apte à se servir d'une évaluation si elle y a participé activement (Patton, 1997). Une participation active favorise l'appropriation de l'évaluation et une meilleure compréhension des résultats, ce qui augmente la probabilité que ceux-ci soient utilisés. En travaillant étroitement avec les utilisateurs tout au long du processus, l'évaluateur prépare le terrain pour un usage concret des résultats et renforce l'utilité de l'évaluation.

Le facteur personnel

Au cours d'une évaluation, plusieurs choix importants doivent être faits. Entre autres, il faut déterminer le but, choisir les méthodes à appliquer et s'entendre sur les échéanciers. Qui sont les personnes qui doivent faire ces choix ? Dans l'évaluation axée sur l'utilisation, ce sont *les principaux utilisateurs attendus de l'évaluation* qui doivent prendre ces décisions, avec le soutien de l'évaluateur.

Tout individu qui est enclin à utiliser une évaluation et qui est en mesure de le faire peut être considéré utilisateur d'une évaluation. Les *principaux utilisateurs attendus* sont les personnes ou les groupes qui sont particulièrement concernés par une évaluation, qui ont le pouvoir et la capacité d'y contribuer activement, et qui ont l'intention de l'utiliser à des fins concrètes. Ils collaborent avec l'évaluateur tout au long du processus pour s'assurer que l'évaluation soit pertinente et qu'elle réponde à leurs besoins. Ces personnes sont considérées comme *parties prenantes de l'évaluation*, bien qu'elles n'en soient pas les seules.

Les parties prenantes d'une évaluation sont les personnes et les organismes pour qui les résultats de l'évaluation présentent un intérêt particulier. Toute personne qui doit prendre des décisions concernant le programme ou qui désire obtenir de l'information sur celui-ci peut être considérée partie prenante. Il s'agit entre autres des bailleurs de fonds, des gestionnaires du programme, du personnel et des bénéficiaires. D'autres personnes ayant un intérêt indirect dans l'efficacité du programme peuvent aussi être partie prenante de l'évaluation; cela peut inclure les médias, les chercheurs ou encore les contribuables, dans le cas d'un programme public. Cependant, les différentes parties prenantes peuvent avoir des intérêts très variés et parfois contradictoires. Puisqu'aucune évaluation ne peut répondre adéquatement à tous leurs besoins d'information, il faut donc adopter un processus permettant de choisir les questions d'évaluation prioritaires. Dans l'évaluation axée sur l'utilisation, ce processus commence en repérant les utilisateurs potentiels et en identifiant, parmi ceux-ci, les principaux utilisateurs attendus. Leurs besoins d'information spécifiques orienteront l'évaluation.

L'évaluation axée sur l'utilisation débute donc par l'identification explicite d'une personne ou d'un groupe de personnes spécifiques qui s'engagent à utiliser une évaluation à des fins précises. Ceci diffère de ce qui a traditionnellement été recommandé, c'est-à-dire d'identifier «les publics» visés par une évaluation. Un public est une entité plutôt vague et anonyme, et dont on ne peut être certain de l'engagement envers l'usage de l'évaluation. Il ne suffit donc pas d'identifier une agence ou une organisation en tant que destinataire du rapport d'évaluation. Ce sont les personnes, et non les organisations, qui utilisent les résultats des évaluations, d'où l'importance du *facteur personnel*.

Le «facteur personnel» désigne l'existence d'un individu ou d'un groupe de personnes spécifiques qui s'intéressent personnellement à l'évaluation et à ses résultats. Ces acteurs se sentent interpellés par l'évaluation et y jouent un rôle actif. L'évaluateur axé sur l'utilisation facilite cet engagement, qui se traduit généralement par des utilisations concrètes. Lorsque le facteur personnel est manquant, l'impact de l'évaluation peut être beaucoup moindre.

Les étapes d'une évaluation axée sur l'utilisation

Les cinq étapes principales d'une évaluation axée sur l'utilisation sont les suivantes : identifier les principaux utilisateurs attendus ; préciser les objectifs et les utilisations attendues de l'évaluation ; choisir les méthodes ; analyser et interpréter les données ; utiliser et diffuser les résultats.

1. Premièrement, il faut donc déterminer les principaux utilisateurs attendus d'une évaluation. Bien sûr, les demandeurs d'une évaluation figurent parmi ceux-ci, mais est-ce qu'il y en a d'autres ? Une analyse soignée des parties prenantes de l'évaluation et des utilisateurs potentiels devrait servir de base à cet exercice. Une fois que les utilisateurs attendus ont été identifiés, il faut déterminer leur niveau de participation approprié à l'évaluation (voir tableau 8.1). Ces décisions se prennent normalement par les demandeurs de l'évaluation – guidés par l'évaluateur – en tenant compte des considérations politiques, éthiques et pratiques propres à chaque situation. Finalement, il faut décider comment les principaux utilisateurs attendus travailleront avec l'évaluateur et participeront à la prise de décisions sur l'évaluation (par exemple, dans un groupe de travail).
2. Deuxièmement, l'évaluateur et les principaux utilisateurs attendus s'entendent sur le but de l'évaluation et sur ses utilisations prioritaires. L'évaluateur travaille alors avec les utilisateurs pour déterminer leurs besoins d'informations spécifiques et pour préciser les objectifs et les questions d'évaluation.
3. La troisième étape du processus porte sur les choix de devis, de méthodes et d'outils. Les principaux utilisateurs attendus participent à la prise de décision afin de bien comprendre les forces et les faiblesses des résultats d'évaluation qu'ils auront éventuellement à utiliser. Plusieurs options méthodologiques peuvent être considérées et l'évaluateur fait ressortir les avantages et désavantages de chacun. La discussion à cette étape porte sur les questions de justesse méthodologique, de validité des données, de faisabilité, de bien-fondé et de coûts. Comme toujours, le souci qui prime est celui de l'utilité. Est-ce que les résultats obtenus par ces méthodes seront utiles – et réellement utilisés ?
4. Une fois que les données ont été collectées et compilées, la quatrième étape du processus axé sur l'utilisation commence. Les utilisateurs participent activement à l'interprétation des données et à l'élaboration

TABLEAU 8.1

Les degrés de participation des différents utilisateurs attendus

Degré de participation →

	Information	Consultation	Implication	Collaboration	Empowerment
LA PROMESSE DE L'ÉVALUATEUR	Nous vous tiendrons au courant du progrès de l'évaluation et des résultats obtenus.	Nous vous tiendrons au courant du déroulement de l'évaluation, nous vous écouterons et nous vous dirons comment vos commentaires et suggestions ont influencé l'évaluation.	Nous travaillerons avec vous pour nous assurer que vos préoccupations soient prises en compte et reflétées dans les options considérées. Nous nous assurerons que vous pourrez revoir et commenter les options possibles et nous vous dirons comment vos commentaires ont été pris en compte dans l'évaluation.	Nous incorporons au maximum vos conseils et suggestions dans l'évaluation. Nous vous donnerons des occasions significatives pour prendre part au processus de prise de décisions.	Cette évaluation est la vôtre. Nous vous offrirons des options pour que vous puissiez nous transmettre vos décisions. Vous prendrez les décisions et nous vous appuierons dans leur mise en œuvre.
RÔLES ATTENDUS DES UTILISATEURS	Diffuser les résultats de l'évaluation et susciter de l'intérêt pour ceux-ci.	Anticiper les enjeux possibles, identifier les obstacles, suggérer des priorités et rehausser la crédibilité de l'évaluation.	Affirmer l'importance, la justesse et l'utilité de l'évaluation ; attirer l'attention sur les résultats et en établir la crédibilité.	Agir en tant que *principaux* utilisateurs attendus, étant donné leur intérêt élevé dans l'évaluation, leur disponibilité, leurs positions ou réseaux d'influence et leur sentiment d'appropriation par rapport à l'évaluation.	Mener et s'approprier l'évaluation, en plus de développer leurs capacités. L'évaluation est utilisée pour renforcer leur capacité à s'engager dans la pensée et la pratique évaluative.

de recommandations. Avec l'évaluateur, ils peuvent formuler des stratégies spécifiques pour optimiser l'utilisation de l'évaluation compte tenu des résultats réels qu'ils ont obtenus.

5. Finalement, les utilisateurs attendus de l'évaluation utilisent les résultats aux fins prévues. Au-delà de l'engagement initial et des utilisations qui ont été planifiées, une diffusion plus générale des résultats peut engendrer des utilisations espérées mais non nécessairement attendues.

En théorie, l'évaluation axée sur l'utilisation est un processus relativement simple qui se fait étape par étape. Dans la réalité, il est rarement aussi simple et linéaire. Par exemple, l'évaluateur peut constater que de nouveaux utilisateurs deviennent importants ou que de nouvelles questions d'évaluation émergent lors de la prise de décisions sur les méthodes d'évaluation. D'autre part, il n'y a pas toujours de distinction précise entre le choix des questions d'évaluation et le choix des méthodes ; les questions guident le choix des méthodes, mais les préférences méthodologiques ou la disponibilité des données peuvent à leur tour guider le choix des questions.

La plupart des décideurs se préoccupent beaucoup de la qualité d'une évaluation ; ils veulent qu'elle soit « bien faite ». Ils vont parfois hésiter à contribuer activement à sa réalisation parce que, justement, ils disent ne pas avoir les connaissances pour « bien le faire ». La croyance selon laquelle il n'existe qu'une seule bonne façon de faire les choses est parfois difficile à défaire. Dans une évaluation axée sur l'utilisation, la bonne façon est celle qui sera utile et pertinente pour les utilisateurs attendus. Pour y parvenir, il faut de la négociation et de l'analyse situationnelle.

L'expression « actif-réactif-interactif-adaptatif » décrit l'approche qu'un évaluateur axé sur l'utilisation adopte pour s'assurer qu'une évaluation soit utile. Il est en premier lieu *actif* lorsqu'il travaille avec les demandeurs de l'évaluation pour préciser le but de l'évaluation et pour cibler les principaux utilisateurs attendus. Il est *réactif* quand il écoute les utilisateurs et qu'il réagit à ce qu'il apprend sur le contexte particulier dans lequel l'évaluation se déroule. Il est *interactif* lorsqu'il favorise un dialogue et un processus de négociation ouvert. Enfin, il est *adaptatif* quand il permet la modification du plan d'évaluation en fonction de sa compréhension grandissante de la situation et des conditions qui évoluent. Un évaluateur actif-réactif-interactif-adaptatif n'impose pas de recettes d'évaluation préétablies et il ne fait pas la même chose dans chacune de ses évaluations.

Il est véritablement immergé dans les défis que présente chaque nouvelle situation et il répond de façon personnalisée aux utilisateurs de chaque nouvelle évaluation.

FIGURE 8.1

Travailler avec les principaux utilisateurs attendus : un cycle dynamique

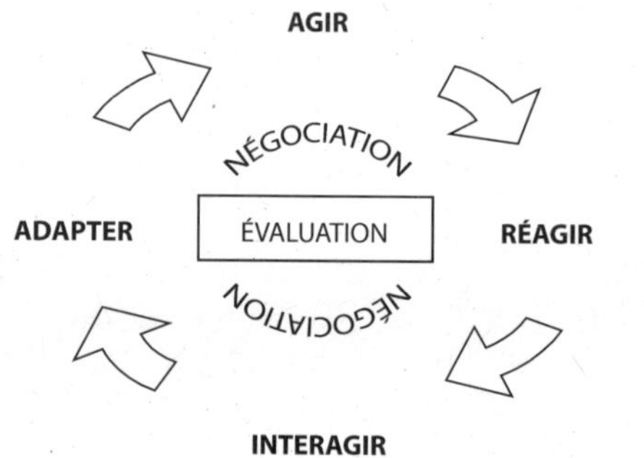

La démarche actif-réactif-interactif-adaptatif reconnaît de façon explicite l'importance de l'expérience, des connaissances et de la contribution de l'évaluateur en mettant l'accent sur l'*action*. Un évaluateur doit être sensible à la situation, mais cela ne veut pas dire qu'il se laisse manipuler par les parties prenantes d'une évaluation, leurs intérêts et leurs besoins. Tout comme un évaluateur axé sur l'utilisation ne doit pas imposer unilatéralement un but et un ensemble de méthodes à une évaluation, les utilisateurs ne doivent pas imposer leurs préférences de façon unilatérale. Pour en arriver à un plan d'évaluation final, il faut un processus de négociation qui permet d'intégrer les valeurs et les capacités de l'évaluateur à celles des utilisateurs attendus.

L'utilité du processus d'évaluation

Généralement, les discussions sur l'utilité des évaluations portent seulement sur l'utilité des résultats. Cependant, le simple acte de participer au processus peut aussi être utile. Si le fait d'avoir pris part activement dans l'exercice amène les participants à raisonner comme un évaluateur et à adhérer aux valeurs propres à la discipline, l'évaluation a donc généré plus que des résultats.

Ceux qui ont une formation en méthodes de recherche ou en évaluation peuvent facilement tenir pour acquise la logique qui les sous-tend. En revanche, pour des décideurs et des gens du terrain, cette logique peut être plus difficile à comprendre ou à appliquer. Penser en fonction de ce qui est spécifique et mesurable n'est pas nécessairement facile pour ceux qui doivent souvent se contenter d'imprécisions et de données informelles pour passer à l'action. Par exemple, lorsqu'un programme tire à sa fin et qu'il faut déterminer son avenir, les décideurs ont à se prononcer même s'ils n'ont pas à leur disposition toutes les informations qu'ils auraient voulues ou des données probantes sur les effets du programme. Les données d'évaluation ne sont qu'un élément parmi plusieurs qu'ils prennent en considération pour prendre une décision, et leur capacité à utiliser ces données dans la prise de décision peut être très variable.

Le processus d'évaluation offre de nombreuses occasions d'apprentissage à ceux qui y participent. Ils peuvent développer leur capacité à trouver des données probantes, à évaluer des conclusions d'études et à les utiliser plus aisément dans la prise de décision. Ces compétences vont bien au-delà de l'évaluation en cours et pourront leur être utiles tout au long de leur vie professionnelle. L'exercice peut aussi les amener à développer une pensée plus analytique, à se poser de nouvelles questions sur leurs pratiques d'intervention, et à promouvoir une gestion éclairée par les données probantes au sein de leurs organismes respectifs. Bref, le fait de se familiariser avec la démarche évaluative peut avoir un impact significatif sur les participants, un impact qui peut durer plus longtemps que les résultats qui découlent de l'évaluation.

L'utilité du processus d'évaluation ne se limite toutefois pas au renforcement des capacités et au développement d'une pensée évaluative chez les gens qui y participent. Un processus d'évaluation participatif peut aussi, entre autres, favoriser une compréhension partagée d'un programme entre les différents partenaires ; augmenter l'engagement et le sens d'appropriation des participants ; encourager un dialogue ouvert entre les décideurs et les gens du terrain ; rehausser la crédibilité d'un programme ; et contribuer au développement des organisations participant à l'évaluation.

Bien sûr, toute évaluation peut avoir ce genre d'effet et c'est d'ailleurs souvent le cas. Mais dans l'évaluation axée sur l'utilisation, la participation active des utilisateurs augmente la probabilité que ces impacts se produisent. On ne les considère pas que comme des retombées informelles ; au contraire, on porte une attention particulière à l'utilité du processus et on peut même en faire un but explicite de l'évaluation.

Les principes de l'évaluation axée sur l'utilisation

Un certain nombre de principes sous-tendent l'approche de l'évaluation axée sur l'utilisation. Nous pouvons les résumer de la façon suivante.

- La force motrice d'une évaluation, celle qui guide tout le processus, doit être l'engagement ferme des utilisateurs attendus à s'en servir. Au moment de prendre chaque décision – qu'elles concernent les questions, le devis, les méthodes, l'analyse ou le rapport – l'évaluateur examine avec les utilisateurs comment la décision affectera leur usage de l'évaluation.
- Le souci de l'utilisation est permanent et continu, et ce, dès le début de l'évaluation. Elle n'est pas une chose à laquelle on ne s'intéresse qu'à la fin du processus, le potentiel d'utilisation ayant déjà été largement déterminé une fois que l'évaluation tire à sa fin.
- Les évaluations doivent être spécifiquement orientées vers les intérêts et les besoins d'information de personnes précises, et non de clientèles vagues.
- Les contraintes de temps et de ressources font généralement en sorte qu'une évaluation ne peut pas répondre aux questions de tous ceux qui ont un intérêt dans le programme. Les principales parties prenantes doivent donc négocier le choix des questions prioritaires.
- Toute information n'est pas nécessairement utile. Pour être utile, l'information doit être crédible, pertinente et présentée sous une forme accessible et compréhensible aux utilisateurs.
- Quand l'information est bien ciblée, il y a de meilleures chances qu'elle soit utilisée. Il peut être difficile de savoir précisément à l'avance quelle information sera la plus utile pour la prise de décision ; l'évaluation axée sur l'utilisation vise donc à augmenter la probabilité que l'information recueillie soit pertinente en se focalisant sur les décisions à prendre et en tenant compte des échéances réelles. De cette façon, l'évaluation axée sur l'utilisation minimise l'écart entre l'utilisation potentielle et l'utilisation réelle, et entre les connaissances et l'action.
- Les gens diffèrent dans leur capacité et leur volonté à utiliser l'information. Cela signifie que l'information est plus puissante dans les

mains de ceux qui savent l'utiliser et qui sont favorables à son utilisation. Le défi est donc de faire parvenir les bonnes informations aux bonnes personnes.

- Les utilisateurs attendus d'une évaluation sont plus aptes à réellement s'en servir s'ils y ont contribué activement et s'ils en comprennent les différentes étapes.
- C'est la qualité de la participation, et non son volume, qui est importante. Le temps passé en réunion avec les utilisateurs peut être inversement proportionnel à la qualité du processus, si ces rencontres sont inefficaces. Les évaluateurs qui entreprennent des évaluations axées sur l'utilisation doivent être habiles dans l'animation de groupe.
- Une évaluation doit être personnalisée et adaptée au contexte. Les approches basées sur des modèles préétablis ne fonctionnent pas.
- Les éléments qui peuvent nuire à l'utilité des résultats d'évaluation sont tout aussi importants que ceux qui peuvent nuire à leur validité. Les décideurs veulent des données qui sont à la fois robustes *et* utiles.
- Un évaluateur ne doit pas présumer que l'individu ou l'organisme ayant demandé l'évaluation s'engage automatiquement à l'utiliser. Bien au contraire, cet engagement doit être engendré (ou revitalisé s'il a déjà existé auparavant) et consolidé tout au long du processus.
- L'utilisation d'une évaluation est différente de l'élaboration de rapports et de la diffusion des résultats. Ceux-ci sont des moyens de faciliter l'utilisation, mais ils ne doivent pas être confondus avec des utilisations concrètes telles que la prise de décision, l'amélioration d'un programme ou la production de connaissances.
- Un évaluateur axé sur l'utilisation doit avoir des capacités allant au-delà de l'expertise technique et méthodologique. Pour s'assurer qu'une évaluation ne soit pas mise en péril par des processus de groupes destructifs ou des jeux de pouvoir, il doit avoir un certain savoir-faire politique, être habile en animation de groupe, et être un communicateur efficace.
- Une évaluation axée sur l'utilisation peut impliquer du temps et des coûts qui sont loin d'être négligeables. En revanche, les bénéfices qu'on peut retirer d'un tel investissement, soit une utilisation plus efficace de l'évaluation, sont eux aussi loin d'être insignifiants. Ces coûts doivent être explicites dans les budgets d'évaluation, de sorte que le souci de l'utilisation ne soit pas négligé ou délaissé à cause d'un manque de ressources.

Les enjeux de l'évaluation axée sur l'utilisation

L'approche d'une évaluation axée sur l'utilisation comporte un certain nombre d'enjeux associés à la qualité technique, aux changements fréquents des utilisateurs, aux rôles variés de l'évaluateur, à l'utilisation abusive de l'évaluation, et à des questions éthiques.

La participation des utilisateurs et la qualité de l'évaluation

L'implication active des utilisateurs dans le choix des méthodes ne devrait pas mettre en péril la qualité ou la rigueur de l'évaluation. Les utilisateurs d'une évaluation veulent des informations qui sont à la fois valides *et* utiles ; la participation des utilisateurs, quelles que soient leurs compétences techniques, accroît l'utilité des résultats. Un évaluateur habile doit pouvoir aider les non-scientifiques à juger d'eux-mêmes des avantages et des désavantages des différentes options méthodologiques afin que ceux-ci puissent choisir celle qui répondra le mieux à leurs besoins.

Il faut aussi reconnaître que la validité et la robustesse des données d'évaluation peuvent varier d'une situation à l'autre. L'enjeu n'est pas de toujours atteindre une norme absolue de qualité scientifique ou méthodologique ; il s'agit plutôt de s'assurer que les méthodes et les mesures choisies soient *appropriées* aux besoins de validité d'une situation particulière. L'évaluateur et les utilisateurs doivent déterminer le degré de validité approprié en tenant compte de ce qu'ils prévoient faire avec les données.

Le changement fréquent des utilisateurs

Le talon d'Achille de l'évaluation axée sur l'utilisation est le changement fréquent des principaux utilisateurs. Étant donné que cette approche dépend beaucoup de la participation des utilisateurs attendus, si certains d'entre eux quittent le processus en cours de route, l'utilisation de l'évaluation peut en souffrir. Des personnes qui se joignent à une évaluation tard dans le processus n'arrivent pas nécessairement avec les mêmes attentes que ceux qui ont été présents depuis le début. Le meilleur moyen de contrer les effets de tels changements est de travailler avec un groupe diversifié d'utilisateurs. Ainsi, le départ éventuel d'un ou deux utilisateurs sera moins perturbant. Par contre, en présence de changements importants dans le groupe d'utilisateurs, il peut être nécessaire de redémarrer le processus en négociant de nouveau le plan d'évaluation et les engagements envers son utilisation.

Il n'est pas toujours facile pour un évaluateur de cibler les bons utilisateurs, de les amener à consacrer de leur temps et de leurs efforts à l'évaluation, de gérer les dynamiques politiques, d'établir une crédibilité et de conduire une évaluation de manière éthique. Tous ces défis sont liés d'une façon ou d'une autre à la relation entre l'évaluateur et les utilisateurs attendus. Quand de nouveaux utilisateurs remplacent ceux qui sont partis, il faut développer de nouvelles relations. Cela peut entraîner des délais dans le processus d'évaluation, mais ils en valent la peine si l'utilisation éventuelle de l'évaluation en est augmentée.

Un rôle qui varie en fonction du but de l'évaluation

Le rôle de l'évaluateur varie selon l'objectif visé et le type d'évaluation. S'il s'agit de générer des connaissances généralisables sur les liens causaux entre une intervention et ses effets, il faut appliquer des méthodes rigoureuses empruntées aux sciences sociales. Dans ce cas, le rôle principal de l'évaluateur est celui d'expert en méthodologie. Quand il faut déterminer la valeur globale d'un programme, l'évaluateur doit jouer un rôle de juge. Si l'évaluation a été commandée afin de répondre à des questions liées à l'imputabilité publique, l'évaluateur assume un rôle de vérificateur, d'inspecteur ou d'enquêteur indépendant. Quand l'amélioration du programme est le but principal de l'exercice, l'évaluateur joue un rôle de conseiller et de facilitateur auprès du personnel du programme. Enfin, en tant que membre d'une équipe de conception de programmes, l'évaluateur peut jouer un rôle plutôt consultatif.

Il existe cependant un rôle que l'évaluateur axé sur l'utilisation doit toujours assumer, et c'est celui de négociateur. Au tout début de l'évaluation, l'évaluateur doit négocier avec les principaux utilisateurs attendus les rôles qu'il aura à jouer. Tous les rôles sont sur la table, tout comme toutes les méthodes sont des options possibles. La sélection du rôle de l'évaluateur dépend des utilisations souhaitées de l'évaluation.

L'utilisation abusive des évaluations

Un évaluateur axé sur l'utilisation vise toujours à optimiser l'usage des résultats et du processus, mais il doit aussi porter une attention à la possibilité qu'une évaluation soit utilisée de manière abusive. Alkin et Coyle (1988) ont fait une distinction importante entre une « mauvaise évaluation », dans laquelle l'évaluateur ne fait pas bien son travail ou n'adhère pas aux principes et aux normes de la profession, et une « mauvaise utilisation », par laquelle les utilisateurs manipulent l'évaluation pour tordre les résultats ou corrompre l'enquête. La *mauvaise utilisation* est parfois hors du contrôle de l'évaluateur, mais il a toujours un contrôle direct sur la qualité de son travail, pour éviter une *mauvaise évaluation.*

Les enjeux éthiques

La possibilité qu'un évaluateur axé sur l'utilisation se laisse trop influencer par les différentes parties prenantes d'une évaluation peut constituer une préoccupation pour certains. Comment les évaluateurs peuvent-ils maintenir leur intégrité s'ils sont engagés dans une collaboration étroite avec les décideurs ? Comment un évaluateur peut-il prendre en compte les facteurs politiques d'une situation sans qu'il devienne lui-même un outil politique pour une ou plusieurs parties prenantes de l'évaluation ?

Les évaluateurs se retrouvent donc face à un dilemme : une relation trop étroite avec les décideurs peut mettre en péril la crédibilité scientifique de l'évaluation, tandis qu'une collaboration trop distante peut entraver son utilisation optimale. Des relations étroites entretenues avec les décideurs soulèvent des enjeux éthiques liés à l'intégrité, l'objectivité et la corruptibilité de l'évaluateur. Le fait de sélectionner les acteurs qui participent activement à l'évaluation comporte des enjeux éthiques liés à l'accès à l'information et au pouvoir associé à ces connaissances. Ces deux enjeux tournent autour d'une question éthique fondamentale : l'évaluation et l'évaluateur sont au service de qui ?

Les évaluateurs doivent porter une attention particulière aux intérêts représentés dans l'évaluation et à l'accès aux informations qui découlent de celle-ci. La partie « actif » du « actif-réactif-interactif-adaptatif » signifie que les évaluateurs doivent apporter leurs propres préoccupations, questions et valeurs à la table de négociation. L'évaluateur est lui aussi partie prenante d'une évaluation puisque sa réputation et sa crédibilité sont en jeu. Le processus «actif-réactif-interactif-adaptatif» implique une obligation, de la part de l'évaluateur, de représenter les principes et les normes de la profession, ainsi que ses propres valeurs et son intégrité, tout en respectant les croyances et les préoccupations des autres utilisateurs principaux.

Un deuxième défi porte sur la façon dont les intérêts des parties prenantes sont représentés dans un processus axé sur l'utilisation. Dans la mesure du possible, elles se représentent eux-mêmes dans les négociations et le processus de l'évaluation. Lorsque les intérêts de personnes défavorisées sont en jeu, il ne faut pas que ceux-ci soient représentés par les groupes plus favorisés de manière potentiellement condescendante ou paternaliste. Il faut plutôt explorer les façons de les faire participer activement et équitablement tout au long du processus d'évaluation.

Conclusion

Le principe fondamental de l'évaluation axée sur l'utilisation – travailler avec les principaux utilisateurs attendus pour atteindre l'utilisation souhaitée – a pris une place centrale dans la pratique de la plupart des évaluateurs professionnels. Cousins et ses collègues (1996) ont effectué un sondage auprès de 564 évaluateurs et 68 praticiens, tous membres d'associations professionnelles d'évaluation au Canada et aux États-Unis. Le sondage comportait une liste de croyances possibles avec lesquelles les répondants pouvaient être d'accord ou non. Le plus grand consensus a été obtenu pour l'affirmation «Les évaluateurs devraient formuler des recommandations à partir de l'étude». La proposition qui a généré le deuxième plus grand consensus (71%) fut «La principale fonction de l'évaluateur est de maximiser les utilisations attendues des données de l'évaluation par les utilisateurs attendus». On peut donc dire que depuis la première édition de *Utilization-Focused Evaluation,* il y a trente ans, son principe de base est passé du statut d'idée controversée (Alkin, 1990) à celui d'une philosophie d'évaluation courante.

Pour aller plus loin :

Patton, M. Q. (2008), *Utilization-Focused Evaluation*, 4e éd., Thousand Oaks, Sage Publications.

Cette nouvelle édition a été révisée afin d'inclure les recherches et théories les plus récentes. En plus d'y retrouver des exemples pris à l'échelle internationale, on y approfondit les développements récents des systèmes de pensée et de la science de la complexité dans le domaine de l'évaluation.

Cousins, J. Bradley (dir.) (2008), *Process Use in Theory, Research and practice: New Directions for Evaluation n° 116*, Jossey-Bass / American Evaluation Association.

On retrouve dans cet ouvrage, d'une part, les résultats des recherches les plus récentes sur l'utilisation des connaissances et, d'autre part, les variations conceptuelles en renforcement des capacités en évaluation et en utilisation des résultats des évaluations.

Cousins, J. B. et L. M. Shulha (2006), « A Comparative Analysis of Evaluation Utilization and Its Cognate Fields of Inquiry: Current Issues and Trends », dans Shaw, I. F., J. C. Greene et M. M. Mark (dir.), *The Sage Handbook of Evaluation: Policies, Programs and Practices*, Thousand Oaks, Sage Publications, p. 266-291.

Une excellente revue de l'ensemble de la littérature portant sur l'utilité de l'évaluation, avec un point de vue interdisciplinaire qui inclut les recherches sur l'utilisation des connaissances et plusieurs théories élaborées dans des pratiques connexes.

Internet

Centers for Disease Control: *CDC Evaluation Working Group*

Excellentes ressources en ligne pour l'évaluation de la santé publique, qui donne accès aux méthodes et à l'éthique, en plus d'offrir des liens vers d'autres sites pertinents: <www.cdc.gov/eval/resources.htm#logic>.

Resources for Methods in Evaluation and Social Research

Recherches de base et sur l'évaluation; liens vers d'autres sources: <http://gsociology.icaap.org/methods/>.

9
Une stratégie pour composer avec les contraintes inhérentes à la pratique

Michael Bamberger et Jim Rugh

La plupart des évaluateurs ont connu ces situations où l'évaluation arrive bien tard dans la vie des programmes : ceux-ci sont en place, voire presque arrivés à leur terme, avant même que les organismes d'exécution ou de financement ne commencent à penser sérieusement à évaluer dans quelle mesure ils atteignent leurs objectifs et produisent les effets escomptés. Généralement, cet intérêt tardif pour l'évaluation est motivé par la nécessité d'avoir des preuves solides sur lesquelles se baser pour prendre la décision de maintenir le programme, ou encore de l'implanter ailleurs. Lorsque les évaluations débutent enfin, c'est généralement avec des contraintes budgétaires et temporelles, ou encore avec un accès limité aux données de base ou à des groupes témoins. Dans ce contexte, il est parfois difficile, sinon impossible, d'utiliser les modèles d'évaluation recommandés dans les manuels pour leur rigueur méthodologique.

En 2002, lorsque les auteurs du présent chapitre ont commencé à organiser des ateliers sur les évaluations en contexte de contraintes de budget, de temps, de données et politiques, ils pensaient que les évaluateurs des pays en développement se montreraient les plus intéressés. Or, bien que plus de ressources soient affectées à l'évaluation des grands programmes gouvernementaux des pays comme le Canada, les États-Unis et les pays européens, de nombreux évaluateurs de ces contrées ont dit devoir composer avec des contraintes similaires. Par ailleurs, dans les pays industrialisés comme dans les pays en développement, la plupart des évaluations sont mises en œuvre dans des contextes politiques où les organismes de financement, les clients et les principaux acteurs des programmes ont des opinions bien arrêtées sur ce qui constitue de « bonnes méthodes » d'évaluation, sur les types et quantités d'informations à collecter, et sur les groupes auprès desquels on devrait ou non recueillir une opinion sur les conclusions de l'évaluation. Et s'ils devraient y avoir accès ou non. Les évaluateurs en début de carrière découvrent rapidement que les questions « techniques » – telles que le recours à des groupes témoins sélectionnés aléatoirement, le choix entre des modèles qualitatifs, quantitatifs ou multiméthodes (voir chapitre 7), ou encore la sélection des personnes à interviewer et des questions à poser – peuvent déclencher de vives réactions chez les clients et acteurs impliqués. Mais souvent, ces réactions n'auront rien à voir avec des raisons techniques, comme d'éviter d'interviewer les gens qui critiquent le programme ou de se soustraire à la controverse politique en n'organisant aucun entretien avec des membres des groupes de comparaison qui pourraient trouver injuste de ne pas bénéficier des retombées positives du programme. Les évaluateurs qui travaillent en milieu universitaire s'aperçoivent très rapidement que certains paradigmes de recherche et d'évaluation sont acceptés, alors que d'autres ne le sont pas. Récemment, lors d'une séance de travail consacrée à l'évaluation multiméthodes offerte par l'Association américaine d'évaluation, des étudiants diplômés d'une université canadienne ont dit avoir de la difficulté à convaincre leurs directeurs de thèse qu'un modèle d'évaluation multiméthodes pourrait être approprié pour leur recherche doctorale.

En dépit des circonstances complexes qui influencent la réalisation de nombreuses évaluations, la demande d'évaluations systématiques de la part d'organismes, de gouvernements, de la société civile et de bénéficiaires de programmes ne cesse d'augmenter. On attend de ces évaluations qu'elles mesurent si les programmes produisent les résultats escomptés et qu'elles indiquent s'ils pourraient ou devraient être poursuivis ou reproduits, et à qui ils ont profité ou non. On réalise également de plus en plus que les conclusions des évaluations doivent reposer sur des preuves solides, pas seulement sur des opinions, et ce, même si le débat continue de faire rage quant à la définition d'une *preuve solide.*

Bien qu'il n'existe aucune donnée précise à ce sujet, nous estimons que la majorité des évaluations de projets et de programmes de développement qui reçoivent un financement international ne satisfont pas aux exigences de base d'un modèle d'évaluation quantitative rigoureux du point de vue méthodologique. La plupart de ces évaluations commencent tard dans le cycle de vie du programme et les évaluateurs n'ont pas accès à des données de base systématiques, ou alors aucun groupe de comparaison n'est inclus. Pour ne citer qu'un exemple de cela, une méta-évaluation de 67 évaluations menées par CARE International sur ses projets d'aide d'urgence et de développement dans divers pays a révélé que, pour environ 75 % des évaluations pour lesquelles l'information était disponible, le modèle utilisé ne comportait une collecte de données effectuée qu'après que le projet eut été mis en œuvre depuis un certain temps, et ce, généralement uniquement auprès des communautés visées par le projet. Autrement dit, ces évaluations ne comprenaient ni données de base ni données sur un groupe de comparaison. Et il semble que cela soit assez typique des évaluations faites par d'autres organismes. En fait, les évaluations n'impliquent bien souvent qu'une trop brève visite sur le site du projet.

Une des raisons pour lesquelles Bamberger et ses collègues ont rédigé *RealWorld Evaluation* (2006) est que, outre le fait que les contraintes rencontrées dans la réalité entraînent l'impossibilité, pour la majorité des évaluateurs, d'utiliser un modèle d'évaluation un tant soit peu rigoureux, très peu de manuels fournissent des pistes sur la façon d'effectuer des évaluations dans ces conditions. Si, dans la plupart des livres, on parle de la dimension politique des évaluations, il est rare qu'on y traite aussi des stratégies pour composer avec des contraintes budgétaires ou temporelles, ou encore avec l'absence de données de base. Qui plus est, très peu de ces ouvrages donnent des instructions systématiques sur les procédures à suivre pour déterminer le degré de validité des divers modèles d'évaluation en présence de ces contraintes, et sur les moyens de surmonter ces obstacles une fois qu'ils ont été identifiés.

De nombreux évaluateurs se retrouvent donc livrés à eux-mêmes et finissent souvent par utiliser des méthodologies d'évaluation qui manquent de rigueur, sans que cela soit nécessaire. Dans de telles situations, les contraintes budgétaires et temporelles sont fréquemment utilisées comme excuse («Il est injuste de me demander si les données présentées dans mon rapport sont représentatives, alors que je n'avais que deux semaines pour travailler sur le terrain»). L'expression «bâclée», utilisée pour qualifier une évaluation, revient beaucoup trop souvent...

L'approche de l'évaluation en situation réelle a donc été spécifiquement conçue afin de répondre aux besoins de stratégies pratiques pour parvenir à la plus grande rigueur possible dans les contextes particuliers dans lesquels beaucoup d'évaluations doivent être effectuées.

L'approche de l'évaluation en situation réelle

L'approche de l'évaluation en situation réelle (ESR) a été créée pour aider les nombreux évaluateurs, tant dans les pays en développement que dans les pays industrialisés, qui doivent mener des évaluations en composant avec des contraintes associées au financement, aux délais, à la disponibilité des données et au contexte politique. De plus, il arrive couramment que le client ne commande une évaluation que tard dans le projet, lorsqu'il réalise qu'il aura besoin des conclusions d'une évaluation dans le processus de révision du projet pour déterminer s'il doit continuer à le soutenir ou s'il devrait lancer une deuxième phase de plus grande envergure. Parfois, quand approche le moment de prendre une décision à ce propos, l'organisme de financement découvre subitement qu'il ne dispose pas d'informations solides pour déterminer s'il financera ou non le projet à l'avenir. Il arrive aussi que l'organisme d'exécution se rende compte qu'il ne possède pas les preuves nécessaires pour démontrer que le projet atteint bien ses objectifs. L'évaluateur appelé à ce stade se fera quelquefois dire qu'il est impératif d'effectuer son évaluation avant une certaine date, et qu'elle doit produire des résultats «rigoureux» quant à l'impact du projet, même si, malheureusement, les fonds disponibles demeurent très limités.

Un autre scénario est possible. L'évaluateur est appelé suffisamment tôt, mais il découvre que, pour des raisons budgétaires, politiques ou méthodologiques, il ne pourra pas collecter de données sur un groupe de comparaison afin de mieux déterminer l'impact du programme en comparant des participants à des non-participants. Ou encore, il s'avère impossible de collecter des données de base sur la population visée par le projet pour analyser ses progrès au fil du temps ou l'impact qu'a eu le projet sur elle. Des contraintes de disponibilité des données peuvent aussi être causées par la difficulté de collecter des informations sur des sujets délicats comme le VIH/sida, la violence familiale, la reconstruction à la suite d'un conflit ou les activités illégales telles que le travail du sexe, le trafic de narcotiques ou la corruption politique.

Déterminer le modèle d'évaluation qui convient le mieux dans de telles conditions peut se révéler un exercice ardu nécessitant des compromis entre les ressources disponibles et les pratiques acceptables en matière d'évaluation. D'ordinaire, les clients se soucient plus du budget et de l'échéancier, laissant les principes de base du métier passer au second plan. Et si aucun équilibre satisfaisant n'est trouvé entre ces éléments, un problème dont beaucoup se plaignent peut alors survenir: l'utilisation limitée des résultats de l'évaluation (voir Patton, 1997; Banque mondiale, 2004 et 2005). L'ESR est donc une approche qui propose des solutions afin de surmonter les difficultés bien réelles que l'on rencontre dans l'univers de la pratique de la discipline de l'évaluation.

De plus, du fait des difficultés occasionnées par toutes ces contraintes, on ne se soucie guère, dans la majorité des cas, d'opter pour une méthodologie rigoureuse ou de veiller à identifier et à surmonter les obstacles à la validité des résultats. L'ESR vise précisément à réduire ces risques potentiels et repose sur une approche en sept étapes, schématisées dans la figure 9.1 et détaillées ci-après.

1. *Cerner le champ de l'évaluation.* Comprendre les besoins d'information du client et le contexte dans lequel s'inscrit l'évaluation; définir une théorie de programme qui décrit les objectifs et le fonctionnement prévus du programme; identifier les contraintes (reliées au budget, au temps ou à la disponibilité des données) et toutes les influences politiques qui agissent sur les façons dont l'évaluation sera mise en œuvre, et sur la diffusion et l'utilisation de ses résultats.
2. *Composer avec les contraintes budgétaires (stratégies).* Réduire les frais en simplifiant le modèle d'évaluation, en réduisant la quantité de données à collecter en faisant un meilleur usage des consultants onéreux et en rationalisant l'analyse des données.
3. *Composer avec les contraintes temporelles (stratégies).* Méthodes de collecte de données rapide; planification adaptée pour éviter les retards et les goulots d'étranglement, en particulier pendant les brèves

FIGURE 9.1

L'approche de l'évaluation en situation réelle

1re ÉTAPE : PLANIFIER L'ÉVALUATION ET EN CERNER LE CHAMP

A. Cerner les besoins du client en termes d'information et comprendre le contexte politique de l'évaluation
B. Définir le modèle théorique du programme
C. Identifier les contraintes (budget, temps, argent, contexte politique) dont il faudra tenir compte dans l'ESR
D. Sélectionner l'approche qui répond le mieux aux besoins du client compte tenu des contraintes identifiées

2e ÉTAPE : COMPOSER AVEC LES CONTRAINTES BUDGÉTAIRES

A. Simplifier le modèle d'évaluation
B. Rationaliser la quantité de données à collecter
C. Utiliser les consultants externes de manière plus efficace
D. Rationaliser l'analyse des données

3e ÉTAPE : COMPOSER AVEC LES CONTRAINTES TEMPORELLES
(y compris tous les outils de l'étape 2)

E. Utiliser des méthodes de collecte de données rapides
F. Mieux planifier l'évaluation pour éviter les retards et goulots d'étranglement
G. Utiliser les technologies modernes pour la collecte et l'analyse des données, notamment les vidéo-conférences

4e ÉTAPE : COMPOSER AVEC LES CONTRAINTES EN TERMES DE DONNÉES

A. Reconstruire les données de base
B. Recréer des groupes de comparaison
C. Mieux utiliser les données secondaires
D. Accorder une grande importance au choix des groupes auprès desquels collecter les données
E. Utiliser des stratégies pour collecter des données sur les sujets délicats ou auprès des groupes difficiles à atteindre

5e ÉTAPE : COMPOSER AVEC LES INFLUENCES POLITIQUES

A. Identifier les acteurs impliqués et leur perspective politique de l'évaluation
B. Comprendre comment cela influence l'évaluation
C. Élaborer des stratégies pour répondre aux pressions des acteurs en ce qui concerne la conception de l'évaluation, la méthodologie ou même les conclusions

6e ÉTAPE : RENFORCER LE MODÈLE DE L'ÉVALUATION ET LA VALIDITÉ DES CONCLUSIONS

A. Utiliser la liste de contrôle pour identifier les obstacles à la validité de l'évaluation et de ses conclusions
B. Élaborer des stratégies pour supprimer ces obstacles et pour améliorer la qualité de l'intervention

7e ÉTAPE : AIDER LES CLIENTS À TIRER PARTI DE L'ÉVALUATION

A. Faire en sorte que les clients participent activement dès la définition du champ de l'évaluation, et qu'ils s'approprient l'évaluation
B. Communiquer constamment avec toutes les parties concernées et les informer des développements de l'évaluation pour éviter les surprises
C. Définir des stratégies appropriées pour communiquer les constatations en respectant les habitudes des différents acteurs

périodes où les consultants externes interviennent; recours à des vidéoconférences.

4. *Composer avec les contraintes en termes de données (stratégies).* Reconstitution des données de base ou des données du groupe de comparaison si elles n'ont pas été collectées; utilisation judicieuse des données secondaires; importance accrue accordée à la collecte de données auprès des groupes appropriés (par exemple, les femmes tout autant que les hommes, les minorités, les personnes sans terre et les immigrants clandestins); stratégies permettant de collecter des données sur des sujets délicats et de trouver et d'interviewer les groupes difficiles à joindre.
5. *Composer avec les influences politiques agissant sur la conception et la mise en œuvre de l'évaluation, ainsi que sur la diffusion et l'utilisation de ses résultats.* Identifier les principaux acteurs impliqués et leur perspective politique de l'évaluation, y compris leurs préjugés favorables pour certaines méthodes et même pour certaines conclusions; comprendre comment ces éléments peuvent orienter l'évaluation; élaborer des stratégies pour composer avec la situation politique sans compromettre la rigueur de l'évaluation.
6. *Renforcer le modèle d'évaluation et la validité des conclusions.* Utiliser la liste de contrôle (voir l'annexe du présent chapitre) pour identifier les obstacles à la validité et à la pertinence des conclusions de l'évaluation; élaborer des stratégies pour surmonter ces obstacles et pour améliorer la qualité de l'évaluation.
7. *Aider les clients à tirer parti de l'évaluation.* Veiller à ce que les clients participent activement à l'évaluation dès le début et à ce qu'ils se l'approprient; rester en contact avec le client tout au long de l'évaluation pour s'assurer que les principaux rapports, une fois rendus publics, ne contiennent pas de surprises majeures pour le client; adapter la présentation des conclusions en fonction des habitudes de communication des différents acteurs concernés.

Si l'ESR ne propose pas de nouvelles méthodes de collecte ou d'analyse des données, l'approche contribue à plusieurs égards à la réalisation d'évaluations qui composent avec les contraintes rencontrées dans la réalité.

Premièrement, l'ESR suggère des façons de puiser dans un large éventail d'approches et de méthodes d'évaluation pour composer avec les quatre grands types de contraintes. On insiste en permanence sur le recours systématique à des approches multiméthodes qui combinent les approches quantitatives et qualitatives (chapitre 8). Ces dernières sont jugées essentielles pour plusieurs raisons. Elles offrent d'abord à l'évaluateur la possibilité de se servir du plus grand nombre possible de méthodes et d'instruments d'évaluation ; elles mènent à des conclusions plus valides en fournissant au moins deux estimations sur les principaux indicateurs (triangulation) ; elles permettent une analyse et une interprétation plus approfondies et plus riches du contexte dans lequel fonctionne le programme et contribuent également à rendre la collecte de données plus abordable et plus rapide.

Deuxièmement, avec l'ESR, l'accent est davantage mis sur l'importance d'orienter l'évaluation vers un modèle théorique (logique) de programme. En présence de contraintes budgétaires et temporelles, un tel modèle peut aider à identifier les postulats de base, les liens et les hypothèses du programme qui devraient être vérifiés. À cet égard, il est particulièrement utile de procéder à une analyse de la chaîne des résultats. De même, *l'analyse contextuelle* est une composante essentielle du modèle théorique de programme de l'ESR. Elle comprend l'analyse de l'influence des conditions politiques, économiques, institutionnelles et socioculturelles sur la mise en œuvre du projet et sur ses effets. Elle peut conduire à une analyse qualitative et descriptive, ou encore les facteurs peuvent être convertis en échelles de valeurs et être incorporés à l'analyse multivariée. Le modèle théorique fait également partie de l'analyse des processus pour déterminer ce qui s'est véritablement produit durant l'implantation du projet. En effet, l'analyse des *échecs au moment de l'implantation* est souvent cruciale afin d'expliquer pourquoi un projet n'a pas eu les impacts escomptés.

Troisièmement, sept des modèles d'évaluation d'impacts les plus courants sont décrits dans l'ESR, ainsi que des scénarios dans lesquels chacun de ces modèles peut être utilisé. Ces derniers vont des modèles expérimentaux et quasi-expérimentaux les plus rigoureux (avec des mesures avant/après et des groupes d'intervention et de contrôle) aux modèles non expérimentaux dans lesquels il n'y a ni groupe de comparaison ni données de base sur le

groupe d'intervention, en passant par des modèles quasi-expérimentaux plus faibles, dans lesquels un ou plusieurs points de collecte de données sont supprimés (chapitre 20). Enfin, les obstacles à la validité sont aussi passés en revue pour chacun de ces modèles (voir tableau 9.1).
Quatrièmement, certaines techniques sont proposées en vue de reconstituer l'information sur la situation des groupes d'intervention et de comparaison avant le début du projet (données de base rétrospectives). Celles-ci comprennent l'utilisation exhaustive de données secondaires, la collaboration avec les organismes pour rendre les données de suivi régulières du projet plus utiles à l'évaluation, les techniques d'évaluation participative telles que les méthodes d'évaluation participative rapide et le recours aux souvenirs personnels. Bien que les problèmes de fiabilité en matière de recours aux souvenirs soient reconnus, un certain nombre de techniques permettant d'y remédier sont décrites dans l'ESR.

Cinquièmement, l'approche de l'ESR pour le contrôle de la qualité en sept étapes propose des mesures correctives qui peuvent être employées à différents stades du processus d'évaluation – certaines après qu'une ébauche du rapport d'évaluation a été produite – et qui font en sorte que la qualité optimale de bien des évaluations quantitatives repose sur un modèle ayant un prétest, un post-test ainsi qu'un groupe de comparaison pour évaluer les changements ou impacts produits par le projet ou le programme.

Sixièmement, bien des évaluations quantitatives reposent sur un modèle ayant un prétest/post-test et un groupe de comparaison pour évaluer les changements ou les impacts produits par le projet ou le programme. Mais cette approche, lorsque utilisée de manière isolée, comporte deux limites importantes. D'une part, elle ne tient pas compte des particularités du contexte socioéconomique et politique unique qui affecte chaque projet. D'autre part, elle accepte implicitement l'idée que chaque projet ait été implanté tel que prévu et de façon uniforme d'un site à l'autre. Aussi, une des contributions de l'ESR est de souligner la nécessité de regarder dans la « boîte noire » du processus d'implantation du projet pour voir ce qui s'est réellement produit lors de la mise en œuvre et pour déterminer les variations à ce propos entre les différents sites du projet. La qualité de la mise en œuvre doit également être évaluée. Cette contribution de l'ESR est majeure, car dans la réalité, il arrive très souvent que certaines caractéristiques d'un programme ne soient pas mises en œuvre, ou qu'elles le soient si mal que les impacts escomptés ne peuvent pas s'être concrétisés. D'autres fois, ces impacts semblent atteints, mais ce qui s'est vraiment déroulé dans le cadre du projet a été bien différent de ce qui avait été initialement prévu !

TABLEAU 9.1

Forces et faiblesses des sept modèles quasi-expérimentaux les plus utilisés

Modèle	Avantages	Inconvénients
1. Modèle longitudinal complet, avec observations pré-, à mi-parcours, post- et ex-post et avec un groupe de comparaison	Le modèle le plus rigoureux. Peut être nécessaire pour mettre à l'épreuve un nouveau projet qui, si son impact est démontré, pourra être mis en œuvre à plus grande échelle	Modèle le plus onéreux et celui qui demande le plus de temps, et donc le plus difficile à mettre en œuvre
2. Modèle avec mesure avant et après le projet et avec un groupe de comparaison	Parmi les méthodes quasi-expérimentales polyvalentes, c'est le modèle le plus rigoureux. Avec un groupe témoin bien choisi, il fournit de bonnes estimations des impacts du projet	Suppose que le groupe de comparaison est raisonnablement similaire au groupe de projet et d'accord pour participer à deux sondages, même s'ils n'ont rien à y gagner
3. Modèle longitudinal tronqué avec mesures avant et après le projet et avec un groupe de comparaison	• Permet l'observation des processus ainsi que des impacts • Modèle raisonnablement rigoureux, en particulier pour les projets où la mise en œuvre démarre lentement et où l'on ne manque pas grand-chose en commençant plus tard	• N'évalue pas la mise en œuvre du projet • Ne commence pas avant la mi-parcours, et n'évalue donc pas la mise en route du projet et le début de sa mise en œuvre
4. Modèle avec mesures avant et après le projet, combiné avec une analyse post-test du groupe de projet et du groupe de comparaison	• Permet de déterminer si le modèle de projet produit les extrants visés • Permet d'identifier les similarités et les différences avec des domaines similaires • Permet de déterminer dans quelle mesure le projet pourrait être répliqué	• Ne permet pas de déterminer si les différences observées à la fin du projet avec le groupe de comparaison sont attribuables au projet ou à des différences préexistantes entre les deux groupes • Ne permet pas de contrôler si des événements de l'histoire locale pourraient influencer les effets

Modèle	Avantages	Inconvénients
5. Modèle avec mesure après le projet et avec un groupe de projet et un groupe de comparaison	Permet d'évaluer des projets pour lesquels on a mis en œuvre des interventions soigneusement testées ou qui se déroulent dans des endroits isolés où d'autres interventions externes n'interfèrent pas	• Ne permet pas d'estimer avec exactitude les impacts du projet • Ne permet pas de contrôler le rôle de l'histoire locale • Ne permet pas de déterminer les possibilités de reproduire le projet à plus grande échelle • Ne permet pas d'étudier le processus de mise en œuvre du projet
6. Modèle avec mesure avant et après le projet dans groupe de comparaison	Donne une estimation approximative des impacts du projet	• Ne permet pas d'estimer avec exactitude les impacts du projet • Difficile d'établir que les changements observés sont dus au projet et non à d'autres facteurs ou interventions • Ne permet pas la comparaison avec d'autres collectivités • Ne permet pas de contrôler si d'autres variables ont joué un rôle au moyen d'une analyse multivariable
7. Modèle avec mesure après le projet sans groupe de comparaison	• Utile pour les études préliminaires lorsque l'on veut avoir une idée générale de l'efficacité du projet • Donne une première estimation approximative des résultats, en particulier pour des projets petits ou isolés	• Ne permet pas d'obtenir des estimations raisonnablement précises de l'impact du projet • Difficile d'être sûr que les changements observés sont dus au projet et non à d'autres facteurs ou interventions • Ne permet pas de contrôler le rôle d'événements extérieurs • Ne permet pas d'obtenir des données comparatives pour estimer les possibilités de répliquer le projet

Note : Pour les modèles 1 à 5, qui utilisent des groupes de comparaison, une analyse beaucoup plus rigoureuse peut être faite en utilisant une analyse par régression multiple pour contrôler statistiquement les différences au niveau des caractéristiques du groupe de projet et du groupe de comparaison. Lorsque des données secondaires fiables sont disponibles, ces modèles peuvent en outre être renforcés au moyen de techniques statistiques d'appariement, sur des scores de propension ou des variables instrumentales par exemple.

L'ESR et les quatre types de contraintes

On trouvera ci-dessous une description plus détaillée des quatre types de contraintes auxquelles sont le plus souvent confrontés les évaluateurs dans la réalité. Il est à noter que les évaluateurs se heurtent généralement à plus d'un type de contraintes à la fois.

Les contraintes budgétaires

Dans certains cas, les fonds nécessaires à l'évaluation n'ont pas été inclus dans le budget initial du projet, ce qui implique qu'elle doit être menée avec un budget inférieur à ce qu'elle nécessiterait normalement. Dans d'autres cas, le budget est réduit en cours d'évaluation alors qu'on ne s'y attendait pas, ce qui entraîne parfois l'impossibilité de collecter les données souhaitées ou de reconstituer les données de base ou celles du groupe de comparaison. Le manque de fonds peut aussi créer ou exacerber des contraintes temporelles, car les chercheurs ne peuvent pas toujours passer sur le terrain autant de temps qu'ils le jugent nécessaire.

Les contraintes temporelles

La contrainte temporelle la plus fréquente se produit lorsque l'évaluateur n'est appelé qu'une fois le projet déjà bien avancé. Il ne dispose alors que d'une période jugée beaucoup trop courte pour faire l'évaluation, tant en termes de perspective longitudinale durant la vie du projet qu'en ce qui concerne le temps alloué pour effectuer l'évaluation de fin de projet. De plus, les contraintes temporelles rendent souvent impossible l'utilisation d'un modèle d'évaluation prétest/post-test avec une mesure des données de base pouvant être répétée, une fois le projet mis en œuvre. Le temps disponible pour planifier les consultations auprès des acteurs concernés, les visites sur les lieux et le travail sur le terrain ainsi que l'analyse des données doivent parfois être considérablement abrégés pour pouvoir remettre le rapport à la date prévue. Ces pressions temporelles sont particulièrement problématiques pour un évaluateur qui ne connaît pas bien la région ou le pays où a lieu l'évaluation, ou qui n'a pas le temps de se familiariser avec les communautés et organismes concernés par l'étude et de bâtir des rapports de confiance avec eux.

Les contraintes en termes de disponibilité des données

Lorsque l'évaluation ne commence que tard dans le cycle d'un projet, les données de base sur la situation du groupe ciblé avant le commencement du projet sont limitées ou inutilisables, voire inexistantes. Même si les dossiers du projet sont accessibles, le plus souvent ils ne sont pas organisés de manière à permettre une analyse comparative pré-post. De plus, les dossiers de projet et autres documents présentent souvent un biais de mémoire systématique ou témoignent d'un manque de rigueur dans leur gestion. En outre, si des données secondaires sont disponibles pour une période voisine de la date de démarrage du projet, il est rare qu'elles correspondent exactement aux populations visées par ce projet. Par ailleurs, il est souvent difficile de recruter des participants pour les groupes de comparaison, car ils ne retirent aucun avantage de leur participation et n'ont aucun intérêt dans l'intervention. De ce fait, bien des projets pour lesquels on avait initialement prévu d'utiliser un groupe de comparaison pour l'évaluation ne réussissent pas à rassembler un nombre suffisant de gens pour remplir cette fonction.

Les influences politiques

Nous utilisons les expressions de contraintes ou d'influences *politiques* au sens large pour évoquer non seulement les pressions exercées par les organismes gouvernementaux, mais aussi les exigences des organismes de financement ou de réglementation, les revendications provenant des acteurs concernés et, au sein même de l'équipe d'évaluation, les divergences d'opinions quant aux cadres conceptuels et aux méthodes de collecte de données. Les évaluations sont souvent menées dans des contextes où les enjeux politiques et éthiques influent sur le choix du modèle d'évaluation et sur l'utilisation des résultats. Tous les programmes touchent une partie de la population, et la majorité d'entre eux utilisent des fonds publics toujours limités et souvent rares. Les décisions fondées sur les résultats de l'évaluation accroissent parfois la compétition pour obtenir des fonds et peuvent entraîner l'expansion ou la suppression de programmes. Elles peuvent également servir les intentions ou le programme d'un groupe politique.

Conclusion

L'approche de l'ESR peut être utile à différents stades d'un projet ou d'un programme : au début, pendant la phase de planification, en cours de mise en œuvre ou à la fin. Lorsque le processus de planification de l'évaluation commence au début du projet, l'ESR est utilisée pour identifier différentes options qui rendent les collectes de données initiales et subséquentes plus économiques et plus rapides. Elle permet également de tirer le meilleur parti possible des données disponibles et de mieux comprendre les besoins du client et le contexte dans lequel sera effectué l'exercice. Si l'évaluation ne commence pas avant que le projet ne soit déjà en cours, l'ESR servira à identifier et à jauger les différents modèles d'évaluation auxquels on peut avoir recours, compte tenu des contraintes budgétaires et temporelles, et à trouver des façons de reconstituer les données de base. Aussi, on prendra soin d'évaluer les forces et faiblesses des données de surveillance du projet qui sont disponibles et de déterminer l'accessibilité et la qualité des données secondaires issues d'autres sources. De même, on pourra examiner la possibilité de créer un groupe de comparaison. Enfin, si l'évaluation ne commence que vers la fin du projet (ou une fois que le projet est déjà terminé), l'ESR aura la même utilité que dans la situation précédente, avec cependant un choix restreint de modèles d'évaluation utilisables.

Quel que soit le stade du programme durant lequel l'approche de l'ESR est utilisée, un de ses aspects novateurs consiste à suggérer des mesures qui, en cas de contraintes majeures, peuvent être prises pour renforcer la crédibilité et la validité des conclusions d'une évaluation potentiellement moins rigoureuse. Une fois que les personnes en charge de l'évaluation auront choisi les questions auxquelles il faut répondre, elles devront choisir les méthodes les plus appropriées, réalistes et rigoureuses en fonction des buts poursuivis par l'évaluation et du contexte dans lequel elle prend place.

Le débat continue, chez les professionnels de la discipline, pour déterminer si les essais contrôlés randomisés (ECR) devraient être acceptés comme la « norme idéale » pour l'évaluation d'impacts. L'avantage méthodologique des ECR est qu'ils éliminent les biais de sélection et les biais d'échantillonnage, deux des plus grandes menaces à la validité des résultats (même ceux qui sont obtenus avec des modèles quasi-expérimentaux rigoureux). Cependant, un grand nombre d'évaluateurs professionnels rejettent l'affirmation voulant que les modèles quantitatifs rigoureux soient les meilleurs moyens, ou même les seuls moyens, d'évaluer les impacts d'un projet ou d'un programme. Si les avis diffèrent quant aux mérites des ECR, le débat a toutefois aidé les évaluateurs à canaliser leurs efforts sur la nécessité d'accroître la rigueur de nombreuses évaluations et sur l'importance de l'analyse d'une situation hypothétique en l'absence d'intervention (*counterfactual*) qui permette d'établir quelle aurait été la situation de la population visée par le projet s'il n'avait pas eu lieu.

Malheureusement, la littérature dans le domaine de l'évaluation mentionne peu de façons de renforcer la rigueur méthodologique des modèles d'évaluation qui ne peuvent en aucun cas s'approcher des modèles recommandés dans la plupart des manuels scientifiques. L'approche de l'évaluation en situation réelle est donc conçue pour combler cette lacune entre théorie et pratique en proposant des stratégies pour s'adapter aux contraintes de la réalité, et cela dans l'objectif de produire des modèles hautement rigoureux compte tenu des conditions réelles fréquemment rencontrées en évaluation. L'ESR fournit également une liste de contrôle qui permet d'identifier les obstacles à la validité des résultats et suggère des façons de les surmonter ou d'en minimiser l'importance.

Recourir exclusivement à des ECR ou à des modèles quasi-expérimentaux rigoureux comporte aussi des limites. En effet, lorsqu'aucun impact significatif n'est détecté, d'un point de vue statistique, au terme d'un projet, il n'est pas possible de déterminer *pourquoi* et de conseiller aux décideurs et aux planificateurs de rejeter le modèle de projet (problème de conception) ou de tester le projet à nouveau en faisant davantage attention à la façon dont il est mis en œuvre (problème de mise en œuvre). L'utilité de tels modèles de recherche est donc considérablement restreinte pour les planificateurs et décideurs. L'ESR – axée sur les modèles logiques, l'analyse des processus et la combinaison de méthodes différentes – apporte des indications quant à la difficulté d'obtenir les impacts souhaités et quant aux implications des politiques.

Il n'est pas toujours possible ou nécessaire, pour un évaluateur de l'extérieur ou pour une équipe d'évaluateurs, de collecter des données de base au moment de l'évaluation initiale ou à mi-parcours, ou encore de se servir d'un groupe témoin ou d'un groupe de comparaison. Il existe en effet d'autres façons d'obtenir des preuves, même pour la situation de référence en l'absence d'intervention. L'ESR vise à encourager les évaluateurs à diversifier le contenu de leur boîte à outils et à les aider à déterminer quelle combinaison d'outils utiliser, et à quel moment, afin de composer avec les contraintes et d'améliorer la qualité, la crédibilité et l'utilité d'une évaluation.

Pour aller plus loin :

Bamberger, M., J. Rugh et L. Mabry (2006), *L'évaluation en situation réelle « en bref »*.

Adapté du chapitre 16 de *RealWorld Evaluation*, des mêmes auteurs, ce document traduit en français avec la coopération de l'UNICEF examine les diverses façons d'appliquer l'approche de l'ESR. Il inclut également certains graphiques et tableaux importants des autres chapitres, dont la version complète de la Liste de contrôle intégrée pour évaluer l'utilité et la validité des modèles qualitatifs, quantitatifs et multi-méthodes. Disponible en ligne sur le site du livre : <www.realworldevaluation.org>.

Banque mondiale, Département des évaluations des opérations (2004), *Évaluations marquantes. Des évaluations qui ont contribué à améliorer les résultats et l'impact des programmes de développement,* Washington, Banque mondiale.

L'ouvrage traite des facteurs qui influencent l'utilisation des évaluations de programmes en développement international.

World Bank, Operations Evaluation Department (2005), *Influencial Evaluations : Detailed Case Studies,* Washington, World Bank.

Une version anglaise plus détaillée des études de cas de l'ouvrage mentionné ci-dessus.

ANNEXE

Liste de contrôle intégrée pour évaluer l'utilité et la validité des modèles qualitatifs, quantitatifs et multi-méthodes

A. Preuves à l'appui (et objectivité)
Les conclusions sont-elles tirées des preuves dont on dispose et la recherche est-elle relativement dépourvue de préjugés ? Exemple : *Des hypothèses concurrentes ou rivales ont-elles été envisagées ?*
B. Fiabilité et constance
Le processus de l'étude est-il homogène, cohérent et raisonnablement stable dans le temps, d'un chercheur à l'autre et d'une méthode à l'autre ? Si des modèles émergents sont utilisés, est-ce que les processus qui font évoluer le modèle sont clairement documentés ? Exemple : *Les données ont-elles été collectées dans un éventail large et bien choisi d'endroits, de moments, de répondants, etc. ?*

C. Validité interne, crédibilité et authenticité

Les constatations sont-elles crédibles pour les personnes sur qui portait l'étude et pour les lecteurs, et a-t-on un portrait fidèle de ce que l'on étudie?
Exemple: *La triangulation entre les sources de données et les méthodes complémentaires produit-elle en général des conclusions convergentes? Lorsque les interprétations divergent, les différences au niveau des interprétations et des conclusions sont-elles notées et discutées?*

D. Validité externe, transférabilité et adéquation

Les conclusions sont-elles applicables à d'autres contextes et dans quelle mesure peuvent-elles être généralisées?
Exemple: *Les caractéristiques de l'échantillon de gens, situations, processus, etc. sont-elles décrites de façon suffisamment détaillée pour permettre les comparaisons avec d'autres échantillons?*

E. Utilisation, application, accent mis sur l'action

Dans quelle mesure les constatations ont-elles été utiles pour les clients, les chercheurs et les collectivités étudiées?
Exemple: *Les constatations incluent-elles des conseils pour des interventions futures?*

F. Obstacles à la validité statistique des conclusions

Quelles sont les raisons pour lesquelles les inférences quant à la covariation entre deux variables peuvent être inexactes?
Exemple: *Échantillon trop petit pour détecter les effets du programme (efficacité statistique faible), dérogations aux hypothèses des tests statistiques.*

G. Obstacles à la validité interne

Quelles sont les raisons pour lesquelles les inférences qu'il y a des rapports de cause à effet entre deux variables sont parfois inexactes?
Exemple: *Biais attribuable à la sélection: Les participants au projet sont souvent différents de ceux du groupe de comparaison, soit parce qu'ils sont auto-sélectionnés, soit parce qu'on a sélectionné pour le projet des gens ayant des caractéristiques particulières (les fermiers les plus pauvres ou les collectivités les mieux organisées).*

H. Obstacles à la validité conceptuelle

Quelles sont les raisons pour lesquelles les inférences quant aux concepts qui caractérisent la façon dont l'étude est menée sont peut-être inexactes?
Exemple: *Les indicateurs utilisés ne permettent pas de décrire et de mesurer correctement le concept. Il arrive qu'ils ne mesurent qu'une seule dimension d'un concept complexe ou qu'ils soient mal adaptés pour un contexte culturel particulier.*

I. Obstacles à la validité externe

Quelles sont les raisons pour lesquelles les inférences quant à la façon dont les résultats de l'étude tiendraient le coup en dépit des variations dans les gens, les contextes, les projets et les effets ne sont pas forcément exactes?
Exemple: *L'échantillon ne couvre pas l'ensemble de la population à laquelle on s'intéresse.*

Sources: Les sections A à E sont adaptées de Miles et Huberman (1994, chapitre 10, section C). Voir aussi Guba et Lincoln (1989). Les sections F à I sont adaptées de Shadish *et al.* (2002), tableaux 2.2, 2.4, 3.1 et 3.2, respectivement.

Pour une liste de contrôle intégrée plus complète, voir *RealWorld Evaluation* (Bamberger *et al.*, 2006).

10
L'utilisation des connaissances produites

Jean-Louis Denis, Pascale Lehoux et Ghislaine Tré

Le champ de l'évaluation a d'une certaine manière anticipé l'engouement qui se manifeste maintenant dans différents domaines de la recherche scientifique en faveur d'une meilleure utilisation des connaissances. Même si la problématique de l'utilisation des connaissances n'est pas nouvelle en soi et qu'elle a été abordée explicitement en sciences sociales (Caplan *et al.*, 1975; Lindbloom et Cohen, 1979), les travaux dans le domaine de l'évaluation ont été un catalyseur pour engager une réflexion sur l'utilité des connaissances dans un domaine où les questions d'application sont centrales. L'objectif de ce chapitre est de présenter, dans un premier temps, quelques moments forts de la réflexion sur l'utilisation des connaissances dans le domaine de l'évaluation. Nous serons ainsi en mesure de constater que cette démarche conduit à une légitimation croissante de l'évaluation jumelée à un élargissement progressif de ce qui sera convenu de désigner comme étant une évaluation utile. Nous développons ensuite une perspective organisationnelle de l'utilisation des connaissances. Cette analyse s'appuie sur l'importance accordée dans la profession à deux dimensions de l'utilisation des connaissances: d'abord les apprentissages et les bénéfices que retirent les individus d'une exposition à des démarches évaluatives, puis les avantages présumés d'une décision informée par la connaissance scientifique. Nous concluons ce chapitre sur les implications de cette approche pour la pratique de la recherche évaluative.

La problématique de l'utilisation des connaissances

Il ne s'agit pas ici de nous pencher sur tous les auteurs qui se sont intéressés à la problématique de l'utilisation des connaissances dans le champ de l'évaluation. Il s'agit plutôt de passer en revue certains travaux de manière à en comprendre l'évolution de la façon de concevoir l'utilisation des connaissances. Nous souhaitons commencer cette analyse par un retour sommaire sur le débat désormais classique ayant eu lieu entre C. H. Weiss et M. Q. Patton à l'American Evaluation Society (1988a-b) sur l'utilité des résultats d'évaluation. Dans ce débat, Weiss propose une approche « réaliste » de l'utilisation des connaissances en prenant assise sur l'expérience de la prise de décision dans les grandes administrations publiques et sur l'analyse organisationnelle contemporaine. Son approche se limite en fait à témoigner d'une réalité plus qu'à affirmer un idéal en matière d'utilisation des connaissances. La position réaliste de Weiss s'appuie sur la reconnaissance de la logique cumulative à la base de la production de la connaissance dite scientifique, sur le caractère essentiellement pluraliste des processus de prise de décisions, sur l'inévitable incomplétude de toute recherche évaluative, et enfin, sur le fait que toutes les interventions n'ont pas toutes, pour des raisons historiques ou contextuelles, la même probabilité d'être évaluées. Cette dernière position signifie que les programmes récents ou recevant moins l'appui de groupes influents seront vraisemblablement plus sujets à un processus systématique d'examen par voie d'évaluation, ce qui illustre le caractère fondamentalement conservateur de la discipline. L'évaluation se pencherait donc sur l'existant et pourrait ainsi négliger d'explorer de nouvelles perspectives novatrices sur le plan de la représentation des problèmes et du design des interventions qui pourraient s'avérer prometteuses. Pour toutes ces raisons, Weiss conclut que non seulement l'utilisation des résultats des évaluations sera au mieux indirecte, mais aussi qu'une telle situation est souhaitable, étant donné les limites inhérentes que nous venons de mentionner à ce type de démarche. Le mode indirect d'utilisation des informations produites par les évaluations s'apparente en fait à un usage conceptuel des connaissances (Weiss, 1988a, 1988b ; Denis *et al.*, 2004) où la primauté est accordée à une circulation libre et étendue des idées, sans préoccupation utilitariste immédiate.

Adhérent de cette approche réaliste, Weiss reconnaît différents rôles aux évaluateurs. Parmi eux, celui de vigile, où l'évaluateur se rend utile en alertant l'organisation, les milieux politiques ou la société d'un problème éminent et qui commande une attention spécifique, soit en informant et en appuyant les processus continus d'amélioration des interventions (politiques, programme, etc.), en portant un regard nouveau sur les pratiques, ou enfin en valorisant le rôle des idées pour faire progresser la compréhension des problèmes et le design des interventions. Par sa maîtrise des méthodes et des processus systématiques de recherche et son accès à des données, l'évaluateur peut jouer un rôle persuasif pour convaincre du bien-fondé de certaines hypothèses ou perspectives d'action. Dans l'ensemble, une vision modeste (réaliste) de l'utilisation des résultats des évaluations n'entraîne pas chez Weiss une dépréciation du rôle de l'évaluateur. Ce rôle se déploie toutefois dans un espace beaucoup plus diffus et sous forte contrainte, s'approchant du modèle conceptuel de l'utilisation des connaissances.

Dans ce débat, Patton (1988a-b) a adopté sur l'utilisation des résultats des évaluations une position que l'on qualifie de pragmatique, au sens où son argument se fonde sur un impératif d'action. La formulation la plus élaborée et la plus claire de cette position est présentée dans son ouvrage *Utilization-focused Evaluation* (1997) et est fortement apparentée à une conception de l'utilisation des connaissances qui prend forme à l'intérieur d'un processus de résolution de problèmes (Denis *et al.*, 2004). Pour Patton, l'évaluation est un processus de recherche appliquée qui a pour responsabilité fondamentale de répondre aux besoins des clients de l'évaluation ou de publics intéressés par une telle démarche. Cette position paraît à première vue d'autant plus défendable que Patton situe sa réflexion dans un contexte où la pratique évaluative est organisée autour d'une relation mandant-mandataire dans laquelle l'évaluateur est imputable devant les clients de l'évaluation.

Pour qu'une telle relation entre l'évaluateur et le client ne compromette pas la capacité de conduire des analyses de qualité porteuses de valeur ajoutée, Patton propose que l'évaluateur porte une attention particulière à l'élaboration conjointe de la démarche d'évaluation en amenant les clients à bien clarifier leurs attentes, en modulant en conséquence les questions d'évaluation, en ajustant au besoin la démarche évaluative selon les changements pouvant survenir quant aux attentes ou au contexte, et en explicitant la spécificité du processus d'évaluation par rapport à d'autres formes d'appréciation des interventions ou des activités. Ce travail de modulation de la démarche évaluative effectué conjointement par l'évaluateur et les clients aurait pour effet d'accroître substantiellement le potentiel d'utilisation de ses résultats. En conséquence, le travail de l'évaluateur doit être apprécié à la lumière de l'utilité perçue de ce qu'il a produit pour les clients. Selon Patton, l'évaluateur est imputable de l'utilisation des résultats de l'évaluation. Afin de maximiser son propre impact, il devra donc assumer différents rôles, dont ceux de pédagogue, de facilitateur et de négociateur. La responsabilité attribuée par Patton à l'évaluateur, en matière d'utilisation des connaissances, peut paraître à première vue excessive.

Cette exigence s'accompagne toutefois d'une vision étendue de l'utilisation. En effet, après une analyse des études sur l'utilisation des connaissances, Patton conclut que ce domaine d'étude tend à sous-estimer l'utilité réelle des évaluations en privilégiant une conception instrumentale de leur utilisation aux dépens d'autres formes d'usages. À cet égard, une utilisation conceptuelle (*enlightenment*) locale des résultats d'une évaluation représenterait pour Patton une situation tout à fait légitime et acceptable. Les apprentissages tirés du processus par les acteurs concernés seraient tout aussi importants que la mobilisation des résultats à des fins de décision ou de changement de pratique.

Les deux positions avancées par Weiss et Patton reflètent en fait deux grandes visions du rôle des évaluateurs et de la nature de leur pratique. Ces deux visions sont plausibles, mais ne localisent pas le développement de la pratique évaluative dans des univers similaires. Dans le cas de Weiss, son appréciation du potentiel d'utilisation des résultats d'évaluation semble plus en phase avec la réalisation d'une démarche évaluative autonome comme celle que l'on trouve dans plusieurs milieux universitaires. Dans le cas de Patton (1997), l'évaluateur est avant tout un professionnel de l'évaluation appelé à intervenir sur le marché de l'évaluation et dont la situation professionnelle peut dépendre de sa capacité à recruter et à satisfaire des clients (chapitre 8). Ces deux approches de la pratique évaluative ne sont évidemment pas totalement distinctes. Mais retenons pour le moment que dans un contexte où le financement de l'évaluation serait moins lié à la signature d'un contrat avec un client particulier (par exemple, par l'obtention de fonds de recherche auprès d'organismes subventionnaires dotés de comités de pairs), la pression pour démontrer une utilité immédiate des résultats de l'évaluation pourrait être moins grande. Par ailleurs, il importe de souligner que par son caractère appliqué, la recherche évaluative impliquera toujours des liens avec des milieux de pratique ou de décision, ce qui amènera par conséquent les évaluateurs à gérer de manière attentive les attentes exprimées par ces milieux.

Le débat Weiss-Patton a stimulé quantité de réflexions sur l'utilisation des résultats d'évaluation (voir tableau 10.1). Weiss (1998) a revisité ce débat dix années plus tard en faisant une distinction entre différents types d'évaluation. L'utilisation « instrumentale » paraît désormais envisageable dans la mesure où une évaluation suggère des changements modestes dans des pratiques courantes. Elle doit se déployer dans un contexte peu propice aux controverses, stable et bien contrôlé, ou encore lorsque l'évaluation est vue comme une ressource pour dénouer une crise ou affronter une situation d'inertie devenue intenable. Elle évoque aussi l'utilisation « conceptuelle locale », qui renvoie à une situation où les participants à la démarche évaluative apprennent de la démarche elle-même. Une condition doit toutefois être satisfaite pour que l'utilisation conceptuelle locale survienne. Il faut que les acteurs impliqués puissent mobiliser de façon autonome ces apprentissages en vue d'une application future dans leur contexte. L'utilisation processuelle de l'évaluation (*process use*) proposée par Patton (1997, 1998, 2001) s'apparente fortement à cette utilisation dite « conceptuelle locale » définie par Weiss (1998).

L'utilisation « conceptuelle institutionnelle » renvoie à une situation où il y a une transformation des paradigmes dans un domaine donné. La circulation intense d'idées – idées qui gagnent progressivement en cohérence et en robustesse – peut conduire à une reformulation des enjeux et des problèmes. Par exemple, dans les processus de formulation des politiques, l'évocation du phénomène de la pauvreté s'est probablement transformée au fil du temps à cause de la diffusion d'idées nouvelles. Enfin, Weiss (1998) discute à nouveau de la notion d'utilisation « persuasive », où l'évaluation devient une ressource pour appuyer ou rationaliser une décision, ce qui implique aussi un engagement important de l'évaluateur dans le processus de décision ou de formulation des politiques.

S'ajoute à ces différents types d'utilisation définies par Weiss une utilisation « synthétique » des résultats d'évaluation proposée par Patton

(1996). Celle-ci renvoie à une utilisation conceptuelle formelle où les résultats de multiples recherches évaluatives sont agrégés par des procédures systématiques, répondant ainsi au principe d'une logique cumulative du champ scientifique pouvant accroître la probabilité d'une utilisation appropriée des résultats des évaluations (Weiss, 1998). Enfin, Patton (1994, 1996) évoque aussi deux autres types d'utilisation des résultats, soit l'évaluation développementale, qui s'apparente à un processus de développement organisationnel se matérialisant par l'évaluation, et l'évaluation dite « habilitante », qui voit dans cette démarche une ressource privilégiée pour le développement des capacités (Ridde *et al.*, 2006). L'évaluation développementale vise à développer chez les acteurs une pensée et un jugement évaluatifs à l'égard de leurs pratiques. Elle s'appuie sur un processus participatif et décentralisé afin d'adapter l'intervention et l'évaluation de façon continue au contexte et à accroître l'engagement des acteurs. En fait, ce type d'évaluation aide à modifier les comportements et attitudes des acteurs face aux changements ou aux innovations à opérer (Patton, 1996). Une telle conception de l'évaluation et de son utilité se rapproche d'une vision participative de l'évaluation au service d'une logique émancipatoire et d'une recherche qui vise la réalisation de « gains sociaux » (Mark *et al.*, 2000).

Cette brève revue de différentes conceptions de l'utilisation des résultats d'évaluation suggère que la discipline a progressivement reconnu des rôles *étendus* à ce type d'analyse. Bien au-delà d'une utilisation instrumentale centrée sur la recherche de retombées tangibles et à court terme, la profession a évolué, malgré des divergences de points de vue, vers une vision large et polysémique de l'utilisation des évaluations. En fait, les bénéfices retirés du processus même de réalisation des évaluations ont été considérés de plus en plus légitimes, et cela, indépendamment des résultats directs produits par l'exercice sur la prise de décisions et la formulation de politiques (voir le résumé au tableau 10.1). Dans la prochaine section, nous allons donc nous intéresser à l'influence du contexte organisationnel sur les bénéfices et les apprentissages qui peuvent être tirés de l'évaluation. Par ailleurs, il y a eu une reconnaissance croissante du rôle de la logique cumulative en science pour définir les standards d'une utilisation appropriée de la démarche d'évaluation. L'attention portée à des évaluations fondées sur des assises théoriques fortes (Chen, 1989, 1990) s'inscrit aussi dans un tel courant. Il se dégage de l'ensemble de ces travaux une volonté d'affirmer un rôle actif et diversifié des évaluations et des praticiens auprès des milieux de décision et d'intervention. Dans l'ensemble, la reconnaissance de la valeur inhérente au processus d'évaluation semble vouloir être mise de plus en plus de l'avant (Henry et Mark, 2003). Une vision du rôle de l'évaluation fondée entre autres sur des pratiques scientifiques plus ouvertes et négociées, analogues au modèle délibératif d'utilisation des connaissances (Denis *et al.*, 2004) gagne en force. Par contre, il est aussi important de noter que les développements actuels en faveur d'une mobilisation systématique des résultats de recherches, que celles-ci soient évaluatives ou non, vont probablement donner lieu à plus de débats sur les utilisations appropriées et inappropriées des résultats d'évaluation (Cousins, 2004; Cousins et Shulha, 2006). À cet égard, un courant participatif de l'évaluation centré sur le développement des capacités va probablement côtoyer un courant qui valorise les critères habituels de scientificité dans l'utilisation des résultats.

TABLEAU 10.1

Les différents types d'utilisation des résultats d'évaluation

Type d'utilisation	Conception de l'utilisation	Conduite de l'évaluation
L'utilisation instrumentale	L'évaluation est utilisée directement pour la prise de décision et l'amélioration des interventions ou des programmes. Elle favorise des changements modestes dans un contexte stable et bien contrôlé.	Processus systématique de recherche conduit par le chercheur. Il développe des évaluations sommatives et formatives, et communique ses résultats pour appuyer la prise de décision. L'évaluateur a une bonne connaissance du programme et de ses enjeux.
L'utilisation conceptuelle locale, « utilisation processuelle » (*process use*)	Utilisation de la logique, du processus et des résultats de l'évaluation pour changer la perception et les représentations des acteurs locaux impliqués.	Les acteurs sont invités à collaborer au processus d'évaluation conduit par l'évaluateur. Ils apprennent de la démarche évaluative et mobilisent ces apprentissages en temps opportun dans leur pratique.
L'utilisation conceptuelle institutionnelle	Progressivement, par la robustesse et la cohérence de ses résultats, l'évaluation conduit à une transformation de paradigmes dans un domaine donné et influence les politiques et pratiques institutionnalisées.	L'évaluation conduite par le chercheur consiste en une agrégation des données probantes et de connaissances existantes sur le sujet (méta-analyse, revue de la littérature, etc.) en vue de repenser la définition des problèmes et des solutions.

Type d'utilisation	Conception de l'utilisation	Conduite de l'évaluation
L'utilisation persuasive	L'évaluation est un outil de persuasion pour soutenir et légitimer un point de vue dans un processus de décision ou de formulation de politiques.	Un engagement important de l'évaluateur à la demande des détenteurs d'enjeux (*stakeholders*). Évaluation du processus et des résultats du programme mis en place de façon à appuyer une orientation. Implique l'élaboration de recommandations.
L'utilisation synthétique	Utilisation conceptuelle formelle où les résultats de multiples recherches évaluatives sont agrégés. Elle génère de nouvelles connaissances sur l'efficacité d'un programme ou approfondit celles qui existent déjà.	Procédures systématiques de synthèse des résultats de différentes évaluations ayant la même orientation selon une logique cumulative (*Cluster evaluation*). Elle guide le développement de nouvelles initiatives, politiques et stratégies d'implantation, fait le bilan des connaissances sur les succès d'un programme ou d'une intervention, sur la logique de l'intervention et sur son implantation. Conduit à des recommandations et vise à réduire les incertitudes.
L'utilisation de l'évaluation développementale	L'évaluation est utilisée dans un objectif de développement organisationnel. Il s'agit d'un partenariat entre l'évaluateur et les acteurs dans le cadre d'initiatives innovatrices et de projets de développement.	L'évaluateur et ses partenaires structurent le processus d'évaluation en tenant compte de la dynamique du contexte. Des stratégies de rétroaction, de suivi de l'évaluation et d'appui aux acteurs sont mises en place de façon systématique.
L'utilisation de l'évaluation habilitante	L'évaluation est une ressource pour le développement des capacités et l'apprentissage. Son impact tient de l'engagement des acteurs dans le processus d'évaluation et de l'ouverture du milieu social et organisationnel à favoriser l'apprentissage.	Le processus d'évaluation est explicite sur sa logique, ses principes et ses objectifs. La clarté et le partage de ces informations favorisent : • les interactions entre acteurs aux différents niveaux de décision ; • la négociation entre différentes perspectives ; • la communication ; • l'apprentissage par l'expérience que font les acteurs de l'évaluation.

Selon cette typologie de l'utilisation des résultats des évaluations, certains types d'utilisation renvoient à des pratiques similaires. Les évaluations développementale et habilitante donnent lieu à des objectifs et des pratiques d'utilisation semblables. Alors que l'évaluation développementale a pour cible privilégiée le développement de l'organisation, l'évaluation habilitante porte une attention plus explicite à l'apprentissage individuel. De même, l'utilisation conceptuelle institutionnelle s'apparente à un processus collectif d'apprentissage où les résultats cumulés de multiples évaluations conduisent à un recadrage des problèmes. L'utilisation synthétique renvoie au processus systématique d'agrégation des résultats, sans nécessairement faire l'hypothèse que la connaissance ainsi produite conduit à un changement de paradigmes.

Le développement d'environnements favorables à l'utilisation des connaissances: une perspective organisationnelle

Nous avons terminé la section précédente en évoquant la coexistence de deux tendances en matière d'utilisation des résultats d'évaluation: l'une centrée sur l'émancipation probable des acteurs participant à la démarche évaluative, et l'autre, plutôt centrée sur la valorisation du caractère scientifique de l'évaluation et des pratiques dans le domaine du management, et donc, conséquemment, sur la formulation de politiques prenant en compte les connaissances issues de la démarche évaluative. Les processus et résultats des recherches évaluatives sont considérés en tant que générateurs de connaissances potentiellement utiles pour les organisations. Dans le cadre de ce chapitre, nous faisons le choix de ne pas distinguer la connaissance produite par voie d'évaluation (Cousins et Shulha, 2006) de la connaissance générée par la recherche dite scientifique. Nous abordons la problématique de l'utilisation des connaissances selon une perspective organisationnelle centrée sur l'identification des facteurs et des processus qui incitent les acteurs à mobiliser des connaissances. Celles-ci sont donc considérées comme des entités dynamiques qui gagnent en intérêt au gré des interprétations et des traductions qu'opèrent les acteurs organisationnels.

Récemment, plusieurs travaux ont porté sur le développement d'une perspective organisationnelle (Rousseau et McCarthy, 2007; Pfeffer et Sutton, 1999; Denis *et al.*, 2008) de l'utilisation et de la valorisation des connaissances. Une telle perspective met explicitement en tension et en synergie deux lignes de force contemporaines du champ de l'utilisation des connaissances : soit l'organisation systématique d'un rapport étroit entre la décision, l'action et la production des connaissances scientifiques, et la création de conditions propices à l'apprentissage et au développement des capacités organisationnelles. Notre analyse s'appuie entre autres sur les revues récentes faites sur la diffusion des connaissances et des innovations (Greenhalgh *et al.*, 2004) dans les organisations de santé et sur le partage des connaissances (Cummings, 2003). Nous portons une attention particulière à la capacité réceptive des organisations et à ses rapports avec l'utilisation des connaissances.

La capacité réceptive des organisations

Les travaux sur la capacité réceptive (*receptive capacity*) (Zarha et George, 2002 ; Cohen et Levinthal, 1990) ont porté sur la capacité des organisations d'exploiter des connaissances externes à des fins d'innovation (Cohen et Lewinthal, 1990). Selon une conception habituelle, la notion de capacité réceptive est basée sur le postulat voulant que plusieurs sources de connaissances soient présentes dans l'environnement d'une organisation, mais qu'elles ne soient pas mobilisées suffisamment. Pour pallier ce problème, l'organisation doit développer la capacité d'assimiler et d'utiliser les connaissances. La connaissance est définie ici comme un produit ou une innovation ayant des frontières bien marquées et stables, et donc peu sujettes à l'interprétation. Elle est introduite dans l'organisation par des processus de balayage de l'environnement et d'appropriation. Le processus d'appropriation de la connaissance est défini selon un modèle rationnel d'adoption et d'implantation des innovations (Denis *et al.*, 2002). Les avantages attendus d'un ensemble de connaissances sont clairs et sans ambiguïté, et la signification que les acteurs accordent à la connaissance n'est pas source de controverse. De façon générale, la notion de capacité réceptive suppose que l'organisation est un système unitaire de décision qui peut facilement converger vers une stratégie délibérée et rationnelle de gestion des connaissances, et que la connaissance réduit l'incertitude.

Certains auteurs ont suggéré le concept de capacité réceptive relative (Lane et Lubatkin, 1998) de façon à tenir compte des processus dynamiques qui structurent les rapports entre l'organisation et la connaissance.

Selon cette perspective, la capacité réceptive d'une organisation donnée est dépendante d'un système complexe d'interactions entre les connaissances produites et les milieux de décision et de pratique (Cummings, 2003 ; Walshe et Rundall, 2001 ; Kovner et Rundall, 2006). L'attention est portée ici sur l'importance des facteurs contextuels dans la mise en œuvre de pratiques informées par les résultats de recherche (Lomas *et al.*, 2005). Par analogie avec les travaux dans le domaine de l'innovation, la connaissance va circuler dans l'organisation au gré de processus d'interactions et de négociations complexes (Latour, 1989). De plus, les connaissances qui circulent dans un environnement donné sont en soi complexes (Polanyi, 1966), puisqu'elles conjuguent de façon relativement imprévisible la connaissance tacite et la connaissance explicite. Les guides de pratique et les systèmes d'indicateurs correspondent à une *forme explicite ou codifiée de la connaissance* au sein des organisations. *La connaissance tacite* est celle qui est assimilée dans un contexte spécifique, et développée à la suite d'activités quotidiennes des membres d'une organisation (Polanyi, 1966 ; Nonaka, 1994 ; Bourdieu et Wacquant, 1992 ; Barney, 1991). Pour les organisations, miser à la fois sur les connaissances explicites et formalisées et sur les connaissances tacites représente un défi (Penrose, 1959 ; Teece, 1981 ; Donaldson, 2001 ; Hansen *et al.*, 1999 ; Hitt *et al.*, 2001 ; Quinn *et al.*, 1996 ; Quinn, 1992 ; Nonaka, 1994 ; Brown et Duguid, 1991).

Adoptant une position critique, certains auteurs suggèrent de considérer le processus de mobilisation des connaissances dans les organisations comme un processus politique où différents groupes ou individus s'affrontent pour affirmer leur expertise (Alvesson, 1993, 2001 ; William *et al.*, 2001). La mise en contexte des connaissances supposerait donc une capacité d'articuler les résultats des recherches avec d'autres sources (Davies, 2004 ; Walshe et Rundall, 2001 ; Lavis, 2004). Ces travaux suggèrent, à la manière de Greenhalgh et de ses collaborateurs (2004), une conception étendue des capacités réceptives des organisations :

> Une organisation capable d'identifier, de saisir, d'interpréter, de partager et de recodifier systématiquement une nouvelle connaissance, de la relier aux connaissances préexistantes dans l'organisation et de la rendre propice à l'utilisation pourra mieux assimiler ses innovations. (p. 21)
>
> La capacité réceptive est un construit complexe intégrant à la fois les connaissances existantes d'une organisation, les valeurs et les objectifs d'une « organisation apprenante » (soit ceux qui sont explicitement orientés vers

l'identification, le partage et la création de nouvelles connaissances), une infrastructure technologique de support aux apprentissages, un leadership et des compétences en matière de partage des connaissances et *des rôles de balayage de l'environnement.* (p. 11 ; notre traduction)

La définition que propose Greenhalgh de la capacité réceptive d'une organisation est globale, dans le sens où elle s'applique à la fois à des dynamiques informelles d'apprentissage et à la capacité de gérer formellement et délibérément les connaissances. À ce titre, elle rejoint l'importance croissante qu'accorde la profession aux rôles des dynamiques organisationnelles dans l'appropriation des résultats d'évaluation et dans l'impact des recherches évaluatives. La section suivante porte sur l'élaboration d'un modèle préliminaire permettant de mieux comprendre le rôle des capacités réceptives dans l'utilisation et la mobilisation des connaissances et, plus spécifiquement, des résultats d'évaluation.

Les capacités réceptives et l'utilisation des connaissances

Notre objectif ici n'est pas de faire une analyse poussée du rôle des différents facteurs organisationnels qui interviennent dans le processus d'utilisation des connaissances, ni de prétendre à l'exhaustivité en développant un modèle. Il s'agit plutôt d'illustrer certaines dimensions de la capacité réceptive d'une organisation afin de mieux saisir ses implications quant à l'utilisation des résultats d'évaluations.

Cinq facteurs soulevés dans les travaux de Cummings (2003), de Champagne *et al.* (2004) et de Greenhalgh (2004) semblent influencer la propension des organisations à mobiliser les connaissances : les pressions environnementales, le caractère public des connaissances, les attributs des connaissances, le contexte organisationnel et le contexte relationnel. Ces facteurs soulignent l'importance des contextes externe et interne à l'organisation. Ils tiennent compte des aspects plus organiques de la mobilisation des connaissances en faisant état, entre autres, de la distribution du pouvoir et du style de leadership exercé dans un milieu organisationnel donné.

Le contexte *environnemental* comprend un ensemble d'attributs qui peuvent agir en synergie ou de façon antagonique avec les processus d'appropriation des connaissances dans les organisations. Ils comprennent des éléments comme la pression à la performance et la compétition entre organisations (Christensen *et al.*, 2000), la nature du système de régulation qui agit sur la marge de manœuvre des organisations et sur leur propension à explorer de nouvelles connaissances (Saltman, 2002; Denis, 2004).

Le caractère plus ou moins *public des connaissances* joue sur la disponibilité et l'accessibilité des connaissances ou des résultats des évaluations. Les efforts de diffusion des connaissances vont influencer la circulation des connaissances dans le domaine public (Lavis *et al.*, 2003).

Les *caractéristiques des organisations* (Cummings, 2003) interviennent aussi dans la capacité d'un milieu à mobiliser des connaissances. Elles renvoient à la fois à la valorisation des connaissances dans les grandes orientations stratégiques d'une organisation, à l'autonomie dont disposent les acteurs aux différents niveaux de l'organisation pour explorer des pistes d'action innovatrices, aux incitations favorables à la mobilisation des connaissances comme la formation et la participation à des réseaux externes, à la disponibilité de ressources pour appuyer l'expérimentation de nouvelles pratiques, à la culture d'apprentissage en vigueur qui sera axée plus ou moins sur la réflexion critique à l'égard des pratiques courantes, à l'identité projetée de l'organisation (mission d'avant-garde ou d'excellence, etc.) et aux valeurs des leaders et groupes dominants dans l'organisation.

Les attributs des *connaissances* vont aussi agir sur la propension des organisations et des acteurs à les mobiliser (Cummings, 2003; Champagne *et al.*, 2004). Même si l'on conçoit que la connaissance est construite par des processus complexes d'interactions et d'interprétations émanant d'une multiplicité d'acteurs, il est probable qu'un ensemble d'initiatives puissent être prises pour favoriser la circulation et la mobilisation des connaissances. Parmi elles, les infrastructures en matière de gestion des connaissances; le degré de complexité de la connaissance exigeant des processus plus ou moins élaborés de décodage et d'interprétation; l'attention portée à la « transférabilité », relative à la facilité avec laquelle des acteurs peuvent établir un lien explicite entre les résultats des recherches et leur contexte de pratique; la crédibilité de la source ou la réputation des producteurs ou promoteurs de l'utilisation des connaissances scientifiques; la synchronicité entre la mise en circulation des connaissances et les problèmes éprouvés par les acteurs dans leur pratique quotidienne; et la malléabilité, qui touche aux possibilités qu'ont les acteurs d'explorer les conséquences d'une connaissance nouvelle pour leur pratique.

Les organisations évoluent dans un *contexte relationnel* qui va plus ou moins marquer leur propension à innover et, implicitement, à mobiliser de nouvelles connaissances (Greenhalgh *et al.*, 2004; Benson, 1975; Nahapiet et Ghoshal, 1998). Le contexte relationnel comprend à la fois des dimensions structurelles se rapportant à la densité des liens entre une organisation et les autres organisations qui se trouvent dans son environnement, et des dimensions sociales qui portent sur la confiance entre partenaires d'un même réseau et sur l'ampleur de leurs liens de coopération (Cummings, 2003).

Dans l'ensemble, ces différents facteurs vont influencer la capacité d'une organisation à mobiliser les connaissances pour innover sur le plan des pratiques. Il importe de souligner que ces facteurs interviennent au sein de processus dynamiques de mobilisation, d'interprétation et de traduction des connaissances mis en œuvre par les acteurs concernés. En fait, ces facteurs constituent, de notre point de vue, un ensemble de ressources qui favorisent la contextualisation des connaissances et les apprentissages nécessaires à leur utilisation. La figure 10.1 présente de façon schématique les facteurs déterminants de la capacité réceptive des organisations.

FIGURE 10.1

La capacité réceptive des organisations

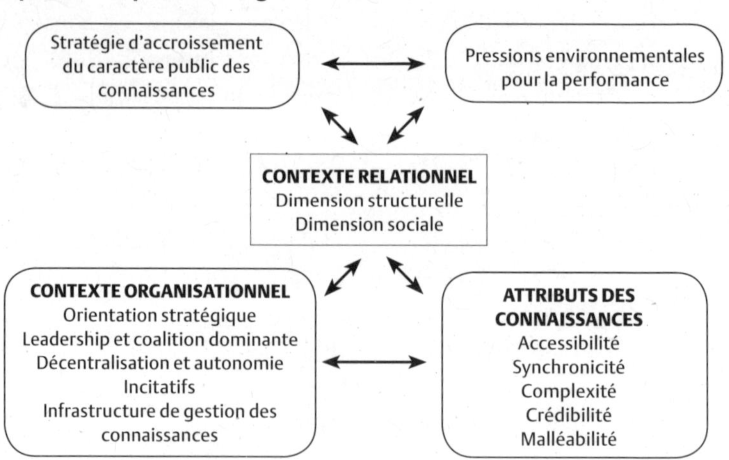

Sources: Frambach et Schillewaert (2002); Braedley *et al.* (2004); Nahapiet et Goshal (1998); Benson (1975); Champagne *et al.* (2004); Nevis *et al.* (1995); Cummings (2003); Greenhalgh *et al.* (2004); Lane et Lubatkin (1998).

Conclusion

La perspective que nous venons d'exposer fait état à la fois de processus d'apprentissage dans les organisations et entre les organisations, et du rôle que jouent les ressources et les dispositifs formels de gestion des connaissances. Elle rejoint ainsi les deux tendances contemporaines en matière de valorisation des connaissances, soit la recherche d'une mobilisation rationnelle des résultats des recherches (décisions et pratiques informées par les données probantes) et la reconnaissance des bénéfices intrinsèques de l'exposition à de nouvelles connaissances et de l'adoption de nouveaux processus de recherche. Notre analyse suggère que l'organisation est un élément clé dans le processus d'utilisation des connaissances. Les réflexions suscitées par le débat entre Weiss et Patton ont d'ailleurs conduit à reconnaître comme légitimes et plausibles différents types d'utilisation des résultats des évaluations qui sont intimement liés au contexte organisationnel dans lequel les acteurs développent un intérêt pour la recherche évaluative et pour ses résultats. L'organisation forme à cet égard une arène plus ou moins circonscrite dans laquelle le jeu des acteurs peut favoriser l'utilisation des recherches évaluatives dans la prise de décision et le renouvellement des pratiques.

En fait, la notion de capacité réceptive souligne l'importance de développer une véritable structure d'intéressement dans les organisations pour accroître le rôle de la recherche évaluative comme moteur de développement des pratiques. Elle ne suppose aucunement que les acteurs sont passifs et que la connaissance produite par les évaluations est une entité stable aux frontières bien définies. La capacité réceptive renvoie en fait à l'analyse des facteurs pouvant favoriser l'engagement des acteurs dans des processus dynamiques d'appropriation et d'utilisation des connaissances. L'approche organisationnelle rejoint ainsi un ensemble de préoccupations courantes dans le domaine de l'évaluation et qui favorisent une appropriation locale des résultats de recherche. Elle souligne aussi l'importance de créer des environnements organisationnels favorables à une mobilisation réfléchie des résultats des évaluations. Le contexte organisationnel et l'environnement dans lequel ces dernières sont effectuées auront donc un rôle plus ou moins habilitant (Adler, 1996, 1999) dans le développement de réseaux et de milieux de pratique propices à une libre circulation et à une utilisation appropriée des connaissances.

11
Le renforcement des capacités en évaluation

Patricia Rogers et Marie Gervais

Ce chapitre traite de diverses questions et stratégies liées au renforcement des capacités en évaluation, c'est-à-dire la capacité des personnes, des organisations, des secteurs et des gouvernements à mener différents types d'activités de suivi et d'évaluation, puis à en utiliser les résultats. En premier lieu, nous présenterons le cadre conceptuel qui sous-tend notre réflexion sur le renforcement des capacités en évaluation, puis nous proposerons un éventail de moyens permettant de le stimuler, et ce, dans divers contextes de pratique.

La notion des capacités en évaluation

Une notion plus large que le développement d'habiletés

Nous entendons par « capacité d'évaluation » la capacité à mener des activités d'évaluation – soit le suivi continu et l'autoévaluation –, à assurer la gestion des évaluations externes, puis à en utiliser les résultats. Cette définition élargit délibérément le spectre des personnes et des groupes concernés (qui pourrait comprendre la société civile), la gamme des activités d'évaluation (au-delà des projets formels d'évaluation) et leur portée (on ne se limite pas à la réalisation d'évaluations, mais on valorise aussi l'utilisation de leurs résultats). On pousse ainsi la notion de capacité au-delà de la simple possession d'habiletés et de connaissances pour englober la disponibilité des ressources ainsi que la présence d'une culture et de processus organisationnels favorisant leur utilisation.

Cependant, bien des gens définissent plutôt la capacité d'évaluation comme l'aptitude à effectuer une évaluation ponctuelle, un exercice ayant un début, un milieu et une fin, faisant l'objet d'un mandat formel et générant un rapport final. Milstein et Cotton (2000) ont ainsi rapporté, à la suite de la plénière présidentielle de la conférence annuelle de l'Association américaine d'évaluation, dont l'un des thèmes était « bâtir la capacité en évaluation », une définition de cette capacité comme étant « l'aptitude à effectuer une évaluation efficace, c'est-à-dire qui satisfasse aux normes acceptées dans le domaine ».

Bien qu'il soit maintenant reconnu que les habiletés, les ressources et les processus sont des éléments nécessaires au développement des capacités, ils ne sont toutefois pas suffisants pour bâtir et maintenir cette capacité en évaluation. À cet effet, Williams signale que « toutes les habiletés, connaissances, expertise technique et expérience au monde ne seront d'aucun secours si [...] le programme, la communauté, l'organisme ou l'environnement [...] ne [peuvent] maintenir et nourrir ces habiletés et aptitudes » (2001, notre traduction).

De même, les efforts de renforcement des capacités en évaluation sont souvent justifiés par le proverbe suivant : « Donne un poisson à un homme, et tu le nourris pour un jour ; apprends-lui à pêcher, et tu le nourris pour la vie » (Fetterman, 1996, p. 11, lorsqu'il introduit l'idée d'évaluation visant l'habilitation). Par contre, si l'on reste dans le domaine de la métaphore, il ne suffit pas d'avoir les habiletés nécessaires pour attraper des poissons ; il faut également un équipement et un réseau de distribution efficaces, des consommateurs et un système global de pêche viable. Bref, qu'il s'agisse de renforcer la capacité de pêcher ou d'évaluer, l'important est de travailler avec l'ensemble d'une organisation plutôt que de viser uniquement à perfectionner des habiletés individuelles.

Une notion qui concerne différentes instances

Le renforcement des capacités en évaluation peut se faire à l'échelle individuelle, organisationnelle, sectorielle et gouvernementale. Ainsi, les efforts de développement des capacités d'évaluation se concentrent au niveau des individus (accroissement des habiletés), des organismes (procédures et développement des ressources) ou des groupements d'organismes. Quelquefois, ces efforts pour bâtir la capacité d'évaluation couvrent plus largement un système complet du secteur public.

À cela s'ajoute la capacité en évaluation de la communauté, par l'entremise de citoyens ou d'intervenants impliqués dans des évaluations participatives ou de consultants locaux engagés dans des évaluations offertes en sous-traitance. Il y a également le besoin de bâtir la capacité d'évaluateurs externes, en particulier là où leur nombre est relativement restreint.

Dans *The Encyclopedia of Evaluation,* Baizerman, Compton et Stockdill (2004, p. 38) proposent une définition du renforcement des capacités en évaluation pertinente à l'échelon organisationnel: « Le renforcement de la capacité en évaluation est un travail intentionnel visant la création et le maintien continus de processus organisationnels globaux qui mènent à une évaluation de qualité et à l'utilisation courante de ses résultats. » (Notre traduction)

Différentes orientations et stratégies sont manifestement nécessaires pour renforcer les capacités des personnes chargées des évaluations, de celles qui en utilisent les résultats ou encore de celles qui agissent au nom de la société civile.

Une notion qui comporte différents objectifs

Lorsqu'on cherche à développer les capacités en évaluation, il importe de cibler à quelle fin cette dernière sera utilisée, car les compétences jugées nécessaires pour mener avec succès les activités d'évaluation peuvent varier selon les caractéristiques du mandat d'évaluation et du contexte de pratique. Il faut donc avoir en tête la diversité des champs de pratique en évaluation ainsi que les connaissances et compétences particulières que doit posséder tout évaluateur.

Concrètement, il importe pour l'évaluateur d'élargir son éventail traditionnel d'activités et de ne pas se contenter d'évaluations ponctuelles. Les activités continues d'évaluation et de suivi deviennent ainsi autant d'éléments utiles et complémentaires pour rendre des comptes et viser une amélioration.

Toutefois, une consultation rapide de la documentation sur l'évaluation permet de constater qu'elle se concentre principalement sur un premier type d'activités, soit les évaluations ponctuelles. Ces dernières font souvent l'objet, à la fin d'un cycle de mise en œuvre, d'un rapport formel qui servira de base aux actions subséquentes. Elles alimentent ainsi les décisions relatives à la poursuite, à la reproduction ou à la cessation d'une initiative, d'un programme ou d'une politique, à l'allocation de ressources, à la reddition de comptes et au développement de connaissances servant à guider l'élaboration de nouveaux programmes, initiatives ou politiques reposant sur des données scientifiques. Ces évaluations peuvent être conduites par un organisme externe, par une unité d'évaluation interne distincte de l'unité de mise en œuvre ou encore par l'unité responsable de la mise en œuvre.

On constate de plus que la majorité des efforts de développement touchant les capacités en évaluation se concentrent également sur ce type d'activités d'évaluation. Ainsi, nombreux sont les organismes qui cherchent à développer les capacités de leur personnel (gestionnaires et praticiens) à gérer, à planifier et à réaliser des évaluations à l'interne, et ce, souvent dans une optique de complémentarité avec les évaluations octroyées à l'externe. Par ailleurs, il est maintenant fréquent de voir les ressources expertes externes sollicitées pour travailler avec une organisation afin de la guider et de l'outiller dans la mise en œuvre d'évaluations à réaliser à l'interne.

Il est aussi important de considérer un deuxième type d'activités dans le contexte du développement des capacités en évaluation, soit celles qui sont liées à l'évaluation continue au sein d'une initiative, d'un programme ou d'une politique. Réalisées sous un mode moins formel, ces activités peuvent prendre diverses formes, dont celles d'examens périodiques, d'inventaires, de rencontres ou de réflexions. Les activités d'évaluation continue peuvent aisément être utiles aux groupes locaux en leur permettant d'explorer leurs préoccupations, d'examiner des occasions de changements et de documenter les effets de ces changements. Habituellement, une organisation conserve des traces écrites de ses activités d'évaluation continue, ce qui facilite leur divulgation et favorise les discussions ouvertes sur les problèmes et les progrès à réaliser pour les résoudre. Les avantages considérables que peut retirer une organisation après la réalisation d'activités d'évaluation continue peuvent l'inciter à trouver des modalités visant à soutenir concrètement ce type d'activités et à favoriser le développement de compétences particulières.

Les activités de suivi (ou monitorage) constituent le troisième type d'activités à considérer dans un contexte de développement des capacités en évaluation. Il faut viser le plus possible la formalisation de ces activités et encourager le développement de systèmes de suivi appropriés qui permettent de suivre dans le temps l'état ou l'évolution de certains objets d'évaluation. Par exemple, de tels systèmes permettent de détecter rapidement les écarts entre la performance affichée d'un indicateur et sa performance attendue, facilitant ainsi l'établissement de correctifs à mettre en place selon la situation en cause. Utilisés localement, ces types de systèmes peuvent également mener à des ajustements progressifs de la mise en œuvre d'une initiative, d'un programme ou d'une politique. En pratique toutefois, cette démarche demeure souvent assez difficile, spécialement en raison des délais de rétroaction. Il faut de plus porter une attention particulière à la qualité de tels systèmes. À titre indicatif, il importe d'éviter certains pièges comme utiliser des mesures inadéquates (pertinence non fondée des cibles de mesure, données de faible qualité et d'accès difficile), substituer de nouveaux objectifs à ceux qui ont été établis au départ, et cela en fonction des informations qu'on peut véritablement recueillir, insister sur des éléments anodins et accorder une importance exagérée aux moyennes.

Il est intéressant de constater que cette complémentarité entre les activités de suivi et les activités d'évaluation a été reconnue par de nombreuses associations et réseaux nationaux en plein essor, ceux-ci ayant choisi de centrer leurs activités sur le suivi et l'évaluation. La situation qui prévaut actuellement en Afrique et en Amérique latine en est un exemple manifeste.

Une notion qui s'actualise aux différentes étapes du processus évaluatif

Les capacités en évaluation doivent être présentes aux diverses étapes d'un processus évaluatif afin d'en assurer le succès (voir tableau 11.1). Il importe donc de veiller au développement de ces capacités dans chacune d'elles.

TABLEAU 11.1

Cibles de renforcement des capacités liées au processus évaluatif

Étapes	Description
Le cadrage	Négocier et décider notamment quels seront les objectifs de l'évaluation, le public visé, les questions relatives à l'évaluation, les valeurs qui seront mises de l'avant, les ressources disponibles et les contraintes en présence (y compris les échéances).
La conception	Considérant le cadre de l'évaluation, décider comment répondre aux questions de l'évaluation et préciser la stratégie méthodologique (incluant l'échantillonnage, la collecte et l'analyse des données).
La conduite	Réaliser la mise en œuvre et appliquer la stratégie méthodologique retenue jusqu'à la production du rapport.
L'utilisation	Encourager l'utilisation de l'information à l'aide d'un ensemble de processus formels et informels, et dégager des enseignements du processus d'évaluation.
La gestion	Identifier et impliquer les principales parties prenantes et recourir aux processus courants de gestion de projets, incluant la gestion des étapes, la gestion financière, etc.

Il est primordial de reconnaître qu'une évaluation réalisée à l'externe ne peut porter que sur les rôles de conception et de conduite. L'organisation conserve ainsi la responsabilité des autres rôles, d'où la nécessité de posséder des connaissances et une expérience suffisantes en évaluation pour pouvoir cadrer, gérer et utiliser l'évaluation. Cela inclut par exemple le développement d'appels de propositions pour des services d'évaluation, l'étude, le choix et la gestion de ces propositions, et enfin l'examen et l'utilisation des rapports finaux.

Un cadre conceptuel pour le renforcement des capacités en évaluation

Quelques principes directeurs émanant de projets visant le renforcement des capacités des communautés

Le domaine communautaire a depuis quelques années déjà fait l'objet de projets intéressants visant le renforcement des capacités en évaluation. De ceux-ci, plusieurs enseignements ont pu être dégagés, lesquels peuvent maintenant servir à baliser de nouvelles expériences à réaliser dans d'autres milieux de pratique en évaluation. Ces projets reposent sur trois principes importants, principes qui viennent à leur tour s'appliquer au développement des capacités en évaluation :

- ils s'adressent à différents types de capitaux;
- ils adoptent une approche s'appuyant sur les forces en identifiant et en consolidant les capitaux existants;
- ils se concentrent sur le développement d'occasions d'utiliser des capacités qui ont été développées.

L'analyse de ces projets a permis de distinguer au moins quatre types de capitaux qui contribuent au développement des capacités des communautés (voir tableau 11.2).

TABLEAU 11.2

Types de capitaux concernés par le renforcement des capacités en évaluation

Type de capital	Description
humain	Habiletés en collecte et analyse de données, synthèse et élaboration de rapports, négociation, pensée évaluative
institutionnel	Processus, structures et technologies qui soutiennent la production et l'utilisation d'informations pour guider les actions et décisions
social	Normes de confiance et de réciprocité – confiance entre organisations et en leur sein pour permettre l'examen de questions difficiles, partager de l'information et explorer les doutes, incertitudes et échecs
économique	Ressources adéquates sans réduction de services (au lieu de s'attendre à ce que les organisations entreprennent des activités d'évaluation significatives à même les budgets existants)

Ces principes directeurs conduisent naturellement au développement d'un cadre conceptuel permettant de baliser les composantes d'une démarche de renforcement des capacités en évaluation (voir figure 11.1). Ce cadre reconnaît quatre types de capitaux, alliant le développement de nouveaux capitaux au renforcement des capitaux existants ainsi qu'à la création par itération de possibilités d'utilisation des capacités développées et à leur mise à profit.

FIGURE 11.1

Cadre conceptuel sur le renforcement des capacités

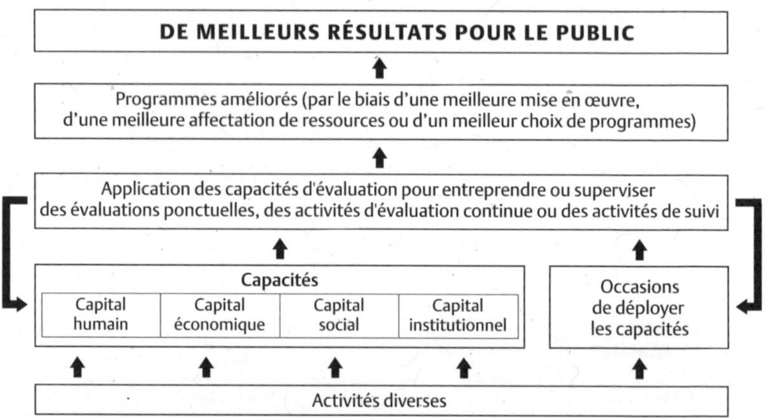

Le capital humain

Il y a actuellement un débat important sur les habiletés, connaissances et compétences essentielles requises pour mener des activités d'évaluation, et sur la nécessité de certifier ou d'accréditer les évaluateurs ou les cours de formation dans ce domaine. Malgré une tendance à une formation éclectique et à une évaluation utilisant une combinaison de méthodes, des différends demeurent au sujet des méthodes d'évaluation légitimes et essentielles qui, à ce titre, devraient faire partie des qualifications requises des personnes en charge d'une évaluation. Parmi elles, notons entre autres la collecte de données quantitatives ou qualitatives, les modèles expérimentaux et quasi-expérimentaux ou naturalistes, les méthodes de collecte de données et d'analyse issues des sciences sociales ou encore les méthodes économiques. Il existe de plus des préoccupations quant au potentiel de généralisation de certaines compétences à différents contextes organisationnels et nationaux.

Dans ce contexte, les listes des compétences jugées essentielles en évaluation peuvent être très utiles, car elles constituent des références pour le perfectionnement continu de l'évaluateur et pour la création d'équipes d'évaluation disposant de connaissances et d'habiletés complémentaires. Il est cependant important de souligner que de telles listes portent sur les habiletés requises pour mener des évaluations à bien, et non sur l'utilisation de leurs résultats.

Une documentation significative a été produite au cours des dernières années au sujet de ces compétences essentielles. Le Canada et les États-Unis sont les chefs de file à ce chapitre, suivis par quelques pays européens. Examinons à titre indicatif la liste produite par Stevahn *et al.* (2005).

Les compétences essentielles d'après Stevahn

Pratique professionnelle 1. Application des normes et standards de pratique en évaluation 2. Respect du code d'éthique et recherche d'intégrité et d'honnêteté dans ses évaluations 3. Illustration de ses approches et habiletés aux clients potentiels 4. Respect des clients, répondants, participants aux programmes et autres parties concernées 5. Considération du bien général et public dans ses évaluations 6. Contribution au corpus de connaissances en évaluation **Enquête systématique** 1. Compréhension de la base de connaissances en évaluation (termes, concepts, théories et hypothèses) 2. Connaissance des méthodes quantitatives 3. Connaissance des méthodes qualitatives 4. Connaissance de méthodes combinant de multiples approches 5. Examen de la documentation 6. Précision de la théorie du programme 7. Formulation de questions d'évaluation 8. Élaboration d'un modèle d'évaluation 9. Précision des sources de données 10. Collecte des données 11. Examen de la validité des données 12. Examen de la fiabilité des données 13. Analyse des données 14. Interprétation des données 15. Établissement de jugements 16. Formulation de recommandations 17. Précision du raisonnement sous-jacent aux décisions prises lors de l'évaluation 18. Production de rapports touchant la démarche d'évaluation et les résultats 19. Identification des forces et des limites de l'évaluation 20. Tenue de méta-évaluations **Analyse situationnelle** 1. Description du programme 2. Détermination du caractère évaluable du programme 3. Précision des intérêts des autres parties concernées	4. Satisfaction des besoins des utilisateurs en matière d'information 5. Traitement des conflits 6. Examen du contexte organisationnel de l'évaluation 7. Analyse des considérations politiques pertinentes en rapport avec l'évaluation 8. Considération des questions liées à l'utilisation de l'évaluation 9. Considération des questions liées au changement organisationnel 10. Respect de l'individualité du site de l'évaluation et du client 11. Ouverture à la rétroaction 12. Modification de l'étude au besoin **Gestion de projet** 1. Réponse aux demandes de propositions 2. Négociation avec le client avant le début de l'évaluation 3. Rédaction d'ententes officielles 4. Communication avec le client pendant tout le processus d'évaluation 5. Budgétisation de l'évaluation 6. Justification des coûts relatifs aux besoins d'information 7. Identification des ressources nécessaires à l'évaluation, par exemple : informations, expertise, personnel et outils 8. Utilisation de la technologie appropriée 9. Supervision des autres personnes participant à l'évaluation 10. Formation des autres personnes jouant un rôle dans l'évaluation 11. Direction harmonieuse du déroulement de l'évaluation 12. Remise des travaux à temps **Pratique réflexive** 1. Conscience de soi en tant qu'évaluateur (connaissances, habiletés et dispositions) 2. Capacité réflexive sur sa propre pratique (compétences et aspects à améliorer) 3. Perfectionnement continu dans le domaine de l'évaluation

Source : Stevahn, L. *et al.* (2005), « Establishing essential competencies for program evaluators », *American Journal of Evaluation*, vol. 26, n° 1, p. 43-59. Notre traduction.

Le capital institutionnel

Le capital institutionnel comprend les processus, structures et infrastructures disponibles à des fins d'évaluation. La culture organisationnelle fait également partie du capital institutionnel. Davidson (2001) signale en effet que les politiques, les systèmes et les pratiques formels ne forment que « la partie visible de l'iceberg » de la culture d'apprentissage qui soutient ou inhibe l'évaluation ; les pratiques informelles, les actions symboliques, les croyances, les valeurs et les attitudes face à l'évaluation étant d'une égale importance.

Ainsi, parmi les actions symboliques importantes qui influencent la volonté des gens à participer à une évaluation, regardons par exemple ce qui arrive aux personnes qui prennent des risques, qui tâtent le terrain ou qui critiquent sévèrement. Sont-elles récompensées, encouragées ou pénalisées ? Certaines personnes sont-elles récompensées pour avoir atteint un objectif facile ou pour avoir pratiquement atteint un objectif difficile (Davidson, 2001) ? Quels sont à cet effet les systèmes de motivation, les éléments culturels et les actions symboliques qui viennent influencer une évaluation ? Cela oblige ceux d'entre nous qui œuvrent à l'amélioration des capacités en évaluation à travailler à la fois de haut en bas et de bas en haut au sein d'une organisation.

Le directeur d'un projet mis en œuvre au ministère des Industries primaires de Victoria, en Australie, et visant le renforcement des capacités en évaluation a pu observer ces bénéfices importants : « Cela a amené un changement de culture. C'est seulement maintenant que je prends conscience du fait que je fonctionne différemment. Nous pouvons maintenant tout naturellement remettre en cause ce que nous faisons. Il y a une atmosphère d'interrogation. Nous cherchons activement comment mieux faire. Nous n'avions pas cette attitude auparavant » (McDonald *et al.*, 2003, p. 21 ; notre traduction).

Le capital social

Le capital social a trait aux rapports entre les gens, plus particulièrement aux rapports de confiance et de réciprocité. Les personnes qui œuvrent au renforcement des capacités des communautés font la distinction entre le capital social affectif, qui lie des personnes se trouvant dans des situations semblables ou au sein d'une même communauté; le capital social relationnel, qui lie des personnes se trouvant dans des situations ou des communautés différentes; et le capital social instrumental, qui lie des personnes et des détenteurs de pouvoir, des ressources ou des sources d'information.

À titre d'exemple, le programme de perfectionnement International Program for Development Evaluation Training (IPDET), détaillé plus loin, vise clairement à développer non seulement le capital humain, sur le plan des connaissances et des habiletés, mais également le capital social, et cela sous la forme d'un réseau de soutien des évaluateurs.

Le capital économique

La présence d'un capital économique est un autre élément nécessaire au renforcement des capacités en évaluation. Ce capital vise à soutenir le temps consacré par le personnel à l'apprentissage du processus d'évaluation, à la conduite d'évaluations et à l'utilisation des résultats qui en découlent. Il est également nécessaire pour obtenir de l'aide extérieure sous diverses formes (par exemple, formation, examen des évaluations internes et des systèmes d'évaluation, tenue d'évaluations externes), ou encore pour financer la formation, l'achat de livres, de revues, de logiciels ainsi que l'accès aux banques de données. Certains bailleurs de fonds inscrivent d'ailleurs l'évaluation comme condition à l'octroi de financement pour la réalisation de projets. Ainsi, Santé Canada exige de divers organismes qu'ils consacrent 10 % du budget de fonctionnement de leurs projets à la conduite d'une phase d'évaluation intégrée aux activités prévues.

Quelques moyens utiles pour le renforcement des capacités en évaluation

La formation

Différentes stratégies de développement professionnel peuvent être envisagées par l'évaluateur soucieux d'élaborer une pratique autonome et de qualité. Diversifiée et abondante, cette offre d'enrichissement des capacités en évaluation touche les différents types de capitaux énoncés précédemment.

Les programmes universitaires

Bien qu'elle soit encore limitée, la formation en évaluation progresse actuellement à un rythme notable à l'échelle internationale. Dans certaines universités, l'acquisition de connaissances et de compétences spécifiques à l'évaluation est formellement reconnue par un diplôme.

Cousins (2006), dans son examen pour le compte du Centre d'excellence en évaluation du Canada, a relevé 13 programmes de ce genre offerts au Canada, dont 3 sont offerts en français. Il est question des programmes gradués de l'École nationale d'administration publique, de l'Université du Québec à Montréal et de l'Université Laval. Cette dernière offre d'ailleurs depuis septembre 2007 une spécialisation en évaluation au sein du programme de maîtrise en santé communautaire.

Cousins dresse également une liste de 15 formations diplômantes offertes à l'extérieur du Canada, soit 13 aux États-Unis, une en Australie et une autre au Royaume-Uni. Cette dernière est une initiative conjointe de l'Institute of Education de l'Université de Londres et du gouvernement. La formation proposée en Australie par le Centre for Program Evaluation de l'Université de Melbourne consiste en une formation accessible à distance aux étudiants de l'étranger et menant à une maîtrise en évaluation. L'Afrique anglophone compte également un certain nombre de programmes universitaires offrant une formation en évaluation appliquée à différents contextes de pratique.

Les formations abrégées

Un moyen dynamique pour renforcer ses capacités est de participer à des activités de perfectionnement professionnel. Il est question de conférences organisées annuellement par les réseaux professionnels en évaluation, d'ateliers de formation donnés tant à l'échelle nationale que régionale, et de cours abrégés s'échelonnant sur quelques jours ou quelques semaines.

Ainsi, l'IPDET, par l'entremise du Groupe d'évaluation de la Banque mondiale et de la Faculté des affaires publiques de l'Université Carleton, offre annuellement au Canada un programme de formation d'une durée d'un mois. Des établissements américains, dont les Centers for Disease Control et The Evaluators' Institute, proposent aussi des formations abrégées. L'Africa Sourcing , ainsi que le Centre africain des études supérieures en gestion de Dakar, au Sénégal, sont d'autres exemples d'organismes offrant une formation en français. Ajoutons également la formation de quatre jours sur les compétences essentielles liées à l'évaluation offerte par la Société canadienne d'évaluation (SCE) et la Société québécoise d'évaluation de programme (SQEP), en collaboration avec le Centre de liaison sur l'intervention et la prévention psychosociale (CLIPP).

Les programmes personnalisés avec pratique supervisée

Parmi les expériences probantes à ce sujet, mentionnons l'expérience réalisée par l'American Cancer Society (ACS), qui a soutenu le développement d'un programme de formation adapté aux besoins en évaluation du milieu médical. Cette société a notamment coordonné les partenariats nécessaires à l'échelle locale entre les agences, les universités, les collèges, les conseillers et les experts nationaux en évaluation, dont Michael Quinn Patton et Hallie Preskill, ce qui a permis aux étudiants d'entreprendre des évaluations portant sur les projets de l'ACS (Compton *et al.*, 2001).

L'apprentissage en ligne adapté au rythme de l'étudiant

La Banque interaméricaine de développement (IABD) utilise les technologies d'éducation à distance pour offrir de la formation sur le cycle d'un projet (de l'établissement et de la préparation d'un projet à sa gestion et à sa mise en œuvre, puis à son évaluation). Afin de former une masse critique de fonctionnaires en Amérique latine et dans les Caraïbes, celle-ci a conçu divers cours électroniques accessibles gratuitement sur son site Web.

Les documents de référence

À l'échelle internationale, on a recensé de très nombreuses initiatives visant l'élaboration de documents de référence destinés à outiller les évaluateurs œuvrant dans divers milieux de pratique. Ainsi, de nombreux partenaires pour le développement présentent sur leurs sites Web respectifs différentes informations utiles aux personnes qui désirent se perfectionner en évaluation. En plus de liens Internet pertinents et de rapports d'évaluation, on y retrouve une abondance de documents qui abordent à la fois la théorie et la pratique en évaluation (lignes directrices, approches, méthodes, outils) et qui traitent des bonnes pratiques, des grandes tendances et des enjeux en cours dans la profession. Le Fonds des Nations Unies pour l'Enfance (UNICEF), le Centre de recherches pour le développement international du Canada (CDRI), le Programme des Nations Unies pour le développement (PNUD) et la Fondation Kellogg en sont quelques exemples.

Il importe de mentionner que seule une faible proportion de cette documentation est rédigée en français, ce qui limite l'accessibilité à ce moyen de formation continue dans le monde francophone. De plus, sur le nombre toujours croissant de revues spécialisées et de bulletins publiés en évaluation à l'échelle internationale, seuls deux périodiques majeurs présentent des articles rédigés en français, soit la *Revue canadienne d'évaluation de programme* et *Mesure et évaluation en éducation*.

Les normes et standards de pratique

Sur la scène internationale, le mouvement s'accentue concernant le développement ou la mise à jour des normes et standards de pratique en évaluation, que ce soit en Amérique du Nord, en Europe, en Océanie et, plus récemment, en Afrique. Leur prise en compte lors d'une démarche évaluative est donc fortement recommandée. On estime que ces normes et standards favorisent l'encadrement et le rehaussement de la qualité de la pratique évaluative (qualité technique et scientifique, conduite éthique et professionnelle), et qu'ils servent de support à la formation et à l'enrichissement professionnel. On les considère aussi comme des guides pour la méta-évaluation des expériences évaluatives réalisées et comme des éléments qui contribuent à la crédibilité et à la professionnalisation de ce champ de pratique. Ces normes et standards se trouvent sur les sites Web des principaux réseaux et associations professionnels de cette discipline.

Le soutien par les pairs et la pratique supervisée

Recourir à des pairs ou encore à des experts reconnus pour discuter des différentes facettes de son travail est un autre moyen de renforcer sa capacité en évaluation. Cela peut par exemple se concrétiser à l'intérieur d'un réseau plus ou moins formel de contacts, par des occasions d'échanges organisées par les réseaux professionnels en évaluation (par exemple, les déjeuners thématiques de la Société wallonne d'évaluation), ou encore par la participation aux nombreux groupes de discussion en ligne destinés à la communauté des évaluateurs.

Dans une perspective de perfectionnement continu, il peut également être à-propos de recourir à un superviseur ou à un mentor pour acquérir certaines expertises particulières en évaluation, que cela soit intégré au non à des cours formels.

Les structures et processus

Le renforcement des capacités en évaluation s'effectue plus facilement lorsque cette fonction est soutenue par des structures, des processus et des politiques clairement définis. Cela s'avère un élément important dans le déploiement d'une culture d'évaluation au sein d'une organisation, ce qui constitue le plus souvent un passage obligé dans le processus de reddition de comptes imposé par une instance gouvernementale centrale. Cela renvoie toutefois à une des préoccupations actuelles dans ce domaine, soit la nécessité ou non de rendre l'évaluation de programme obligatoire. En effet, il existe une crainte légitime voulant que cela puisse mener les évaluateurs à effectuer des évaluations qui ne seraient conformes qu'en apparence. Davies (1999, p. 157), par exemple, déclare catégoriquement que: « La leçon la plus importante est que la gestion du rendement (et l'exercice d'évaluation en général) ne peut pas être imposée aux gens. Tenter de l'imposer mènerait vraisemblablement à une substitution d'objectifs, à une information douteuse et à une augmentation du risque que la pertinence du programme en soit diminuée et non augmentée. »

Les réseaux professionnels de l'évaluation

L'évaluation est une discipline en plein essor dans le monde entier. Le nombre sans cesse croissant de nouveaux réseaux nationaux en évaluation (de 15 en 2000 à 61 en 2006) et la mise en place d'associations parapluie comme l'International Organization for Cooperation in Evaluation (IOCE) et l'International Development Evaluation Association (IDEAS) sont devenus autant d'éléments qui contribuent à valoriser la discipline et à renforcer les capacités sur les plans local, national et international. L'IOCE a d'ailleurs publié en 2006 un livre sur les enseignements dégagés des efforts de création de tels réseaux en Afrique, dans les Amériques, en Asie, en Australasie et en Europe.

En consultant régulièrement les sites Web de ces réseaux, on peut notamment être informé des occasions de perfectionnement (formations qualifiante et diplômante) et des événements professionnels à venir, ainsi qu'avoir accès à des banques de ressources fort utiles pour le renforcement des capacités (bibliothèques virtuelles, périodiques, standards de pratiques, rapports, livres, littérature grise, outils, groupes de discussions, etc.). Plus spécifiquement, en consultant le Portail de l'évaluation dans l'espace francophone, on peut repérer rapidement les réseaux francophones qui œuvrent aux quatre coins du globe et avoir accès à une banque importante d'informations et de ressources disponibles en français.

Mentionnons finalement les initiatives intéressantes conduites par la Société canadienne d'évaluation qui, chaque année, appuie le développement des capacités en évaluation chez la relève étudiante (bourses d'études universitaires, bourses de voyage permettant d'assister au congrès annuel, concours de simulation de cas, concours de meilleure dissertation).

Les prix de reconnaissance en évaluation

Plusieurs réseaux professionnels en évaluation ont choisi de décerner annuellement des prix d'excellence. Il est intéressant de noter qu'en plus d'être une manifestation tangible de reconnaissance par les pairs, ces prix ont démontré par le passé qu'ils ont encouragé le développement d'expertises et contribué au succès professionnel de leurs récipiendaires et à leur progression dans la carrière universitaire. À titre d'exemple, mentionnons l'Australasian Evaluation Society, qui a décerné en 2007 sept prix de reconnaissance, deux pour les contributions individuelles (nouveau talent et contribution remarquable) et cinq reconnaissant l'excellence d'organisations, d'équipes, de projets ou de programmes.

Le leadership assumé par une instance gouvernementale

Le gouvernement canadien s'est résolument tourné, depuis maintenant plus de 30 ans, vers le développement de la fonction d'évaluation comme moyen d'assurer une meilleure gouvernance. En 2001, la mise sur pied du Centre d'expertise en évaluation s'est avérée un levier important pour appuyer le renforcement des capacités en évaluation, l'amélioration de la pratique et le renforcement de la communauté d'évaluateurs, et cela tant au sein du gouvernement fédéral que dans d'autres milieux de pratique au Canada. Le leadership assumé par cette instance s'est notamment exprimé par la multiplication d'initiatives visant à promouvoir l'évaluation comme fonction essentielle au processus de gestion, à soutenir les évaluateurs quant aux défis liés à leur pratique et à produire une importante documentation liée à cette pratique.

Conclusion

Compte tenu des multiples objectifs de l'évaluation et de la diversité des connaissances et des compétences requises pour la prestation d'activités de qualité, et considérant que l'approfondissement des capacités en évaluation nécessite différentes ressources et occasions de perfectionnement, il est reconnu qu'un investissement dans ce domaine constitue une démarche complexe qui doit être soutenue au fil du temps. Ainsi, peu importe le niveau où existe une volonté de renforcer ces capacités (individuel, organisationnel, systémique), il est nécessaire d'adopter une démarche proactive, dynamique et étapiste. Quelques facteurs clés ont été dégagés à cette fin de certaines expériences de renforcement des capacités.

Tout d'abord, on recommande d'avoir une planification claire des objectifs visés en termes d'accroissement des capacités et d'avoir les moyens qui correspondent à ses ambitions. De plus, quand on pense par exemple aux changements qui peuvent survenir dans l'environnement sociopolitique d'une évaluation et aux changements de pratiques qu'ils entraînent nécessairement, ou encore au roulement de personnel qui se produit souvent dans ce champ de pratique, il devient primordial d'avoir une vision de renforcement des capacités qui déborde d'un horizon de court terme.

Nous suggérons également d'adopter une politique de « petits pas » et de réaliser des expériences pilotes avant de se lancer dans de grands chantiers. Cela permet de construire à la fois sur des expériences conduites avec succès et sur des acquis manifestes. Ces facteurs viennent graduellement contribuer à la croissance d'une culture d'évaluation et au lien de confiance qu'il est important d'établir face au processus, et ce, surtout lorsqu'il y a des craintes, souvent bien légitimes, concernant la mise en relief éventuelle de problèmes ou de failles de rendement.

À cela s'ajoute la nécessité d'investir non seulement dans la formation et l'acquisition de connaissances, mais aussi dans la supervision ou encore l'accompagnement des nouveaux évaluateurs dans la réalisation même d'activités d'évaluation. Il s'agit ici de favoriser le transfert de la théorie vers la pratique. Dans le même ordre d'idées, il importe également de soutenir l'accès à de la formation de plus en plus experte au fil du temps, et d'appuyer concrètement les changements de pratiques générés par l'acquisition de ces nouvelles expertises.

Un autre élément à considérer dans l'accroissement des capacités en évaluation est l'obtention, le plus tôt possible dans le processus de renforcement, de résultats concrets et pouvant être objectivés. Et de là, il importe que l'évaluation soit perçue comme répondant notamment à des besoins à court terme, ce qui contribue à son utilisation immédiate (McDonald *et al.*, 2003). Allant dans le même sens, et s'appuyant sur les travaux de Patton, Ridde et Sahibullah (2006) ajoutent qu'une approche de l'évaluation axée sur l'utilisation a été un élément clé ayant favorisé la participation des gens aux activités de renforcement des capacités en évaluation en Afghanistan. Poursuivant leurs réflexions, ces auteurs ajoutent qu'il leur a été utile d'apprendre à saisir les différentes occasions qui se sont présentées à tout moment du processus évaluatif pour travailler au renforcement des capacités en évaluation.

Finalement, compte tenu de l'essor dynamique de cette discipline et du fait que les gestionnaires y ont recours de manière nettement plus systématique pour alimenter la prise de décision et éclairer l'action, il est devenu impératif d'investir de diverses manières dans la création de ressources expertes afin de répondre à cette demande sans cesse croissante.

De fait, l'accélération des efforts de renforcement des capacités en évaluation constatée tant à l'échelle locale qu'à l'échelle internationale, la multiplicité des organismes et des personnes mobilisées dans un tel processus ainsi que l'abondance de la documentation de qualité publiée pour l'appuyer sont autant d'indications notables que le renforcement des capacités en évaluation est maintenant perçu comme étant l'affaire de tous. En ce sens, cela interpelle à la fois la responsabilité individuelle de chacun et la responsabilité collective de la communauté des professionnels.

Pour aller plus loin :

Horton, Douglas *et al.* (2004), *L'évaluation au cœur du renforcement organisationnel. Expériences d'organisations de recherche et développement du monde entier*, ISNAR/CRDI/CTA.

À partir des résultats du Projet d'évaluation du renforcement des capacités lancé en 2000, au sein duquel six évaluations ont été réalisées sur divers continents sur une période de trois ans, cet ouvrage s'attarde à montrer en quoi les initiatives de renforcement des capacités locales et les évaluations périodiques permettent aux organisations de recherche et de développement de remplir leur mandat.

McDonald, Bron, Patricia J. Rogers et Bruce Kefford (2003), « Teaching People to Fish ? Building the Evaluation Capability of Public Sector Organizations », *Evaluation*, vol. 9, nº 1, p. 9-29.

À partir d'une étude de cas réalisée au sein d'une agence gouvernementale, cet article se penche sur les éléments qui ont contribué au renforcement des capacités en évaluation en analysant chacune des phases de son implantation réalisée sur une période de cinq ans. Il présente aussi plusieurs recommandations issues des discussions menées avec le personnel et les gestionnaires impliqués dans le projet.

Preskill, Hallie et Darlene Russ-Eft, *Building Evaluation Capacity : 72 Activities for Teaching and Training*, Sage Publications, Thousand Oaks, 2005.

Cet ouvrage de référence, principalement destiné à des activités d'enseignement et de formation, couvre l'ensemble des étapes nécessaires à la conduite d'une démarche d'évaluation, des fondements de cette discipline à la création d'un environnement favorable à son utilisation, en passant notamment par la collecte et l'analyse de données. Chacun des thèmes abordés est accompagné d'une série d'exercices permettant aux participants d'intégrer et de maîtriser leur contenu.

Internet

Portail de l'évaluation dans l'espace francophone

Ce site destiné aux professionnels propose en français des liens commentés vers des ressources en plusieurs langues sur l'évaluation, sur ses méthodes et sur des événements précis. Financé par l'Organisation internationale de la francophonie [OIF], il comprend environ 500 articles sur les thèmes suivants : réseaux professionnels et autres organisations contribuant au développement de l'évaluation, manifestations professionnelles à venir ou antérieures, formations longues ou courtes, croissance de l'activité professionnelle, méthodes et terminologie, autres ressources documentaires sur l'utilité et la déontologie de la discipline, et bases de données de rapports d'évaluation en ligne. Il est également possible d'accéder aux archives de ce site, de même qu'aux articles qui concernent un pays ou un continent en particulier, ou encore un secteur d'activité précis. <www.evaluation.francophonie.org>

Centre de recherches pour le développement international (CRDI)

La section Évaluation du CRDI fournit une vaste documentation sous forme de liens menant vers des publications et des ressources spécialisées en évaluation, incluant notamment des lignes directrices, des livres, des rapports et d'autres formes d'outils; des évaluations stratégiques comprenant des ressources telles que le renforcement des capacités, les réseaux, l'influence de la recherche sur les politiques ainsi que le projet des subventions par concours; l'apprentissage organisationnel, qui présente des informations sur les rapports de fin de projet dynamique (RFPd), un outil permettant de tirer des enseignements des projets réalisés et de les diffuser, et sur le Forum annuel sur l'apprentissage; des articles et des présentations sur l'évaluation et une section présentant les activités, les projets de même que l'équipe en charge de l'évaluation au CRDI. <www.idrc.ca/fr/ev-26266-201-1-DO_TOPIC.html>

Le site de la Société canadienne d'évaluation (SCÉ)

En plus de présenter la Société, son organisation, son congrès annuel et la *Revue canadienne d'évaluation de programme* qu'elle publie, et de rendre accessibles des bulletins électroniques, ce site présente différents services offerts comme des concours étudiants, des prix et des offres d'emplois, de contrats et de collaboration. Il brosse également un tableau des diverses possibilités de perfectionnement professionnel offertes au Canada et ailleurs dans le monde, notamment sous la forme de congrès scientifiques, de formations spécialisées et de cours postsecondaires. Les ressources disponibles sont nombreuses et regroupées sous divers thèmes: les avantages, extrants et connaissances liés à l'évaluation, une bibliographie canadienne, la littérature grise, une liste de diffusion, des sections sur l'éthique et sur la coopération internationale, une banque de rapports d'évaluation, une liste de liens pertinents et de groupes de discussion, ainsi que des suggestions d'ouvrages de référence. Ce site permet également d'accéder directement aux 12 sections régionales de la SCÉ. <www.evaluationcanada.ca>

DEUXIÈME PARTIE

PRATIQUES ÉVALUATIVES

12

Une évaluation des besoins de formation d'intervenants en prévention du suicide chez les jeunes

François Chagnon, Janie Houle et Isabelle Marcoux

Le contexte

Les promoteurs de formation ont la responsabilité de rendre compte de la pertinence et des effets de leur programme aux bailleurs de fonds. Dans le cas d'une formation en prévention du suicide, cette responsabilité pose des défis importants, car les crises suicidaires sont des événements peu fréquents et il est difficilement envisageable, sur le plan éthique, d'évaluer des interventions portant sur des situations réelles. Comment, dès lors, élaborer un devis d'évaluation permettant de juger de l'efficacité de telles formations ? Ce chapitre présente le processus et les résultats d'une évaluation des effets d'un programme de formation en prévention du suicide chez les jeunes qui a été réalisée à l'aide d'une stratégie d'évaluation fondée sur l'approche par compétences.

Au Québec, le tiers des décès observés chez les jeunes de 15 à 19 ans sont la conséquence de suicides, ce qui représente la première cause de mortalité pour les personnes de ce groupe d'âge (Institut de la statistique du Québec, 2003). Le plus souvent, le risque de suicide chez les jeunes qui se sont enlevé la vie n'avait pas été reconnu par les professionnels ; aussi n'avaient-ils pas reçu l'aide dont ils avaient besoin (Brent, 1995). La capacité d'identifier les jeunes à risque et celle de les référer rapidement à des professionnels compétents sont donc des éléments déterminants de la prévention du suicide (Shaffer et Craft, 1999). Il s'avère donc crucial de mettre en œuvre les stratégies les plus efficaces afin d'améliorer les compétences des intervenants à dépister et à référer les jeunes à risque de suicide aux ressources appropriées.

Les enseignants et les intervenants sociaux et communautaires qui œuvrent auprès des clientèles jeunesse occupent des positions privilégiées pour dépister et référer les jeunes à risque de suicide. La formation de ces acteurs de première ligne est donc considérée comme une stratégie importante et prometteuse de prévention du suicide chez les jeunes (Gould et Kramer, 2001 ; Shaffer *et al.*, 2001). Depuis les années 1980, de nombreuses formations en intervention auprès des jeunes suicidaires ont été conçues et dispensées un peu partout au Canada et aux États-Unis. Les similitudes qu'on retrouve dans leurs contenus suggèrent que la logique d'action de ces formations repose sur la théorie suivante : par une activité de formation visant l'acquisition d'attitudes favorables à la prévention du suicide, de connaissances de pointe sur les facteurs de risque ainsi que d'habiletés d'intervention spécifiques, il est possible d'améliorer le dépistage des jeunes à risque, de faciliter leur référence aux ressources adéquates et, ainsi, de mieux prévenir le suicide.

De telles formations, si elles semblent fondées, sur le plan théorique, exigent cependant un investissement important en temps et en argent de la part des milieux d'intervention, et cela dans un contexte où les ressources disponibles pour la prévention du suicide sont limitées. Dans le but d'améliorer les efforts en ce sens, il apparaît crucial de vérifier la pertinence du modèle théorique de ces formations ainsi que leur efficacité réelle et, le cas échéant, de déterminer les correctifs pouvant permettre d'augmenter leur capacité d'atteindre les objectifs visés.

Malgré la profusion de formations disponibles, peu de recherches ont examiné leur efficacité, et celles qui l'ont fait présentent des lacunes importantes sur le plan méthodologique. Entre autres, certaines se sont limitées à évaluer l'acquisition des attitudes et des connaissances sans égard au développement des habiletés d'intervention (Davidson et Range, 1999 ; Stuart *et al.*, 2003). Les études qui ont mesuré le savoir-faire des intervenants se sont heurtées aux difficultés inhérentes à une telle entreprise. En effet, la méthode idéale consisterait à observer les participants dans leur milieu naturel au moment où ils interviennent auprès d'un jeune suicidaire. Toutefois, en raison de la rareté des comportements suicidaires et des coûts importants associés à cette stratégie, cette méthode n'a jamais été utilisée. Deux études ont opté pour une méthode intermédiaire en évaluant les habiletés d'intervention des intervenants à l'aide de simulations (Tierney, 1994; Haw et Andres, 1998). Les participants devaient interagir avec un comédien qui simulait une crise suicidaire et leurs habiletés étaient évaluées par une tierce personne à l'aide d'une grille d'observation. Cette méthode a l'avantage d'être celle qui ressemble le plus à une situation réelle, ce qui en accroît la validité ; son coût est cependant très élevé.

Parmi les autres méthodes d'évaluation des habiletés d'intervention, on trouve des vignettes imprimées mettant en scène des personnes suicidaires et pour lesquelles les participants doivent décrire la conduite qu'ils adopteraient dans ces situations fictives. Dans leur étude, Capp, Deane et Lambert (2001) ont adopté cette méthode pour évaluer l'intention des participants d'adopter un comportement donné face à un jeune suicidaire à partir de questions à choix de réponses.

En plus de présenter les limites inhérentes aux diverses méthodes utilisées pour mesurer les habiletés d'intervention, une seule étude a vérifié si les compétences acquises au cours des formations se maintenaient dans le temps. Les résultats de cette étude ont révélé que les gains observés après une formation de pairs aidants demeuraient significatifs trois mois après la formation (Stuart *et al.*, 2003).

En somme, la formation des intervenants est une stratégie de prévention du suicide très répandue, mais la mesure de ses effets quant à l'acquisition d'habiletés d'intervention pose des défis méthodologiques importants, et jusqu'à maintenant, il existe peu de preuves du maintien de ces compétences plusieurs mois après la fin de ces formations.

L'évaluation présentée ici est le fruit d'une collaboration entre le Centre de recherche et d'intervention sur le suicide et l'euthanasie (CRISE) et Suicide Action Montréal (SAM), le plus important centre de prévention du suicide (CPS) au Québec. Depuis des dizaines d'années, les professionnels de SAM forment les intervenants de la communauté à la prévention du suicide. Ils détiennent une bonne crédibilité dans la région de Montréal et peuvent offrir leurs formations gratuitement grâce au soutien financier de quelques bailleurs de fonds. Cependant, malgré leurs nombreuses années d'expertise, leur formation orientée sur la clientèle jeunesse n'avait jamais fait l'objet d'une évaluation visant à en apprécier la qualité et l'efficacité. L'enjeu est ici de taille, non seulement en raison de l'importance du suicide chez les jeunes au Québec et du potentiel de généralisation des résultats aux autres CPS de la province, mais aussi du fait que le financement ultérieur de la formation par les bailleurs de fonds sera tributaire des résultats de cette évaluation.

Le protocole d'évaluation

L'objectif et les questions d'évaluation

L'objectif principal poursuivi dans le cadre de cette évaluation est de vérifier l'effet d'une formation spécialisée quant à l'acquisition et au maintien de compétences en prévention du suicide chez les jeunes. Cette évaluation voulait ainsi répondre à quatre questions d'évaluation prioritaires : 1) le programme de formation parvient-il réellement à améliorer les attitudes, les connaissances et les habiletés des intervenants ; 2) dans la mesure où de tels gains sont observés, ces habiletés se maintiennent-elles dans le temps ; 3) quels sont les contenus de la formation les plus retenus par les participants et, en contrepartie, quels sont les éléments les moins retenus ; et 4) quelles sont les avenues prioritaires pour améliorer cette formation ?

La méthode

L'évaluation a comporté deux volets successifs. Dans un premier temps, nous avons procédé à une analyse théorique et clinique des contenus de la formation afin d'examiner en profondeur la pertinence des contenus pédagogiques dispensés aux intervenants. Cette stratégie avait pour but d'améliorer le plus possible la formation avant même d'en évaluer les effets, de faciliter la création d'outils de mesure parfaitement adaptés aux contenus et de favoriser une utilisation maximale des résultats de l'évaluation en permettant de réaliser une analyse détaillée des effets de la formation.

Dans un deuxième temps, nous avons procédé à la phase d'expérimentation en comparant des intervenants exposés à la formation (groupe expérimental) à des intervenants ne l'ayant pas été (groupe témoin). Un devis à mesures répétées a été utilisé. Les participants à la condition expérimentale ont été évalués à trois reprises : avant la formation, immédiatement après et six mois plus tard. Les deux premières évaluations ont été effectuées dans le lieu où était dispensée la formation, et la dernière évaluation, dans leur lieu de travail. Les participants du groupe témoin étaient quant à eux évalués dans leur milieu de travail à deux reprises, à trois semaines d'intervalle. En tout, 78 intervenants œuvrant dans des établissements scolaires et des organismes communautaires ou institutionnels desservant la clientèle jeunesse de la région de Montréal ont été recrutés. Ils ont été assignés à la condition expérimentale ou témoin en fonction de la date de leur inscription à la formation. Il faut noter que les participants du groupe témoin ont bénéficié gratuitement de la formation une fois l'étude terminée. Pour des raisons éthiques visant notamment à assurer l'équité entre tous les participants, il s'avérait en effet important d'offrir le même service à tous dans des délais raisonnables.

Les mesures

Un questionnaire auto-administré a été conçu spécifiquement pour cette étude, puis prétesté auprès de 14 intervenants. Conformément à l'approche par compétences de Rycus et Hugues (2000), trois éléments ont été mesurés : les *attitudes* à l'égard de l'intervention auprès des personnes suicidaires, les connaissances et les habiletés d'intervention.

Les attitudes. Un instrument de mesure standardisé, le *Suicide Intervention Questionnaire* (SIQ) de Tierney (1988), a été utilisé pour mesurer les attitudes. Cet instrument compte 20 énoncés à propos desquels le répondant doit indiquer son niveau d'accord sur une échelle de type Likert à 5 points, allant de (5) « tout à fait en accord » à (1) « tout à fait en désaccord ». Le SIQ possède de bonnes qualités psychométriques avec un coefficient (Pearson) de fidélité interne de 0,79 et une fidélité test-retest de 0,82.

Les connaissances. Le questionnaire utilisé pour mesurer les connaissances a été élaboré spécifiquement pour cette étude suivant le modèle de Rycus et Hugues (voir tableau 12.1). Il comporte 12 questions ouvertes permettant de mesurer l'acquisition des connaissances dans six domaines : 1) facteurs de risque et de protection du suicide ; 2) éléments essentiels d'une intervention de crise ; 3) lois en matière de confidentialité avec des mineurs ; 4) actions à mettre en place à la suite d'une tentative de suicide ; 5) étapes du processus de deuil ; 6) responsabilités confiées aux intervenants. Un point est attribué par question, de sorte que le score au questionnaire mesurant les connaissances peut varier de 0 à 12.

Les habiletés d'intervention. Les habiletés essentielles que les intervenants doivent maîtriser sont mesurées à l'aide de sept vignettes cliniques, dont cinq imprimées et deux enregistrées sur vidéocassette. Le répondant doit préciser ce qu'il convient de faire dans chacune des situations critiques décrites sur les vignettes. Ces simulations mettent en scène un intervenant confronté à diverses situations : a) il ne se sent pas à l'aise pour intervenir auprès d'un jeune suicidaire ; b) il doit mettre en place des actions auprès de jeunes qui viennent d'apprendre qu'un de leurs amis a tenté de se suicider ; c) il doit faire un rapport d'événement au sujet d'un jeune qui fréquentait son organisme et qui a fait une tentative de suicide ; d) il doit repérer les jeunes devenus vulnérables à la suite du suicide d'un autre jeune ; e) il doit faire une intervention de crise auprès d'un jeune suicidaire.

Les deux vignettes vidéo sont d'une durée approximative de trois minutes chacune, et leur contenu a été élaboré conjointement par un membre de l'équipe de recherche et une formatrice, qui se sont basés sur une analyse critique de la littérature scientifique et sur l'expérience clinique d'un groupe d'experts. Pour chacune des vignettes, le répondant doit préciser s'il juge que le jeune est à risque de suicide ; expliquer les éléments sur lesquels il base son évaluation du risque ; distinguer les facteurs de risque des signes précurseurs ; évaluer l'urgence de la situation ; préciser les éléments qui lui permettent de statuer sur l'urgence de la situation ; déterminer quelles informations complémentaires il est essentiel d'obtenir auprès du jeune pour guider son intervention et préciser les actions qu'il poserait à court terme dans une telle situation. Enfin, deux questions à choix de réponses portant sur la directivité et le niveau de confiance nécessaire pour intervenir auprès d'un jeune suicidaire complètent la mesure des habiletés d'intervention.

La description du processus d'évaluation

Pour l'évaluation de la formation en prévention du suicide chez les jeunes, une approche participative a été adoptée afin d'assurer une bonne crédibilité des résultats de l'étude et de maximiser leur utilisation par l'organisme promoteur, SAM. Dans cette perspective, deux comités de travail ont été créés: un comité de coordination et un comité d'experts.

Le comité de coordination a été constitué afin d'assurer la bonne marche du projet et de favoriser la participation des promoteurs de la formation à toutes les étapes de la démarche d'évaluation. Outre les membres de l'équipe de recherche, le comité de coordination regroupait un gestionnaire clinicien responsable de la formation jeunesse dispensée par SAM, deux formatrices professionnelles ainsi que, sur une base *ad hoc*, le directeur de l'organisme. Tout au cours de l'exercice, les membres du comité de coordination ont collaboré de façon étroite afin de concevoir les outils de mesure, de recruter les participants, d'analyser et d'interpréter les résultats de l'évaluation et de s'assurer que celle-ci atteigne les objectifs fixés.

Le comité d'experts cliniciens avait les différents mandats suivants: définir les compétences attendues des intervenants de première ligne en prévention du suicide; analyser la pertinence théorique et clinique des contenus abordés et leur concordance avec les compétences visées par la formation; soutenir l'élaboration des outils de mesure conçus spécifiquement pour cette évaluation. Ce comité regroupait huit experts issus des milieux pédopsychiatrique, scolaire et communautaire.

Pour le processus d'évaluation, nous avons adopté la démarche proposée par le modèle de compétences de Rycus et Hugues (2000) mis au point dans le domaine des services à l'enfance, qui est fréquemment utilisé pour déterminer les compétences attendues des intervenants dans des domaines d'intervention spécifiques (voir tableau 12.1).

TABLEAU 12.1

Les étapes du modèle de compétences de Rycus et Hugues

1	Définition de la population à former
2	Analyse des responsabilités et tâches des intervenants
3	Spécification des standards de qualité d'une bonne pratique
4	Délimitation des responsabilités des intervenants
5	Analyse des compétences attendues dans l'exercice de ces responsabilités
6	Détermination d'indicateurs permettant d'apprécier l'application de ces connaissances

La première étape du processus d'évaluation fut de décrire les compétences attendues des intervenants de première ligne en matière de prévention du suicide quant au savoir, au savoir-être et au savoir-faire. Cette étape était un préalable à la détermination des indicateurs pertinents et pour l'élaboration des instruments de mesure. Conformément au cadre d'analyse développé par Rycus, le comité de coordination s'est engagé dans un intense processus de collaboration avec le groupe d'experts afin d'identifier les compétences devant être maîtrisées par les intervenants de première ligne et de vérifier la concordance entre ces compétences et le contenu de la formation dispensée par l'organisme promoteur. Au cours de cette étape déterminante, les partenaires ont profité des fruits des recherches d'un groupe de travail multidisciplinaire qui, sous la responsabilité de l'Association des centres jeunesse du Québec, avait déjà examiné la question de l'intervention en matière de prévention du suicide chez les jeunes en centre jeunesse et élaboré un protocole d'intervention balisant les rôles et les responsabilités des intervenants de première et deuxième lignes.

Ce processus de travail s'est déroulé sur une période de six mois et a mené à un consensus sur huit compétences essentielles à acquérir pour qu'un intervenant puisse exercer correctement son rôle de dépistage et de référence des jeunes suicidaires (voir tableau 12.2). Par la suite, ces 8 compétences générales ont été subdivisées en 59 sous-énoncés de compétences spécifiques à acquérir.

TABLEAU 12.2

Les compétences attendues des intervenants de première ligne en matière de prévention du suicide chez les jeunes

1	Connaître et détecter les facteurs de risque et les facteurs de protection
2	Connaître et détecter les signes de détresse psychologique, les indices de trouble mental et les signes précurseurs du suicide
3	Reconnaître la présence d'indices d'urgence et de risque élevé
4	Connaître les responsabilités des intervenants de première et de deuxième lignes
5	Connaître les principales règles de confidentialité
6	Connaître le mode d'intervention en contexte de crise suicidaire et savoir l'appliquer
7	Savoir intervenir après une tentative de suicide ou un suicide
8	Savoir assurer la prise en charge des interventions auprès d'un jeune en crise suicidaire

Cette stratégie d'analyse qualitative s'est avérée extrêmement profitable, puisqu'elle a permis non seulement de valider le contenu de la formation dispensée par l'organisme promoteur, mais également de le bonifier. En outre, cette démarche de consensus entre experts de différentes disciplines aura contribué à accroître la crédibilité de la formation et à établir une alliance entre ces groupes de professionnels. Enfin, cette analyse de contenu a permis de mettre en place les bases conceptuelles nécessaires au développement des instruments de mesure.

Ainsi, l'équipe de coordination a produit un questionnaire permettant de mesurer chacune des compétences essentielles et qui a ensuite été soumis à l'approbation du groupe d'experts pour en assurer la validité. Une grille de codification a également été élaborée en collaboration avec le groupe d'experts de manière à déterminer, pour chacune des questions ouvertes, les éléments de réponse recherchés. Le résultat de chacune des questions varie en fonction du nombre de bons éléments mentionnés par le participant. Chaque question a été normalisée en utilisant une constante afin d'homogénéiser leur poids relatif.

Les résultats de l'évaluation

L'échantillon final comptait 71 sujets, soit 46 femmes (65 %) et 25 hommes (35 %) répartis en deux groupes. Le premier réunissait 43 participants ayant suivi la formation en prévention du suicide chez les jeunes (groupe expérimental) ; le deuxième comptait 28 participants n'ayant pas suivi la formation (groupe témoin). Tel que précisé plus haut, les participants ont été assignés aux conditions expérimentales ou témoin en fonction de leur choix concernant la date où ils pouvaient suivre la formation. Nous avons exclu cinq sujets de l'échantillon initial parce qu'ils avaient fourni des données incomplètes.

Les participants des deux groupes se sont révélés comparables quant à leur niveau de scolarité, leur environnement de travail, leur nombre d'années d'expérience en intervention auprès de jeunes et auprès de jeunes en situation de crise suicidaire. Près du tiers des participants ont rapporté avoir déjà reçu une formation en prévention du suicide, en moyenne 4,5 ans avant le début de notre étude.

Avant la formation

Les participants des deux groupes étaient comparables sur le plan des attitudes et sur celui des habiletés, mais une différence modeste, quoique statistiquement significative, a été observée en ce qui concerne les connaissances. En effet, lors de la première procédure de mesure, le groupe expérimental a obtenu un score légèrement plus élevé que le groupe témoin (groupe expérimental : moyenne = 6,47 ; ET = 1,38 ; groupe témoin : moyenne = 5,38 ; ET = 1,55 ; F 1,70 = 9,632 ; p = 0,003).

Immédiatement après la formation

Après avoir suivi la formation, les participants du groupe expérimental se sont significativement améliorés sur le plan des connaissances, des attitudes et des habiletés d'intervention par rapport aux sujets témoins (Willk's Lambda 0,403 ; F [3,64] = 31,583, p < 0,001). Ces résultats demeurent statistiquement significatifs, même lorsqu'on contrôle l'effet de la différence observée avant la formation, sur le plan des connaissances. Afin de faciliter l'interprétation des résultats, le tableau 12.3 présente les scores pondérés en pourcentage.

TABLEAU 12.3

Résultats obtenus par les participants des groupes expérimental et témoin aux procédures de mesure des compétences, aux trois temps de mesure (N = 71 %)

	Prétest	Après la formation	Six mois après la formation
Connaissances			
Groupe expérimental	54*	69*	61*
Groupe témoin	45	46	–
Attitudes			
Groupe expérimental	76	82*	83
Groupe témoin	78	77	–
Habiletés			
Groupe expérimental	52	67*	62*
Groupe témoin	48	50	–

* p = 0,003

Six mois après la formation

Dix participants (23,3 %) du groupe expérimental n'ont pas participé au troisième temps de mesure, mais ils sont comparables aux participants qui ont terminé le processus d'évaluation. Six mois après la formation, les connaissances ($F\ [1,32] = 13{,}465$, $p < 0{,}001$) et les habiletés ($F\ [1,32] = 18{,}290$, $p < 0{,}001$) ont significativement diminué par rapport à leur niveau immédiatement après la formation, alors que les attitudes sont demeurés stables ($F\ [1,32] = 0{,}420$, $p = 0{,}522$).

Des comparaisons *a posteriori* ont toutefois révélé que, malgré cette diminution sur le plan des apprentissages, le niveau de compétences six mois après la formation demeurait significativement plus élevé que celui d'avant la formation, et cela autant en ce qui concernait les connaissances ($F\ [1,32] = 12{,}\ 154$, $p < 0{,}001$) que les attitudes ($F\ [1,32] = 30{,}194$, $p < 0{,}001$) et les habiletés ($F\ [1,32] = 37{,}742$, $p < 0{,}001$).

Les analyses par item

Afin de contribuer à l'amélioration des contenus de formation et de fournir les données les plus précises possibles aux promoteurs, une seconde vague d'analyse a été réalisée pour chaque item des questionnaires à la lumière des résultats obtenus. Ceux-ci ont été présentés par blocs de contenus sous forme de tableaux vulgarisés utilisant un code de trois couleurs. Un item obtenait un code vert si le score moyen après la formation était supérieur ou égal à 75 %, un code jaune était utilisé pour les résultats variant de 50 à 75 % et un code rouge distinguait les items dont le score était inférieur à 50 %. De cette manière, les formateurs pouvaient savoir quels étaient les contenus sur lesquels ils devaient mettre davantage d'accent pour améliorer leur performance.

Discussion

Le principal objectif de cette évaluation était de vérifier l'effet d'une formation spécialisée en intervention auprès des jeunes en crise suicidaire sur les compétences des intervenants. Dans cette étude participative à la fois sommative et formative, on a donc adopté une méthode novatrice pour déterminer, sur la base du modèle de Rycus et Hugues (2000), des indicateurs d'appréciation des formations à partir des responsabilités et des compétences attendues chez les intervenants.

De manière générale, les résultats de l'étude montrent que cette formation limitée dans le temps a amélioré significativement les connaissances, les attitudes et les habiletés des intervenants. En outre, malgré une diminution significative des acquis après six mois, le niveau de compétence des participants à la formation demeure tout de même plus élevé que ce qu'il était avant qu'ils la suivent. Cet aspect est crucial compte tenu de l'investissement important en ressources humaines et financières que nécessitent de telles formations.

Une analyse plus fine des résultats a néanmoins révélé que même si les gains étaient statistiquement significatifs, ils demeuraient cependant modestes. En effet, l'amélioration maximale est de l'ordre de 15 %, un succès qui peut sembler bien relatif. Toutefois, il convient de se demander quel peut raisonnablement être le niveau d'amélioration des compétences d'un groupe d'intervenants dans le cadre d'une formation de trois jours, si on le compare par exemple à celui qui peut être observé au terme d'une année de formation universitaire. En outre, si on transpose les résultats de l'évaluation sous forme de « bulletin final », celui-ci indique qu'au sortir de la formation, les participants atteignent un peu plus que la note de passage de 60 %. Cette performance est-elle acceptable ? Quels résultats serions-nous en droit d'attendre d'une telle formation ? Ces questions méritent réflexion.

Dans cette évaluation, nous avons employé une stratégie d'analyse plus poussée que la stratégie classique consistant à comparer des moyennes et des écarts types. Nous avons procédé à une analyse en profondeur des contenus théoriques et des résultats obtenus pour chacune des compétences visées, ce qui a permis aux partenaires de l'évaluation de déterminer les contenus qui étaient les moins bien assimilés par les participants et donc de revoir la manière dont ils étaient présentés dans le cadre de la formation. Cette analyse a également mis en évidence le fait que certains contenus avaient une importance plus déterminante que d'autres et qu'ils méritaient donc des efforts plus soutenus sur le plan pédagogique.

Ainsi, l'analyse du modèle de compétence a montré que, malgré les améliorations significatives observées sur le plan statistique, les intervenants ne maîtrisaient que partiellement les connaissances et les habiletés jugées importantes à acquérir dans le contexte d'une formation des intervenants en matière de prévention du suicide chez les jeunes, puisque des éléments très importants ne semblaient pas avoir été acquis. Ces conclusions ont eu pour effet de stimuler, au sein de l'organisme, une remise en question des approches pédagogiques utilisées et des contenus abordés dans la formation. Après l'évaluation, l'organisme a mis en place un comité chargé de revoir la pertinence d'une formation ponctuelle et d'examiner l'hypothèse d'une formation continue pour atteindre les objectifs d'apprentissage visés, c'est-à-dire générer des apprentissages qui se maintiendraient dans le temps. D'autre part, profitant des avancées de l'analyse des compétences réalisée dans la première partie de l'évaluation, l'organisme a révisé les domaines d'apprentissage visés par sa formation afin de former les intervenants de façon plus intense mais sur un spectre moins large de compétences jugées prioritaires.

Deux défis principaux se sont posés dans le cadre de cette évaluation. D'une part, les attentes exprimées par les bailleurs de fonds ont créé une pression certaine pour les promoteurs de la formation, qui se trouvaient ainsi dans la position où ils devaient démontrer l'efficacité de leur programme de formation. Cette situation initiale était loin d'être idéale pour sceller l'alliance entre l'équipe de recherche et les promoteurs du programme. Bien au contraire, un tel contexte n'a fait qu'ajouter au stress d'être évalué et a obligé l'équipe de recherche et les promoteurs du programme à demeurer en contact étroit pour établir les enjeux de l'évaluation et créer le climat de confiance essentiel au succès de cette entreprise.

À ce contexte particulier s'ajoutait aussi le défi, sur le plan méthodologique, posé par la mesure du concept de compétence. En effet, ce concept devient particulièrement complexe dans un contexte où la mesure de l'effet (ici, l'efficacité de la formation en prévention du suicide) ne peut être réalisée en situation réelle, compte tenu de la rareté des événements suicidaires et du fait qu'il n'existe pas de mesure valide des habiletés des intervenants en prévention du suicide. L'utilisation de vignettes écrites et vidéo s'est avérée un compromis acceptable, mais leur caractère fictif et la nécessité de répondre par écrit plutôt que verbalement nous ont incités à la prudence quant à la généralisation de ces résultats à des situations réelles. Enfin, la validité des résultats de cette évaluation est également limitée en raison de la taille restreinte de l'échantillon et de la répartition non aléatoire des participants dans les deux groupes.

Conclusion

Les résultats de cette évaluation confirment l'hypothèse que des formations à l'intervention peuvent améliorer les compétences des intervenants de première ligne auprès des jeunes à risque de suicide et que les effets de telles formations peuvent se maintenir plusieurs mois après la formation. Le choix d'une approche d'évaluation participative, bien qu'exigeant en termes d'investissement de la part des partenaires, incluant les membres de l'équipe d'évaluation, s'est néanmoins avéré fructueux dans ce contexte et a permis une forte appropriation des résultats de l'évaluation par les promoteurs. Cette stratégie a également produit un matériel riche et susceptible de faciliter une révision du contenu et de la pédagogie même de la formation.

13
Une évaluation des processus d'un programme de protection de la jeunesse

Christian Dagenais et Didier Dupont

Le contexte

L'évaluation décrite dans ce chapitre découle de l'initiative d'un groupe d'intervenants et de gestionnaires du Centre jeunesse de Montréal – Institut universitaire (CJM-IU) qui souhaitaient évaluer l'efficacité des interventions de l'équipe d'Intervention rapide et intensive rattachée à l'accueil (désormais IRI-Accueil) du Directeur de la protection de la jeunesse (DPJ). Au mois d'avril 2002, le CJM-IU déposait au Centre d'excellence sur la protection et le bien-être des enfants une demande de financement pour l'évaluation du programme d'intervention offert par cette équipe.

L'intervention à évaluer est mise en œuvre lorsqu'une situation de crise familiale signalée au Directeur de la protection de la jeunesse (DPJ) pourrait nécessiter le placement d'un jeune en urgence. Un intervenant de l'équipe IRI-Accueil est alors immédiatement dépêché sur les lieux pour tenter de résorber la crise, pour obtenir des informations complémen-taires sur la situation de ce jeune et de sa famille, et pour consolider le processus de référence vers les ressources de la communauté afin d'éviter de retenir inutilement ce signalement. L'intervention de l'équipe IRI-Accueil s'apparente au modèle américain *Homebuilders* et en respecte les principes directeurs. En tout, six intervenants et intervenantes forment l'équipe.

Le modèle d'intervention

Le programme IRI-Accueil du CJM-IU s'adresse principalement à une clientèle âgée de 6 à 17 ans signalée pour troubles de comportement et dont la famille est dans une situation d'urgence et de crise. Ce programme poursuit essentiellement trois objectifs : résorber la crise, éviter de procéder à un placement en urgence et consolider le processus de référence vers les ressources de la communauté afin d'éviter de retenir un signalement.

L'intervention de l'équipe IRI-Accueil respecte les principes directeurs du modèle *Homebuilders*, qui sont les suivants : rapidité, intensité, souplesse, déroulement des activités dans l'environnement familial, durée limitée à huit jours, implication de tous les membres de la famille, concertation avec les partenaires et enfin offre de soutien concret (Nelson *et al.*, 1990 ; Dagenais et Bouchard, 1996).

L'élaboration de programmes spécifiquement destinés à maintenir l'enfant dans un milieu familial plus sécuritaire suscite un attrait évident. De nombreux programmes de ce type ont été conçus et largement disséminés depuis le milieu des années 1970 (Kinney *et al.*, 1990 ; Kinney *et al.*, 1991 ; Garant, 1992). Au Centre jeunesse de Montréal, plusieurs initiatives ont été mises en œuvre afin d'éviter le recours au placement lorsqu'il n'est pas indispensable et nécessaire pour le bien-être de l'enfant (Gouvernement du Québec, 1991 ; Garant, 1992). Ainsi, les projets Ado-RTS-Urgences sociales, Crise apprivoisée, PRIME, Jessie, Négligence 0-5 ans, Urgence ouest/enfance et Intervention psychosociale intensive (Archambault et Des Groseillers, 1997) ont tour à tour permis de tirer des leçons aujourd'hui mises à profit dans l'intervention de l'équipe IRI-Accueil. L'hypothèse à la base du volet IRI-Accueil découle de ces expériences et se formule comme suit : on peut éviter le placement en urgence ou la rétention inutile d'un signalement en offrant sur le champ et à domicile un soutien intensif à la famille pour l'aider à faire face à la situation de crise et donc écarter les risques de compromission de la sécurité et du développement de l'enfant. Selon les concepteurs de l'intervention IRI-Accueil, le fait d'offrir une intervention appropriée à la famille permettrait également, le cas échéant, de prévenir un placement à plus long terme ou la mise en place de mesures de suivi plus lourdes.

Les acteurs et enjeux de l'évaluation

Six intervenants forment l'équipe IRI-Accueil, mais il importe de souligner ici qu'au moment de la cueillette de données auprès des intervenants du programme, quatre d'entre eux venaient tout juste de se joindre à l'équipe. Aucune de ces personnes n'avait d'expérience préalable en matière d'intervention rapide et intensive. Elles étaient donc en plein processus d'adaptation à un nouveau mode de pratique.

Les évaluateurs se sont joints à des membres du personnel du CJM-IU pour former un comité de suivi chargé de formuler les questions d'évaluation, de définir les cibles d'évaluation, de procéder au choix et à l'élaboration des outils de collecte des données. Ce comité s'est ensuite élargi au moment du démarrage de l'évaluation. Nous reviendrons sur le rôle central qu'a joué ce comité tout au long du projet dans la section de ce chapitre portant sur le processus d'évaluation.

Le plan d'évaluation

À l'origine, le projet des demandeurs visait à mesurer les effets du programme en comparant les familles qui bénéficiaient des services du programme IRI avec des familles aux prises avec le même genre de problèmes, mais à qui on offrait les services courants du CJM-IU. Dès le début du recrutement des familles, en octobre 2002, nous avons constaté qu'il serait impossible de former le groupe de comparaison planifié. Cela s'explique par le fait qu'entre le moment où nous avons soumis la proposition pour le financement et le début de la recherche, le nombre d'intervenants dans l'équipe est passé de quatre à six. Comme le groupe de comparaison devait être composé de familles admissibles au programme mais non desservies faute de place, l'augmentation du nombre d'intervenants a permis de les desservir, éliminant ainsi la possibilité de former ce groupe. Après réflexions et plusieurs discussions, il fut proposé de mesurer les effets du programme en constituant deux groupes à partir des usagers ayant bénéficié des services du programme IRI-Accueil. Les groupes constitués étaient formés, d'une part, des usagers pour qui l'intervention s'est avérée terminale et, d'autre part, de ceux pour qui elle a donné lieu à d'autres types de services du CJM-IU ou à un signalement. Cette proposition a exigé une reconfiguration complète du devis d'évaluation prévu à l'origine, reconfiguration qui a été l'occasion d'examiner la mise en œuvre du programme sous deux angles : le processus de référence des situations au programme et les processus de mise en œuvre des principes directeurs du programme par les intervenants. Comme nous le verrons, le nouveau devis porte un regard sur les critères utilisés par les intervenants de l'accueil du DPJ pour orienter les familles vers le programme. Il comporte aussi un examen attentif des pratiques des intervenants du programme, ce qui permet de mieux expliquer et comprendre comment l'application du modèle sous-jacent proposé mène ou non aux effets escomptés. Globalement, le devis permet de mieux cerner les clientèles pour qui le programme mène à une intervention terminale et les caractéristiques des interventions en lien avec la fermeture du dossier. C'est précisément sur ces aspects de l'évaluation des processus de mise en œuvre du programme que porte ce chapitre.

La partie de l'évaluation présentée ici comporte deux volets et poursuit quatre objectifs. Le tableau 13.1 présente une synthèse du plan d'évaluation concernant ces objectifs. Les objectifs liés à l'évaluation des effets du programme ont été retirés de ce tableau. Nous avons séparé, dans les volets I et II, les évaluations d'implantation et de processus afin de bien faire la distinction entre le caractère plus souvent descriptif associé à l'évaluation d'implantation et les éléments explicatifs et éclairants que peut apporter l'analyse des processus de mise en œuvre d'un programme. De fait, il n'existe pas de définition consensuelle de l'évaluation de processus ou d'implantation. Alors que certains auteurs utilisent les deux termes de façon interchangeable, d'autres limitent leur définition de l'évaluation de processus à la mesure des caractéristiques d'un programme et des clientèles qu'il rejoint, comparativement à ce qui était prévu par ses concepteurs (Rossi *et al.*, 2004). D'autres encore (Schreirer, 1994 ; Posavac et Carey, 2003) incluent dans leur définition de l'évaluation de processus les mesures d'implantation d'un programme dans une perspective de conformité (mesure des écarts entre ce qui a été mis en place comparativement à ce qui était prévu) et les mesures permettant d'expliquer ces écarts. Afin de bien distinguer ces deux aspects de l'évaluation liés à la mise en œuvre d'un programme, nous avons choisi, à l'instar de Patton

(1997) et Scriven (1991), de les présenter en deux volets intitulés respectivement « évaluation d'implantation » et « évaluation des processus ». Le premier volet porte exclusivement sur les mesures de conformité d'un programme et repose sur des données quantitatives, alors que le second examine les mécanismes de mise en œuvre (référence des familles au programme et pratique des intervenants d'IRI-Accueil) et repose sur des données qualitatives.

L'évaluation poursuivait quatre objectifs :

- décrire le profil des familles desservies (volet I, implantation) ;
- décrire le degré d'implantation des huit principes directeurs (volet I, implantation) ;
- identifier les principaux éléments de la situation signalée qui mènent à la référence au programme (volet II, processus) ;
- mettre au jour les modèles implicites auxquels se réfèrent les intervenants dans leur pratique (volet II, processus).

Le premier volet de l'évaluation (implantation) visait deux objectifs, soit documenter les caractéristiques des familles et des enfants desservis par le programme IRI-Accueil afin d'en tracer le profil, et décrire les caractéristiques des services offerts. Ce second objectif sert à mesurer le degré d'application des principes directeurs qui définissent le cadre d'intervention du programme IRI-Accueil. L'ensemble des données recueillies pour répondre à ces deux premiers objectifs porte sur toutes les familles desservies entre le 29 novembre 2002 et le 13 juillet 2003.

Le deuxième volet de l'évaluation poursuivait deux objectifs : identifier les caractéristiques des situations qui mènent à une référence au programme IRI-Accueil, et mettre au jour les modèles implicites auxquels se réfèrent les intervenants du programme. Pour chacun de ces deux objectifs, les données nécessaires à l'analyse proviennent d'entretiens individuels réalisés auprès de 15 intervenants des services Réception-traitement des signalements (RTS) et Urgences sociales (US) et de 11 intervenants du programme IRI-Accueil.

Nos choix méthodologiques comportent deux types de méthodes. Dans le volet I, nous avons fait le choix d'utiliser une **méthodologie quantitative** pour déterminer le degré d'implantation des huit principes directeurs et les caractéristiques des enfants et des familles. Les données nécessaires à ces analyses proviennent des systèmes d'information du CJM-IU et du DPJ.

TABLEAU 13.1

Synthèse des activités d'évaluation

Objectifs	Données recueillies	Variables	Sources des données	Participants
		VOLET I : ÉVALUATION DE L'IMPLANTATION		
1. Décrire le degré d'implantation des principes directeurs 2. Décrire le profil des familles desservies	Caractéristiques des interventions Caractéristiques des enfants et des familles	• Rapidité ; intensité ; souplesse horaire ; lieu où se déroule l'intervention ; concertation ; durée de l'intervention ; implication de toute la famille; soutien concret. • Signalements ; services ; placements six mois *avant* le signalement • Enfants (âge, nombre d'enfants dans la famille, etc.) • Parents (âge, structure familiale, etc.) • Services reçus dans les six mois précédant le signalement	• Formulaires maison remplis par les intervenants • Banques de données du DPJ et du CJM-IU	Toutes les familles inscrites à IRI-Accueil entre le 29 novembre 2002 et le 13 juillet 2003 (n = 160)
		VOLET II : ÉVALUATION DES PROCESSUS		
3. Identifier les caractéristiques de la situation	Processus de référence	• Éléments de la situation menant à la référence	Entretiens individuels semi-structurés	Intervenants RTS et Urgences sociales (n = 15)
4. Mettre au jour les modèles implicites auxquels se réfèrent les intervenants	Processus d'intervention	• Définition de la problématique • Activités mises en place • Objectifs poursuivis • Éléments favorables et obstacles • Éléments de satisfaction ou d'insatisfaction	Entretiens individuels semi-structurés	Intervenants IRI-Accueil (n = 6 x 2 rencontres)

Pour mener l'examen des *processus de référence* à IRI-Accueil (volet II), une **méthodologie qualitative** s'est avérée plus appropriée. Nous avons rencontré des intervenants des services *RTS* et *US* pour leur demander quels étaient les critères qu'ils utilisaient pour référer ou non une famille au programme IRI-Accueil. Pour mener l'analyse des *processus d'intervention*, nous avons rencontré les intervenants d'IRI-Accueil à deux reprises pour leur demander de nous décrire les modalités et la nature de leurs interventions auprès de familles référées par l'accueil du DPJ.

La description du processus d'évaluation

Nous avons mentionné plus haut que l'évaluation décrite dans ce chapitre découlait de l'initiative d'un groupe d'intervenants et de gestionnaires du CJM-IU. Ce groupe de personnes a été mis à contribution au moment de préparer la demande de subvention nécessaire à la réalisation de cette évaluation. Dès l'obtention des fonds, ce groupe s'est élargi afin d'inclure des membres du personnel de tous les paliers décisionnels du CJM-IU (intervenant du programme, gestionnaire de premier niveau, membre de la direction, conseiller professionnel) et des représentants des bailleurs de fonds. Le mandat de ce comité était de suivre le déroulement de l'évaluation afin d'aplanir les obstacles qui auraient pu surgir en cours de route et de transmettre à différents comités de gestion de l'établissement, dont le comité de direction, les résultats de l'évaluation au fur et à mesure où ils seraient disponibles. Les membres du comité ont également participé à l'interprétation des résultats. Bien qu'il ne s'agisse pas à proprement parler d'une évaluation participative, le rôle joué par ce comité s'apparente à celui des collaborateurs impliqués dans ce type d'évaluation, et sa participation active tout au long du processus explique largement l'utilisation des résultats de cette évaluation (Bilodeau *et al.*, 2006). Nous y reviendrons.

Un budget de 75 000 $ a été obtenu pour la réalisation de l'évaluation. La subvention a été accordée conjointement par le Centre d'excellence pour la protection et le bien-être des enfants, la Fondation du Centre jeunesse de Montréal et le ministère de la Santé et des Services sociaux du Québec. L'essentiel de ce budget a servi à couvrir les salaires (étudiants diplômés et professionnels de recherche). Il est à noter que l'analyse des données qualitatives recueillies dans le cadre de cette étude a nécessité l'équivalent de quatre jours de travail par semaine pendant une période de neuf mois.

La collecte des données du volet I (quantitatif)

Les données nécessaires aux analyses de conformité proviennent de plusieurs sources que nous présentons ici.

- Formulaires de chronologie des interventions. Les intervenants du programme IRI-Accueil ont été mis à contribution afin de recueillir des données sur la nature et les modalités des interventions qu'ils effectuaient auprès des familles (nom de l'intervenant, date et heure de la référence, nom de l'enfant et numéro d'usager, date de l'intervention, heure de la première intervention, puis, pour chacune des interventions, l'indication de la période de la journée, la période de la semaine, la durée, l'offre de service concret, le lieu, les personnes présentes). Les formulaires de chronologie des interventions ont été remplis du 29 novembre au 17 décembre 2002 et du 10 mars au 31 juillet 2003 (dossiers fermés à cette date). Au total, 132 formulaires de chronologie des interventions ont été remplis.
- Les systèmes d'information du CJM-IU et du DPJ. Les informations sur les placements et les services offerts par le CJM-IU ainsi que les caractéristiques des jeunes et de leur famille (la localité où habite la famille, la date de naissance du jeune et de ses parents, la structure familiale et le sexe du jeune) proviennent du système d'information du centre jeunesse. Trois employés du centre ont compilé les données pour les 160 familles ayant bénéficié du programme IRI-Accueil pour la période du 29 novembre 2002 au 31 juillet 2003. Les informations sur les signalements, le nom du référent à l'accueil DPJ et le cadre légal de la référence proviennent du système d'information de la DPJ. Une employée du centre jeunesse a compilé les données pour les 160 familles ayant bénéficié du programme IRI-Accueil pour la même période.
- La base de données du programme IRI. Afin de réduire au maximum le nombre de données manquantes, nous avons consulté la base de données du programme IRI-Accueil concernant les interventions qui ont eu lieu entre les deux périodes de collecte de données (soit du 18 décembre 2002 au 9 mars 2003) et pour lesquelles nous n'avons pas pu obtenir de formulaire de chronologie des interventions (soit 34). Pour ces cas, nous avons pu obtenir la date et l'heure de la référence à IRI-Accueil, le délai entre la référence et la première intervention, la durée totale des interventions en heures, le nombre total d'interven-

tions, le nombre d'interventions au téléphone, dans la famille et au bureau, ainsi que la date de fermeture du dossier.

- La base de données sur les familles. Elle contient les informations obtenues sur 160 familles ayant reçu les services du programme IRI-Accueil. Cette base comprend des données sur les caractéristiques de chaque famille, les critères de référence à IRI-Accueil ainsi que sur les services du centre jeunesse et les signalements dans les six mois précédant la référence à IRI-Accueil et les six mois suivant l'intervention. Des 165 cas ayant reçu les services IRI-Accueil de notre échantillon de départ, nous en avons retiré 5, puisque ces familles avaient fait l'objet de deux interventions IRI-Accueil pendant la période de collecte de données. Nous avons considéré la première intervention IRI-Accueil comme l'intervention cible, et la seconde comme un service du centre jeunesse offert dans les six mois suivant l'intervention.
- La base de données sur les interventions. Elle contient les informations portant sur les interventions individuelles dans le cadre de l'IRI-Accueil. Cette source inclut les données obtenues à partir du formulaire de chronologie des interventions rempli par les intervenants d'IRI-Accueil.

L'ensemble de ces données a ensuite été importé dans le système de traitement statistique SPSS (version 10.0), puis a été interrogé en fonction de nos hypothèses et questions d'évaluation (questions de départ et questions émergeantes). Des tableaux d'inférences statistiques ont ainsi été produits, puis interprétés.

Les résultats quantitatifs de l'évaluation sont essentiellement descriptifs. La majorité des résultats se présentent sous la forme de moyennes, de fréquences et de proportions pour l'ensemble de l'échantillon et, dans certains cas, pour un sous-groupe de l'échantillon. Par exemple, pour le sous-groupe des interventions qui se sont produites la fin de semaine, quelle est la proportion des interventions effectuées le soir? Signalons le fait que le taux de données manquantes est parfois très élevé. Par exemple, il atteint 55 % pour les informations concernant la composition familiale.

La collecte des données du volet II (qualitatif)

Notre corpus qualitatif est composé de 11 entrevues réalisées avec les membres de l'équipe IRI-Accueil (une à deux rencontres par intervenant),

8 entrevues avec les intervenants RTS et 7 avec ceux de l'équipe US. Toutes ces rencontres ont eu lieu entre le 15 avril et le 28 août 2003[1].

Questions posées aux intervenants d'IRI-Accueil

- Pouvez-vous me parler de trois cas que vous avez suivi dans le cadre d'une référence IRI-Accueil (décrire le contexte et la problématique) ?
- Pourquoi avoir fait le choix de telle ou telle intervention ?
- Quels sont les éléments qui ont nui à la situation et ceux qui ont eu un effet positif ?
- Quelles ont été vos motifs de satisfaction et d'insatisfaction dans cette situation ?

Questions posées aux intervenants de l'accueil DPJ

- Quels critères motivent la référence à IRI-Accueil ?
- Quels critères excluent toute référence à IRI-Accueil ?
- Description du dernier cas référé à IRI-Accueil et, pour ce cas précis, quels ont été les critères qui ont motivé la référence ?
- Quelle différence y a-t-il entre référer à IRI ou à un autre service ?
- Qu'est-ce que cela donne de plus, pour la famille, pour le jeune ?

Nous avons organisé et analysé le matériel à l'aide du logiciel de traitement de données qualitatives NVivo 2 (Q.S.R). Cet outil informatique nous a permis d'opérer un découpage des entrevues par thèmes (étape de la codification), d'élaborer une arborescence thématique et analytique (classification et hiérarchisation des catégories), puis d'effectuer des croisements, des associations et des recoupements afin de tester nos hypothèses et de comparer certains segments de discours (Giordono, 2003).

Bien sûr, nous avons organisé le matériel autour des grands thèmes que nous souhaitions explorer davantage, mais nous avons été particulièrement attentifs aux thèmes émergents (par exemple, l'engagement des intervenants auprès des familles, thème de la loyauté, conception d'une intervention IRI-Accueil réussie). Autrement dit, à partir de questions ouvertes, nous nous sommes efforcés d'identifier les principaux « objets » qui revenaient dans les discours (thèmes, concepts, mots…) et de comprendre au besoin les conditions de leur présence (par exemple, à proximité du vocable

1. Les six intervenants de l'équipe IRI-Accueil ont été rencontrés. Huit intervenants RTS sur neuf et sept intervenants US sur neuf ont été rencontrés.

« crise », on trouve généralement des mots tels que « colère », « intervenir vite », etc.), pour ensuite émettre des hypothèses (par exemple, toutes les personnes interrogées n'accordent pas le même sens au concept de crise), puis les vérifier, le cas échéant (recherche lexicale autour du mot « crise », examen de la « mise en scène » du concept de crise...).

Pour vérifier la validité de nos hypothèses et de nos interprétations, nous avons soumis le matériel aux instances concernées pour obtenir leur avis. Ainsi, dans le cadre d'une réunion prévue à cet effet, nous avons présenté les résultats de l'évaluation aux membres des équipes RTS, Urgences sociales et IRI-Accueil en vue de recueillir leurs commentaires. Un peu plus tard, nous avons remis une copie du rapport à quelques volontaires (IRI-Accueil, RTS et Urgences sociales) ainsi qu'aux membres du comité de suivi pour obtenir leurs commentaires.

Le matériel d'analyse est, nous l'avons vu, constitué d'entrevues et de données statistiques, lesquelles ont été recueillies entre novembre 2002 et juillet 2003. Cela dit, au fil des mois, d'autres informations nous sont parvenues au cours de consultations avec les membres du comité de suivi. Celles-ci nous ont permis de mieux comprendre le contexte et certains enjeux des services de l'accueil DPJ et de IRI-Accueil, mais aussi de mettre en contexte nos descriptions et nos analyses, et de les inscrire dans le temps. Pour respecter les mesures concernant l'anonymat des personnes (les informateurs), lorsque ces informations étaient présentées dans le rapport d'évaluation, nous avons précisé qu'elles avaient été recueillies dans le cadre de consultations complémentaires.

Les mesures de confidentialité

Plusieurs mesures ont été employées pour assurer la confidentialité des données recueillies. Les répondants ont signé un formulaire de confidentialité et les extraits présentés dans le rapport ont été rendus anonymes par le brouillage des indicateurs de sexe et des mots ou phrases pouvant conduire à l'identification des personnes. Ajoutons que tous les noms et prénoms qui figurent dans les extraits d'entrevue présentés dans le rapport sont fictifs. Enfin, toutes les données recueillies sont entreposées selon les normes en vigueur à l'Université de Montréal.

Afin de demeurer fidèles à l'esprit d'évaluation participative qui a guidé cette démarche, le rapport a été rédigé de manière à ce que les personnes les plus directement touchées par l'étude, soit les intervenants et gestionnaires du Centre jeunesse de Montréal – Institut universitaire, puissent s'approprier facilement les résultats les plus utiles pour elles. Pour cela, nous n'avons présenté dans le rapport que les résultats les plus marquants tirés de nos analyses. Des résultats plus détaillés ainsi que toutes les informations traditionnellement exigées dans les publications scientifiques (méthodologies, références, questionnaires, stratégies statistiques, etc.) sont disponibles dans des appendices regroupés dans un autre document. Elles sont donc accessibles aux personnes qui désirent connaître ces informations complémentaires. Le rapport se termine par une discussion approfondie qui, au lieu d'aboutir à des recommandations souvent considérées comme prescriptives par les personnes responsables dans les établissements de services, suggère plutôt des pistes d'action. Nous y reviendrons dans la dernière section de ce chapitre.

Les résultats

Les caractéristiques des interventions IRI-Accueil

À la lumière de nos analyses, les résultats montrent que l'intervention IRI-Accueil respecte six des huit principes directeurs du modèle auquel elle se réfère. Par contre, deux caractéristiques du modèle s'écartent de ces principes directeurs. D'abord, pour l'ensemble de nos données (tant quantitatives que qualitatives), il n'est pratiquement pas fait mention d'activités de soutien concret auprès des jeunes ou des familles, plus des deux tiers des interventions se prolongent au-delà de la durée prévue.

Les modèles d'intervention implicites des professionnels du programme IRI-Accueil

Concernant les durées moyennes des interventions, très souvent supérieures à ce qu'elles devaient être, il se dégage de nos analyses que ce phénomène était intimement lié à la question du transfert des dossiers aux partenaires ; certains intervenants semblent utiliser ces ressources plus rapidement ou plus fréquemment que d'autres. Par ailleurs, il ne semble pas aisé, pour les intervenants, de rompre le lien avec les familles et d'envisager l'aide à leur apporter sur une base de très court terme.

L'évaluation des processus de référence : l'intervention des équipes RTS et US

Les situations référées au programme IRI-Accueil qui nous ont été décrites apparaissent généralement très pertinentes. Compte tenu de la complexité des situations traitées, il ne fut pas aisé de dégager des critères permettant de prendre avec certitude la décision de référer ou pas un cas à IRI-Accueil. En ce qui concerne le *critère de crise*, pour central qu'il soit, il n'apparaît pas réellement opérationnel pour aider à la prise de décision, car il s'agit d'un concept fortement sujet à interprétation. Nous constatons également que le fait de parler de *troubles de comportement* sans en spécifier la nature ni l'intensité n'est pas suffisant pour évaluer une situation ou prendre une décision, et il semble particulièrement difficile d'estimer le seuil de gravité des comportements pour lesquels IRI-Accueil peut être ou non efficace.

Cela dit, les membres des équipes RTS et US, en raison de leur grande expérience en évaluation de situations, sont en mesure d'indiquer toute une série de critères qui les aident considérablement à faire le choix de référer un jeune ou pas à IRI-Accueil. En général, IRI-Accueil n'est pas mobilisé quand les troubles de comportement du jeune sont graves ou sérieux, quand le jeune est déjà suivi par un autre partenaire ou quand il est connu des services du DPJ. En revanche, le recours au programme IRI-Accueil est généralement envisagé pour éviter le placement ou la rétention de signalements, quand on juge qu'il est nécessaire d'intervenir rapidement parce que les membres de la famille sont à bout, pour éviter que la situation ne se détériore, quand la famille n'a pas la capacité ou la volonté d'aller chercher de l'aide, ou encore parce qu'une intervention au cœur de la crise augmente les chances d'aider réellement la famille. Tous les intervenants de l'accueil DPJ n'ont pas la même perception de l'efficacité des CLSC[2] et ne réfèrent donc pas à cette ressource externe selon les mêmes conditions. Pour des situations similaires, certains préféreront mobiliser l'équipe IRI-Accueil plutôt que d'orienter les familles vers les CLSC, d'autres non. Certains semblent référer au programme IRI-Accueil des cas « coriaces » alors que d'autres, des cas plus « légers ». La collaboration des familles est aussi un critère très souvent mis de l'avant pour motiver et justifier le recours au programme IRI-Accueil.

2. CLSC : clinique locale de services communautaires.

Discussion

Les limites de l'évaluation

Il convient de mentionner que le nombre élevé de données manquantes concernant certaines variables a certainement limité la portée et l'interprétation des résultats de cette évaluation. Ainsi, dans les bases de données du DPJ et du centre jeunesse, il ne nous a pas toujours été possible de trouver l'information nécessaire à propos de variables comme la structure familiale, l'âge des parents, l'origine ethnique de la famille et le nombre de personnes vivant au domicile familial. De minces écarts ont parfois été observés pour des données communes mais traitées par différents services (par exemple, l'heure de la référence d'un cas par l'accueil DPJ qui figure à la fois dans les formulaires de chronologie et dans les bases de données du DPJ). De plus, des données n'ont pas toujours été répertoriées dans les questionnaires remplis par les intervenants IRI-Accueil, et des indices nous portent à croire que certaines l'ont été de façon erronée. À titre d'exemple, nous avons repéré trois formulaires de chronologie des interventions ayant été remplis deux fois pour une même famille, mais avec des entrées différentes. Par ailleurs, les formulaires de chronologie des activités nous parvenaient souvent plusieurs semaines après la fin des interventions. Pour que les données aient été vraiment fiables, il aurait fallu que les intervenants les recueillent de façon systématique. Nous croyons qu'un suivi hebdomadaire devrait être effectué, lors de telles collectes de données, afin d'éviter que certains éléments échappent à la mémoire.

Il faut mentionner le fait que nous n'avons pas réussi à documenter les interventions menées par d'autres organismes ou établissements que le CJM-IU pendant et à la suite de l'intervention de l'équipe IRI-Accueil. Cela aurait permis d'aller beaucoup plus loin dans l'analyse de l'efficacité de ce programme, notamment en ce qui concerne la qualité de la collaboration entre chacun des partenaires et la complémentarité de leurs interventions. Cet examen, envisagé lors de la planification de l'évaluation, avait été écarté non pas parce qu'il manquait d'intérêt, mais simplement parce qu'il aurait exigé des ressources financières considérables dont l'organisme ne disposait pas.

Une approche axée sur la mise à profit des résultats

Au total, une série de 14 pistes d'action ont été suggérées dans le rapport final, toutes appuyées sur l'analyse de nos données et soutenues par les membres du comité de suivi. Nous présenterons ici deux exemples de ces pistes d'action.

La première découle du fait qu'au moment de recueillir les données, il existait peu d'écrits concernant les modalités et le processus de référence de cas à IRI-Accueil. Au cours des huit mois qu'a duré la cueillette des données quantitatives, certains intervenants ont référé 15 cas au programme IRI-Accueil, d'autres, aucun ou un seul. Nous avons donc examiné les taux de références à IRI-Accueil (en tenant compte du nombre d'heures de présence des intervenants et en excluant les heures de nuit) pour constater que certaines personnes en poste seulement trois ou quatre heures par semaine, en moyenne, avaient référé plusieurs situations, alors que d'autres, en poste à mi-temps, n'en avaient référé aucune. Or, à la suite de la présentation des résultats préliminaires issus de nos analyses, un « Protocole d'intervention au programme I.R.I » a été rédigé conjointement par le chef de service et le coordonnateur professionnel du programme. Ce protocole, à l'usage des intervenants RTS et Urgences sociales, est diffusé depuis mars 2004. Il éclaire certainement le mandat d'IRI-Accueil.

La seconde porte sur l'application des principes directeurs du programme. Nos résultats montrent que la durée de prise en charge était en moyenne beaucoup plus longue que celle qui était initialement prévue dans les principes du programme. L'analyse des discours a montré que des éducatrices ou éducateurs semblaient encore fortement attachés à leur rôle d'agent de changement ou encore à ce sentiment subjectif d'avoir aidé les familles. Il n'est pas malaisé de comprendre cet état de fait lorsque l'on considère l'histoire professionnelle de la plupart de ces intervenants, habitués qu'ils étaient à mener leurs interventions jusqu'à leur terme. Il y a aussi la croyance, partagée par plusieurs, qui prête à l'intervention longue des vertus qu'elle ne semble pas avoir dans le contexte du programme IRI-Accueil. Les résultats quantitatifs ont en effet montré qu'une durée prolongée du suivi n'empêche pas significativement les jeunes d'être de nouveau signalés, de recevoir d'autres services du centre jeunesse ou d'être placés à la suite de l'intervention. Nous avons donc proposé de mener des discussions au sein de l'équipe IRI-Accueil et avec ses responsables afin de trouver un consensus sur les critères de réussite du programme, et cela pour aider les éducatrices et éducateurs à valoriser la portée de leurs interventions et à mieux saisir les effets escomptés du programme. Parallèlement, nous suggérions de poursuivre le monitorage et l'analyse périodique de la durée des interventions.

Au moment de déposer notre rapport, ces actions, ainsi que plusieurs autres, étaient déjà amorcées depuis plusieurs mois. Afin de donner suite aux conclusions de cette évaluation, nous avons suggéré que le comité de suivi, qui a assuré l'adéquation entre les modalités d'évaluation et les besoins du CJM-IU en matière d'information sur le programme, soit officiellement mandaté pour instaurer des mesures correspondant aux pistes d'action formulées dans ce rapport et en assurer le suivi.

Nous avons parlé, dans l'introduction, de la création du comité de suivi et de son rôle central dans la mise en œuvre de l'évaluation et dans sa réalisation. Cette stratégie s'inscrivait clairement dans une approche orientée sur l'utilisation des résultats de l'évaluation, et elle a donné lieu à plusieurs retombées concrètes. Par exemple, tout au long de la démarche, les résultats ont été présentés au comité de suivi, dont certains membres, siégeant également à divers comités (direction, groupe de développement clinique, etc.), étaient en bonne position pour suggérer d'inviter les chercheurs à présenter les résultats aux moments jugés opportuns. Ces présentations par vagues successives ont permis de procéder à des ajustements du programme au fur et à mesure que les résultats émergeaient. Cela a fait en sorte que notre rapport final, qui faisait la lumière sur certains aspects négatifs de la mise en œuvre du programme, notamment en ce qui concernait la durée moyenne des interventions (nettement plus longue que prévu) et la disparité dans l'interprétation des critères de référence au programme, a été accueilli sans fracas : la plupart des mesures correctives avaient déjà été envisagées par les parties prenantes. Cette façon de faire a certainement aussi largement contribué à renforcer au sein de cet établissement de services la conviction que l'évaluation de programme peut permettre d'améliorer les pratiques et la prise de décisions concernant les programmes.

14
Une évaluation participative des processus avec renforcement du pouvoir d'agir de travailleurs de rue

Valéry Ridde

Depuis quelques années, les organismes communautaires des régions rurales du Québec tentent de mettre en œuvre des programmes de « travail de rue » destinés aux jeunes. Devant les requêtes des organismes subventionnaires et face à la concurrence créée par l'insuffisance des ressources disponibles, ces projets doivent faire la démonstration de leur efficacité. Or, il faut bien reconnaître que les évaluations de tels projets ne sont pas légion. L'une des hypothèses que nous aimerions émettre à cet égard découle du fait qu'il est délicat de faire appel aux stratégies traditionnelles d'évaluation de programmes pour ce type de projets. Leur nature particulière, les valeurs défendues par les travailleurs de rue (TR) ainsi que l'intervention auprès de jeunes directement dans leur milieu de vie ne rendent pas le processus d'évaluation facile. Dans ce chapitre, nous tentons de montrer que le recours à une démarche participative de type

---

Ce chapitre est adapté d'un article paru dans *Service social* (Ridde, Baillargeon *et al.*, 2003). Nous remercions l'ensemble de l'équipe de Ressource alternative des jeunes de Bellechasse, les travailleurs de rue ainsi que les jeunes participants, sans qui ce texte n'aurait pu voir le jour.

empowerment est l'une des solutions envisageables pour l'évaluation des projets de travail de rue.

Le contexte

Le contexte socioéconomique

Le projet dont il est ici question a été élaboré et piloté par l'organisme Ressource alternative des jeunes de Bellechasse (RAJB). La mission de cet organisme est de favoriser l'intégration sociale, scolaire, professionnelle et économique des jeunes de la Municipalité régionale de comté (MRC) de Bellechasse. Le projet « Travail de rue » a été conçu en continuité avec une intervention de même type démarrée au milieu de l'année 1996. Le financement renouvelé du projet a permis d'étendre les activités à cinq municipalités supplémentaires et d'envisager l'évaluation de l'ensemble des interventions.

La MRC de Bellechasse est située dans la région Chaudière-Appalaches. Les habitants de cette région sont moins scolarisés que la moyenne provinciale, ils sont moins nombreux à être au chômage, mais disposent de revenus moins élevés et ont un taux ajusté de mortalité par suicide plus important. Plaçant la région au deuxième rang à l'échelle provinciale, le taux de mortalité par suicide est en hausse croissante depuis 15 ans, notamment pour les hommes, et surtout pour les jeunes (INSPQ, 2001). Cette région regroupe 19 municipalités de 406 à 3160 personnes. Les jeunes de 15 à 24 ans représentent 13,2 % de sa population, soit 3910 personnes. Entre 1991 et 1996, on a pu observer un phénomène d'exode des jeunes de 15 à 19 ans bien plus important à Bellechasse que dans le reste de la région. Le pourcentage de jeunes diplômés après sept ans de scolarité au secondaire est inférieur à ce qui a été constaté dans l'ensemble de la région (Fafard *et al.*, 2000).

Le travail de rue au Québec

Au Québec, le travail de rue est apparu à la fin des années 1960. Après un passage à vide, dans les années 1970, les travailleurs de rue étant pour la plupart intégrés dans le réseau des affaires sociales, il a repris de l'ampleur depuis les années 1980. À l'origine, il s'adressait principalement aux personnes toxicomanes de Montréal. Puis, les problématiques prises en charge se sont multipliées, et l'émergence du phénomène des jeunes de la rue a favorisé la création de plusieurs organismes, au début des années 1990, ce qui a conduit à la création, en 1993, de l'Association des travailleurs et travailleuses de rue du Québec (ATTRueQ). C'est seulement à partir de cette date que quelques expériences ont été menées en région rurale (Huterbise *et al.*, 2000 ; Beaulé et Simard, 2002). Deux facteurs essentiels seraient responsables du renouveau des programmes pour les jeunes de la rue (Duval et Fontaine, 2000 ; Parazelli, 2002). D'abord, l'accroissement du nombre de jeunes dans la rue à la suite de changements économiques et de l'augmentation du décrochage scolaire, puis la volonté des acteurs institutionnels, à la suite de l'instauration par le gouvernement du fameux « virage ambulatoire », de se rapprocher des individus et d'agir plus souvent dans les milieux de vie. Évidemment, il faut ajouter à cela que les actions entreprises dans le cadre du travail de rue sont en lien très étroit avec les différentes problématiques inscrites dans ces politiques publiques (violence, maladies transmissibles, alcool, santé mentale, etc.).

Il faut d'emblée souligner que le travail de rue n'est pas compris de la même manière par tous. Il en existe de multiples définitions et la plus grande confusion règne encore aujourd'hui à cet égard. Une myriade d'expressions sont employées pour y faire référence : *outreach* ou travail de proximité, de rue, de corridor, de milieu, de quartier, etc. Duval et Fontaine (2000) ont conçu une typologie des actions du travail de rue caractérisée par deux approches : normative et autonome. La première correspond à des activités conçues en guise de prolongement aux interventions institutionnelles, le TR jouant un rôle de médiateur. Cette approche est encore dominante, notamment pour les organismes publics, puisqu'elle n'est pas incompatible avec des interventions de promotion de la santé. Elle conçoit les jeunes comme des « groupes à risque », des sujets identifiés par une « santé publique épidémiologique », des individus dont il faut changer les comportements malsains. Selon Parazelli (2002, p. 300), c'est la « *pression gestionnaire* » qui serait responsable de cette dérive interventionniste de type normatif. La seconde approche vise à rendre les jeunes plus autonomes et plus responsables par l'intermédiaire d'une action éducative globale fondée sur leur émancipation. Au Québec, l'ATTRueQ promeut cette deuxième approche, qui est à la fois centrée sur les besoins des jeunes et soucieuse de leur environnement et de leur mode de vie. Il faut par contre souligner que ce type d'interventions est relativement rare.

Les stratégies d'évaluation du travail de rue

Les évaluations des projets de travail de rue au Québec sont rares. La plupart d'entre elles ont porté sur les processus d'intervention et peu, sinon aucune, sur leurs effets (Simard *et al.*, 2000). Celles qui visaient à porter un jugement sur leur efficacité se sont surtout penchées sur la problématique des MST/sida (Moore *et al.*, 1998).

Parazelli (2002) soutient qu'il est délicat de vouloir définir clairement le concept de «jeune de la rue» et que, pour éviter les interprétations abusives, il convient de laisser une place importante à l'analyse de ce phénomène par les jeunes eux-mêmes. En effet, tel que le rapportent Fortier et Roy dans leur revue de littérature citée par Parazelli (p. 298): «Peu d'articles […] font état de ce que pensent les jeunes eux-mêmes.» À notre connaissance, une seule recherche évaluative en milieu rural québécois a été organisée en prenant en compte le point de vue des jeunes (Simard *et al.*, 2002). Cependant, bien que cette étude ait été menée en collaboration avec les principaux intéressés, les chercheurs ont procédé eux-mêmes à la collecte et à l'analyse des données. La même approche a été expérimentée dans un projet de recherche action participative avec les jeunes de la rue à Toronto (Poland *et al.*, 2002). Enfin, une expérience fort intéressante s'est déroulée à Ottawa, où les intervenants et les jeunes de la rue ont participé à l'évaluation (Whitmore et McKee, 2001).

La description du projet

À la suite de l'intégration des travailleurs de rue dans la MRC de Bellechasse, en 1998, l'organisme RAJB a ressenti le besoin d'assurer une présence préventive continue dans les milieux de vie des jeunes de 12 à 25 ans. En ce qui concerne la finalité de ce projet, à la lumière des entretiens réalisés avec les TR et en regard de leur philosophie de pratique, le travail de rue est défini selon une approche visant à favoriser la prise de pouvoir par les jeunes, l'autonomie et l'accompagnement étant des concepts centraux de cette approche. Laissant de côté les stratégies instrumentales, le travail de rue tel qu'il est pratiqué dans le cadre de ce projet est en phase avec les valeurs véhiculées par l'ATTRueQ et s'apparente tant au mode d'action de l'accompagnement (Parazelli, 2002) qu'à l'approche favorisant l'autonomie des jeunes (Duval et Fontaine, 2000), qui sont considérés comme des acteurs sociaux, comme des êtres politiques. L'intervention des TR vise donc l'habilitation et l'*empowerment* des jeunes. Elle est globale, les jeunes ne sont pas «découpés» par problématique (suicide, toxicomanie, etc.) et les TR cherchent à répondre aux besoins exprimés dans leur globalité. Le projet de Bellechasse ne s'intéresse pas uniquement aux jeunes marginaux, mais à l'ensemble des jeunes du territoire.

En ce qui a trait aux différents objectifs à long terme que s'étaient fixés les responsables de ce projet, il s'agissait de contribuer à la promotion de la santé et du bien-être des jeunes. À moyen terme, les effets attendus consistaient à favoriser le renforcement du pouvoir des jeunes pour qu'ils soient en mesure d'agir sur les déterminants de leur santé. Au cœur de ce projet figurent donc les concepts d'*empowerment*, d'habilitation et d'autonomie. Pour y arriver, les TR ont conçu quatre objectifs à court terme qui devaient leur permettre d'observer des résultats tout au long du processus de mise en œuvre du projet. Signalons que ces objectifs ont été définis plus précisément à la suite de réunions de travail avec les TR, lors de la phase préévaluative (voir chapitre 1). Ces objectifs sont les suivants :

- *Dépister.* Les TR, par leur intégration progressive dans le milieu, devront apprendre à connaître les jeunes de leur secteur et être en mesure de reconnaître ceux pour lesquels il sera nécessaire de mettre une intervention spécifique en œuvre.
- *Informer.* Lorsque les jeunes désirant ou nécessitant un soutien seront identifiés, les TR s'attacheront à répondre à leurs requêtes et à leur donner les informations dont ils auront besoin.
- *Orienter.* Plus tard, dans la démarche d'intervention, certains jeunes devront chercher du soutien auprès d'autres intervenants que les TR. Ces derniers joueront dans ce cas le rôle d'intermédiaires, de *between*, disent-ils, et interviendront pour orienter les jeunes vers les ressources les plus en mesure de répondre à leurs besoins du moment.
- *Responsabiliser.* Cet objectif vise à faire en sorte que les jeunes soient capables de prendre des décisions qui les concernent en toute connaissance de cause. Il s'agit du résultat à court terme le plus poussé, au regard du continuum des interventions des TR.

Pour rendre plus explicites les objectifs visés, afin de ne pas nous tromper lors de la phase évaluative, nous avons demandé aux TR de nous donner leurs propres définitions des termes qui les résument (tableau 14.1).

TABLEAU 14.1

Définitions des objectifs selon les travailleurs de rue

Objectifs	Définitions des travailleurs de rue
Dépister	Toutes les observations qui permettent d'établir une liste des rites, du rythme, des cultures, des croyances et des différents réseaux sociaux.
Informer	Toutes les discussions qui fournissent de l'information sans que cela soit nécessairement thérapeutique.
Orienter	Toute intervention qui touche à la référence.
Responsabiliser	Tous les gestes qui englobent l'accompagnement, la distribution de matériel et l'intervention en situation de crise.

Sur le plan de l'intervention, les TR se sont répartis sur le territoire en fonction de trois grandes régions. Trois équipes devaient intervenir sur le terrain : une composée d'hommes seulement, et une autre, de femmes, alors qu'une dernière était mixte. En ce qui a trait aux activités, il faut préciser que l'atteinte des objectifs exposés plus haut n'était possible, selon les promoteurs du projet eux-mêmes, que dans la mesure où l'intégration des TR dans le milieu de vie des jeunes se concrétisait. Quatre étapes ont donc jalonné les actions mises en œuvre par les intervenants et ont raisonnablement pu être organisées dans l'échelle temporelle indiquée : l'observation (6 à 9 mois), l'intégration (9 à 12 mois), l'implication (12 à 16 mois) et l'intervention (16 à 24 mois). Ces étapes ne constituent pas un processus linéaire, elles peuvent être simultanées et concourir à l'atteinte des quatre objectifs énoncés.

Le processus d'évaluation

Comme nous l'avons mentionné plus haut, rares sont les évaluations de projets de travail de rue, au Québec, qui ont porté sur leurs effets (Simard *et al.*, 2000). Il faut donc reconnaître, d'une part, l'ampleur du défi que représentait le mandat d'évaluer les effets du projet à Bellechasse et, d'autre part, le fait qu'il est indispensable, compte tenu du contexte et de la nature de ce type d'interventions, d'obtenir le point de vue des jeunes et d'impliquer les intervenants dans une évaluation participative émancipatrice.

L'approche évaluative

Une stratégie évaluative participative reposant sur une approche pluraliste fondée sur la négociation est qualifiée, avec d'autres (« *responsive, naturalistic, illuminative, utilization-focused, adversial* »), d'évaluation de quatrième génération, si l'on se situe dans un continuum historique (Guba et Lincoln, 1987, p. 208). Elle permet aux acteurs de participer activement à toutes les étapes de l'évaluation, contribuant ainsi à établir un climat de confiance tout en permettant aux acteurs d'acquérir de nouvelles compétences propres à l'évaluation de programme. Le rôle des évaluateurs externes est d'offrir aux différentes parties intéressées une expertise et un accompagnement tout au long de ce processus. Dans ce domaine de l'évaluation participative, Cousins et Whitmore (1998) soutiennent que deux courants de pensée existent. D'un côté, il y a l'approche dite pratique, ou orientée sur l'utilisation, qui permet aux organisations de prendre des décisions ou de résoudre des problèmes particuliers. De l'autre, on retrouve l'approche émancipatrice, centrée sur l'*empowerment*, où la participation des acteurs vise à la fois l'autonomie des intervenants dans l'évaluation de leur travail et un changement social favorisé par le transfert de connaissances et de pouvoirs aux principaux intéressés[1].

Assurément, la stratégie évaluative participative la plus appropriée pour le projet de Bellechasse est l'approche émancipatrice, et ce, pour deux raisons principales. D'une part, l'accompagnement dans l'évaluation est essentiellement organisé à l'intention des TR (pour leur plus grande autonomie dans l'évaluation de leur travail), et non des jeunes ou de la communauté. D'autre part, le changement social souhaité vise la responsabilisation des jeunes. Préciser cela permet de répondre aux critiques émises contre les tenants de l'évaluation émancipatrice voulant que ne soit jamais clairement précisé qui est vraiment émancipé (« *who is really empowered* ») (Scriven, 1997, p. 168).

Plusieurs raisons peuvent être évoquées pour justifier l'emploi de l'approche émancipatrice (Ridde *et al.*, 2003). Dans ce chapitre, on se limitera à dire qu'il est possible de faire un parallèle étroit entre, d'une part, les deux

1. Dans un autre article (Ridde, 2006b), nous analysons (et critiquons la pertinence de) la proposition de ces mêmes auteurs d'ajouter à ces approches un troisième courant, soit un courant pluraliste ou *stakeholder-based evaluation* (Weaver et Cousins, 2005).

stratégies d'intervention du travail de rue (normative et autonome) et, d'autre part, les deux courants de pensée concernant l'évaluation participative (pratique et émancipatrice). Justement parce que le projet de Bellechasse repose sur des interventions visant l'émancipation et l'*empowerment* des jeunes (stratégie de l'autonomie), il paraît d'autant plus pertinent d'avoir recours à une évaluation participative de type *empowerment*.

Le type d'évaluation et les outils employés

L'objectif global de l'évaluation de ce projet est de mesurer le degré d'atteinte des effets visés à court terme, c'est-à-dire de porter un jugement sur son efficacité. Cinq outils complémentaires ont été utilisés, mais nous ne nous attarderons ici que sur leurs éléments qui permettent de mieux comprendre la démarche évaluative émancipatrice s'étalant sur une période de 14 mois.

- Plusieurs réunions ont été organisées dans les locaux des promoteurs du projet. Elles ont été utiles pour préciser les objectifs du projet, pour planifier les activités de l'évaluation et pour effectuer les discussions nécessaires à la préparation des instruments de collecte de données. Une réunion animée selon les principes d'un groupe de discussion a été organisée à la fin de l'évaluation pour recueillir de nouvelles informations et revenir sur la démarche évaluative.
- Les documents étudiés ont été les propositions de projets, les rapports d'activités, les mémos écrits par les travailleurs de rue, etc.
- Avant le démarrage de l'évaluation, les responsables du projet avaient créé une grille de statistiques mensuelles. Au regard des objectifs du projet à évaluer, et considérant que celui-ci était financé par le ministère de la Santé du Canada (Santé Canada) et qu'il faisait directement référence à une intervention sur les déterminants de la santé, il a été décidé de revoir cette grille de statistiques. Grâce à la dynamique de groupe, il a été possible de réaliser une liste exhaustive des types d'interventions des TR. Puis, ces interventions ont été répertoriées en fonction des quatre objectifs à court terme. La nouvelle grille permet de distinguer le sexe, le nombre d'individus rencontrés seuls, en *gangs* ou en groupes formels. le même exercice a ensuite été effectué pour les problématiques rencontrées. Pour aider les TR dans cette réflexion délicate, les évalua-

teurs ont proposé d'employer un cadre conceptuel en santé des populations (Dahlgren et Whitehead, 1992). Ainsi, les problématiques touchées par le projet ont été regroupées sous quatre déterminants de la santé : le comportement individuel ; le réseau social, familial et communautaire ; les conditions de vie et de travail ; et les conditions socioéconomiques, culturelles et environnementales.

- Il a été nécessaire de transformer le journal de bord employé par les TR en « portraits d'interventions ». L'objectif d'un tel outil était de permettre aux TR de caractériser leur pratique en fonction des objectifs à court terme, un moyen plus pertinent et utile pour porter un jugement sur l'efficacité du projet. Ce portrait permettait de plus de dégager les facteurs ayant facilité les interventions avec effets, qualifiées de positives par les TR, et les facteurs ayant fait en sorte que d'autres soient négatives, soit sans effets. Pour avoir suffisamment de données sans pour autant alourdir inutilement les tâches administratives, il a été décidé avec les acteurs du projet de limiter la collecte de données à un maximum de deux interventions (positives et négatives) par objectif et par semaine. Cette collecte s'est déroulée durant sept mois au cours de l'année 2002.
- Enfin, le dernier outil était l'entrevue individuelle non directive. Il était en effet indispensable d'obtenir le point de vue des jeunes. Plusieurs difficultés inhérentes à la réalisation de ce type de collecte dans ce contexte particulier ont été soulevées dès le début : trouver les jeunes, leur permettre d'être à l'aise pour parler et se confier à un évaluateur externe, etc. Pour supprimer ces obstacles et rester en phase avec l'approche évaluative choisie, il a été décidé que les entrevues seraient réalisées par les TR. D'un point de vue pratique, puisque le territoire était découpé en trois zones sous la responsabilité de trois équipes disposant chacune d'un TR à plein temps, il a été convenu que chacun d'entre eux devait réaliser cinq entrevues. Il était évidemment délicat, d'un point de vue méthodologique et éthique, de demander aux jeunes de parler des interventions du travail de rue à un TR avec lequel ils étaient en contact. Ainsi, pour réduire les risques de biais, il a été proposé que les TR changent de territoire pour effectuer leurs entrevues (figure 14.1). En ce qui concerne le recrutement des jeunes, ces derniers étaient choisis par les TR de leur secteur, puis présentés à celui qui devait mener l'entrevue, le premier quittant les lieux lorsque l'entrevue

commençait. Pour éviter que les jeunes soient mal à l'aise, les entrevues n'ont pas été enregistrées, mais leurs propos ont été pris en note à l'aide d'un canevas de questions préalablement construit avec tous les participants à l'évaluation. Un guide a été produit pour fournir aux TR quelques conseils méthodologiques concernant la tenue d'entrevues et la prise de notes. En tout, 17 entrevues ont été effectuées. Les sujets choisis ont été retenus en fonction de leur accessibilité (Patton, 2002), tout en essayant de respecter un équilibre lié au processus d'intervention des TR avec ces jeunes.

FIGURE 14.1

Stratégie de répartition des entrevues

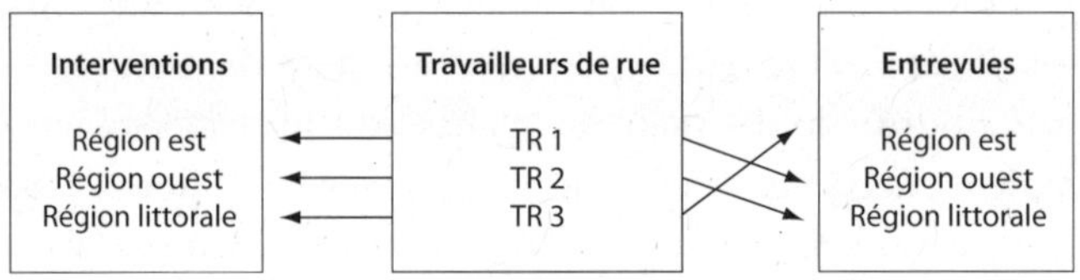

La stratégie d'analyse

La stratégie d'analyse nécessite une présentation, puisque la démarche inhérente à l'évaluation vise en partie à renforcer les compétences et capacités des intervenants en évaluation de programme. L'analyse des données qualitatives, qui constituent la majeure partie du corpus de données, a été entièrement réalisée par les TR. Pour cela, des séances de travail ont rassemblé cinq TR à trois reprises. Pour qu'ils soient en mesure d'en faire l'analyse, une réunion de préparation a été organisée, au cours de laquelle un guide d'analyse a été distribué et expliqué. L'organisation d'un exercice de groupe à partir des données déjà disponibles à ce moment-là (trois entrevues) a permis aux participants de mieux intégrer la démarche d'analyse basée sur cinq étapes distinctes : relire les questions d'entrevue, lire les notes des entrevues, discuter des réponses en groupe, catégoriser les réponses et résumer les résultats (Aubel, 2000).

Les données issues des portraits d'intervention ont été analysées par les trois TR impliqués le plus longtemps dans le projet. De façon intuitive, ils ont appliqué une technique recommandée dans certains cas en analyse qualitative. Pour chacun des quatre objectifs à court terme, ils ont répertorié les lieux d'interventions, les problématiques touchées, les facteurs ayant facilité ou entravé les interventions. Ces caractéristiques ont été quantifiées et celles dont la fréquence a été la plus importante ont été analysées un peu plus en profondeur que les autres. Il ne s'agit pas d'une analyse quantitative à proprement parler, mais les données chiffrées (leur nullité comme leur surnombre) permettent de repérer certains éléments nécessitant une attention particulière. Une synthèse de plusieurs pages a été produite à la suite de ce processus.

La seule partie de l'évaluation qui ait été réalisée par des évaluateurs externes est l'analyse (descriptive) des données quantitatives. Les résultats produits ont cependant été validés par les participants à l'évaluation.

Les résultats

De prime abord, il est essentiel de préciser qu'il faut rester humble et ne pas trop s'attarder aux effets les plus distaux du projet. Autrement dit, compte tenu de l'état d'avancement de l'implantation du projet à Bellechasse et des nombreux changements dans le personnel (ce qui est une caractéristique des projets de « travail de rue »), il ne fallait pas s'attendre à une efficacité optimale dans l'atteinte de l'objectif ultime du projet, soit la responsabilisation et l'autonomie des jeunes. Quelques indices laissent croire que certains jeunes ont eu des relations privilégiées avec les travailleurs de rue, ce qui permet de penser que cet objectif a été atteint pour eux. Les intervenants ont pu développer une expertise et des stratégies particulières pour contribuer à l'émancipation des jeunes. L'objectif qui paraît le moins efficacement atteint, à la lumière des données recueillies, est celui de l'orientation des jeunes vers d'autres ressources. Il est intéressant de relever qu'une recherche très récente sur le travail de rue dans la région de l'Abitibi-Témiscamingue en arrive à la même conclusion (Simard *et al.*, 2002). Très peu de références à diverses ressources sont effectuées, et lorsqu'elles ont lieu, c'est parce qu'il existe un lien de confiance avec les intervenants appartenant aux ressources institutionnelles, phénomène qui a aussi été constaté à Bellechasse. En revanche, les données disponibles à la suite de l'évaluation permettent de conclure que les deux premiers objectifs, celui de dépister les jeunes ciblés par le programme, puis de les informer et de les soutenir en fonction de leurs besoins personnels, ont été atteints. Il s'agit des résultats les plus probants pour le projet de Bellechasse.

Cette évaluation a également permis de révéler certaines stratégies adoptées par les travailleurs de rue pour amorcer des relations et tisser des liens avec les jeunes. Il a aussi été possible de détecter certains facteurs ayant facilité ou entravé les interventions des travailleurs de rue.

Malgré ces résultats concluants, il faut rester très prudent quant à leur validité externe, ou leur généralisation, tant il est notoire que « les manifestations de la vie de rue peuvent varier selon les milieux [...] et qu'il faut demeurer prudent face aux généralisations abusives en ne projetant pas la dynamique sociale d'une ville sur une autre » (Parazelli, 2002, p. 46). Cela étant dit, et revenant sur les recommandations des auteurs québécois s'intéressant au travail de rue et demandant que le discours des jeunes soit mieux entendu, il faut globalement retenir que les jeunes ont exprimé très clairement leur appréciation positive de ce projet. Ils ont explicitement demandé que ce dernier perdure, ce qui traduit un degré de satisfaction important. L'ensemble des résultats de cette évaluation est disponible dans le rapport final.

Discussion

Selon Cousins et Whitmore (1998), trois caractéristiques particulières définissent une évaluation participative, et la qualité de l'implication des acteurs dans le processus permet de déterminer si leur participation est de nature pratique ou émancipatrice : le contrôle du processus évaluatif, la sélection des personnes ressources en tant que participants, et enfin la qualité de la participation de ces derniers. À Bellechasse, pour chacune de ces trois caractéristiques, l'implication des TR a été très importante, sinon totale. Concrètement, le type d'évaluation choisi ainsi que la pertinence de l'utilisation de tel ou tel outil ont été discutés entre les acteurs, et les décisions ont été prises de façon concertée, les TR s'étant vu accorder le dernier mot. Les questions posées lors des entrevues ont été choisies d'un commun accord. Les données ont été recueillies par les TR, et les données qualitatives ont été analysées par eux. Les jeunes interrogés ont été choisis par les TR.

La participation active des TR au développement du plan d'évaluation a permis de trouver une solution originale aux difficultés maintes fois rencontrées et inhérentes à l'évaluation de ce type de projets, ce qui ne fut pas toujours facile. Les évaluateurs ont été obligés de s'adapter au contexte, de vulgariser certaines approches et techniques de collecte et d'analyse des données, d'être souples dans leurs propositions méthodologiques, d'accepter de partager leurs connaissances et donc leur pouvoir, tout en respectant les critères de qualité et d'éthique en matière d'évaluation. Les mêmes leçons avaient d'ailleurs été tirées d'une expérience similaire menée à Ottawa : « La définition de la qualité a été adaptée afin de prendre en compte le caractère inclusif du processus, ainsi que les enjeux de pouvoir et de contrôle » (Whitmore et McKee, 2001, p. 400, notre traduction). Les TR ont pour leur part dû réfléchir aux stratégies les plus appropriées pour recueillir les données sans pour autant alourdir leurs tâches quotidiennes et tout en respectant leur code d'éthique et les jeunes eux-mêmes. Ils ont dû s'astreindre à effectuer la recherche d'informations auprès des jeunes, et surtout, ce qui témoigne d'un engagement très important de leur part, puisqu'ils n'avaient aucune incitation financière à le faire, s'atteler à la tâche de l'analyse des données qualitatives. Aux dires des TR, leurs collègues des autres régions n'auraient certainement jamais accepté de s'investir à ce point, d'autant plus que leurs réticences à voir leur projet évalué étaient grandes. L'implication des acteurs du projet est une stratégie pragmatique (pour réduire les coûts, les obstacles à l'évaluation) tout autant que politique (utilité des résultats, voir chapitre 9) ou idéologique (soit l'*empowerment* dans les champs de la promotion de la santé et de l'évaluation (Fetterman, 2000 ; Rootman *et al.*, 2001). Nous n'aborderons pas dans ce chapitre les débats épistémologiques épiques concernant subjectivité et objectivité de la collecte et de l'analyse des données qualitatives en évaluation de programme ; d'autres l'ont déjà fait (Péladeau et Mercier, 1993). Il est cependant intéressant de noter que les TR sont pleinement conscients des problèmes concernant cette question, puisqu'ils disent eux-mêmes : « Il est important de prendre conscience que le bagage de vie de chacun des travailleurs de l'équipe peut teinter les données recueillies. » Mais le fait qu'ils le soulignent témoigne déjà d'une certaine distanciation. Bref, l'expérience de travail en collaboration a été fructueuse, puisqu'il a été possible de répondre aux questions d'évaluation, mais la stratégie adoptée a-t-elle réellement renforcé le pouvoir d'agir des TR ?

Pour répondre à cette question, nous allons nous éloigner des débats des évaluateurs (Fetterman, 2000 ; Cousins, 2005) et nous tourner vers les experts en service social (Ninacs, 2002). Pour mieux vérifier l'atteinte de l'objectif d'*empowerment* dans la mise en œuvre de notre évaluation – les réflexions de Cousins et Whitmore (1998) ne pouvant nous aider –, nous utiliserons le cadre d'analyse du processus de l'*empowerment* individuel de Ninacs (2002). D'autres tentatives d'utilisation de ce cadre ont été publiées dans un numéro spécial de la *Revue canadienne d'évaluation de programme* (Ridde, 2006a). Pour ce chercheur, le pouvoir d'agir individuel correspond à une suite d'étapes opérant, tels quatre fils d'une même corde, sur quatre plans : la participation, les compétences techniques, l'estime de soi, la conscience critique. Le passage par ces étapes, ainsi que leur interaction, permet à un individu de passer d'un état sans (ou avec peu de) pouvoir à un état où il est en mesure d'agir en fonction de ses propres choix. Dans notre cas, l'action englobe à la fois l'évaluation des effets de l'intervention et de son implantation auprès des jeunes. Qu'en est-il de l'*empowerment* des TR lors de la mise en œuvre de cette évaluation ?

En ce qui concerne la participation des TR à l'évaluation, nous croyons avoir donné suffisamment d'informations dans la section de ce chapitre consacrée au processus pour pouvoir affirmer qu'elle a été active et non fictive. À l'instar d'Arnstein, Ninacs propose un continuum allant de l'assistance muette à la participation à la prise de décisions. Dans le cas qui nous occupe, il est aisé d'affirmer que la participation des TR s'est située à l'extrême positif de ce continuum. Certains TR ont même précisé que leur participation commune a permis au groupe de TR d'être plus interactif. La cohésion du groupe s'en est aussi trouvée renforcée, nous ont-ils dit, les membres de l'équipe s'étant soudés et les personnes s'étant rapprochées.

À propos des compétences techniques, il faut distinguer celles qui concernent l'évaluation et celles qui sont propres à l'intervention auprès des jeunes. Pour ce qui est de l'évaluation, les TR ont affirmé avoir beaucoup appris : « Ça a été très formateur. » Ils nous ont dit s'être approprié de nombreuses techniques évaluatives. Remarquons que l'intervention des évaluateurs externes ne s'est jamais concrétisée en une formation à l'évaluation à proprement parler. De telles séances n'ont pas été organisées, mais des concepts ont été présentés, des outils créés, des notions d'analyse qualitatives abordées. Ajoutons cependant que l'un des TR de l'équipe avait suivi deux formations en évaluation données par des membres d'une firme d'évaluation. Ce TR nous a confié que sa participation à de telles séances lui a été très profitable, lui ayant permis de réfléchir au projet et de prendre de la distance vis-à-vis de ses interventions. L'évaluation lui a aussi permis d'améliorer ses compétences techniques en intervention auprès des jeunes. Le fait d'avoir eu à interroger les jeunes sur la pratique des TR et à analyser le contenu des entrevues a permis à ce travailleur de mieux comprendre le sens de leurs interventions : « J'en ai appris beaucoup sur les stratégies d'intervention. » Le fait de créer des catégories pour répertorier leurs actions, pour identifier et relever les facteurs qui les ont facilitées et pour entendre les jeunes à propos des stratégies qu'ils pensent être les plus propices pour entrer en contact avec eux sont autant d'éléments qui ont contribué à améliorer les compétences d'intervention des travailleurs de rue. À l'inverse, un TR se demande si cette réflexion n'aurait pas nui à son travail en l'obligeant maintenant à observer ses interventions selon un processus linéaire découpé en étapes et trop structuré. Alors que pendant les réunions de travail habituelles on disséquait des cas individuels, lors des analyses requises pour l'évaluation il fallait faire la synthèse de plusieurs interventions en même temps, mettant ainsi en lumière quelques éléments nouveaux et communs à leurs actions. Le fait d'avoir effectué des analyses qualitatives a aussi contribué à changer « mon regard sur les jeunes », nous a dit un TR, puisqu'il est passé du statut d'observateur à celui d'observé. L'un d'entre eux soutient aussi qu'il a pu réfléchir à ses modes d'intervention, allant même jusqu'à affirmer que son style de pratique a changé. Les TR pensent donc que l'évaluation a aussi été utile en termes d'intervention. Enfin, relevons que les TR se sont approprié le modèle des déterminants de la santé présenté plus haut et qu'ils l'utilisent désormais dans leurs interventions avec les jeunes (Ridde, 2007).

Plusieurs éléments nous font affirmer que l'estime personnelle des TR s'est trouvée renforcée : « J'en ressors grandi. » L'évaluation à Bellechasse semble avoir eu un effet bien réel sur les deux éléments fondamentaux de l'estime de soi selon Ninacs. Premièrement, elle a permis aux TR de percevoir qu'ils possédaient des compétences réelles qui avaient des effets indubitables sur les jeunes : « [J'ai vu] que ma simple présence avait des impacts. » Ils s'en sont dits très fiers. Deuxièmement, ils ont pris conscience du fait que leurs compétences étaient reconnues par les autres, en l'occurrence les jeunes participants à leur projet. Enfin, il faut bien reconnaître que l'évaluation n'a pas eu d'effets sur le dernier élément de l'*empowerment* individuel, soit la conscience critique collective, sociale ou politique. La raison en est simple: les TR sont des intervenants socialement engagés; ils se définissent comme des agents de changement social et leur implication dans de tels projets relève plus souvent d'un engagement politique que d'une profession. Il s'agit « d'un mode de vie », de « donner du sens à une job », nous ont-ils dit. Cela nous paraît d'autant plus vrai que ceux et celles qui ne peuvent concevoir ce métier selon ces valeurs particulières ne peuvent supporter bien longtemps les conditions difficiles de travail et de rémunération, et quittent rapidement les projets. Ce problème est d'ailleurs récurrent dans ce type d'interventions de rue, et les organismes communautaires s'interrogent beaucoup sur les stratégies à déployer pour contrer ce fort taux de roulement du personnel.

Conclusion

Dans le contexte actuel du rapprochement des services sociaux et de santé des sociétés, les projets de travail de rue auront dans les prochaines années un rôle important à jouer pour répondre aux besoins des jeunes ne désirant pas ou ne pouvant pas s'orienter vers les ressources traditionnelles. Mais ces projets sont très difficiles à évaluer, d'abord parce que leurs acteurs et leurs bénéficiaires ne sont pas encore ouverts à cette forme de reddition de comptes, et ensuite parce que les devis traditionnels d'évaluation ne sont pas en phase avec les valeurs et les interventions de ce type de projets. Dans ce chapitre, nous avons cherché à décrire et à analyser un processus évaluatif au cours duquel la participation des parties prenantes de l'évaluation était basée sur des objectifs d'émancipation et de renforcement du pouvoir d'agir. Nous aurions pu faire plus en impliquant les jeunes (Whitmore et McKee, 2001), mais compte tenu du temps dont nous disposions et des ressources imparties à l'évaluation, le pragmatisme nous a fait pencher pour la solution présentée dans ce chapitre. Le prochain défi évaluatif sera de faire participer les bénéficiaires des projets, et non plus les intervenants. Ici, l'analyse de ce processus nous permet de croire, d'une part, que cette stratégie est la plus susceptible d'être acceptée par les acteurs et de produire des données probantes pour porter un jugement sur l'efficacité des interventions, et, d'autre part, que l'évaluation relatée dans ce cas a réussi, du moins en partie, à renforcer le pouvoir d'agir des TR.

15

Une évaluation des processus et des effets d'un programme de référence-évacuation des urgences obstétricales au Mali

Pierre Fournier, Caroline Tourigny et Francine LaBossière

Ce chapitre traitera de l'évaluation d'un programme de référence-évacuation des urgences obstétricales dans un pays à faibles ressources, le Mali. Cette évaluation, qui est toujours en cours, consiste en une analyse de l'implantation et des effets du programme. Elle répond aux besoins d'information des acteurs locaux et régionaux qui ont participé activement à son implantation, et ce, dans une région spécifique du Mali. Nous décrirons tout d'abord le programme ainsi que le contexte dans lequel il s'inscrit. Nous présenterons ensuite succinctement les principales approches utilisées dans l'analyse de l'implantation et le protocole d'évaluation retenu. Enfin, nous détaillerons le processus d'évaluation et présenterons les résultats obtenus et les leçons apprises jusqu'à ce jour.

Le contexte et le programme

Le Mali est situé en Afrique de l'Ouest, et sa population est de 10 505 522 habitants, dont plus de 70 % vivent en zone rurale. L'espérance de vie à la naissance est de 61,6 ans. La majorité de la population vit dans la pauvreté, et 35 % dans l'extrême pauvreté. Selon l'Enquête démographique et de Santé du Mali 2006, le milieu rural enregistre généralement une incidence et une profondeur de la pauvreté plus forte que le milieu urbain (Cellule de Planification et de Statistiques du ministère de la Santé *et al.*, 2007). Malgré le développement soutenu du secteur sanitaire au cours des dernières années, la couverture sanitaire demeure faible : en 2006, 60 % de la population vivait dans un rayon de plus de 5 km d'un centre de santé, et 40 % à plus de 15 km (DRS et DRDSES-Kayes, 2007).

Le système de santé est structuré en quatre niveaux : les centres de santé communautaires (CSCom), les centres de santé de référence de district (CSRéf), et enfin les hôpitaux régionaux et nationaux. Les CSCom constituent le premier niveau de contact avec le système de santé. Ils sont gérés par la population par l'entremise d'une Association de Santé communautaire (ASACO) et offrent des soins de base tels que la consultation prénatale, la vaccination, des consultations curatives et des accouchements non compliqués. Ils couvrent une population comprise entre 5000 et 15 000 habitants. Pour assurer la continuité des soins, chaque CSCom est en relation avec un CSRéf auquel il réfère les cas qui dépassent sa compétence.

La région de Kayes est une des huit régions administratives et sanitaires du Mali. Elle compte 1 612 581 habitants et est subdivisée en 7 districts regroupant 1565 villages. La densité de la population se situe entre 9 et 21 habitants au kilomètre carré. On trouve un hôpital régional à Kayes, la capitale de la région. Chaque district compte un CSRéf, et l'on y dénombre 131 CSCom et 88 autres centres de santé de premier niveau (postes de santé, dispensaires) (DRS et DDS-ES-Kayes, 2007). Ces derniers centres ne font pas partie du système étatique et sont gérés par des collectivités, des organisations non gouvernementales ou des organisations religieuses.

Dans la région, 34 % des accouchements se déroulent en établissements de santé et sont assistés par du personnel qualifié, incluant les matrones ayant suivi une formation continue, comparativement à la moyenne nationale de 41 %.

La mortalité maternelle[1], au Mali, atteint un des taux les plus élevés du monde. Le ratio de mortalité maternelle serait de 464 décès pour 100 000 naissances vivantes (Cellule de Planification […] *et al.*, 2007). Une estimation de ce ratio corrigeant les biais de mesure le situerait à 970 sur 100 000 pour l'année 2005 (OMS, 2008). La réduction du taux de mortalité maternelle est un des objectifs du Millénaire des Nations Unies pour le développement; on vise en effet à la réduire de 75 % entre 1990 et 2015 (Projet Objectifs du Millénaire des Nations Unies, 2005), ce qui représente un défi de taille pour le Mali, qui a plutôt fixé son objectif de réduction à 50 % (Ministère de l'Économie et des Finances, Mali, 2002).

Causes, conditions et stratégies de réduction de la mortalité maternelle

Les causes et les conditions de la mortalité et de la morbidité maternelles sont bien connues, et les stratégies permettant de la réduire ont récemment fait l'objet d'un recensement exhaustif (Ronsmans et Graham, 2006). On estime que la majorité des décès maternels surviennent entre le début du dernier trimestre et la semaine suivant la fin de la grossesse (Campbell et Graham, 1990; Li *et al.*, 1996). La plupart des décès maternels sont causés par des conséquences directes de la grossesse et de l'accouchement. Plus spécifiquement, les femmes meurent principalement d'hémorragies graves, de troubles hypertensifs et d'infections (Khan *et al.*, 2006), mais les avortements, surtout ceux qui sont provoqués, demeurent une cause majeure de décès (Thonneau *et al.*, 2002).

Une des stratégies de réduction de la mortalité maternelle qui a fait la preuve de son efficacité vise à garantir aux femmes enceintes l'accès à des soins obstétricaux de base (SOU) – administration parentérale d'oxytociques, d'antibiotiques et d'anticonvulsivants, accouchements assistés, extraction manuelle du placenta – et complets, ou les SOU de base avec césarienne et transfusion (de Bernis, 2003). Une revue systématique de la littérature (Paxton *et al.*, 2005) montre qu'un meilleur accès aux SOU est associé à des taux de mortalité maternelle moins élevés mais que la qualité des soins qu'on y dispense est tout aussi importante, l'accès facile à des

1. Un décès maternel a été défini comme le décès d'une femme survenant au cours de la grossesse ou dans les 42 jours suivant l'accouchement, pour une cause obstétricale directe ou indirecte (Classification statistique internationale des maladies, neuvième révision, OMS).

SOU de mauvaise qualité n'entraînant pas la même réduction de la mortalité maternelle. Les auteurs ont démontré que les données probantes sont concluantes et que les SOU doivent être une composante intégrale de tout programme qui vise la réduction de la mortalité maternelle.

L'accès aux SOU demeure cependant problématique dans des contextes à faibles ressources. Dans un pays en développement, une femme qui a une complication obstétricale doit souvent surmonter plusieurs obstacles avant d'accéder aux SOU. Le modèle des trois retards, ou des trois délais, élaboré par Thaddeus et Maine (1994), est une façon de subdiviser le temps qui s'écoule entre l'apparition d'une complication et l'obtention des soins obstétricaux d'urgence appropriés. Les trois retards décrits par ces auteurs sont :

- le temps écoulé avant de décider d'avoir recours aux SOU ;
- le temps nécessaire pour se rendre à un centre de SOU ;
- le temps écoulé entre l'arrivée au centre de SOU et la dispensation des soins appropriés.

Parmi les facteurs qui peuvent influencer le premier retard, soit la décision d'avoir recours aux SOU, on trouve la non-reconnaissance des signes de danger, la gravité de la complication, l'éloignement du centre de santé, la qualité perçue des soins offerts et le refus de la femme ou de la famille d'avoir recours aux SOU pour des raisons économiques ou socioculturelles. Le deuxième retard est souvent lié à la distribution géographique des centres de santé, à leur éloignement par rapport au domicile, aux conditions des routes ainsi qu'à la disponibilité et aux coûts du transport. Le troisième retard peut être dû au système de référence des SOU de base vers les SOU complets ; soit qu'il est inadéquat, soit qu'il manque de personnel compétent, de fournitures ou d'équipements médicaux (Maine *et al.*, 1997).

Selon différentes études (répertoriées par Ronsmans et Graham, 2007), les femmes meurent majoritairement en milieu hospitalier, ce qui inclut des cas ayant été référés pour complications obstétricales et des femmes venues accoucher normalement mais qui ont connu des complications au cours du travail. La qualité des soins demeure préoccupante et plusieurs études ont fait état de pratiques cliniques sous-optimales et de délais dans le diagnostic et le traitement des complications (Harrison, 1997 ; cité par Ronsmans et Graham, 2006). Selon une étude multisite effectuée au Sénégal, 79 % des décès survenus dans les centres hospitaliers étaient évitables et étaient reliés à la qualité des soins (Dumont *et al.*, 2006).

Description du programme

Pour réduire le taux de mortalité maternelle, le gouvernement du Mali a mis en place un système de référence-évacuation (SRE) pour les urgences obstétricales, qu'on définit comme étant un état grave lié à la grossesse ou à l'accouchement et qui requiert une intervention médicale d'urgence afin d'empêcher la mort probable de la femme (Maine *et al.*, 1997). Ce système de référence vise à améliorer la qualité des soins obstétricaux d'urgence, mais aussi l'accès des femmes à ces soins, et cela dans le but de diminuer la létalité des complications obstétricales. Sommairement, il est articulé autour de trois composantes principales : un système de financement (des caisses de solidarité) ; un système d'alerte et d'évacuation sanitaire (des ambulances et des radios) ; la mise à jour des soins obstétricaux d'urgence dans les CSCom et les CSRéf.

- **Les caisses de solidarité.** Elles ont été mises en place dans chaque district pour réduire les coûts assumés par les femmes lors d'une complication. Des partenaires locaux (ASACO, Mairies, CSRéf) font des contributions financières à la caisse sur une base régulière ; la contribution de chaque partenaire étant établie annuellement par consensus. L'argent de la caisse est utilisé en cas d'évacuation, pour payer une partie des coûts directs et indirects (par exemple, le carburant de l'ambulance, l'allocation journalière du chauffeur, l'amortissement de l'ambulance, les soins fournis). Avant la mise en place des caisses de solidarité, la totalité de ces coûts devait être assumée par les patientes, ce qui constituait une barrière financière importante et pouvait retarder de façon considérable l'obtention de soins appropriés.
- **Le système d'alerte et d'évacuation.** Chaque CSCom dispose d'une radio rurale permettant de contacter le CSRéf. On utilise aussi de plus en plus les téléphones cellulaires pour communiquer avec le CSRéf. Chaque CSRéf dispose d'au moins une ambulance pouvant assurer l'évacuation des urgences obstétricales du CSCom au CSRéf, une fois l'appel lancé par le CSCom.

- **Les soins obstétricaux d'urgence (SOU) à deux niveaux.** Des activités de formation et des achats d'équipements ont permis d'améliorer la disponibilité et la qualité des SOU, qui sont organisés en deux niveaux. En premier lieu, les SOU 1, dans les CSCom, où le personnel prend en charge les accouchements normaux, l'identification des complications et la référence des complications graves au CSRéf. Les CSCom sont majoritairement dirigés par un infirmier, alors qu'une matrone procède généralement aux accouchements. Quelques CSCom, dirigés par des médecins détenant une formation spécifique en SOU de base, peuvent offrir des soins plus complexes tels que des perfusions d'oxytocines et l'utilisation de la ventouse ou des forceps. Et en second lieu, les SOU 2, dans les CSRéf, où le personnel s'occupe des accouchements compliqués et de la prestation des SOU complets. Les CSRéf sont dotés d'un bloc opératoire, et la plupart d'entre eux peuvent faire des transfusions sanguines.

L'intervention est relativement normalisée du point de vue technique et bien décrite dans un cadre conceptuel national, mais ce cadre doit ensuite être adopté par chaque district. Pour que le Système de référence-évacuation soit considéré effectif dans un district donné, la communauté et les partenaires du district doivent s'entendre sur les responsabilités de chacun. Le SRE est actuellement effectif dans les sept districts de la région de Kayes, mais la date de mise en œuvre du système varie d'un district à l'autre, se situant entre juillet 2001 et novembre 2005.

Le modèle logique de l'intervention

Le modèle logique de l'intervention est illustré à la figure 15.1. Les différents intrants y sont représentés (CSCom, CSRéf, systèmes de transport et de communication, et caisses de solidarité) ainsi que leurs liens avec les différents processus menant à la production des effets attendus du SRE.

Description des acteurs et des enjeux de l'évaluation

Différents acteurs sont impliqués directement ou indirectement dans le programme du Système de référence-évacuation, et cela à plusieurs niveaux : local, régional, national, supranational et international. Les enjeux de l'évaluation varient en fonction du niveau où se situe chaque acteur et de son implication dans le SRE, tels que décrit dans le tableau 15.1.

FIGURE 15.1

Modèle logique du système de référence-évacuation

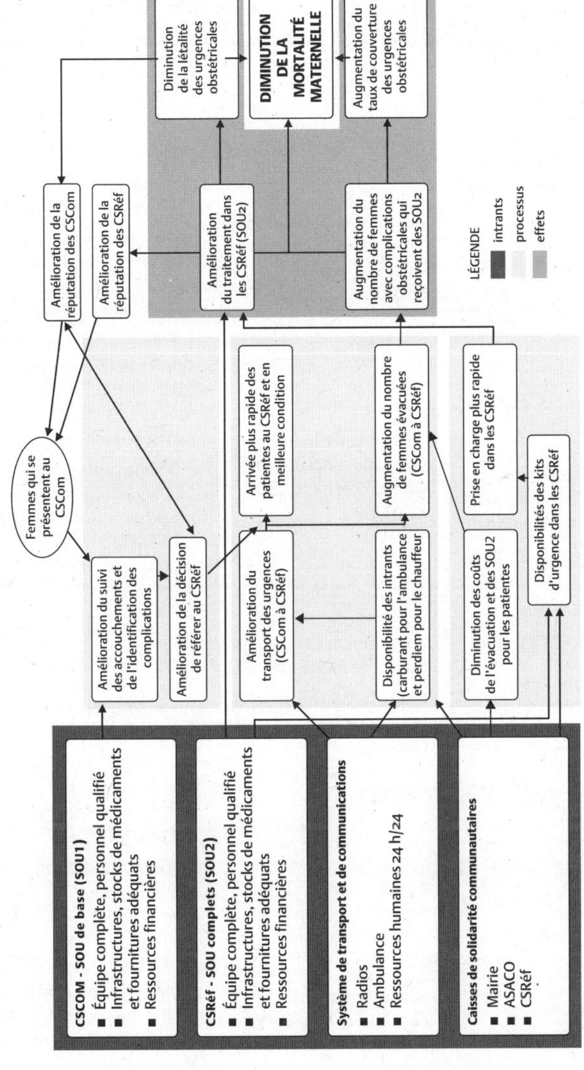

TABLEAU 15.1

Acteurs et enjeux de l'évaluation du SRE

Acteurs	Rôles	Enjeux de l'évaluation
	Niveaux local et régional	
Direction régionale de la santé (DRS)	Mise en œuvre des politiques nationales en santé (pour la DRS) et sociales (pour la DRDSES)	Il s'agit de la première région sanitaire à mettre en place un système de suivi du SRE aussi complet. Des données probantes sont recueillies sur les effets du SRE à l'échelle régionale et sur les facteurs influençant son implantation. Ces données permettent de révéler les résultats tangibles du programme au bailleur de fonds (l'Agence canadienne de développement international) ainsi qu'au ministère malien de la Santé. Ces résultats permettent d'améliorer le SRE et de maximiser son potentiel, et donc de convaincre les collectivités locales de la pertinence de soutenir le SRE et de cotiser selon le montant prévu aux caisses de solidarité.
Direction régionale du développement social et de l'économie solidaire (DRDSES)		
Équipe sociosanitaire de district (médecins du CSRéf et personnel du développement social et de l'économie solidaire)	Mise en œuvre des politiques sociales et en santé, à l'échelle des districts	
Communautés et collectivités locales	Promotion et mise en opération des systèmes locaux de santé. Contribution financière des caisses de solidarité. Obtention des services du SRE par la population bénéficiaire.	Des résultats concluants sur la diminution de la létalité maternelle confirmeront la pertinence de l'intervention.
	Niveau national	
Direction nationale de la santé (DNS)	Appui et suivi de la mise en œuvre des politiques nationales de santé.	Cueillette et production de données probantes sur les effets du SRE et sur les facteurs qui influencent son implantation, ce qui peut s'avérer utile pour motiver les autres régions sanitaires à mettre en place ou à étendre leur propre SRE, tout en informant sur les conditions optimales d'implantation.
Cellule planification et statistique (ministère de la Santé)	Responsable de la conception des politiques nationales en santé.	

Acteurs	Rôles	Enjeux de l'évaluation
	Niveau supranational	
Organisation mondiale de la santé (OMS)	Autorités mondiales concernant les objectifs du Millénaire pour le développement.	Production de preuves sur l'efficacité des interventions visant à réduire la mortalité maternelle afin de diffuser les meilleures pratiques.
Fonds des Nations Unies pour la population (UNFPA)		
	Niveau international	
Université de Montréal	Institution universitaire s'intéressant à la recherche en santé mondiale en lien avec des interventions en santé. Elle élabore un programme de recherche et de formation.	Évaluation globale mais rigoureuse d'une intervention en santé publique qui porte sur un problème majeur en santé mondiale. Terrain de formation de qualité pour des étudiants africains, maliens et canadiens. Diffusion dans la communauté scientifique des résultats sur les effets positifs du SRE. Établissement d'une relation solide et à long terme avec la DRS et la DRDSES-Kayes, basée sur l'échange et la confiance, et sur laquelle s'appuiera un programme de recherche plus large.
Agence canadienne de développement international (ACDI)	Elle fournit un appui financier et un apport d'expertise aux activités de la DRS et DRDSES-Kayes (2003-2010).	Production de données probantes sur les effets d'un programme appuyé par l'ACDI.
Centre de recherches pour le développement international (CRDI, Canada)	Il fournit des fonds pour la recherche.	Appui aux recherches liées à l'intervention et qui aident à la prise de décisions et associent chercheurs et décideurs. Valorisation de la recherche effectuée dans un contexte de transfert des connaissances et de renforcement des capacités.

Approches dans l'analyse d'implantation et protocole d'évaluation

Il s'agit ici de décrire l'analyse de la production des effets d'une intervention complexe dont la mise en œuvre est largement influencée par divers facteurs. Ce type d'évaluation est connu sous le nom d'analyse d'implantation ou encore d'évaluation des processus. Bien que tous les auteurs s'entendent sur le fait que l'analyse d'implantation s'inscrive en opposition au modèle de la « boîte noire » et qu'elle s'applique à comprendre les mécanismes internes par lesquels les interventions produisent leurs effets en tenant compte du contexte, il n'existe pas de modèle universel d'analyse d'implantation. On peut donc distinguer différentes approches, mais qui ont toutes des éléments similaires. Voici résumées cinq d'entre elles.

L'approche proposée par Champagne et Denis (1990) subdivise le processus d'évaluation en évaluation normative et en recherche évaluative, dont l'analyse d'implantation, qui comporte trois composantes, soit :

- l'analyse des déterminants contextuels du degré de mise en œuvre de l'intervention, qui vise à définir les facteurs qui expliquent les différences entre l'intervention planifiée et l'intervention mise en œuvre. Elle permet aussi d'identifier les milieux où une implantation intégrale de l'intervention est possible ;
- l'analyse de l'influence des variations dans le processus d'implantation sur les effets observés, qui cherche à déterminer l'influence de chaque degré de mise en œuvre (variables indépendantes) sur les effets produits par l'intervention (variables dépendantes). Elle permet d'identifier les composantes essentielles et secondaires des interventions pour l'obtention des effets attendus ;
- l'analyse de l'influence de l'interaction entre le contexte d'implantation et l'intervention elle-même sur les effets observés permet de comprendre l'interaction (synergie ou antagonisme) entre différents facteurs en jeu dans la production des effets. Cette analyse est utile pour documenter la dynamique interne d'une intervention.

Selon l'approche de Patton (1997), il existe cinq dimensions dans l'analyse d'implantation :

- l'évaluation de l'effort, qui porte un jugement sur la quantité et la qualité des ressources d'un programme et tente de comprendre dans quelle proportion le programme est actif ;

- le monitorage des programmes, qui concerne davantage la mise en place d'un système de collecte de données de routine ;
- l'analyse des processus, qui cherche à comprendre les forces et faiblesses d'un programme par l'analyse de sa dynamique interne et de ses composantes ;
- l'analyse des composantes, qui implique une évaluation de parties distinctes d'un programme. En d'autres mots, un programme pouvant être la somme de plusieurs efforts opérationnels, ceux-ci peuvent chacun faire l'objet d'une analyse d'implantation. Les liens entre une ou plusieurs de ces composantes peuvent aussi devenir l'objet d'une évaluation ;
- la spécification du traitement, qui implique l'identification et la mesure de chaque élément du programme ainsi que de l'effet qui en est attendu. Cette dimension vise à établir les liens de causalité et à valider la théorie de l'intervention.

Pour Rossi, Lipsey et Freeman (2004), il ne s'agit pas d'une simple procédure ou d'une série de procédures, mais plutôt de réponses à des questions qui se focalisent simultanément sur l'intervention (ses ressources, ses opérations, ses composantes et ses activités), ses fonctions et sa performance. Pour ces auteurs, cette forme d'évaluation constitue un complément indispensable à l'évaluation d'impact.

Pawson et Tilley (1997, 2005) prônent pour leur part une évaluation dite réaliste (*realistic*) qui met l'accent sur quatre concepts clés interreliés, qui permettent d'expliquer et de comprendre les programmes :

- les mécanismes de production des effets font référence aux façons dont une des composantes, un ensemble de celles-ci ou encore une succession d'étapes conduisent à des changements. Ces mécanismes constituent la logique d'une intervention ;
- le contexte décrit les conditions dans lesquelles le programme est mis en œuvre et qui influencent les mécanismes de production des effets. Le contexte inclut bien sûr le lieu d'intervention, mais aussi, par exemple, les relations interpersonnelles et sociales, la biologie, les technologies, les conditions économiques ;
- les effets englobent à la fois les conséquences attendues et non attendues d'un programme, et qui résultent de l'activation de différents mécanismes dans différents contextes ;

- le modèle contexte-mécanismes-effets consiste à observer comment les variations dans les mécanismes et les contextes peuvent permettre de prédire et d'expliquer les variations dans les résultats d'une intervention. Les conclusions d'une évaluation réaliste touchent toujours la configuration des différentes composantes nécessaires au maintien d'un programme.

Chen (2005) prône plutôt une évaluation des processus basée sur la théorie de l'intervention (Theory-Driven Process Evaluation) et une évaluation intégrée des processus et des effets (Integrative Process/Outcome Evaluation). Ces deux types d'analyse se basent sur la théorie du programme, soit les hypothèses causales qui sous-tendent l'implantation du programme et la production des effets. Le premier évalue la congruence entre la théorie du programme et son implantation réelle, tandis que le second analyse les suppositions sous-jacentes à la production des effets.

L'analyse d'implantation du Système de référence-évacuation du Mali se situe principalement dans la perspective de Chen, soit celle de l'évaluation basée sur la théorie. Nous avons privilégié cette approche, qui exige de rendre explicite la théorie du programme, en raison de la complexité particulière du SRE et de l'implication de plusieurs acteurs à différents niveaux, ce qui rendait essentiel, selon nous, de commencer par la construction du modèle logique de l'intervention, tel qu'illustré à la figure 15.1. Par ailleurs, tous les acteurs impliqués ne voient pas nécessairement le SRE de la même façon ; ainsi, le fait de rendre la théorie de l'intervention explicite par la construction d'un modèle logique nous permet de nous entendre sur « l'objet » de l'évaluation. Cette clarification initiale vise à faciliter les démarches subséquentes de l'évaluation et les échanges entre acteurs durant tout le processus.

L'analyse d'implantation basée sur la théorie de l'intervention

Il est clair que la mortalité maternelle est un problème de santé majeur dans les pays en développement. C'est pour cette raison que les gouvernements d'un grand nombre de ces pays ont élaboré et mis en œuvre des politiques et des stratégies visant l'amélioration de la santé maternelle. Des solutions simples, efficaces et relativement peu coûteuses existent pour réduire le taux de mortalité maternelle, notamment l'amélioration de la qualité des soins obstétricaux d'urgence et de l'accès à ces SOU. Par contre, dans plusieurs régions où de telles interventions ont été mises en place, on n'obtient pas les résultats escomptés. Les interventions basées sur les SOU, qui ont pourtant remarquablement réussi à faire chuter les taux de mortalité maternelle dans les pays industrialisés, ne connaissent pas le même succès dans les pays en développement, car les mécanismes de production des effets sont toujours méconnus dans ces contextes défavorisés.

En rendant explicites les hypothèses causales sous-jacentes à l'intervention et en construisant son modèle logique, il est plus facile d'identifier les différents mécanismes capables de produire les effets désirés. Tel que l'explique Chen, l'objectif d'une évaluation basée sur la théorie est de fournir de l'information non seulement sur la performance d'un programme, mais sur la *façon* dont il a atteint ses résultats, ainsi que sur les *raisons* qui ont mené aux effets observés.

Bien qu'on ne comprenne pas tous les mécanismes qui produisent les effets de réduction du taux de mortalité maternelle, il est clair que le rôle du contexte de la mise en œuvre des interventions liés aux SOU est considérable. Dans les pays en développement, les SOU ne sont pas qu'une simple « recette » à appliquer pour faire diminuer les taux de mortalité maternelle. Les caractéristiques de chaque milieu (ressources, topographie, croyances, etc.) sont trop variables et trop influentes pour qu'on puisse ignorer la dimension contextuelle. Par contre, cette dimension et ses interactions avec l'intervention demeurent toujours peu étudiées et mal comprises.

L'analyse d'implantation du SRE dans la région de Kayes aidera à expliquer pourquoi ces interventions n'entraînent pas une réduction aussi importante que prévue du taux de mortalité maternelle. Elle devrait aider à mieux comprendre les liens entre l'intervention, son contexte et les résultats observés. Plus particulièrement, l'analyse d'implantation devrait permettre de mieux connaître les effets des différentes composantes de l'intervention et les conditions optimales d'implantation. Cette analyse d'implantation rejoindra ainsi l'approche proposée par Patton (1997), particulièrement dans son concept d'analyse des composantes. Cela devrait permettre, en plus d'améliorer le SRE dans la région de Kayes, de généraliser l'intervention, ou certaines de ses composantes, à d'autres milieux.

Protocole retenu pour l'évaluation

Les différentes composantes du protocole d'évaluation sont décrites au tableau 15.2.

TABLEAU 15.2

Composantes de l'évaluation

Objectifs de l'évaluation	• Évaluer les effets du SRE (couverture et létalité des urgences obstétricales et des césariennes). • Comprendre les mécanismes de production de ces effets. • Déterminer les rôles du système de soins et des communautés (considérés ici comme des intrants du système) dans la production des mécanismes et des effets.
Questions de l'évaluation	• Quels sont les mécanismes de production des effets du SRE ? • Dans quelle mesure ces différents mécanismes permettent-ils : a) d'améliorer la couverture des urgences obstétricales et des césariennes ; b) de réduire la létalité des femmes présentant une urgence obstétricale et des femmes césarisées.
Méthodologie	• Devis : Étude longitudinale avec mesures répétées pré-post pour les effets et après uniquement pour les processus et les variables associées au contexte. • Sources d'informations : système de suivi-évaluation et enquêtes semestrielles auprès des CSRéf. • Données à recueillir : *les intrants* (par exemple, nombre d'employés et qualification des membres du personnel dans les CSCom et CSRéf, équipements disponibles dans les CSRéf, pourcentage de participation financière des partenaires à la caisse de solidarité) ; *les processus* (par exemple, délai de transport entre CSCom et CSRéf en ambulance, délai de prise en charge au CSRéf) ; *les effets* (par exemple, taux de couverture des urgences obstétricales, issue de la parturiente – vivante ou décédée).
Plan de valorisation et utilisation potentielle des résultats	• Utiliser les données probantes pour améliorer la mise en œuvre du SRE dans la région de Kayes et dans les autres régions du Mali. • Contribuer au développement d'une culture de gestion basée sur les données probantes. • Diffuser les données probantes auprès de la communauté scientifique.
Budget et planification	Un budget de 104 717 $ pour une durée de trois ans (2006-2009) a été alloué pour l'évaluation de ce programme. Ce budget couvre uniquement les dépenses de recherche, et n'inclut donc pas des coûts partagés par le SRE et les dépenses directes qui y sont reliées.

Description du processus d'évaluation

L'évaluation a formellement démarré en septembre 2006. Nous décrivons ici les différentes étapes qui ont précédé sa mise en œuvre.

Phase I. Émergence du besoin d'évaluation et de formulation de la première approche (mars à juillet 2004)

À la demande de la DRS-Kayes, un des auteurs de ce chapitre a été mandaté en mars 2004 pour procéder à une revue du SRE (Fournier et Ouattara, 2004). Cette consultation visait à :

- faire ressortir les différents besoins d'information des acteurs du système ;
- déterminer avec les responsables les principales contraintes vécues dans la mise en place et le fonctionnement du SRE depuis son implantation dans les différents districts ;
- identifier des mesures susceptibles de supprimer ces contraintes en vue d'améliorer le fonctionnement du Système de référence-évacuation ;
- collaborer à la mise en place d'un dispositif de suivi-évaluation pouvant répondre aux besoins d'information des responsables et qui permettrait ainsi d'améliorer le fonctionnement du Système de référence-évacuation et d'en évaluer l'impact.

Un atelier a permis aux responsables d'exprimer leurs besoins d'information ainsi que les différents problèmes auxquels ils faisaient face dans la mise en œuvre du SRE. Bien que présentes dans tous les districts, ces difficultés ne s'y trouvent pas toutes au même degré. À titre d'exemple :

- le taux de recouvrement des cotisations de certains partenaires (ASACO, mairies) de la caisse de solidarité demeure très faible, mettant en péril la survie du SRE. Les acteurs du programme souhaitent disposer de données probantes qui permettront de motiver les partenaires à cotiser selon les sommes et les échéances prévues ;
- les comités de gestion des caisses de solidarité ne se réunissent que de façon irrégulière, et les décisions prises lors de ces réunions ne sont pas appliquées ;
- la pénurie de ressources humaines qualifiées (médecins à compétences chirurgicales, sages-femmes, infirmières, infirmiers-anesthésistes) peut constituer un obstacle à la pleine expression du potentiel du SRE ;

- l'accessibilité géographique demeure un problème qui se manifeste de différentes manières : les trajets en ambulance sont parfois longs et difficiles à cause des caractéristiques du terrain (rivières, montagnes), et certaines zones deviennent inaccessibles durant la saison des pluies, ce qui réduit sensiblement la couverture potentielle du SRE à cette période de l'année ;
- la communication par radio entre CSCom et CSRéf est parfois complexe : alors que certains CSCom ne disposent pas de radio, celles des centres de santé qui en ont ne sont pas toujours fonctionnelles 24 heures sur 24 (en raison de problèmes de piles ou de panneau solaire).

Les besoins d'information qui sont ressortis de cet atelier portaient principalement sur les processus et les effets du SRE. Il fut rapidement mis en évidence que les données permettant de répondre à ces questions devaient être recueillies par un système de suivi (données de routine) et de collectes de données plus exhaustives (qui dépassait ce simple système de suivi) permettant quant à elles de répondre à des questions plus spécifiques.

La mise en place d'un système de suivi devait permettre la collecte de données sur les effets du système et sur certains indicateurs de processus. Ce système se devait d'être simple et de ne pas dépendre, à moyen terme, d'un soutien externe. Il devait ainsi pouvoir être utilisé par les équipes de chaque district, qui seraient rendues autonomes pour la collecte et l'analyse de leurs propres données, et cela dans une optique de gestion axée sur les résultats.

Des données plus exhaustives sur les facteurs pouvant influencer la mise en œuvre du programme (ressources humaines, matérielles et financières, qualité des soins, accessibilité géographique) devaient aussi être recueillies, mais hors du cadre du système de suivi, parce que leur collecte ne devait pas suivre la même fréquence que les données du système de suivi et qu'elle demandait des ressources humaines et financières supplémentaires (ressources qui pourraient éventuellement être fournies par l'entremise d'un projet de recherche).

Phase II. Première approche d'évaluation et élaboration d'un protocole de recherche (août 2004 à avril 2006)

À partir des besoins d'information préalablement identifiés, une première grille de collecte de données pour le système de suivi a été mise en place au cours de l'année 2004. Les responsables du SRE de chaque district ont testé la grille en colligeant les données. Ces données ont été analysées et les résultats présentés au cours d'un second atelier tenu en février 2005 (Fournier et Ouattara, 2005).

Ces résultats ont été discutés par les responsables du SRE de chaque district réunis en assemblée régionale afin d'en dégager des interprétations réalistes. Un des constats de cet atelier fut le faible taux de réponse pour certaines variables, surtout celles qui touchaient l'analyse des processus. Des pistes de solutions furent proposées afin d'y remédier. Il a été convenu qu'une deuxième version de la grille de collecte de données devait être élaborée. Afin de faciliter la tâche des responsables de cette collecte, des choix de réponses ont été conçus pour toutes les variables. La nouvelle grille a ensuite été proposée aux divers partenaires, qui l'ont finalement adoptée en avril 2005.

En mai et juin 2005, les responsables du SRE de six des sept districts ont effectué une collecte de données rétrospective à l'aide de la nouvelle grille. Avec la collaboration de la DRS-Kayes et d'un stagiaire de l'Université de Montréal, toutes les données sur les femmes ayant été référées, évacuées et ayant eu recours aux SOU ont été recueillies. Cette opération visait l'obtention de données complètes depuis la mise en œuvre du SRE dans chaque district et, lorsque c'était possible, des données sur la période précédant la mise en place du système. Ces informations devaient permettre de dépeindre la situation de la couverture en SOU et en césariennes ainsi que la létalité des femmes avant la mise en place du SRE, et de suivre l'évolution de ses effets depuis son implantation. Les responsables des districts ont par la suite continué à recueillir les données de façon prospective.

Cette collecte préliminaire des données dans six des sept districts de la région a montré qu'avant la mise en œuvre du SRE, il existait une variation importante entre les districts en ce qui concerne le taux de couverture des césariennes et des urgences obstétricales, de même que leurs issues. Les variations avant et après le démarrage du SRE montrent également des différences notables entre les districts. À titre d'exemple :

- le taux de couverture en césariennes[2] avant la mise en œuvre du système varie entre 4 et 13 %, tel qu'illustré par le graphique ci-dessous. Les augmentations suite à la mise en œuvre du programme varient aussi, et cela entre 50 et 400 % ;
- la létalité reliée aux cas de césariennes variait entre 13 et 19 % avant la mise en œuvre de la référence-évacuation. Les données recueillies à l'aide du suivi de routine montrent qu'après le début du programme, la létalité a diminué de 23 à 76 %.

FIGURE 15.2

Taux de couverture en césarienne par districts (Kayes, 2002-2005)

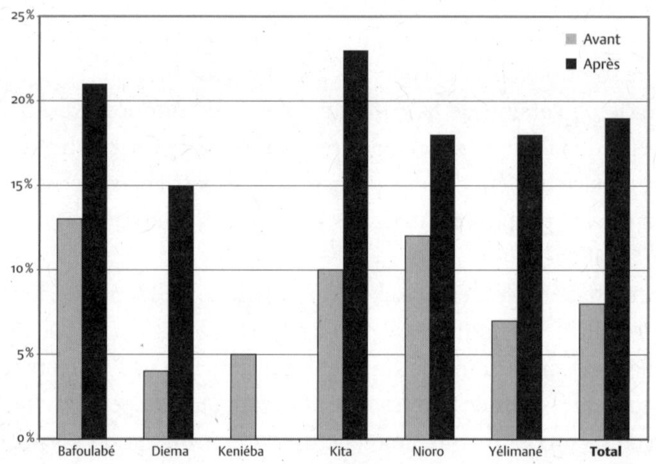

Ces différences entre les districts justifiaient encore davantage une analyse d'implantation du SRE, afin de comprendre les mécanismes de production des effets de façon générale, mais aussi pour chaque district.

Développement d'un protocole de recherche

Nous avons d'abord mené une réflexion visant l'élaboration d'un projet de recherche évaluative dans l'objectif de le soumettre à un organisme subventionnaire canadien. Par la suite, un modèle logique de cette intervention

2. Le taux de couverture en césarienne est calculé comme le rapport entre le nombre de césariennes effectuées (numérateur) et le nombre de césariennes attendues – soit 5 % des accouchements attendus par année (dénominateur).

a été construit, les variables clés et les sources de données potentielles y étant déjà identifiées. En novembre 2005, une étudiante aux cycles supérieurs de l'Université de Montréal est allée évaluer sur le terrain la faisabilité d'une telle recherche, en vérifiant la source et la qualité des données, tout en procédant à l'opérationnalisation des variables. Il avait alors été établi que dans le cadre du projet de recherche, ces données feraient l'objet de collectes semestrielles.

Il avait aussi été décidé que le protocole serait soumis, pour financement, au Centre de recherches pour le développement international (CRDI), dans le cadre d'un programme de recherche regroupant plusieurs équipes ouest-africaines et canadiennes. En décembre 2005, un atelier regroupant les membres de ces différentes équipes a été tenu à Ouagadougou, atelier auquel participaient également des responsables de la DRS-Kayes, eux aussi chercheurs dans ce projet de recherche. Le protocole préliminaire y a été discuté avec les participants, puis modifié et enfin finalisé. Le programme de recherche complet a été soumis en février 2006.

Phase III. Modification et évolution de l'approche initiale (mai à octobre 2006)

Un troisième atelier réunissant les acteurs du SRE a été organisé en mai 2006 pour faire le point sur les données recueillies jusque-là et pour tenter de mettre en relief des résultats concernant les effets du programme (Fournier *et al.*, 2006).

À cette occasion, une révision radicale du système de collecte des données a été entreprise, car la grille utilisée, qui tentait de regrouper tous les besoins d'information des responsables, s'est avérée inefficace, la collecte de certaines données étant impossible ou ne donnant que de piètres résultats.

Certaines variables ont aussi été modifiées afin que le système de suivi des données de routine puisse répondre à d'autres besoins d'information surgis en cours de route, le ministère de la Santé exigeant des données sanitaires sur les SOU, la gratuité de la césarienne et la couverture des besoins obstétricaux. Le nouveau système de suivi permet de répondre à toutes ces demandes à l'aide d'une seule collecte de données.

Entre juin et octobre 2006, le système de suivi a été informatisé avec le logiciel ACCESS. L'Université de Montréal a apporté son appui à cette démarche. Un premier atelier de formation a été tenu en octobre afin d'entraîner les responsables de districts (médecins et chargés du système d'informations sanitaires) à l'entrée de données. Des modifications ont cependant été apportées à la base de données à la suite de commentaires émis par ses utilisateurs, qui peuvent dorénavant entrer leurs données de manière conviviale et efficace. Cet outil informatique permet aussi de produire des rapports automatisés propres à fournir rapidement les statistiques demandées par le ministère de la Santé.

Le financement du projet de recherche proposé a été accordé, et le projet a débuté officiellement en septembre 2006.

Phase IV. Mise en œuvre effective (depuis novembre 2006)

En décembre 2006, a eu lieu une tournée des districts à laquelle ont participé des chercheurs de l'Université de Montréal. Elle avait le double objectif d'installer la base de données ACCESS dans sa version finale et de procéder à une première collecte semestrielle de données relatives à l'analyse d'implantation du Système de référence-évacuation. Ces collectes seront effectuées à cette fréquence pendant les deux prochaines années afin de détecter tout changement dans les facteurs contextuels pouvant avoir une influence sur la production des effets attendus du programme.

Résultats de l'évaluation

Le projet étant toujours en cours, seuls les résultats préliminaires sur les effets du Système de référence-évacuation sont disponibles. Les données rapportées ci-dessous concernent les six districts de la zone rurale de Kayes, et excluent donc le district urbain de la ville de Kayes. Elles couvrent la période allant de janvier 2003 à novembre 2006.

Pour évaluer l'efficacité du système, on a étudié quatre périodes : avant la mise en œuvre (P-1), pendant la mise en œuvre (P0) et deux périodes suivant la mise en œuvre (P1 et P2). Les périodes P0, P1 et P2 ont une durée d'un an chacune. En raison des dates différentes de mise en place du SRE dans les six districts de la zone d'étude, la période P-1 a une durée qui varie de 3 à 34 mois, selon les districts, avec une moyenne de 12,2 mois.

Un cas d'urgence obstétricale peut être défini à partir soit du diagnostic médical, soit du motif d'évacuation. Les cas ont été classés en six catégories : hémorragie, rupture utérine, pré-éclampsie/éclampsie, travail dystocique, infection et autres. Cette dernière catégorie comporte les autres causes d'urgences obstétricales directes et indirectes à l'origine de décès maternels.

Le tableau 15.3 présente les taux de létalité maternelle et de mortinaissances des urgences obstétricales aux différentes périodes de l'étude. Il révèle que ces taux diminuent dès la mise en œuvre du programme et que cette diminution se poursuit dans les périodes P1 et P2. Cette tendance est nettement plus marquée pour les femmes qui ont été évacuées des centres de santé communautaires vers les centres de santé de district que pour celles qui se sont rendues d'elles-mêmes aux centres de santé de district.

TABLEAU 15.3

Taux de létalité maternelle et mortinaissances par périodes et selon le mode de provenance

	Total	Femmes évacuées	Femmes venues d'elles-mêmes
Létalité maternelle			
Période -1	10,1 (7,4-13,4)	15,4 (9,5-21,3)	7,8 (6-10,7)
Période 0	7,6 (5,6-9,5)	9,2 (5,8-12,6)	6,5 (4-9)
Période 1	6,1 (4,1-8,1)	6,1 (3,1-9,1)	6,2 (3,5-8,8)
Période 2	5,1 (3,7-6,5)	6 (3,7-8,2)	4,3 (2,9-5,8)
Mortinaissances			
Période -1	41,4 (36,3-46,5)	45,7 (36,6-54,8)	39,4 (33,3-45,5)
Période 0	37,6 (33,5-41,7)	39,6 (33,3-45,9)	36,1 (30,8-41,4)
Période 1	34,6 (30,4-38,8)	32,9 (26,7-39,1)	36 (30,2-41,8)
Période 2	29,9 (26,2-33,6)	28,8 (23,9-33,7)	31,1 (25,7-36,5)

IC à 95 %

Le tableau 15.4 présente les ratios de cotes ajustés pour l'âge, le diagnostic, la césarienne antérieure, l'accouchement par césarienne, le district d'origine (selon le degré d'accessibilité) et la transfusion, et cela entre la période de référence pré-intervention (P-1) et les périodes postintervention (P0, P1 et P2). Les résultats indiquent que pour toutes les femmes, le risque de décéder diminue graduellement après la mise en œuvre du programme, et que cette diminution est statistiquement significative entre les périodes préintervention (P-1) et postintervention (P1 et P2), ayant diminué de moitié (RC : 0,48) entre les périodes P-1 et P2. Cette diminution est encore plus marquée parmi les femmes évacuées (RC : 0,34) parmi les femmes évacuées, le risque de décéder à la période 2 étant trois fois moins élevé qu'en période préintervention (P-1).

TABLEAU 15.4

Tendances dans les ratios de cote ajustés

Comparaison des périodes	Toutes les femmes		Femmes évacuées		Femmes venues d'elles-mêmes	
	RCa*	P	RCa*	P	RCa*	P
Période 0 et Période -1	0,72 (0,45-1,13)	0,15	0,62 (0,31-1,22)	0,17	0,76 (0,41-1,43)	0,4
Période 1 et Période -1	0,57 (0,35-0,94)	0,03	0,4 (0,19-0,84)	0,02	0,69 (0,35-1,36)	0,29
Période 2 et Période -1	0,48 (0,3-0,76)	0,00	0,34 (0,18-0,7)	0,00	0,6 (0,31-1,18)	0,14

IC à 95 %

Discussion

Même si l'évaluation de ce programme est toujours en cours, nous pouvons déjà retirer plusieurs leçons de notre expérience. Premièrement, le fait que les besoins d'informations aient été manifestés, définis et ajustés par les acteurs du programme a été un facilitateur essentiel dans la réalisation des différentes étapes de l'évaluation. Il a entre autres permis la convergence des intérêts des différents acteurs, et cela, dans la poursuite d'un objectif commun : mieux comprendre le Système de référence-évacuation, son fonctionnement et la production de ses effets.

La DRS-Kayes et l'Université de Montréal ont ainsi pu bâtir un réel partenariat basé sur la mise en commun des ressources financières, humaines et logistiques pour la réalisation des activités (collecte et analyse des données), afin de faciliter le travail dans des conditions contextuelles et logistiques parfois complexes. Par exemple, alors que les collectes de données ont généralement été financées par la DRS-Kayes, l'Université de Montréal a fourni des fonds nécessaires à la tournée des districts, à un moment où la DRS-Kayes traversait une conjoncture difficile et que le transfert de fonds pour la réalisation de leurs opérations prenait du retard.

Il arrive aussi que les chercheurs de l'Université de Montréal œuvrant au sein du projet de recherche appuient la DRS-Kayes dans des dossiers reliés au SRE, en fournissant par exemple des analyses de données nécessaires à la rédaction de rapports destinés à l'administration centrale ou aux équipes sociosanitaires des districts.

L'importance d'informer de façon continue la Direction nationale de la santé à propos des développements du système de collecte est une deuxième leçon que nous avons tirée de cet exercice. Ces mises à jour ont été effectuées sur une base régulière par l'équipe de la DRS-Kayes. La DNS s'est ainsi familiarisée avec le système et vise maintenant son élargissement à l'échelle nationale, c'est-à-dire à toutes les régions sanitaires du pays, ce qui permettra d'effectuer un meilleur suivi des services offerts en cas d'urgences obstétricales (couverture, létalité) et de mortinaissances, et cela dans le but de les améliorer pour continuer à réduire la mortalité maternelle.

Rappelons qu'un tel suivi de l'évolution des soins obstétricaux d'urgence dans les pays en développement a rarement été fait au cours des dernières années, ce qui explique, en partie, les faibles progrès réalisés dans la réduction de la mortalité maternelle. Un exemple probant d'intervention dans un pays de l'Afrique subsaharienne pourra aider à démontrer que le suivi des SOU est possible.

Forces et faiblesses du processus

Le partenariat développé avec la DRS-Kayes demeure le point central et la plus grande force de cette évaluation. Il a permis de réaliser les activités dans les temps voulus et à chaque partenaire de trouver une réponse à ses besoins d'information.

Par ailleurs, dans un contexte où la DRS-Kayes a une multitude de dossiers sanitaires à traiter et à gérer, et où les priorités sont souvent imposées par le pouvoir central, on peut se questionner sur la pertinence, pour la DRS-Kayes, de travailler dans une optique de qualité sur un dossier commun avec l'Université de Montréal. On pourrait craindre que cette démarche ait pour effet de concentrer les efforts sur le SRE au détriment des autres enjeux du secteur de la santé de cette région. Cette crainte ne paraît cependant pas fondée, car cette démarche d'évaluation et le cheminement effectué avec la DRS-Kayes et les sept équipes socio-sanitaires de district ont permis de développer une culture de prise de décisions basée sur les données probantes, le personnel consultant et analysant maintenant les données recueillies, et fondant leur planification sur les résultats obtenus.

Cela dit, il reste permis de douter de la pérennité d'une telle démarche, car tel que mentionné précédemment, l'Université de Montréal a déjà avancé des fonds pour financer une tournée de collecte de données dans les districts et fourni des ressources humaines pour le traitement et l'analyse de ces données. À l'heure actuelle, on ne peut que souhaiter la pérennisation de ces activités, une fois que le projet de recherche sera terminé.

Principaux enjeux lors de la mise en œuvre de l'évaluation

La qualité des données recueillies dans chacun des districts a été un enjeu majeur lors de la mise en œuvre de l'évaluation, car bien qu'elle se soit améliorée au cours de la dernière année, elle demeure néanmoins un sujet important de préoccupation qui requerra un effort constant et prolongé. Ce point pourrait constituer un sujet de divergence entre, d'une part, les chercheurs qui veulent maximiser la qualité des données et, d'autre part, les acteurs sur le terrain, pour qui les soins obstétricaux et le Système de référence-évacuation ne constituent qu'une problématique parmi d'autres.

Conclusion

Les résultats préliminaires sur les effets du SRE dans la région de Kayes démontrent qu'il est possible de réduire la létalité dans les urgences obstétricales, et cela, en quelques années seulement. L'analyse d'implantation permettra de comprendre les mécanismes qui produisent ces effets, permettant ainsi d'améliorer le potentiel d'action du SRE et, éventuellement, d'assurer sa généralisation à d'autres contextes.

Pour aller plus loin : lectures complémentaires sur le Mali

Audibert, M. et E. de Roodenbeke (2005), *Utilisation des services de santé de premier niveau au Mali : Analyse de la situation et perspectives*, Banque Mondiale, Région Afrique, Département du développement humain.

Ministère de la Santé et Secrétariat Général de la Santé et Pauvreté (Sept. 2004), *La problématique de la santé et de la pauvreté au Mali. Analyse des indicateurs de santé et population dans le cadre de la stratégie nationale de lutte contre la pauvreté au Mali,* Banque Mondiale, Région Afrique.

16

Une évaluation de l'efficacité d'un programme de formation en santé et en sécurité du travail

Diane Berthelette et Luc Desnoyers

Le contexte

C'est en participant à des activités de formation syndicale en santé du travail que nous nous sommes interrogés sur le problème de leur évaluation scientifique (Desnoyers, 1986). Mais pareil projet de recherche ne pouvait se concrétiser que dans un contexte particulier. Il fallait conclure un accord préalable avec une centrale syndicale, choisir d'évaluer une activité offerte sur une base suffisamment fréquente, et développer un cadre théorique et des outils d'évaluation pertinents.

Nous nous sommes intéressés au programme de formation de base en santé et en sécurité du travail élaboré par une des centrales syndicales québécoises. L'objectif ultime de ce programme dispensé depuis 1976 était d'améliorer l'action syndicale des travailleurs dans leurs milieux de travail à l'égard de la prévention primaire des lésions professionnelles. Nous avons proposé au directeur du service d'éducation de cette centrale d'analyser les effets attendus du programme en question. Nous avons cependant insisté sur la nécessité de comprendre sa théorie sous-jacente avant de procéder à l'évaluation de son efficacité, en raison des limites importantes de l'approche de la « boîte noire » (Chen et Rossi, 1983). Grâce à son accord, nous avons obtenu la collaboration du permanent syndical avec lequel nous donnions nos cours.

Notre recherche a été subventionnée par l'Institut de recherche Robert-Sauvé en santé et en sécurité du travail (IRSST). Cet organisme paritaire est essentiellement financé par les cotisations versées par les employeurs du Québec à la Commission de la santé et de la sécurité du travail (CSST).

La phase I de l'étude a consisté à décrire la théorie sous-jacente à ce programme de formation, à en évaluer la plausibilité en fonction des connaissances scientifiques disponibles et à estimer l'écart entre le programme prescrit et celui qui était effectivement dispensé (Berthelette *et al.*, 1998). Dans la phase II, une analyse des effets, il s'est agi d'évaluer l'efficacité de l'utilisation du programme.

La théorie sous-jacente au programme

Le programme de formation de base en santé et en sécurité du travail s'adresse à des membres de comités de santé et de sécurité du travail, à des délégués syndicaux, à des officiers ou à de simples syndiqués. Il est offert régulièrement par des formateurs qui sont eux-mêmes des militants syndicaux formés par la centrale. Les novices dispensent le cours sous la supervision de formateurs seniors.

Selon Blondin (1980), qui est le principal concepteur de ce programme, celui-ci doit suivre les trois étapes suivantes :

1. favoriser la « prise de conscience du nombre dramatique d'accidents de travail et de la détérioration souvent rapide de la santé des travailleurs comme conséquence de la présence peu contrôlée de tueurs silencieux qui hypothèquent gravement leur santé » ;
2. transmettre des « informations sur les lois dont le but officiel est la protection de la santé » ;
3. traiter des « diverses dimensions des moyens d'action syndicale… pour protéger [la] santé, assurer [l']intégrité physique… ».

Ces trois étapes correspondent aux trois parties du programme de formation présentées dans les cahiers du formateur et du participant, soit les accidents de travail et atteintes à la santé, les droits des travailleurs et des travailleuses en matière de santé et de sécurité, et l'action syndicale.

Les formateurs et les participants utilisent les cahiers élaborés par la centrale et en suivent le contenu de manière séquentielle. Il existe toutefois un écart entre les durées de formation prescrites dans les cahiers et celles que nous avons pu observer. La durée de formation totale prescrite est de 15 heures, alors que celle que nous avons mesurée a été de 12 h 30 min. De plus, les formateurs consacrent 1,5 fois plus de temps à la première partie du cours que ce qui est prescrit, 0,6 de la durée prévue pour la partie portant sur les droits des travailleurs, et 0,46 du temps de formation demandé pour la partie portant sur l'action syndicale. Ces écarts seraient attribuables aux quatre dimensions suivantes de la théorie sous-jacente au programme :

- l'objectif ultime du programme est d'amener les participants à mobiliser les travailleurs pour qu'ils fassent pression sur les dirigeants de l'entreprise afin d'éliminer les sources de risque de lésions professionnelles ;
- pour atteindre cet objectif, le programme doit au préalable amener les participants à attribuer l'ensemble des lésions professionnelles aux conditions de travail, et non plus à une « faute » des travailleurs ;
- les conditions de travail relèvent de la responsabilité des employeurs ;
- il est inutile de poursuivre la formation si les objectifs du premier bloc du cours ne sont pas atteints.

Les activités de formation sont de quatre types : des exposés théoriques dispensés par le formateur (environ 35 % du cours), des plénières au cours desquelles le formateur demande des informations aux participants (environ 5 % du cours), des discussions en sous-groupes des cas décrits dans le matériel pédagogique (environ 40 % du cours), et des plénières au cours desquelles un représentant de chacun des sous-groupes présente les résultats des discussions (environ 20 % du cours). D'après les travaux de Freire (1983) et de Blondin (1980), la théorie sous-jacente au programme implique que les formateurs demandent constamment aux participants d'exprimer leurs connaissances et leurs perceptions, d'une part sur leurs conditions de travail et sur leur santé, et, d'autre part, sur les comportements des personnes concernées par les problématiques de santé et de sécurité du travail. Ils doivent également leur demander de dire ce qu'ils pensent des effets de leur travail sur leur santé. Le formateur doit interagir avec les participants pour les aider à renforcer ou à modifier leurs opinions.

Protocole

L'objectif de l'évaluation était d'analyser les effets intermédiaires du programme de formation. Il nous apparaissait plus utile de centrer notre évaluation sur ceux-ci que de mettre d'emblée l'accent sur les effets ultimes du programme, puisqu'il s'agissait de la première recherche évaluative, dont les résultats devaient être publiés, sur un programme de formation syndicale en santé et en sécurité du travail. Les effets ultimes dépendent par ailleurs de trop de facteurs externes à l'activité de formation pour qu'il soit pertinent de les évaluer ici.

Dans le présent chapitre, nous nous centrons uniquement sur l'un des thèmes du programme, soit les accidents de travail. Afin d'optimiser la validité des instruments de mesure des effets attendus relatifs à ce thème, nous avons fait appel à une approche inductive pour choisir nos cadres conceptuels, c'est-à-dire que nous avons utilisé ceux qui correspondaient le mieux à la nature des effets que nous avions identifiés au cours de la phase I de notre étude. Il s'agit de la taxonomie des objectifs pédagogiques (Bloom *et al.*, 1969) et de la théorie de l'attribution (Dubois, 1996). Nous aurions pu être tentés, comme d'autres évaluateurs, d'avoir recours au cadre conceptuel de Donald L. Kirkpatrick (1996) en raison de la renommée de cet auteur. Ce dernier propose d'évaluer les quatre catégories suivantes d'effets des programmes de formation : la réaction des participants au programme, l'apprentissage qui cible les changements dans les attitudes, les connaissances et les habiletés qui devraient survenir après la formation, les comportements des personnes formées, et enfin les résultats qui se traduisent par des changements de nature organisationnelle, comme la productivité et la qualité des activités de production. Mais ce cadre d'analyse comporte selon nous deux limites importantes. D'une part, il ne tient pas compte des données probantes produites par des experts en évaluation tels Chen et Rossi. Depuis près de deux décennies, leurs études montrent ainsi que les effets des programmes à évaluer sont liés à la théorie des programmes en question. Pour sa part, Kirkpatrick ne mentionne pas cet aspect. Au contraire, il recommande l'utilisation de son cadre pour tout type de programme de formation implanté en entreprise. D'autre part, les catégories d'effets qu'il propose ne sont pas mutuellement exclusives, des études en psycho-sociologie ayant démontré que des changements de comportements peuvent être associés à l'apprentissage.

La taxonomie des objectifs pédagogiques distingue six niveaux d'apprentissage, subdivisés en sous-catégories et ordonnés de manière hiérarchique en fonction de leur degré d'abstraction et de complexité, soit: l'acquisition des connaissances, leur compréhension, leur application, leur analyse, leur synthèse et leur évaluation. Ce cadre conceptuel nous a permis de cerner deux des objectifs d'apprentissage, soit la compréhension des facteurs qui favorisent la survenue des accidents et l'application de connaissances à l'égard de leur prévention. La compréhension consiste à connaître l'information qui est communiquée et à savoir s'en servir, sans nécessairement établir de liens avec d'autres informations ni en saisir toute la portée. Quant à l'application des connaissances, elle est définie comme « l'utilisation des représentations abstraites dans des cas particuliers et concrets ».

L'attribution est définie comme « une explication, un jugement porté, une inférence faite *a posteriori* sur un événement précis » (Dubois, 1996). Elle porte sur les lieux de causalité de cet événement, qui peuvent être d'ordre interne (les causes étant attribuées à des caractéristiques de la personne impliquée dans l'événement) ou externe (les causes étant attribuées à des facteurs d'origine environnementale). Ce concept nous a permis de qualifier l'un des effets attendus de la formation, soit l'habileté des personnes formées à expliquer la fréquence des accidents de travail par des facteurs environnementaux, plutôt que de les attribuer au fait que les travailleurs victimes des accidents adoptent des comportements à risque. Il s'agit en fait de la pierre angulaire de la théorie sous-jacente au programme élaboré par la centrale.

L'analyse qualitative des données de la phase I a permis de dégager les objectifs intermédiaires suivants poursuivis à l'égard du thème des accidents de travail: comprendre que les accidents de travail ont plusieurs causes, être capable de déterminer quelles sont ces causes, être capable de trouver des mesures permettant d'éviter que des accidents se produisent et pouvoir attribuer les accidents de travail à des risques environnementaux dont les employeurs sont responsables. Il s'agit là des effets que notre recherche avait pour but d'analyser.

Nous avons utilisé un devis prétest post-test avec groupe témoin non équivalent, car il était impossible d'assigner aléatoirement les sujets entre le groupe participant[1] au programme et le groupe témoin, la mise en œuvre du programme et le recrutement des participants étant sous le contrôle de la centrale syndicale, de ses instances régionales et des syndicats qui la composent. Le choix d'un tel devis nous permettait de réduire au minimum le nombre de biais susceptibles d'altérer la validité interne de nos inférences.

Afin d'optimiser l'utilisation de nos résultats par la centrale, nous avons invité le permanent syndical responsable des cours de santé et de sécurité du travail à prendre part à nos décisions, et l'avons régulièrement tenu informé de l'évolution du projet. Nous avons également présenté nos résultats finaux au directeur du service d'éducation de la centrale et aux membres de son équipe.

L'IRSST nous a d'abord octroyé une subvention de 90 558 $ pour trois ans, mais nous avons obtenu une prolongation de un an et un budget supplémentaire de 25 000 $ en raison de la complexité du projet.

Description du processus d'évaluation

La population étudiée était composée des membres des syndicats locaux de la centrale syndicale, et nous avons choisi d'utiliser une méthode d'échantillonnage par grappes pour recruter les participants. Nous sommes d'abord entrés en contact avec les formateurs qui dispensaient des cours durant la période prévue pour la collecte de données. Nous leur avons expliqué les objectifs de l'étude et les méthodes utilisées, et ils ont tous accepté d'y participer. Quant aux personnes qui suivaient les cours, nous leur avons soumis un formulaire de consentement dès le premier cours. Le prétest a été administré au début de la première journée de formation, alors que le post-test l'a été à la fin de la dernière journée.

L'échantillon du groupe des participants était composé de 65 délégués syndicaux ayant participé à quatre sessions de formation dispensées entre les mois de février et de novembre 1999. Ces sessions regroupaient en moyenne 18 personnes et étaient dispensées par deux formateurs sur une

1. On aura compris que la notion d'exposition à un programme de formation est incongrue, d'où notre choix d'appeler « groupe participant » ce qui est formellement nommé « groupe exposé ».

période de trois journées consécutives, conformément au programme prescrit.

Les personnes du groupe témoin ont été recrutées parmi les membres des syndicats locaux participant à d'autres programmes de formation que celui qui faisait l'objet de notre étude, entre les mois de novembre 1997 et février 2000 (n = 60). Elles participaient à l'un des six programmes de formation portant sur les thèmes suivants : le bruit, l'organisation du travail (deux groupes) et le délégué syndical (trois groupes). Les activités de ces programmes étaient réparties sur trois jours, comme celles du programme étudié.

Afin de construire un instrument de mesure reflétant adéquatement l'importance relative des effets attendus du programme qui devaient être mesurés, nous avons créé un tableau de spécification des objectifs d'apprentissage, de leur contenu notionnel et de leur importance relative (Tousignant et Morissette, 1990). Nous avons par la suite élaboré sur cette base un questionnaire auto-administré comportant des questions relatives aux effets attendus du programme et aux caractéristiques des participants. Ces dernières devaient nous permettre de contrôler d'éventuels biais de sélection. Nous avons enfin soumis ce questionnaire au permanent syndical avec lequel nous collaborions, afin d'en valider le contenu.

Nous avons mesuré l'ensemble des variables dépendantes qui font l'objet du présent chapitre à l'aide du cas suivant, qui était comparable à ceux des cahiers de formation :

> Diane est technicienne de laboratoire. Elle porte des moyens individuels de protection (MIP) dans le cadre de ses activités. Il s'agit d'un sarrau, de gants, de lunettes, d'un chapeau et d'un masque respiratoire. Elle travaille dans un environnement dont la température varie entre 25 et 35 degrés Celsius. Cette température élevée est due essentiellement à la proximité d'appareils de stérilisation. Avec la chaleur, le port de l'équipement devient particulièrement irritant et il arrive que Diane l'enlève. Un jour, dans cette situation, Diane est brûlée au deuxième degré par les gaz qui se sont échappés de l'appareil de stérilisation au moment où elle l'a ouvert.

Les trois questions suivantes ont été utilisées :

1. Quelles sont la ou les causes de cet accident ?
2. Comment cet accident aurait-il pu être évité ?
3. Qui est responsable de cet accident ?

La première question de notre instrument de mesure était ouverte. Elle visait d'abord à mesurer la compréhension des participants quant au phénomène de l'accident, mais il s'agissait également d'une façon de mesurer l'attribution des causes de l'accident. Nous avons répertorié l'ensemble des réponses fournies par les participants, et les chercheurs responsables du projet ont procédé à une évaluation normative de la plausibilité théorique et technique de chacune des réponses. Les réponses plausibles à la première question ont par la suite été codifiées à nouveau dans les deux catégories suivantes : causes individuelles et causes environnementales. Enfin, pour chaque participant, nous avons calculé le nombre de réponses appartenant à chacune de ces catégories. Il s'agit des deux premières variables dépendantes, soit le nombre de causes individuelles et le nombre de causes environnementales plausibles de l'accident décrit dans ce cas énumérées par les participants.

La deuxième question était aussi ouverte. Elle visait à mesurer l'application des connaissances acquises à l'égard de la prévention des accidents de travail. Les réponses plausibles à la deuxième question ont été codifiées selon les deux catégories suivantes : les actions individuelles plausibles de la part de la travailleuse et les actions plausibles de la part de l'employeur. Il s'agit de nos troisième et quatrième variables dépendantes, soit le nombre d'actions individuelles et organisationnelles plausibles qui auraient pu être menées pour prévenir l'accident décrit dans ce cas.

La troisième question comportait les deux consignes suivantes, dont les réponses étaient mesurées à l'aide d'échelles visuelles analogues :

1. indiquez le pourcentage de responsabilité de l'employeur dans cet accident ;
2. indiquez le pourcentage de responsabilité de la travailleuse dans cet accident.

Les pourcentages de responsabilité de l'employeur et de la travailleuse sont les deux dernières variables dépendantes de notre étude. Leur valeur peut varier entre 0 et 10.

Les interactions entre la sélection, d'une part, et l'accoutumance au test, la maturation et l'histoire, d'autre part, sont des biais susceptibles de menacer la validité interne d'une étude basée sur un devis comme le nôtre (Shadish *et al.*, 2002). En effet, l'absence d'une assignation aléatoire des sujets entre le groupe participant et le groupe témoin peut faire en sorte que les groupes présentent des caractéristiques différentes dès le prétest, susceptibles de produire un écart entre leurs résultats respectifs lors du post-test. Afin d'éviter qu'un tel biais de sélection ne menace la validité interne de nos inférences, nous avons inclus les résultats du prétest pour chacune des variables dépendantes (les mesures d'effets) dans nos analyses multivariées à titre de variables de contrôle. Nous avons également contrôlé la présence possible de biais d'interaction entre la sélection et des biais d'accoutumance au test, de maturation ou d'histoire. Ce faisant, nous avons pu estimer l'effet net de la formation, soit le degré d'apprentissage des sujets entre la période qui précédait la formation (prétest) et celle qui la suivait (post-test).

Un *biais d'accoutumance au test* apparaît lorsque les réponses au post-test sont altérées par l'utilisation de l'instrument de mesure des effets lors du prétest. Il était en effet possible que la connaissance des questions relatives aux effets attendus du programme acquise lors de l'administration du prétest entraîne chez les participants une réflexion pouvant modifier les réponses données lors du post-test, et cela, plus particulièrement chez les sujets qui possédaient déjà des compétences en santé et en sécurité du travail au moment du prétest. C'est pourquoi nous avons introduit les trois variables suivantes, relatives aux compétences en santé et en sécurité du travail acquises avant la participation au cours, à titre de variables de contrôle : le nombre de mois d'expérience au sein d'un comité de santé et de sécurité du travail, le nombre de mois d'expérience à titre de délégué syndical et la participation antérieure à un cours de formation syndicale en santé et en sécurité du travail. Nous avons mesuré les deux premières variables, qui sont de nature continue, à l'aide de questions ouvertes. Nous avons attribué une valeur nulle à ces deux variables lorsque les participants ne possédaient aucune expérience. Pour la troisième variable, qui est dichotomique, nous avons demandé aux participants de nommer les programmes de formation qu'ils avaient suivis à l'aide d'une liste de 23 programmes répertoriés par la centrale. L'exposition antérieure à l'un ou l'autre de trois programmes pertinents (Actions en prévention, Organisation du travail et Plaideurs à la Commission de la santé et de la sécurité du travail) faisait attribuer un code signifiant la présence d'une formation en santé et en sécurité du travail.

Un *biais de maturation* altère la validité interne des résultats lorsque les sujets subissent des changements liés au temps écoulé entre le prétest et le post-test, changements susceptibles d'altérer leurs résultats du post-test. Un *biais d'histoire* est présent lorsque les sujets sont exposés, entre le prétest et le post-test, à une autre intervention qui poursuit des objectifs similaires à celle qui fait l'objet de la recherche évaluative.

Nous avons administré les questionnaires du post-test lors de la dernière journée de formation, soit trois jours après le début de la formation, et cela dans les deux groupes afin de réduire au minimum la probabilité d'interaction entre d'éventuels biais de sélection, de maturation et d'histoire.

Nous avons effectué des analyses descriptives des variables dépendantes et de contrôle, de même que des analyses bivariées pour comparer nos groupes. Dans un premier temps, nous avons vérifié s'il existait des différences significatives entre le groupe participant et le groupe témoin à l'égard des variables de contrôle en faisant appel à des tests de t (expérience dans un comité de SST et à titre de délégué syndical) et à des tests de chi carré (nombre de sujets ayant une expérience dans un comité de SST, ayant occupé une fonction de délégué syndical et ayant reçu une formation antérieure en SST). Comme le montre la figure 16.1, nous avons évalué les écarts entre les groupes pour chacune des variables dépendantes à l'aide de tests de t:

1. prétest *vs* post-test
   a) pour le groupe participant (C1)
   b) pour le groupe témoin (C2);
2. prétests des groupes participant et témoin (C3);
3. post-tests des groupes participant et témoin (C4).

FIGURE 16.1

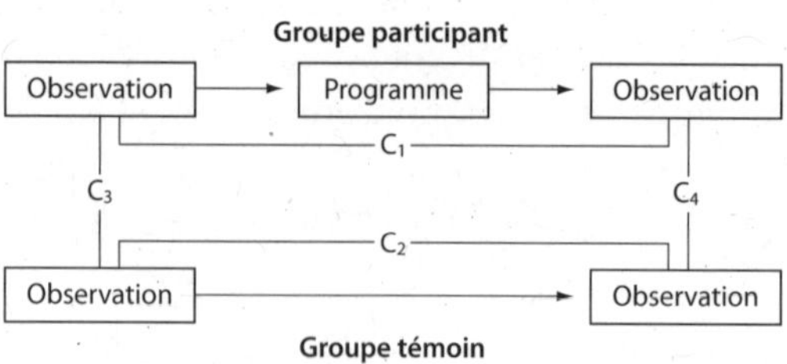

En incluant les variables de contrôle dans nos analyses multivariées, nous pouvions non seulement estimer les effets de ces variables, mais aussi les contrôler, de manière à optimiser la validité interne de nos inférences. Ce faisant, nos résultats permettaient d'estimer l'effet net de la participation au programme de formation sur les effets attendus en matière d'accidents de travail. La participation au programme, mesurée de manière dichotomique selon l'appartenance des sujets au groupe participant ou au groupe témoin, constituait la variable indépendante. Les résultats obtenus par les sujets lors du post-test, concernant les effets attendus du programme, correspondaient aux six variables dépendantes.

Nos analyses descriptives ont révélé que les quatre premières variables dépendantes suivaient une distribution de Poisson. Puisque les prémisses de la régression multiple linéaire n'étaient pas respectées, nous avons regroupé les réponses en deux catégories, pour les analyses finales, soit la présence ou l'absence de réponses plausibles. Puis nous avons soumis nos données à des analyses de régression logistique multiple. Nous avons utilisé la méthode de sélection des variables progressive hiérarchique. La sélection des variables a été réalisée à l'aide du ratio des logarithmes naturels de vraisemblance (*likelihood ratio*). Les deux méthodes qui nous ont permis d'évaluer le degré d'ajustement du modèle sont la comparaison des valeurs prédites et des valeurs observées, et le rapport de vraisemblance.

Les deux dernières variables dépendantes ont été soumises à des analyses de régression linéaire multiple. Nos deux modèles de régression multiple linéaire en respectent les prémisses, comme l'ont révélé les analyses résiduelles et les analyses des corrélations entre les variables indépendantes et de contrôle. Le coefficient de corrélation le plus élevé était de 0,415 ($p = 0,000$) ; il concernait le nombre de mois d'expérience en SST et l'ancienneté dans une fonction de délégué syndical. Nous avons fait appel à la méthode de sélection des variables progressive hiérarchique, les variables de contrôle étant introduites avant la variable indépendante.

Résultats

Les taux de réponse des groupes participant et témoin sont respectivement de 80 % et de 90 %. Toutefois, après avoir retiré les questionnaires qui ne contenaient pas l'ensemble des données utiles aux analyses, les taux de réponse chutent à 65 % (groupe participant) et à 70 % (groupe témoin), chacun des groupes étant composé de 42 sujets.

Trois fois plus de personnes du groupe participant (n=30) que du groupe témoin (n = 10) ont été membres d'un comité de santé et de sécurité du travail (p = 0,000). Le nombre moyen de mois d'expérience dans un tel comité était de 7,3 mois (s = 9,6) chez les sujets du groupe participant et de 11,1 mois (s = 22,1) chez les sujets du groupe témoin. Cet écart n'est pas statistiquement significatif (p = 0,456).

Le nombre de sujets possédant une expérience de délégué syndical était de 23 chez le groupe participant et de 34 chez les témoins. Cette différence est statistiquement significative (p = 0,009). Le nombre moyen de mois d'expérience dans cette fonction s'élève à 11,1 mois (s = 22,1) chez le groupe participant et à 36,4 mois (s = 66) chez le groupe témoin (p = 0,021).

Par ailleurs, les pourcentages de personnes ayant suivi d'autres programmes de formation en SST que le programme étudié sont de 2 % pour le groupe participant et de 33 % pour le groupe témoin. Cette proportion élevée dans le groupe témoin n'est pas surprenante, puisque le processus de trois des six programmes dans lesquels nous les avons recrutés portait en partie sur des aspects liés à la santé ou à la sécurité du travail. Nous n'avons pu effectuer de test de chi carré pour cette variable, puisqu'une cellule contenait moins de cinq sujets. L'importance de l'écart observé entre les groupes à l'égard de formations antérieures en SST semble indiquer la présence d'un biais de sélection entre les groupes.

Les analyses bivariées présentées dans les tableaux 16.1 et 16.2 révèlent la présence d'une seule différence statistiquement significative entre les groupes participant et témoin en ce qui concerne les résultats au prétest (C3 de la figure 16.1). Il s'agit de l'appréciation de la responsabilité de l'employeur dans l'accident décrit dans le cas soumis aux sujets. Le groupe participant accorde au départ une plus faible responsabilité à l'employeur que ne le fait le groupe témoin (5,45 ± 3 contre 6,82 ± 3,02). La présence d'un tel écart significatif indique la présence d'un biais de sélection, pour cette variable, mais que nous avons contrôlé dans les analyses finales par l'inclusion des résultats du prétest à titre de variables de contrôle.

TABLEAU 16.1

Résultats descriptifs et analyses comparatives des résultats prétest et post-test (n = 84)

Variable	Prétest			Post-test		
	Témoins $\bar{x} \pm s$	C_3 p	Participants $\bar{x} \pm s$	Témoins $\bar{x} \pm s$	C_4 p	Participants $\bar{x} \pm s$
Causes individuelles	0,278 ± 0,452	0,134	0,423 ± 0,537	0,286 ± 0,486	0,000*	0,038 ± 0,194
Causes environnementales	0,944 ± 0,787	0,122	0,712 ± 0,750	0,679 ± 0,716	0,003*	1,15 ± 0,916
Actions individuelles	0,122 ± 0,298	0,204	0,232 ± 0,396	0,183 ± 0,382	0,006*	0,008 ± 0,053
Actions organisationnelles	1 ± 0,911	0,148	0,731 ± 0,992	0,714 ± 0,803	0,000*	1,5 ± 0,828
% responsabilité employeur	6,82 ± 3,02	0,027*	5,45 ± 3	7,59 ± 2,67	0,000*	9,64 ± 1,55
% responsabilité travailleuse	4,8 ± 3,27	0,146	5,71 ± 2,84	3,22 ± 2,94	0,002*	1,21 ± 3,08

p : probabilité que les différences observées entre les moyennes adjacentes soient liées au hasard
* différence statistiquement significative

Dans le groupe participant, nous observons des différences statistiquement significatives entre les résultats du prétest et ceux du post-test (C1), et cela, pour chacun des effets attendus du programme. Les écarts entre les résultats des tests avant et après correspondent aux effets attendus du programme.

TABLEAU 16.2

Résultats descriptifs et analyses comparatives des résultats des groupes témoin et participant (n = 84)

Variables	Groupe témoin			Groupe participant		
	Prétest $\bar{x} \pm s$	C_2 p	Post-test $\bar{x} \pm s$	Prétest $\bar{x} \pm s$	C_1 p	Post-test $\bar{x} \pm s$
Causes individuelles	0,278 ± 0,452	0,810	0,286 ± 0,486	0,423 ± 0,537	0,000*	0,038 ± 0,194
Causes environnementales	0,944 ± 0,787	0,008*	0,679 ± 0,716	0,712 ± 0,75	0,004*	1,15 ± 0,916
Actions individuelles	0,122 ± 0,298	1	0,183 ± 0,382	0,232 ± 0,396	0,008*	0,008 ± 0,053
Actions organisationnelles	1 ± 0,911	0,047*	0,714 ± 0,803	0,731 ± 0,992	0,000*	1,5 ± 0,828
% responsabilité employeur	6,82 ± 3,02	0,000*	7,59 ± 2,67	5,45 ± 3	0,000*	9,64 ± 1,55
% responsabilité travailleuse	4,80 ± 3,27	0,001	3,22 ± 2,94	5,71 ± 2,84	0,000*	1,21 ± 3,08

p : probabilité que les différences observées entre les moyennes adjacentes soient liées au hasard
* différence statistiquement significative

Parmi les témoins, nous observons que les moyennes avant et après (C2) de quatre variables font l'objet de différences statistiquement significatives, ce qui pourrait indiquer la présence d'un biais d'accoutumance au test pour ces variables. Le nombre moyen de causes environnementales (avant = 0,944 ; après = 0,679) et d'actions organisationnelles (avant = 1 ; après = 0,714) diminue entre le prétest et le post-test, allant à l'inverse des objectifs visés par le programme de formation. Par ailleurs, le pourcentage de responsabilité que les témoins attribuent à l'employeur augmente (avant = 6,82 ; après = 7,59) alors que celui qui est attribué à la travailleuse diminue (avant = 4,8 ; après = 3,22), ce qui correspond à des effets attendus du programme.

Enfin, la comparaison des résultats du post-test entre les groupes participant et témoin (C4) révèle la présence de différences significatives entre les groupes, et cela, pour chacune des six variables dépendantes. Les différences sont conformes à la théorie sous-jacente au programme.

L'exposition au programme de formation est la seule variable associée de manière statistiquement significative à la probabilité qu'un sujet attribue une cause individuelle à l'accident lors du post-test (voir tableau 16.3). Nos résultats indiquent que le programme réduit cette probabilité, le ratio de cotes étant de 0,141 et les sujets ayant participé au programme ayant une probabilité 85,9 % inférieure aux sujets du groupe témoin d'attribuer une cause individuelle à l'accident après la formation. Deux variables permettent d'expliquer la probabilité qu'un sujet mentionne une cause environnementale. Il s'agit des résultats au prétest et de l'exposition au programme. Une fois l'effet des résultats du prétest contrôlé, cette probabilité est quatre fois plus grande pour le groupe qui a participé au programme que pour le groupe témoin. En somme, il semble que le programme de formation atteigne bien l'un de ses objectifs, soit le fait d'accroître la compréhension du rôle des facteurs environnementaux dans l'occurrence des accidents de travail.

TABLEAU 16.3

Résultats des analyses de régression logistique (n = 84)

Variables dépendantes	Variables retenues	B	Erreur	p	Ratio de cotes
Causes individuelles	Exposition au programme	-1,96	0,805	0,015	0,141
Valeurs observées / valeurs prédites : 84,5 % *Rapport de vraisemblance : 64,385*					
Causes environnementales	Résultats prétest	1,251	0,418	0,003	3,493
	Exposition au programme	1,453	0,565	0,010	4,276
Valeurs observées / valeurs prédites : 70,2 % *Rapport de vraisemblance : 86,298*					
Actions organisationnelles	Résultats prétest	1,467	0,547	0,007	4,334
	Exposition au programme	2,669	0,780	0,001	14,421
Valeurs observées / valeurs prédites : 78,6 % *Rapport de vraisemblance : 66,39*					

Aucune variable ne permet d'expliquer les résultats obtenus au post-test concernant la probabilité de suggérer des actions individuelles qui auraient pu contribuer à prévenir cet accident. Par contre, le programme de formation multiplie par 14 la probabilité que les sujets trouvent au moins une cause organisationnelle, après que l'effet des résultats du prétest a été contrôlé.

TABLEAU 16.4

Résultats des analyses de régression linéaire multiple (n = 84)

Variables dépendantes	Variables retenues	B ajusté	p	R^2 ajusté	F	p
Responsabilité de l'employeur (%)	Exposition au programme	0,548	0,000	0,304	13,062	0,000
	Résultats prétest	0,34	0,001			
	Formation SST antérieure	0,221	0,033			
Responsabilité du travailleur (%)	Exposition au programme	-0,371	0,000	0,178	10,001	0,000
	Résultats prétest	0,31	0,003			

Trois variables sont positivement associées, et de manière statistiquement significative, au pourcentage de responsabilité attribué à l'employeur en post-test (voir tableau 16.4). Elles expliquent 30,4 % de la variation de cette variable. La participation au programme est la variable qui semble avoir l'effet le plus important, suivie des résultats au prétest, puis de la présence d'une formation. Enfin, deux variables expliquent 17,8 % de la variation du pourcentage de responsabilité attribué à la travailleuse : la participation au programme a un effet négatif sur la variable dépendante, alors que les résultats du prétest lui sont associés de manière positive. Ces résultats semblent indiquer que le programme de formation favorise une attribution externe à l'égard des accidents, ce qui est conforme à sa théorie sous-jacente.

Discussion

Nos analyses bivariées révèlent que le groupe participant présente un plus grand nombre de changements statistiquement significatifs entre les mesures du prétest et celles du post-test. Toutes les différences vont dans le sens des objectifs de la formation. Cependant, seules les analyses multi-variées permettent de vérifier si les changements observés chez le groupe participant peuvent être attribués au programme de formation.

Les résultats de ces analyses indiquent que le programme de formation étudié est associé, de manière statistiquement significative, à cinq de ses six effets attendus. Le programme entraînerait, tel qu'escompté, une amélioration de la compréhension des facteurs qui contribuent aux accidents. Cette amélioration se traduit par une moins grande probabilité, chez les sujets du groupe participant au programme, d'attribuer des causes individuelles à l'accident décrit dans notre instrument de mesure, et par une plus grande probabilité pour ces sujets de lui attribuer des causes environnementales. Le programme favoriserait également l'application des connaissances enseignées à l'égard de la prévention des accidents. Cet apprentissage se traduit par une plus grande probabilité, pour les sujets du groupe participant, de suggérer une action organisationnelle susceptible de prévenir l'accident décrit. Enfin, le programme de formation augmente le pourcentage d'attribution externe de l'accident et réduit le pourcentage d'attribution interne, conformément à l'un des objectifs poursuivis.

La présence d'une formation antérieure en SST est associée au pourcentage de responsabilité attribué à l'employeur. Cet effet attendu du programme était le seul pour lequel nous avions observé, lors des analyses bivariées, une différence significative entre les résultats du prétest des groupes participant et témoin. Or, le groupe témoin comportait une plus grande proportion de sujets formés en SST que le groupe participant. Il était donc possible qu'un biais de sélection puisse affecter la validité interne de nos inférences concernant le pourcentage de responsabilité attribué à l'employeur. En outre, la moyenne obtenue par les témoins, en post-test, est significativement supérieure à celle du prétest. Tout se passe comme si, en réfléchissant de nouveau aux questions posées, on avait ajusté le tir. Ces résultats semblent indiquer la présence d'un biais d'accoutumance au test chez les sujets qui avaient déjà participé à une formation en SST. Cela signifierait qu'il y avait une interaction entre la sélection et l'accoutumance au test pour le pourcentage de responsabilité attribué à l'employeur. L'inclusion de la présence d'une formation antérieure en SST dans nos analyses multivariées nous a permis non seulement d'en estimer l'effet, mais aussi de faire en sorte que l'estimation de l'effet du programme de formation ne soit pas altérée par l'interaction entre la sélection et l'accoutumance au test.

Par ailleurs, nos analyses ne nous ont pas permis de vérifier la présence d'une relation entre le programme et la probabilité qu'un sujet trouve des actions individuelles susceptibles de prévenir l'accident décrit dans notre instrument de mesure. En outre, aucune variable de contrôle n'est associée à cette variable dépendante. Il est plausible que l'absence de relation statistiquement significative entre le programme et cet effet attendu soit liée à une puissance statistique insuffisante, puisque l'écart entre les résultats avant et après était faible.

Nous avons diminué la probabilité de biais d'histoire et de maturation en limitant au minimum, soit trois jours, le temps écoulé entre les mesures du prétest et celles du post-test. Le biais d'histoire a aussi été limité en raison du fait que les sujets ne retournaient pas dans leur milieu de travail entre le prétest et le post-test. Les effets de ces biais ont également été contrôlés lors de nos analyses multivariées par l'inclusion des résultats du prétest des groupes participant et témoin à titre de variables de contrôle, et par la comparaison des résultats du post-test entre ces groupes.

Nous avons tenté de réduire au minimum les biais pouvant affecter la validité externe de l'étude en recrutant des sujets dans quatre groupes. Les programmes de formation auxquels ils ont participé ont été dispensés par des formateurs différents. Il est probable que nos résultats puissent être extrapolés à l'ensemble des programmes de base en santé et en sécurité du travail dont la centrale syndicale est responsable, et cela, pour les raisons suivantes : nos taux de réponse étaient élevés (65 % et 70 %), et dans le cadre de la phase I de notre étude, nous avons observé peu d'écart entre le programme prescrit et celui qui était effectivement implanté. Cet écart ne concernait que le temps consacré aux activités portant sur les thèmes abordés dans le cadre du présent chapitre, la durée observée des activités étant supérieure à celle qui était prescrite dans le cahier du formateur.

Malheureusement, nous ne pouvons comparer nos résultats à ceux d'autres études, puisqu'il s'agit de la seule recherche évaluative portant sur un programme de formation syndicale dont la théorie sous-jacente ait été décrite. Nos résultats ne pourraient donc être extrapolés qu'à des programmes de formation qui feraient appel à un processus similaire à celui du programme étudié. Lors de la phase I, l'analyse du verbatim de la session que nous avons enregistrée sur bande sonore nous a permis de constater que les formateurs s'opposaient aux participants lorsque ceux-ci exprimaient des opinions par lesquelles ils manifestaient leur désaccord quant aux effets attendus du programme. En général, l'interaction prenait fin lorsque le participant adoptait l'opinion du formateur. Il semble donc y avoir une concordance avec la théorie éducative à laquelle la centrale syndicale se réfère (Blondin, 1980 ; Freire, 1983).

Toutefois, le processus du programme que nous venons de décrire risque d'entraîner un biais susceptible d'affecter la validité externe de notre étude. Il s'agit du désir de plaire à l'évaluateur. En effet, comme les formateurs ont dû recourir à des méthodes de confrontation, il est probable que les participants connaissaient les effets attendus du programme et qu'ils aient été tentés de se conformer aux objectifs de la formation lorsqu'ils ont rempli le questionnaire du post-test. Cependant, le fait que les réponses aux questionnaires aient été anonymes pourrait limiter la portée de cet effet. Seules des observations sur les actions syndicales menées par les participants à leur retour dans leur milieu de travail permettraient de vérifier la valeur prédictive des mesures à court terme des effets de la formation que nous avons effectuées.

Lorsque nous avons présenté nos résultats à la centrale, nous avons souligné avec insistance la plausibilité de la théorie sous-jacente au programme et l'efficacité du programme. Nous avons recommandé la poursuite de la formation sans modification, si ce n'est de réévaluer le temps prescrit pour les activités relatives au thème des accidents de travail.

Le climat de confiance qui s'est développé avec les permanents syndicaux au cours des années de collaboration ayant précédé cette recherche a grandement facilité le processus de l'évaluation. Nous n'avons jamais senti de résistance de la part du personnel de la centrale à l'endroit de nos travaux. Au contraire, les membres ont manifesté un intérêt réel et nous ont facilité la tâche lorsque nous avions besoin de leur collaboration. Notre seul regret est de ne pas avoir obtenu les ressources financières suffisantes pour terminer cette recherche rapidement. Les organismes subventionnaires font face à un paradoxe : leurs dirigeants souhaitent que les résultats de recherche soient utilisés par les milieux de pratique, et pour favoriser une telle utilisation, les chercheurs doivent travailler en partenariat avec des représentants de ces milieux. Or, ces derniers sont généralement peu enclins à participer à nos recherches si nous ne nous engageons pas à produire des connaissances à courte échéance. L'absence de ressources financières adéquates peut compromettre le respect d'un tel engagement.

Pour aller plus loin :

Shadish, W. R., T. D. Cook et D. T. Campbell (2002), *Experimental and Quasi-Experimental Designs for Generalized Causal Inference*, Boston, Houghton Mifflin Company.

Ce livre s'inscrit dans l'école de pensée développée par Donald T. Campbell, qui a publié avec J. C. Stanley *Experimental and quasi-experimental designs for research* (1963), puis, avec Thomas D. Cook, *Quasi-experimentation : Design and analysis issues for field settings* (1979), chez Rand-McNally. C'est un ouvrage de référence incontournable pour ceux et celles qui souhaitent connaître les méthodes qui permettent d'optimiser la validité interne et externe des inférences de causalité. Les auteurs présentent les biais susceptibles d'altérer la validité, selon les méthodes utilisées, et proposent des solutions pour éviter qu'ils n'apparaissent ou pour en vérifier la présence.

Chen, H. T. (1990), *Theory-driven evaluations*, Newbury Park, Sage Publications.

Ce livre a été rédigé à la suite du ralentissement abrupt aux États-Unis des évaluations de programmes sociaux, dans les années 1980. Cette période faisait suite à deux décennies au cours desquelles les évaluations concluaient fréquemment que les programmes n'atteignaient pas leurs objectifs. L'approche de la boîte noire s'étant révélée peu utile, Chen insiste sur l'importance de posséder des connaissances sur l'objet du programme à évaluer avant de tenter d'en analyser les effets. Il innove en intégrant, dans un même cadre théorique, les théories normative et causale des programmes. Une lecture essentielle pour les évaluateurs qui souhaitent acquérir des habiletés pour conceptualiser les théories des programmes.

CHEN, H. T. (2005), *Practical Program Evaluation. Assessing and Improving Planning, Implementation, and Effectiveness*, Thousand Oaks, Sage Publications.

Il s'agit du plus récent ouvrage de Chen. Il y propose une série d'outils conceptuels et opérationnels pour évaluer et répondre aux besoins des groupes d'intérêt concernés par l'évaluation de programmes. Son contenu est centré sur l'action, du développement de la théorie du programme à l'évaluation de ses effets. Plutôt que de proposer des recettes, l'auteur énonce les principes sur lesquels les stratégies d'évaluation doivent s'appuyer et fonde ses recommandations sur des bases théoriques explicites.

Internet

Institut de recherche Robert-Sauvé en santé et en sécurité du travail

Le site suivant permet de télécharger les rapports de recherche des études financées par l'IRSST; quelques recherches évaluatives sont disponibles: <www.irsst.qc.ca>.

17
Une évaluation des effets d'un programme de réduction des conflits chez les enfants

Françoise Fortin et François Bowen

Le contexte

En juin 2001, à la suite d'un appel d'offre, le Centre national de prévention du crime du Canada (CNPC, ministère de la Justice) a mandaté notre groupe de recherche, le Groupe d'étude sur la médiation en milieu scolaire (GEMMS), pour effectuer l'évaluation de la deuxième édition d'un programme de médiation par les pairs et de résolution de conflits portant le nom de *Vers le pacifique*. L'appel d'offre stipulait que la mise en œuvre, les effets ainsi que le rapport coût-bénéfice du programme devaient être évalués sur une période de trois années à l'aide d'un devis de type expérimental. L'évaluation demandée portait spécifiquement sur l'efficacité du programme. L'organisme qui financerait l'évaluation avait également contribué financièrement au développement de l'intervention, et souhaitait connaître le plus précisément possible les effets du programme tel qu'appliqué rigoureusement par le personnel des milieux scolaires (Flay *et al.*, 2005). De plus, le programme devait être évalué dans plusieurs types de milieux (urbain, rural, semi-rural) afin de pouvoir le disséminer à travers le Canada si les résultats se révélaient satisfaisants. Tout comme la validité interne de l'étude, contrôlée grâce au devis expérimental, la question de la validité écologique des résultats, soit la possibilité de transférer les résultats obtenus à d'autres contextes, était importante pour les bailleurs de fonds.

Bien que la première édition de *Vers le pacifique* eût fait l'objet d'une évaluation (1995-1997), il était aussi nécessaire d'évaluer cette deuxième édition, car des modifications importantes avaient été apportées au programme. En effet, le nombre d'ateliers proposés, la clientèle ciblée (ajout d'un programme visant les élèves de maternelle), l'organisation et la mise en place du programme (sur deux années plutôt que sur une seule) avaient été modifiés. De plus, l'évaluation précédente ne s'était pas suffisamment attardée à l'étude des effets proximaux du programme (par exemple, les connaissances acquises sur la résolution de conflit), pas plus qu'elle n'avait investigué sur ses retombées dans l'environnement scolaire (par exemple, les climats relationnel et de sécurité). Enfin, le premier devis ne couvrait que deux années.

Les principaux acteurs

Chaque organisme subventionnaire a ses exigences quant aux acteurs à impliquer dans une évaluation et à l'importance de leur participation. De son côté, lorsqu'il attribue une subvention, le CNPC demande la mise en place d'un comité consultatif constitué de représentants des principaux partis impliqués. Pour l'évaluation de *Vers le pacifique*, ce comité était constitué, outre du chercheur principal, d'un co-chercheur, de la coordonnatrice de recherche, d'un chargé de dossier du CNPC, du directeur de la recherche au Centre international de résolution de conflits et de médiation (CIRCM) / Institut Pacifique (les concepteurs du programme), d'un représentant des commissions scolaires dans lesquelles le programme était mis en œuvre ainsi que d'un professeur-chercheur indépendant. Ce comité se réunissait environ deux fois par année afin de discuter du devis et des rapports préliminaires d'évaluation de la mise en œuvre et des effets du programme. Toute modification majeure au devis ou au plan d'analyse devait être approuvée par le comité.

Par ailleurs, une entente entre les chercheurs du GEMMS et le CIRCM / Institut Pacifique a été conclue pour favoriser le recrutement des écoles, mais aussi le partage de l'information, particulièrement en ce qui a trait à l'évaluation de la mise en œuvre. Les concepteurs du programme étaient donc assez engagés dans le processus d'évaluation. Enfin, des communications régulières avaient lieu entre le groupe de recherche et les différents milieux scolaires afin de discuter des modalités d'évaluation ou de répondre à des questions sur le déroulement des activités de recherche.

Le cadre logique du programme

Le but du programme *Vers le pacifique* est de prévenir la violence par la promotion de conduites pacifiques. Il s'adresse aux enfants de la maternelle à la 6e année du primaire. Étalée sur deux années, l'implantation du programme se scinde en deux volets successifs, soit la résolution de conflits et la médiation par les pairs.

Le premier volet, les ateliers de résolution de conflits, vise à développer chez les jeunes diverses habiletés leur permettant d'établir des relations interpersonnelles pacifiques. La formation se fait au moyen d'ateliers ayant comme objectifs de favoriser chez les jeunes une vision non violente des situations conflictuelles, de les encourager à acquérir des habiletés d'écoute, de jugement critique, d'expression verbale des émotions et de maîtrise de soi, de développer une meilleure compréhension ainsi qu'une meilleure gestion de leurs conflits, et d'aider les jeunes à améliorer leurs relations avec autrui et leur compréhension d'eux-mêmes et des autres. L'ensemble de ces objectifs est abordé par l'entremise de 9 ateliers pour chacun des cycles (20 à la maternelle) conçus pour être animés par les enseignants titulaires.

Une fois les ateliers mis en place, l'école peut s'engager dans le deuxième volet du programme, la médiation par les pairs. Les jeunes y apprennent à utiliser la médiation comme mode de résolution de conflits. Cela nécessite la sélection, la formation et l'encadrement d'élèves médiateurs. Les objectifs de ce volet sont de reconnaître que les jeunes ont le pouvoir de résoudre des conflits et de développer leurs compétences dans ce sens, d'amener les jeunes à utiliser la médiation comme alternative efficace aux approches infructueuses de résolution de conflits, d'encourager les jeunes à s'impliquer dans la résolution de conflits, et de responsabiliser les jeunes dans la gestion de leurs propres conflits. Enfin, parallèlement à l'évaluation, les concepteurs du programme ont développé un troisième volet appelé Famille-Communauté, qui ne sera pas abordé ici.

TABLEAU 17.1

Modélisation des résultats attendus : schéma des principaux éléments évalués

Description du programme	Éléments de la mise en œuvre	Impacts proximaux et médiaux (attendus)	Impacts distaux (attendus)
Volet Ateliers de résolution de conflits (1re année d'implantation) • 20 ateliers à la maternelle • 9 ateliers pour chaque année du primaire **Volet Médiation** (2e année d'implantation) • Ateliers de rappel des contenus de la première année • Sélection, formation et encadrement des médiateurs	**Première année** A) Formation et soutien des enseignants B) Préparation d'ateliers C) Arrimage des contenus avec les autres interventions réalisées à l'école D) Arrimage du programme avec le contexte organisationnel de l'école E) Comités de coordination **Deuxième et troisième années** F) Formation et soutien des enseignants G) Sélection, de formation et encadrement des médiateurs H) Action des médiateurs + points B, C, D et E	**Première et deuxième années (éventuellement, 3e année pour le maintien des acquis)** (par ordre d'acquisition) A) Connaissances et habiletés accrues en lien avec la résolution de conflits B) Accroissement des conduites prosociales C) Diminution des conduites agressives (objectif médial) D) Diminution des problèmes internalisés (objectif médial) E) Réduction des taux généraux d'agressivité et de victimisation (objectif médial)	**Deuxième et troisième années** A) Amélioration du climat relationnel et de sécurité entre les élèves B) Capacité d'appliquer en situation réelle, seul ou avec l'aide d'un médiateur, le processus de résolution pacifique de conflits C) Amélioration du climat organisationnel D) Sentiment accru de compétence chez les enseignants

Le tableau 17.1 illustre la modélisation des effets attendus du programme. Dans un premier temps, le modèle suppose l'acquisition ou l'accroissement de connaissances et d'habiletés en résolution de conflits (1re année), nécessaires au développement des conduites prosociales et de résolution de conflits (1re et 2e années). Le développement des conduites prosociales et de résolution de conflits comme alternatives à la violence devrait progressivement mener à une diminution des conduites agressives (2e année) et, conséquemment, à réduire les taux généraux d'aggressions et de victimisation à l'échelle de l'école (vers la 3e année). Enfin, cette diminution des taux d'agressions devrait favoriser la perception d'un climat scolaire plus positif au point de vue de la sécurité et des relations sociales (2e et 3e années).

Le protocole d'évaluation

Les objectifs visés et les questions d'évaluation

Tel que mentionné précédemment, l'appel d'offre du CNPC impliquait une évaluation de la mise en œuvre et des effets du programme, mais aussi une analyse coût-bénéfice. Pour les besoins de la démonstration, nous ne nous attarderons ici que sur l'évaluation des effets.

La principale, et ultime, question concernant l'évaluation des effets était la suivante : Est-ce que le programme *Vers le pacifique* est efficace pour réduire la fréquence des comportements antisociaux et la violence chez les jeunes ? Plus précisément, il s'agissait d'évaluer les retombées des ateliers et de la médiation par les pairs sous plusieurs angles, soit les impacts proximaux (par exemple, l'acquisition de connaissances et d'habiletés en résolution de conflits), médiaux (par exemple, les conduites agressives) et distaux (par exemple, le climat relationnel).

Le devis

Un protocole de recherche longitudinal ayant été retenu, la collecte des données s'est déroulée sur quatre années scolaires. Il a par ailleurs été convenu qu'un devis quasi-expérimental serait employé. Celui-ci devait permettre de comparer les effets des programmes de huit écoles expérimentales et de cinq écoles témoins. Le tableau 17.2 présente le devis d'évaluation sous forme schématique. Les écoles ont été choisies en fonction de leur milieu – urbain, rural ou semi-rural – afin d'optimiser les possibilités de généralisation des résultats de l'évaluation. Comme les écoles n'ont pas toutes été réparties au hasard entre les groupes expérimental et témoin, un devis quasi-expérimental a dû être substitué au devis expérimental véritable qui devait être employé.

TABLEAU 17.2

Schématisation du devis de recherche

	1re année	2e année	3e année	4e année
Expérimental	X O X	X O_2 X	X O_2 X	O_2 X
Témoin	X X	X X	X O X	O_2 X

1 - X : prise de mesure
2 - O : ateliers
3 - O_2 : ateliers et médiation

Plusieurs instruments, sources et méthodes de collecte de données ont dû être utilisés pour arriver à évaluer les divers objectifs du programme. Le tableau 17.3 détaille ces outils.

TABLEAU 17.3

Instruments utilisés

Dimensions évaluées	Instruments	Auteurs	Sources
Autocontrôle comportemental Conduites agressives Conduites prosociales Habiletés en résolution de conflits Problèmes internalisés (retrait et isolement social)	Échelles sociométriques et comportementales (questionnaires)	Tremblay *et al.* (1992) Bowen *et al.* (2003)	Enseignants Parents Pairs
Connaissances relatives aux attitudes et aux comportements requis pour résoudre pacifiquement des conflits	Questionnaire sur les connaissances	Bowen *et al.* (2003)	Auto-rapporté, tous les élèves et les membres du personnel
	Entrevue de résolution de problèmes interpersonnels (ERPI)	Groleau (1990)	Auto-rapporté, 5 élèves par classe
Climat relationnel Climat de sécurité Victimisation perçue Victimisation agie Victimisation vécue	Questionnaire sur l'Environnement socio-éducatif (QES)	Janosz *et al.* (2007)	Auto-rapporté, tous les élèves

Le plan de valorisation et l'utilisation potentielle des résultats

Les résultats de l'évaluation devaient servir à mesurer les effets attendus du programme en lien avec le processus de mise en œuvre, afin de déterminer quelles étaient les conditions qui amélioraient l'efficacité des interventions promues et celles qui leur faisaient obstacle. À terme, le commanditaire de cette évaluation souhaitait qu'elle lui permette de déterminer la pertinence de disséminer le programme dans tout le pays. Par ailleurs, plusieurs mécanismes de transfert et de valorisation des résultats ont aussi été mis en place. Premièrement, après chaque année d'évaluation, ainsi qu'à la toute fin du processus, un rapport était déposé auprès du CNPC et discuté en comité consultatif. Deuxièmement, chaque direction d'école du groupe expérimental recevait annuellement un rapport d'évaluation de la mise en œuvre du programme dans son milieu, accompagné d'un certain nombre de recommandations ou de suggestions visant à accroître la qualité de son implantation. Troisièmement, toutes les écoles qui en faisaient la demande pouvaient recevoir annuellement un bilan décrivant l'environnement socioéducatif de leur école (climats, pratiques...). Quatrièmement, les chercheurs du GEMMS ont diffusé les résultats de l'évaluation dans des congrès professionnels et scientifiques tout au long des quatre années du projet. Enfin, comme les directions d'écoles, les concepteurs (CIRCM / Institut Pacifique) du programme recevaient les divers rapports d'évaluation, en plus d'être en contact régulier avec le groupe de recherche, notamment pour assurer une mise en œuvre optimale du programme.

Le budget et la planification

Le budget initial de l'évaluation était de 557 000 $ répartis sur trois années d'évaluation. La plus grande part de cette somme a servi à payer les salaires des assistants de recherche et de la coordonnatrice pour la collecte et la saisie des données nécessaires à l'évaluation des effets et de la mise en œuvre.

Le processus de l'évaluation

Le contexte entourant le recrutement des écoles

Le recrutement des écoles participantes constituait un aspect particulièrement important du processus d'évaluation, car la représentativité géographique des sujets (zones urbaines, banlieues et zones rurales) et les possibilités de généralisation des résultats seraient tributaires de la qualité de l'échantillonnage.

Au cours du mois d'août 2001, l'équipe du GEMMS a obtenu de la part du CNPC une réponse positive concernant la soumission déposée à la mi-juillet, à la suite de l'appel d'offre. Le financement demandé avait été octroyé, mais le projet devait débuter rapidement, soit en septembre de la même année. Concrètement, le recrutement des écoles était fait conjointement avec les membres du CIRCM / Institut Pacifique, qui présentaient le programme auprès des commissions scolaires et des établissements d'enseignement. Cette présentation s'accompagnait d'une description du projet de recherche et de ses exigences. Respecter le plan initial de recrutement et d'échantillonnage, qui se voulait au départ aléatoire stratifié, aurait demandé plusieurs semaines, voire des mois. Or, le temps nous manquait cruellement, compte tenu de l'appel d'offre tardif (juin) pour un projet d'une telle envergure, et qui devait de surcroît se déployer dès septembre.

Le devis stipulait que les 16 écoles sélectionnées devaient provenir de trois types de milieu, soit urbain, rural et semi-rural. Après quelques hésitations, il a été convenu de recruter les écoles dans trois commissions scolaires de l'île de Montréal et de sa couronne nord. Nous avons rencontré la direction et le personnel de toutes les écoles sélectionnées, essentiellement entre les mois d'août et de décembre 2001, pour leur faire part des implications (intervention et évaluation) liées à la participation au projet mais aussi des avantages inhérents à cette participation. Toutes les écoles ont été approchées suivant les mêmes procédures : l'école devait accepter de s'engager sans savoir si elle bénéficierait de l'intervention dès les deux premières années ou seulement au cours des deux années subséquentes. À la suite de la présentation, les représentants des écoles ont signé une lettre d'engagement envers le CIRCM / Institut Pacifique. Cependant, à cause des négociations des enseignants du secteur public sur le dossier de l'équité salariale alors en cours, une mesure de boycott des activités parascolaires a été appliquée dans certaines des écoles recrutées. Ce phénomène, combiné à la résistance de quelques établissements, a provoqué le retrait de trois écoles témoins. Ainsi, des 16 écoles initialement prévues, seules 13 ont finalement accepté de faire partie de l'échantillon. Parmi elles, huit expérimentaient le programme depuis deux ans (les deux premières années du programme), et les cinq autres étaient des écoles témoins. En théorie, nous aurions pu poursuivre notre recrutement afin d'atteindre nos objectifs de randomisation de l'échantillon, mais deux obstacles nous en ont empêchés. Non seulement le temps nous manquait, mais il aurait aussi pu être contestable, d'un point de vue éthique, de n'offrir à ces nouvelles écoles que la possibilité de faire partie du groupe témoin, contrairement aux écoles du recrutement initial, qui avaient eu le choix. De plus, le poids des moyens de pression déployés dans les écoles durant cette période, ainsi que certaines exigences des commissions scolaires, ne nous permettaient pas d'espérer de meilleurs résultats même en poursuivant la procédure de recrutement.

La répartition des sujets

Le devis expérimental choisi initialement prévoyait la répartition aléatoire des sujets (écoles) entre les groupes expérimental et témoin. Ce choix méthodologique aurait permis de rendre les groupes équivalents, réduisant ainsi les menaces à la validité interne de l'étude et renforçant la qualité des inférences causales. En effet, en contrôlant les variables potentiellement confondantes (par exemple, le niveau de défavorisation), les effets obtenus sont théoriquement attribuables uniquement au programme ou à sa mise en œuvre. Quoique très pertinent sur papier, ce type de devis amène souvent des difficultés lors de son application dans la réalité. Ce problème s'est justement posé dans notre évaluation. En effet, certaines commissions scolaires ont fait des pressions afin de choisir, à titre d'écoles expérimentales, les écoles qu'elles considéraient comme étant celles qui avaient le plus besoin du programme (problèmes de violence importants, milieux très défavorisés). Étant donné les contraintes temporelles évoquées plus haut, l'équipe d'évaluation n'a pas eu d'autres choix que d'accepter ces conditions. L'utilisation d'un devis quasi-expérimental sans répartition aléatoire des sujets s'est donc imposée. Cela a cependant eu des implications importantes pour la suite du projet, car les groupes expérimental et témoin n'étaient pas équivalents concernant certaines mesures telles que le statut socioéconomique ou l'origine ethnique des élèves.

Le choix des instruments de mesure

Dans un devis de type expérimental ou quasi-expérimental, les instruments privilégiés sont validés, c'est-à-dire que leurs propriétés psycho-métriques ont été établies lors d'études antérieures. Le principal avantage des instruments validés est qu'ils permettent de comparer plusieurs études utilisant les mêmes instruments. Il peut cependant s'avérer difficile de trouver un instrument déjà validé qui réponde parfaitement à l'évaluation de certains des objectifs (ou impacts) de l'intervention à examiner.

Dans le cas qui nous occupe, plusieurs des échelles de mesure provenaient d'instruments validés lors d'évaluations de programmes de même nature (par exemple, la première édition du programme *Vers le pacifique*). Parmi ces instruments, les échelles sociométriques et comportementales (Tremblay *et al.*, 1992) et l'entrevue de résolution de conflits interpersonnels (ERPI, Groleau, 1990), qui ont pu être reprises telles quelles ou légèrement adaptées. Ces instruments ou procédures ont permis d'obtenir des mesures directement associées aux impacts (proximaux, médiaux et distaux) attendus du programme tels que présentés dans le tableau 17.1.

Pour évaluer les connaissances et habiletés en résolution de conflits, l'entrevue de résolution de problèmes interpersonnels (ERPI) a été choisie, car aucun questionnaire autorévélé n'était disponible pour couvrir tous les élèves de la maternelle à la sixième année. Cependant, compte tenu des coûts élevés d'une telle procédure (passation individuelle, codage et transformation des données), nous avons sous-échantillonné en sélectionnant, sur une base aléatoire, en moyenne cinq élèves par classe. Toutefois, selon le modèle logique du programme (voir le tableau 17.1), cette mesure permet de déterminer l'atteinte d'un impact proximal important, soit la connaissance des attitudes et des comportements relatifs à la résolution de conflits. Il aurait donc été souhaitable qu'une telle évaluation puisse être réalisée pour l'ensemble de l'échantillon. Afin de résoudre ce problème (et de réduire les coûts associés à l'ERPI), le groupe de recherche a mis au point un questionnaire autorévélé dit « des connaissances », qui a été rempli par tous les élèves de la 3e à la 6e année. Ce questionnaire a été validé au cours des deux premières années d'implantation du programme en comparant ses résultats avec ceux de l'ERPI, et en analysant ses propriétés psychométriques (voir Bowen *et al.*, 2003 pour plus de détails). De cette manière, nous avons donc pu obtenir des mesures concernant les connaissances et habiletés en résolution de conflits acquises par l'ensemble des élèves des deuxième et troisième cycles.

La collecte de données et la prise de mesures

Dans un protocole de nature expérimentale, les données doivent être recueillies au même moment et dans des conditions semblables afin de garantir la comparabilité des résultats obtenus. Pour l'évaluation de *Vers le pacifique*, les diverses collectes des données étaient prévues à la rentrée, durant le mois d'octobre et à la fin de l'année scolaire, durant le mois de mai, puisque le programme devait être implanté essentiellement entre les mois de novembre et d'avril. Il s'est avéré difficile de respecter scrupuleusement cet échéancier, et cela pour plusieurs raisons.

Tout d'abord, à cause des délais très serrés pour effectuer le recrutement des écoles, la collecte initiale (T1) des données a dû être étalée de novembre 2001 à janvier 2002. Et puis, le fait de devoir obtenir le consentement des parents pour la participation de leurs enfants au projet ne faisait qu'accroître ce délai. En effet, les enfants étant mineurs, le comité d'éthique de l'université ainsi que ceux des différentes commissions scolaires ont demandé aux parents de signer un formulaire de consentement pour que leurs enfants participent à l'évaluation du programme. Il avait cependant été convenu avec les représentants des écoles et du CIRCM/Institut Pacifique que les interventions auprès des élèves ne débuteraient qu'après la collecte des données.

Ensuite, les écoles n'avaient que des disponibilités limitées pour permettre la collecte des données. En outre, il était impossible de récolter toutes les données en une seule journée, chaque école nécessitant entre deux et quatre journées de travail. Enfin, il n'a pas toujours été facile de trouver des auxiliaires de recherche durant la collecte de l'automne, puisque la plupart d'entre eux étaient des étudiants universitaires qui suivaient des cours pendant cette période.

Pour toutes ces raisons, le groupe de recherche a choisi de répartir le travail des auxiliaires sur deux mois (octobre et novembre) plutôt que sur un seul, comme cela avait été prévu initialement. Cet étalement de la collecte a pu faire en sorte que, dans certains cas, la cueillette des données a été réalisée alors que l'intervention venait à peine de débuter. Il est cependant difficile d'estimer dans quelle mesure ce léger accroc au protocole a pu biaiser les résultats des analyses d'impacts.

Par ailleurs, le GEMMS a tenté de mettre en place un certain nombre de procédures afin de rendre les conditions de passation les plus semblables possible d'une classe à l'autre. Pour les passations de groupe effectuées par les auxiliaires de recherche (désignations comportementales, questionnaire sur les connaissances), les questions étaient lues à voix haute aux élèves, et ce, à plusieurs reprises. De plus, le calme et le silence devaient régner dans les classes. Pour ce qui est de la passation du questionnaire sur l'environnement socio-éducatif (QES), réalisée par les enseignants titulaires, ceux-ci devaient faire la collecte dans une autre classe que la leur afin de réduire le plus possible la désirabilité sociale chez les élèves, car ces derniers devaient répondre à des questions concernant le climat dans leur classe et les pratiques de leur enseignant. Les enseignants devaient également lire les instructions qui décrivaient très précisément la procédure à suivre.

La passation de l'ERPI était pour sa part réalisée par l'auxiliaire de recherche, qui rencontrait un à un les élèves ayant été sous-échantillonnés pour les fins de l'entrevue. Afin de diminuer les biais possibles, les auxiliaires chargés de la collecte des données avaient reçu une formation à cet effet et bénéficiaient en tout temps de la présence d'un coordonnateur prêt à offrir son aide et son soutien en cas de besoin. Enfin, des consignes détaillées étaient données aux enseignants et aux parents pour que ceux-ci puissent remplir leurs questionnaires respectifs.

En dépit du fait que les procédures de collecte des données aient été appliquées avec une grande rigueur, certains problèmes n'ont pu être résolus. En premier lieu, comme le projet de recherche s'est déroulé sur une période de quatre années, il s'est avéré difficile d'assurer la pérennité de l'équipe de recherche sur une si longue période. Il a donc fallu former régulièrement de nouveaux auxiliaires de recherche ainsi que des coordonnateurs. De plus, il fallait tenir compte du fait que les auxiliaires engagés, des étudiants, provenaient de différents horizons disciplinaires, comme le droit, la psychoéducation, les études internationales, et qu'un très grand nombre d'entre eux faisaient des études de premier cycle. La formation et l'encadrement de ces auxiliaires devaient donc prendre en compte le peu d'expérience du milieu scolaire de certains et le peu d'expertise méthodologique des autres.

En second lieu, certaines situations particulières causées par des contingences plus ou moins contrôlables ont pu affecter la qualité de certaines données recueillies, bien qu'il soit hasardeux d'estimer l'ampleur de ces biais. Ce fut par exemple le cas de la passation du QES, pour laquelle un petit nombre d'enseignants n'avaient pas lu les directives et n'avaient donc pas changé de classe avec un collègue, ou encore de la passation de certaines entrevues (ERPI) qui se sont déroulées dans des endroits achalandés et parfois bruyants (faute d'espace adéquat disponible).

Finalement, un facteur de nature contextuelle (ou historique) a influencé la collecte des données durant les deux premières années du projet, soit la grève du zèle de plusieurs enseignants menée dans le cadre des moyens de pression exercés au sujet du dossier de l'équité salariale. Un des moyens de pression utilisés était la non-participation des enseignants à toute activité qui n'était pas explicitement inscrite dans leurs tâches, par exemple, la réponse aux divers questionnaires requis pour l'évaluation du programme. Craignant qu'une telle situation ne menace le recrutement des écoles, le chercheur principal a demandé l'appui du syndicat des enseignants (la CEQ), un des partenaires majeurs du centre de recherche dont faisait partie ce chercheur, afin qu'une directive vienne appuyer le projet en raison de ses très nombreuses retombées positives. De plus, il a proposé aux écoles du groupe témoin, outre l'implantation du programme après deux ans, la possibilité de bénéficier d'autres activités ou services qui ne visaient pas les mêmes objectifs que le programme. Malgré cela, cette situation a eu comme conséquence la diminution du nombre d'écoles témoins recrutées de huit à six, ainsi que le désistement d'une autre école témoin après la première collecte de données. Dans les écoles qui avaient accepté de participer à l'évaluation, certains enseignants ont refusé à la dernière minute de remplir les questionnaires ou ne les ont pas remplis en entier, ou encore ont refusé de faire la passation du QES auprès des élèves. Malgré ces problèmes non négligeables qui ont pu affecter la robustesse des résultats sur le plan statistique, il n'en demeure pas moins que la lettre écrite par la haute direction de la CEQ a sans doute contribué à sauver le projet.

Les principaux résultats de l'évaluation

Afin de faciliter la lecture, la section suivante est séparée en deux parties en fonction du modèle logique du programme, qui distingue les effets proximaux (les gains attendus chez les enfants au cours des deux premières années, concernant les connaissances relatives à la résolution de conflits et la mise en pratique des comportements qui y sont associés) des effets médiaux et distaux (la réduction attendue des problèmes externalisés, comme l'agressivité, et internalisés, comme le retrait social, au cours des deux dernières années de mise en œuvre du programme). Le lecteur qui souhaite obtenir des résultats plus détaillés et davantage d'information sur les procédures statistiques utilisées pourra consulter le rapport final d'évaluation du programme (Bowen *et al.*, 2006).

Les impacts proximaux

Après deux années de mise en œuvre, les élèves des écoles expérimentales présentent des gains significatifs en ce qui a trait à la gestion des émotions lors de situations conflictuelles ($\beta = 0{,}44$; $t = 9{,}408$; $p < 0$), à la capacité d'identifier les causes d'un conflit ($\beta = 0{,}057$; $t = 6{,}84$; $p < 0$), aux solutions de réparation proposées en vue de résoudre un problème ($\beta = 0{,}049$; $t = 3{,}083$; $p < 0{,}05$), à l'expression des émotions ($\beta = 0{,}0033$; $t = 4{,}27$; $p < 0$), aux habiletés de résolution de conflits ($\beta = 0{,}0044$; $t = 4{,}8$; $p < 0$), à l'autocontrôle comportemental ($\beta = 0{,}0028$; $t = 3{,}398$; $p < 0{,}0001$), et aux conduites prosociales ($\beta = 0{,}002$; $t = 2{,}557$; $p < 0{,}005$).

Les gains sont plus importants chez les filles que chez les garçons, et cela pour toutes ces variables, à l'exception des solutions de réparation proposées en vue de résoudre un conflit. Les élèves plus jeunes (maternelle et premier cycle) bénéficient davantage du programme pour ce qui est de la gestion des émotions, des habiletés de résolution de conflits (voir figure 17.1), des conduites prosociales et de l'autocontrôle comportemental. Seule la capacité d'identifier les causes d'un conflit est meilleure chez les élèves des 2e et 3e cycles. Quant aux autres variables, aucune différence en fonction de l'âge n'est apparue. Enfin, les élèves ayant un niveau élevé d'exposition au programme ont obtenu des résultats plus concluants, en ce qui a trait aux conduites prosociales, que les autres élèves (voir figure 17.2).

FIGURE 17.1

Effet différentiel du programme sur les habiletés de résolution de conflits (SMRCS) en fonction du sexe et du niveau d'exposition

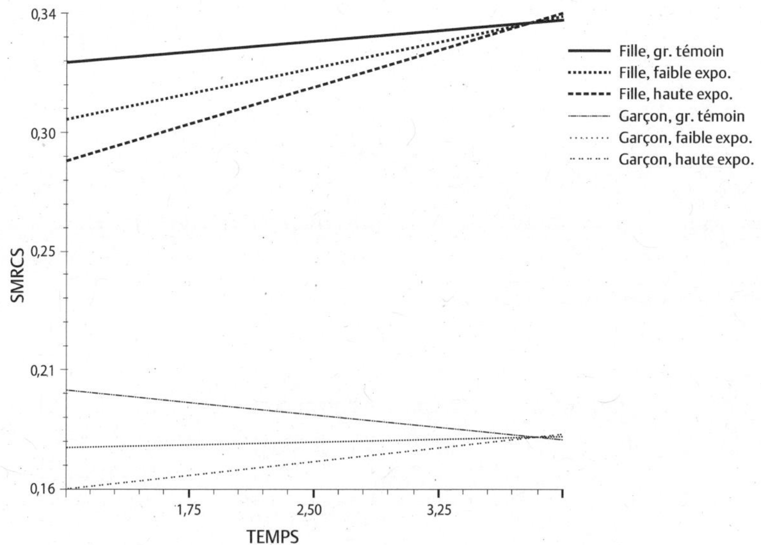

FIGURE 17.2

Effet différentiel du programme sur les conduites prosociales (SMPRO) en fonction de l'âge et du niveau d'exposition

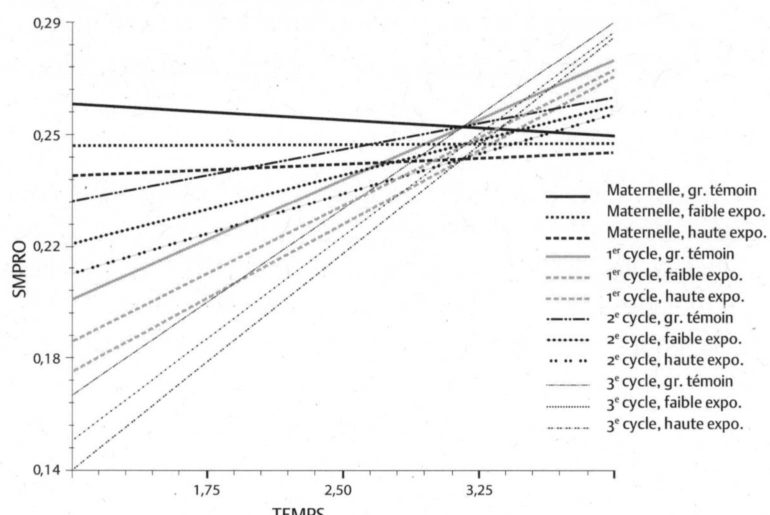

Les impacts médiaux et distaux

Après trois années de mise en œuvre du programme, on constate que les garçons plus jeunes ayant un niveau élevé d'exposition au programme présentent significativement moins de problèmes externalisés que les élèves du groupe de comparaison. Les résultats ne sont cependant pas significatifs pour les filles et les élèves plus âgés des deux sexes. On constate en revanche une hausse de ces problèmes chez les élèves ayant un degré d'exposition au programme peu élevé. Par ailleurs, les résultats montrent une réduction des problèmes internalisés chez les élèves ayant un niveau élevé d'exposition au programme. Tout comme pour les problèmes externalisés, les problèmes internalisés se sont avérés en hausse chez les élèves ayant un niveau d'exposition peu élevé à l'intervention.

À la lumière de ces résultats, on constate que les hypothèses du modèle logique du programme sont en partie confirmées. En effet, le changement dans les conduites agressives semble être proportionnel au développement de connaissances et d'habiletés de résolution de conflit (identification des causes d'un conflit, solutions de réparation proposées en vue de résoudre un conflit). Dans un deuxième temps, ces connaissances sont effectivement utilisées et appliquées par les élèves (autocontrôle comportemental, gestion et expression des émotions, habiletés de résolution de conflits), ce qui semble avoir pour effet de favoriser leurs conduites prosociales. Enfin, la mise en place d'alternatives à la violence (habiletés en résolution de conflits et prosociales) entraînerait une diminution des conduites agressives chez les élèves.

Les leçons apprises : forces et limites de l'évaluation

Premièrement, dès le début du projet, notre groupe de recherche a mis en place un partenariat avec les concepteurs du programme. Cette alliance a sans nul doute constitué l'une des forces importantes de notre évaluation. Sans ce partenariat, il aurait été impossible de recruter à temps toutes les écoles nécessaires pour l'évaluation du programme. De plus, l'implication du CIRCM / Institut Pacifique a grandement facilité la collecte des données, son personnel travaillant de concert avec le groupe de recherche afin que les questionnaires destinés aux enseignants soient remplis le plus rapidement possible. Les concepteurs du programme ont également participé au développement du questionnaire sur les connaissances transmises, permettant ainsi de mieux cibler les gains attendus de l'intervention. Ce partenariat s'est aussi avéré bénéfique pour le CIRCM / Institut Pacifique, qui a pu profiter de l'expertise d'une équipe de chercheurs universitaires pour produire une évaluation rigoureuse de leur programme. L'évaluation de la mise en œuvre et des effets de *Vers le pacifique* a permis de formuler une série de commentaires et de recommandations concernant les éléments efficients du programme et ceux qui exigeaient des ajustements. Comme tout partenariat, celui-ci a exigé des engagements importants de part et d'autre, mais les bénéfices mutuellement obtenus en valaient bien la peine.

Deuxièmement, en ce qui concerne le modèle d'évaluation choisi, une des grandes limites des modèles expérimentaux est leur manque de flexibilité, tant sur le plan du traitement proposé que sur celui de la sélection des sujets ou des instruments. Dans le cadre de notre projet, ce modèle ayant posé certaines contraintes, le groupe de recherche a dû apporter des modifications au devis initial. Ce fut le cas, par exemple, à propos de la répartition aléatoire des sujets, qui n'était pas réaliste dans le contexte de cette évaluation (plusieurs écoles se seraient alors désistées, manifestant clairement le désir de faire partie du groupe expérimental). L'élaboration du questionnaire sur les connaissances est un autre exemple du manque de souplesse d'un tel devis. Compte tenu de l'évolution des apprentissages, certaines questions posées aux élèves auraient dû être ajustées au fur et à mesure que les acquisitions se faisaient, car un « effet plafond » a été constaté pour certaines échelles de mesure de ce questionnaire après deux ou trois ans. Cependant, si de telles modifications avaient été effectuées, les mesures n'auraient plus été comparables, d'un point de vue statistique.

L'approche expérimentale choisie avait néanmoins plusieurs forces qui se doivent d'être mises en évidence. Tout d'abord, le fait d'utiliser un devis de cette nature permet de faire des attributions causales beaucoup plus facilement, à savoir que les effets observés sont dus au programme et non à d'autres variables confondantes telles que le développement naturel des compétences chez les enfants. Les résultats concernant les retombées de l'intervention apparaissent ainsi suffisamment fondés pour que le CNPC recommande la dissémination du programme à travers les écoles du Canada. De plus, les mesures utilisées, provenant d'instruments validés, facilitent la comparaison avec d'autres programmes de même nature. Cela permet au CNPC, par exemple, de subventionner le programme ayant les effets les plus probants sur le plan de la prévention de la violence.

Par ailleurs, quoique peu fréquente dans les devis expérimentaux, une évaluation de la mise en œuvre particulièrement minutieuse a été effectuée afin de connaître le véritable traitement auquel les enfants avaient été exposés, car la qualité de la mise en œuvre était assez variable selon les écoles du groupe expérimental, sans compter le fait que les écoles témoins pouvaient offrir à leurs élèves d'autres activités visant des objectifs se rapprochant de ceux de *Vers le pacifique*. Sans une évaluation aussi approfondie de la mise en œuvre du programme, accompagnée d'une investigation sur les interventions menées dans les écoles du groupe témoin, il aurait été très difficile d'interpréter les résultats des analyses statistiques.

Tout comme pour l'évaluation de la mise en œuvre du programme, nous avons compris l'importance de documenter le processus de l'évaluation même, afin de connaître les variables confondantes possibles, telles que des conditions de passation des questionnaires différentes ou l'impact des rétroactions sur la qualité de la mise en œuvre du programme données aux milieux par notre équipe. Cette précaution a été très utile, surtout sur le plan de l'analyse des données, pour comprendre pourquoi certaines données manquaient (refus de participer ou hasard) ou encore certains résultats non attendus (par exemple, l'augmentation des conduites agressives). Nous avons donc réussi à avoir une certaine flexibilité dans l'application du modèle expérimental, mais cela tout en documentant les biais que cette souplesse pouvait induire, précaution qui nous a permis de conserver notre rigueur méthodologique.

En ce qui concerne le devis utilisé par notre groupe de recherche, il se basait sur plusieurs sources (parents, pairs, enseignants, enfants) et comportait deux méthodes principales de collecte des données. L'accessibilité à plusieurs sources et méthodes a donc permis de réduire le taux d'erreurs de mesures associé à chacune des sources prises individuellement (Shadish, *et al.*, 2002), en plus de connaître le point de vue de différents acteurs sur les acquisitions des élèves. Les résultats ont en effet montré que pour certaines mesures, seuls les pairs rapportaient un changement, alors que pour d'autres mesures, seul l'enseignant observait une différence. Enfin, étant donné le rapport coût-bénéfice avantageux des questionnaires, l'évaluation a pu se faire sur un grand nombre de sujets, ce qui augmentait le potentiel de généralisation des résultats et permettait de détecter des effets plus subtils (meilleure puissance statistique). Tous ces éléments seront à conserver en cas d'évaluation ultérieure.

Somme toute, le modèle expérimental utilisé, avec les modifications qui lui ont été apportées, a permis de répondre aux demandes du CNPC, qui désirait pouvoir porter un jugement sur l'efficacité de ce programme dans les conditions d'une application rigoureuse par les milieux scolaires. Ce modèle s'avère particulièrement efficace lorsqu'on veut établir des attributions causales entre un programme et les effets observés, et lorsque ce programme et la modélisation de ses effets attendus sont bien développés, comme c'était le cas dans le cadre de l'évaluation du programme *Vers le pacifique*.

Glossaire

Françoise Jabot et Murielle Bauchet

L'évaluation de programme est une pratique en constante évolution. La pluralité des approches, des modèles de référence et des acteurs, conjuguée à la diversification des modes d'exercice, se traduit par une profusion de termes, objets d'interprétations diverses, voire divergentes. Nous proposons ici un glossaire des termes les plus fréquemment utilisés dans leurs définitions les plus communément acceptées.

Cohérence : Critère de jugement qui interroge l'adéquation entre plusieurs termes : les objectifs de l'intervention, les ressources allouées, les activités prévues (*cohérence interne*), la construction de l'intervention ou encore d'autres interventions visant les mêmes effets (*cohérence externe*).

Coût-avantage : Ensemble des méthodes (coût-bénéfice, coût-efficacité, coût-utilité) utilisées pour évaluer l'intérêt économique des interventions publiques.

Coût-bénéfice : L'analyse coût-bénéfice mesure l'ensemble des coûts et des effets (connexes, directs et indirects, positifs ou négatifs) d'une intervention, échelonnés dans le temps et exprimés en unité monétaire. Elle permet de hiérarchiser différentes options afin de déterminer celle qui présente le meilleur rapport coût-bénéfice.

Coût-efficacité : L'analyse coût-efficacité compare diverses interventions bénéficiant d'un même niveau de ressources (humaines, matérielles, financières). Elle vise à identifier l'intervention la plus satisfaisante pour un coût donné. Les coûts sont exprimés en unité monétaire, et l'effet, en unité naturelle ou physique (*jours d'incapacité évités, années de vie gagnées...*).

Coût-utilité: L'analyse coût-utilité est une généralisation des analyses coût-efficacité. Elle peut porter sur un seul effet ou sur de multiples effets qui ne sont pas nécessairement communs aux différentes interventions. Elle est basée sur la notion d'utilité, qui s'exprime par la mesure des préférences des individus par rapport à différentes options. Cette analyse est surtout utilisée pour étudier les effets des programmes sur la survie et (ou) la qualité de vie (*années de vie pondérées par la qualité de vie*).

Critère: Le critère est la base du jugement évaluatif. C'est un angle de vue adopté par des acteurs pour apprécier une intervention. Cohérence, pertinence, efficacité, efficience et utilité sont les principaux critères qui orientent les questions d'évaluation. Toutefois, pour chaque évaluation, des critères plus spécifiques seront construits et négociés avec l'ensemble des acteurs concernés (bailleurs de fonds, organismes subventionnaires, responsables de programme, opérateurs, bénéficiaires), lesquels ne portent pas nécessairement le même regard sur l'intervention. Par exemple, l'évaluation d'un service peut être appréciée sur la base de plusieurs critères, en fonction des intérêts des différentes personnes: *l'accessibilité*, la *permanence du fonctionnement* et la *qualité de l'accueil* pour les usagers de ce service; la *conformité aux normes techniques* et la *compétence des professionnels* pour les responsables de l'organisme pourvoyeur de services; *l'adaptabilité du service* aux besoins du fonctionnement pour les professionnels de ce service; et enfin la *rentabilité* pour le commanditaire.

Effets (Outcome): Ce sont les changements observés du fait d'une intervention sur le milieu; ils peuvent être attendus ou non, attribuables directement ou indirectement à une action, identifiables à court ou moyen terme *(acquisition de connaissances, amélioration des compétences, modification de comportement...).*

Efficacité: Ce critère permet d'apprécier la réalisation des objectifs d'une intervention en comparant les résultats (au sens d'effets) obtenus aux résultats attendus, ces résultats étant imputables à cette intervention (*efficacité propre*).

Efficience: L'efficience met en rapport les ressources mises en œuvre et les effets d'une intervention. Cela suppose d'avoir fait la preuve de l'efficacité. Une intervention efficiente est une intervention efficace au moindre coût.

Évaluation: Exercice particulier consistant à répondre à un ensemble de questions relatives à la raison d'être, à la mise en œuvre et aux effets d'une intervention, afin de construire un jugement sur sa valeur à partir de plusieurs angles de vue (efficacité, efficience, pertinence, cohérence...). On recense une grande variété de définitions de l'évaluation. Elle est souvent qualifiée en fonction des objets sur lesquels elle porte (par exemple, évaluation de politiques, de programmes, de projets, de pratiques professionnelles, de réseaux), de ses finalités (évaluation formative, récapitulative, managériale...), de la discipline principalement mobilisée (évaluation épidémiologique, évaluation économique...), du mode opératoire (évaluation externe, interne, autoévaluation), du moment auquel elle est réalisée (évaluation ex-ante, concomitante ou *in itinere*, ex-post), de la nature de l'exercice (démarche, méthode, processus d'évaluation).

Évaluation ex-ante: Réalisée avant la mise en œuvre d'une intervention, cette évaluation vise à identifier les effets *a priori* et la faisabilité d'une intervention.

Évaluation ex-post: Réalisée à la fin d'une intervention, cette évaluation a pour but d'apprécier les effets de cette intervention, d'en identifier les facteurs de réussite ou d'échec, et d'en tirer des enseignements pour les fins d'autres interventions.

Évaluation concomitante: Intermédiaire, *in itinere* ou chemin faisant, cette évaluation est réalisée au cours de la mise en œuvre d'une intervention. Elle fournit un diagnostic d'étape sur les premières phases de la réalisation. Elle est utile pour vérifier la nécessité de réorienter une intervention.

Évaluation externe: L'évaluation externe est conduite par des personnes extérieures à l'intervention évaluée.

Évaluation formative: Cette évaluation est effectuée en vue d'améliorer une intervention en cours de mise en œuvre. Elle vise à éclairer les acteurs de l'intervention sur le contexte et les conséquences de leurs pratiques.

Évaluation interne: L'évaluation interne est produite par les auteurs d'une intervention. Elle est utile pour entretenir de manière continue leur questionnement vis-à-vis du travail effectué et pour réajuster les programmes et actions en cours.

Évaluation participative: L'évaluation participative accorde une place particulière à toutes les personnes concernées par une intervention et son évaluation. Elle prend en considération leurs valeurs, leurs points de vue, leurs intérêts et leurs attentes, et cela à toutes les étapes du processus. Elle peut cependant prendre des formes diverses en fonction de la nature et de la profondeur de la participation recherchée: l'évaluation pratique, axée sur la participation des parties prenantes à la prise de décision; l'évaluation émancipatrice, qui cherche à renforcer leur capacité et leur pouvoir d'agir (*empowerment*).

Évaluation sommative ou récapitulative: Cette évaluation, effectuée au terme d'une intervention, vise à émettre une appréciation globale et distanciée principalement sur les effets d'une intervention; elle est habituellement utilisée pour orienter la prise de décision quant au devenir de cette intervention. Selon la formule de R. E. Stake, spécialiste de l'évaluation: «Quand le cuisinier goûte la soupe, c'est formatif; quand les invités goûtent la soupe, c'est sommatif» (Scriven, 1991).

Extrants (réalisations, outputs): Ce sont les productions de l'intervention: produits, biens et services (par exemple, *sessions de formation, consultations, conférences, débats, rencontres de parents, documents pédagogiques*).

Faisabilité d'un programme : Le critère de faisabilité porte sur la capacité d'une intervention à atteindre les objectifs visés. L'étude de faisabilité, effectuée lors de la conception d'une intervention, vise à s'assurer que celle-ci est réalisable sur les plans économique, technique et organisationnel. Elle comprend une analyse des besoins et un bilan prévisionnel des risques, des coûts et des avantages de cette intervention.

Impact : Ensemble des effets sociaux, économiques et environnementaux imputables à une intervention, qu'ils soient positifs ou négatifs, souhaités ou non, immédiats ou différés, par exemple, l'amélioration de la qualité de vie, la réduction de la mortalité.

Indicateur : Information permettant d'objectiver une réalité et n'ayant de sens que confrontée à un critère. L'indicateur peut être quantitatif ou qualitatif. On en distingue différents types : indicateurs de contexte, qui qualifient une situation ; indicateurs de réalisation, qui décrivent ce qui a été fait (*nombre de personnes dépistées, nombre de jours de consultation…*) ; indicateurs de performance, qui renseignent sur l'atteinte des objectifs (*pourcentage de personnes dépistées, délai d'attente de consultation*) ; indicateurs d'impact, qui attestent des effets de l'intervention (*nombre de décès évités, changements de comportement, adoption de pratiques nouvelles…*).

Intervention : Ce terme générique désigne une action ou un ensemble organisé d'actions (politique, programme, projet) visant à modifier une situation jugée problématique.

Intrants (Inputs) : Ressources matérielles, humaines et financières allouées pour la mise en œuvre d'une intervention.

Modèle logique (cadre logique) : Outil permettant de formaliser la logique d'une intervention, à savoir les relations entre les différentes composantes de cette intervention (buts, objectifs, activités, effets attendus), de visualiser les différentes voies possibles pour atteindre les résultats, et d'identifier les facteurs externes susceptibles d'influencer cette intervention.

Participants : Personnes tirant profit de la mise en œuvre d'une intervention, directement ou indirectement, intentionnellement ou non. Ainsi, on distingue différentes catégories de participants : ceux qui sont directement visés par une intervention (*participants directs*), ceux qui profitent des conséquences indirectes d'une intervention sans en être les cibles (*participants indirects*), ceux qui profiteront de ses conséquences à long terme (*participants ultimes*), ceux qui bénéficient d'un appui dans le cadre de cette intervention (*participants intermédiaires*).

Pérennisation : Processus permettant la poursuite d'une intervention, une fois l'assistance financière et technique terminée. Il s'agit d'un processus de routinisation qui aboutit à la pérennité d'une intervention.

Pérennité : Une intervention est pérenne quand elle est capable de produire des bénéfices pour la population visée, une fois l'assistance financière et technique terminée. Le degré de pérennité porte sur des caractéristiques routinières d'une organisation : maintien et stabilité des ressources (fonds dédiés, temps dévolu…), adaptation de l'intervention au contexte et à ses effets, valeurs associées et règles d'intervention partagées avec l'organisation (partage des objectifs, nomination d'un responsable, existence de procédures…).

Pertinence : Critère interrogeant le bien-fondé d'une intervention, à savoir l'adéquation entre ses objectifs et la nature du problème à résoudre.

Performance : Capacité de produire des résultats conformes aux objectifs fixés et à un coût acceptable.

Référentiel : Cadre d'interprétation des données recueillies aux fins de l'évaluation et à partir duquel un jugement peut être formulé. C'est un système de référence qui permet de confronter les indicateurs (éléments représentatifs d'une situation réelle) aux critères et aux normes ou valeurs de référence, quand celles-ci existent (éléments significatifs d'une situation désirée) dans un contexte donné.

Suivi (monitorage) : Processus continu de collecte de données selon des indicateurs préalablement définis et visant à fournir aux responsables d'une intervention des informations sur les réalisations en cours, l'atteinte des objectifs et l'utilisation des ressources allouées.

Tableau de bord : Document regroupant un ensemble d'indicateurs recueillis régulièrement pour le suivi d'une intervention.

Théorie d'action (logique d'intervention) : Stratégie sur laquelle est construite une intervention, notamment les hypothèses émises pour expliquer la façon dont celle-ci devrait produire ses effets et atteindre son objectif global. Elle explicite les relations entre les réalisations, les effets intermédiaires et l'impact à plus long terme.

Utilisation de l'évaluation : L'utilisation d'une évaluation dépend de plusieurs paramètres, notamment de l'objectif poursuivi par la démarche engagée et de la conduite de cette évaluation. Une évaluation commanditée pour éclairer la prise de décision publique sera préférentiellement utilisée sur la base de la connaissance apportée par les travaux d'évaluation (*utilisation centrée sur les résultats*). Cependant, le processus même d'évaluation d'une intervention, en raison des interactions entre les différents acteurs concernés, de leurs occasions d'action et de leurs apprentissages, est susceptible de produire des changements qui affecteront cette intervention et le contexte dans lequel elle est mise en œuvre (*utilisation centrée sur le processus*).

Sources :

Banque de données en santé publique (BDSP), *Glossaire multilingue*, <www.bdsp.tm.fr/Glossaire/>

Collège des économistes de la santé (2003), *Guide méthodologique pour l'évaluation économique des stratégies de santé* : <http ://www.ces-asso.org/Pages/defaut_fr.htm>.

Commission européenne (2001), *Gestion du cycle de projet,* Unité d'évaluation de l'office de coopération EuropAid.

Conseil scientifique de l'évaluation (1996), *Petit guide d'évaluation des politiques publiques*, Paris, La Documentation française.

Drummond, Michael F. *et al.* (1997), *Méthodes d'évaluation économique des programmes de santé*, 2e édition, Paris, Economica.

Union européenne, *Evaluation of the socio-economic development. Resources for evaluation, the guide* : <www.evalsed.info>.

Mathison, S. (2005), *Encyclopedia of Evaluation*, Thousand Oaks / Londres, Sage Publications.

Organisation de coopération et de développement économique (2002), *Glossaire des principaux termes relatifs à l'évaluation et à la gestion axée sur les résultats*, Bruxelles, OCDE.

Patton, M. Q. (1997), *Utilization-focused evaluation*, Thousand Oaks, Sage Publications.

Perret, B. (2001), *L'évaluation des politiques publiques*, Paris, La découverte.

Ridde, V. (2006), « Suggestions d'améliorations d'un cadre conceptuel de l'évaluation participative », *The Canadian Journal of Program Evaluation*, vol. 21, no 2, , p. 1-23.

Ridde, V. et P. Pluye (2006), « Évaluer la pérennité des programmes de santé publique : un outil et son application en Haïti », *Revue d'épidémiologie et de santé publique*, vol. 54, p. 421-431.

Scriven, M., *Evaluation Thesaurus*, 4e édition, Newbury Park, Sage Publications, 1991.

Sigles et abréviations

ASACO	Association de santé communautaire
ATTRueQ	Association des travailleurs et travailleuses de rue du Québec
CEQ	Centrale de l'enseignement du Québec
CIRCM	Centre international de résolution de conflits et de médiation
CJM-IU	Centre jeunesse de Montréal – Institut universitaire
CNPC	Centre national de prévention du crime du Canada
CPS	Centre de prévention du suicide
CRDI	Centre de recherches pour le développement International
CRISE	Centre de recherche et d'intervention sur le suicide et l'euthanasie
CSCOM	Centre de santé communautaire
CSRéf	Centre de santé de référence
DDSES	Direction du développement social et de l'économie solidaire
DNS	Direction nationale de la santé
DPJ	Directeur de la protection de la jeunesse
DRS	Direction régionale de la santé
ERPI	Entrevue de résolution de problèmes interpersonnels
GEMMS	Groupe d'étude sur la médiation en milieu scolaire
IRI-Accueil	Intervention rapide et intensive rattachée à l'accueil
IRSST	Institut de recherche Robert-Sauvé en santé et en sécurité du travail
MM	Méthodes mixtes
PED	Pays en développement
PIJ	Programme intégration jeunesse
QES	Questionnaire sur l'environnement socio-éducatif
QL ou QUAL	Méthodes qualitatives
QT ou QUANT	Méthodes quantitatives
RAJB	Ressource alternative des jeunes de Bellechasse
RLM	Revue de littérature mixte (revue des études QL, QT et MM)

RTS	Réception-traitement des signalements
SAM	Suicide Action Montréal
SOU	Soins obstétricaux d'urgence
SRE	Système de référence-évacuation
SST	Santé et sécurité du travail
TR	Travailleurs de rue
UdeM	Université de Montréal
UNFPA	Fonds des Nations Unies pour la population
US	Urgences sociales

Bibliographie

Abbott, A. (1998), « The causal devolution », *Sociological Methods and Research,* 27, p. 148-181.

Abma, T. A. (1997), « Playing with/in plurality : Revitalizing realities and relationships in Rotterdam », *Evaluation*, vol. 3, n° 1, p. 25-48.

Adler, P. S. (1999), « Building better bureaucracies », *Academy of Management Executive*, vol. 13, n° 4, p. 36-47.

Adler, P. S. et B. Borys (1996), « Two types of bureaucracy : enabling vs coercive. Administrative Science Quarterly », vol. 41, n° 1, p. 61-89.

Aguilera, D. C. (1990), *Crisis Intervention : Theory and Methodology* , St-Louis, C. V. Mosby.

Alkin, M. (dir.) (1990), *Debates on Evaluation*, Sage Publications.

Alkin, M. et K. Coyle. (1988), « Thoughts on Evaluation Misutilization », *Studies in Educational Evaluation,* vol. 14, p. 331-340.

Alvesson, M. (1993), « Organization as Rhetoric : Knowledge-Intensive Firms and the Struggle with Ambiguity », *Journal of Management Studies*, vol. 30, n° 6, p. 997-1015.

— (2001), « Knowledge work : Ambiguity, image and identity », *Human Relations,* vol. 54, n° 7, p. 863-886.

Archambault, J. et C. Des Groseillers (1997), « Intervention rapide et intensive en amont en situation d'urgence et de crise », Les Centres jeunesse de Montréal, Direction des services territoriaux.

Ashkenazi, M. (1986), *Research Methods in Social Sciences*, (Unit 4 : Ethnographic Research in Anthropology, Tel Aviv, The Open University (en hébreu).

Aubel, J. (2000), *Manuel d'évaluation participative de programme*, 2e éd., Calverton, CSTS-CRS-USAID.

Auerbach, S. M. et A. L. Stolberg, (1986), *Crisis intervention with children and families*,Washington, Hemisphere.

Bachrach, P. et M. S. Baratz (1963), « Decisions and non decisions : an analytical framework », *American Political Science Review*, vol. 57, n° 3, p. 632-642.

Baizerman, M., D. W. Compton et S. H. Stockdill (2004), « Capacity Building », dans S. Mathison (dir.), *Encyclopedia of Evaluation*, Sage Publications.

Bamberger, M. (2006), *Conducting Quality Impact Evaluations under Budget, Time and Data Constraints*, Washington, Banque mondiale.

Bamberger, M., J. Rugh, et L. Mabry (2006), *RealWorld Evaluation: Working under Budget, Time, Data and Political Constraints*, Sage Publications.

Banque mondiale (2004), *Influential Evaluations: Evaluations that Improved Performance and Impacts of Development Programs*, Washington, Operations evaluation department, Banque mondiale.

— (2005), *Influential Evaluations: Detailed Case Studies*, Washington, Banque mondiale, Operations evaluation department.

Bardach, E. (1977), *Implementation game*, Cambridge, MIT Press.

Barney, J. (1991), « Firm resources and sustained competitive advantage », *Academy of management executive*, vol. 17, n° 1, p. 99-120.

Baumgartner, F. et B. Jones (1993), *Agendas and Instability in American Politics*, University of Chicago Press.

Beaudry, J. et B. Gauthier (1992), « L'évaluation de programme », dans B. Gauthier (dir.), *Recherche sociale: De la problématique à la collecte de données*, 2e éd., Sainte-Foy, Les Presses de l'Université du Québec, p. 425-452.

Beaulé, G. et P. Simard (2002), *L'approche de proximité en milieu rural: Quel modèle pour le Témiscamingue?*, Régie régionale de la santé et des services sociaux de l'Abitibi-Témiscamingue.

Bechler, Z. (1987), *Philosophy of Science,* Tel Aviv, University on the Air, Israel Ministry of Defense (en hébreu).

Bégin, C., P. Joubert et J. Turgeon (1999), « L'évaluation dans le domaine de la santé : Conceptions, courants de pensée et mise en œuvre », dans C. Bégin *et al.* (dir.), *Le système de santé québécois: Un modèle en transformation*, Montréal, Les Presses de l'Université de Montréal, p. 265-281.

Benson, J. K. (1975), « The Interorganizational Network As A Political Economy. Administrative Science Quarterly », vol. 2, n° 2, p. 229.

Berthelette, D. *et al.* (1998), « Évaluation de l'implantation d'un programme de formation en santé et en sécurité du travail », *Performances humaines et techniques*, p. 21-26.

Bilodeau, A. *et al.* (2006), « Les dispositifs de la participation aux étapes stratégiques de l'évaluation », *Revue canadienne d'évaluation de programme*, vol. 21, n° 3, p. 257–282.

Bitoni, C. (1993), « Cognitive mapping : A qualitative research method for social work », *Social Work Research et Abstracts*, vol. 29, n° 1, p. 9-16.

Blondin, M., (1980), « Une formation syndicale faite par les travailleurs eux-mêmes », *Revue internationale d'action communautaire*, vol. 3, n° 43, p. 73-80.

Bloom, B. S. *et al.* (1969), *Taxonomie des objectifs pédagogiques, t. 1 : domaine cognitif*, Montréal, Les entreprises éducation nouvelle inc.

Bourdieu, P. et L. Wacquant, (1992), *Réponses : pour une anthropologie réflexive*, Paris, Éditions du Seuil.

Bowen, F. *et al.* (2003), *Analyse des impacts d'un programme de promotion des conduites pacifiques du CIRCM : Rapport préliminaire pour la première année de mise en œuvre (2001-2002)*, Ottawa, rapport présenté au Centre national de prévention du crime.

— (2006), *Rapport final d'évaluation des impacts du programme « Vers le pacifique » pour les quatre années de mise en œuvre (2001-2005)*, Ottawa, rapport présenté au CNPC.

Brent, D. A. (1995), « Risk factors for adolescent suicide and suicidal behavior : Mental and substance abuse disorders, family environmental factors and life stress », *Suicide and Life-Threatening Behavior*, vol. 25 (suppl.), p. 52-63.

Brewer, G. D. et Peter De Leon (1983), *The Foundations of Policy Analysis*, Pittsburgh, University of Pittsburgh Press.

Brisolara, S. (1998), « The history of participatory evaluation and current debates in the field », dans E. Whitmore (dir.), *Understanding and Practicing Participatory Evaluation : New Directions for Evaluation*, n° 80, Hoboken, Jossey-Bass, p. 25-41.

Brown, J. et P. Duguid, (1991), « Organizational learning and communities of practice : Toward a unified view of working, learning and innovation », *Organization Sciences*, vol. 2, n° 1, p. 40-57.

Bryman, A. (2006), « Integrating quantitative and qualitative research : How is it done ? » *Qualitative Research*, vol. 6, n° 1, p. 97-113.

Bussmann, W., U. Klöti et P. Knoepfel (dir.) (1998), *Politiques publiques : Évaluation*, Paris, Economica.

Campbell, D. T. (1957), « Factors relevant to the validity of experiments in social settings », *Psychological Bulletin*, n° 54, p. 297-312.

— (1986), « Relabeling internal and external validity for applied social sciences », *New Direction for Program Evaluation*, n° 31, p. 67-77.

— (1988), « Qualitative knowing in action research », dans S. Overman (Éd.), *Methodology and epistemology for social science : Selected papers of Donald T. Campbell*, Chicago, The University of Chicago Press, p. 360-376.

Campbell, D. T. et D. W. Fiske (1959), « Convergent and discriminant validation by the multitrait-multimethod matrix », *Psychological Bulletin*, vol. 56, p. 81-105.

Campbell, D. T. et J. C. Stanley (1966), *Experimental and Quasi-experimental Design for Research*, Boston, Houghton-Mifflin.

Campbell, O. M., et W. J. Graham (1990), *Measuring maternal mortality and morbidity: level and trends*, Maternal and Child Epidemiology Unit Publication N° 2, London School of Hygiene and Tropical Medicine.

Caplan, G. (1964), *Principles of preventive psychiatry*, New York, Basic Books.

Caplan, N., A. Morrison et R. J. Stamhaugh (1975), *The Use of Social Science Knowledge in Public Policy Decisions at the National Level*, Ann Arbor, Institute for Social Research.

Capp, K., F. P. Deane et G. Lambert (2001), « Suicide prevention in aboriginal communities: Application of community gatekeeper training », *Australian and New Zealand Journal of Public Health*, vol. 25, n° 4, p. 315-321.

Caws, P. (1965), *The Philosophy of Science*, Princeton, D. Van Nostrand.

Champagne, F., L. Lemieux-Charles et W. Mc Guire (2004), « Introduction: Towards a broader Understanding of the use of Knowledge and evidence », dans Lemieux-Charles et Champage (2004).

Champagne, F., et J.-L. Denis (1990), « Pour une évaluation sensible à l'environnement des interventions: analyse de l'implantation », *Service social*, vol. 41, n° 1, p. 143-193.

Chen, H. (1989), « The theory-driven perspective », *Evaluation and Program Planning*, vol. 12, p. 4.

— (1990), *Theory-driven Evaluation*, Sage Publications.

— (2005), *Practical Program Evaluation: Assessing and Improving Planning, Implementation, and Effectiveness*, Sage Publications.

— (2005), « Theory-Driven Evaluation », dans S. Mathison (dir.), *Encyclopedia of Evaluation*, Thousand Oaks, Sage Publications, p. 415-419.

Chen, H. et P. H. Rossi (1981), « The multi-goal theory-driven approach to evaluation: A model linking basic and applied social sciences », dans H. Freeman et M. Soloman (dir.), *Evaluation Studies Review Annual*, n° 6, Sage Publications, p. 38-54.

— (1983), « Evaluating with sense. The theory-driven approach », *Evaluation Review*, vol. 7, n° 3, p. 283-302.

— (1992), « Introduction: Integrating theory into evaluation practice », dans H. Chen et P. H. Rossi. (dir.), *Using Theory to Improve Program and Policy Evaluation*, Westport, Greenwood Publishing Group, p. 1-11.

Chenitz, W. et J. Swanson (1986), *From Practice to Grounded Theory: Qualitative Research in Nursing*, Menlo Park, Addison-Wesley.

Christensen, C. M., R. Bohmer et J. Kenagy (2000), « Will Disruptive Innovations Cure Health Care? », *Harvard Business Review*, sept.-oct., p. 102-112.

Cobb, R. W. et D. A. Rochefort (1993), « Problem definition, agenda access, and policy choice », *Policy Studies Journal*, vol. 21, nº 1, p. 56-71.

Cobb, R. W. et M. H. Ross (1997), « Agenda setting and the denial of agenda access : Key concepts », dans R. W. Cobb et M. H. Ross (dir.), *Cultural Strategies of Agenda Denial : Avoidance, Attack and Redefinition*, Lawrence, University Press of Kansas.

Cohen, W. M. et D. A. Levinthal (1990), « Absorptive Capacity : A New Perspective on Learning and Innovation », *Administrative Science Quarterly*, vol. 35, nº 1.

Compton, D. W. *et al.* (2001), « Developing evaluation capacity while improving evaluation training in public health : the American Cancer Society's Collaborative Evaluation Fellows Project », *Evaluation and Program Planning*, vol. 24, nº 1, p. 33-40.

Cook, T. D. (1985), « Post-positivist critical multiplism », dans Shotland, L. et M. Mark (dir.), *Social science and social policy*, Beverly Hills, Sage Publications.

Cook, T. et D. T. Campbell (1976), « The design and conduct of quasi-experiments and true experiments in field settings », dans M. Dunnette (dir.), *Handbook of Industrial and Organizational Psychology*, Chicago, Rand McNally.

Cook, T. et D. T. Campbell (1979), *Quasi-experiments : Design and Analysis for Field Settings*, Chicago, Rand McNally.

Copi, I. M. (1961), *Introduction to Logic*, Londres, Macmillan.

Copi, I. M. et K. Burgess-Jackson (1995), *Informal Logic*, Prentice Hall.

Cordray, D. S. (1986), « Quasi-experimental analysis : A mixture of methods and judgment », *New Directions for Program Evaluation*, nº 31, p. 9-28.

Cousins, J. B. (2004), « Commentary : Minimizing Evaluation Misuse as Principled Practice », *American Journal of Evaluation*, vol. 25, nº 3, p. 391-397.

Cousins, J. B. (2005), « Will the real empowerment evaluation please stand up ? A critical friend perspective », dans Fetterman et Wandersman (2005), p. 183-208.

Cousins, J. B. (2006), « Rôle du gouvernement dans l'assurance de la qualité de l'évaluation », document de travail préparé pour le Centre d'excellence en évaluation du Secrétariat du Conseil du Trésor du Canada, Ottawa. En ligne : <http ://www.tbs-sct.gc.ca/eval/tools_outils/QAE-AQE/rgeqa_f.asp>.

Cousins, J. B. et E. Whitmore (1998), « Framing Participatory Evaluation », dans E. Whitmore (dir.), *Understanding and Practicing Participatory Evaluation*, Jossey-Bass, p. 5-23.

Cousins, J. B. et L. M. Shulha (2006), « A Comparative Analysis of Evaluation Utilization and Its Cognate Fields of Inquiry », dans Shaw, Greene et Mark (2006).

Cousins, J. B., J. Donohue et J. Bloom (1996), « Collaborative Evaluation in North America : Evaluators' Self-reported Opinions, Practices and Consequences », *Evaluation Practice*, vol. 17, nº 3, p. 207-226.

Cousins, J. B. et E. Whitmore (1998), « Framing participatory evaluation », dans E. Whitmore (dir.), *Understanding and Practicing Participatory Evaluation : New Directions for Evaluation*, nº 80, San Francisco, Jossey-Bass, p. 5-42.

CPS/MS, DNSI et ORC Macro (2007), *Enquête démographique et de santé au Mali 2006*, Cellule de planification et de statistique du ministère de la Santé (CPS/MS), Direction nationale de la statistique et de l'informatique (DNSI) et ORC Macro International, <www.measuredhs.com>.

Creswell, J. W., (1998), *Qualitative Inquiry and Research Design, Choosing among Five Traditions*, Sage Publications.

Creswell, J. W. *et al.* (2003), « Teaching mixed methods research », dans A. Tashakkori et C. Teddlie (dir.), *Handbook of mixed methods in social and behavioral research*, Sage Publications, p. 619-637.

Creswell, J. W. et V. Plano Clark (2007), *Designing and conducting Mixed Methods Research*, Sage Publications.

Creswell, J. W., M. D. Fetters et N. V. Ivankova, (2004), « Designing a mixed methods study in primary care », *Annals of Family Medicine*, vol. 2, nº 1, p. 7-12.

Cronbach, L. J. (1963), « Course improvement through evaluation », *Teachers College Record*, nº 64, p. 672-683.

— (1983), *Designing Evaluation of Educational and Social Programs*, San Francisco, Jossey-Bass.

Crozier, M. et E. Friedberg (1977), *L'acteur et le système*, Paris, Seuil.

Cummings, J. (2003), *Knowledge Sharing : A Review of the Literature*, Washington, World Bank Operations Evaluation Department.

Dagenais, C. et C. Bouchard (1993), « Les programmes de soutien intensif aux familles. Intervention massive ou intervention magique ? », *PRISME*, vol. 3, p. 503-515.

— (1996), « L'impact des programmes de soutien intensif visant à maintenir les enfants et adolescents dans leur famille », *Revue canadienne de santé mentale communautaire*, vol. 15, nº 1, p. 63-82.

Dagenais, C., J. Bégin et D. Fortin (1999), « L'évaluation des services intensifs offerts à des familles en crise et l'amélioration du fonctionnement familial. Une méta-analyse », *Les cahiers d'analyse du GRAVE*, vol. 6, nº 1, Université du Québec à Montréal, Laboratoire de recherche en écologie humaine et sociale.

Dagenais, C. *et al.* (2003), « Évaluation de l'implantation et des effets d'un programme de soutien intensif offert à des familles afin d'éviter un placement en milieu substitut », *Revue canadienne d'évaluation de programme*, vol. 18, nº 2, p. 47-69.

— (2004), « Impact of intensive family support programs : A synthesis of evaluation studies », *Children and Youth Services Review*, vol. 26, p. 249-263.

Dahl, R. A. (1961), *Who Governs ?*, Yale University Press.

Dahlgren, G. et M. Whitehead (1992), *Policies and strategies to promote equity in health*, Copenhague, WHO Regional Office for Europe.

David, G. (1987), « Nécessité et efficacité d'une approche intégrée dans le traitement de l'inceste », *Service Social*, vol. 36, p. 350-368.

Davidson, E. J. (2001), « Mainstreaming Evaluation into an Organization's Learning Culture », communication présentée à la Conférence annuelle de l'American Evaluation Association, St Louis, <http ://unix.cc.wmich.edu/~jdavidso/olcult.ppt>.

Davidson, M. W. et L. M. Range (1999), « Are teachers of children and young adolescents responsive to suicide prevention training modules ? », *Death Studies*, vol. 23, n° 1, p. 61-71.

Davies, I. (1999), « Evaluation and Performance Management in Government », *Evaluation*, vol. 5, n° 2, p. 150-159.

Davies, P. (2004), « Is Evidence-based government possible ? », communication au 4th Annual Campbell Collaboration Colloquium, Washington.

De Bernis, L. (2003), « La mortalité maternelle dans les pays en développement : quelles stratégies adopter ? », *Médecine Tropicale*, vol. 63, nos 4-5, p. 391-399.

De Leon, P. (1987), « Policy termination as a Political Phenomenon », dans Palumbo, D. J., *The Politics of Program Evaluation*, Sage Publications.

Denis, J. L. (2004), « Governance and Management of change in Canada's health System », dans Forest, P. G., G. P. Marchildon et T. McIntosh (dir.), *Romanow Papers*, vol. 2, University of Toronto Press.

Denis, J. L., J. Lomas et N. Stipich, (2008), « Creating receptor caspacity for research in the health care system ; The Executive training for research application (EXTRA) program in Canada » (éditorial), *Journal of Health Services Research and Policy* », vol. 13, n° 1, p. 1-7.

Denis, J.-L., P. Lehoux et F. Champagne (2004), « Knowledge Utilization on Fine-Tuning Dissemination and contextualizing Knowledge », dans Lemieux-Charles et Champage (2004), p. 41-69.

Denis, J.-L. *et. al.* (2002), « Explaining Diffusion Patterns for Complex Health Care Innovations », *Health Care Management Review*, vol. 27, n° 3, p. 60-73.

Denzin, N. K. et Y. S. Lincoln (1994), *Handbook of qualitative research*, Sage Publications.

Desnoyers, L. (1986), « VDT's and occupational health : Workers education », *Proceedings of the International Conference Work with Display Units*, Stockholm, p. 108-110.

Donaldson, L. (2001), « Reflections on Knowledge and Knowledge-Intensive Firms », *Human Relations,* vol. 54, nº 7, p. 955.

Doré, G. et R. Marceau (2006), « L'évaluation de programmes à la fonction publique québécoise : un profil de compétences requises », *Téléscope,* printemps-été, p. 19-30.

Drewett, A. (1997), « Evaluation and consultation : Learning the lessons of user involvement », *Evaluation, The International Journal of Theory, Research and Practice,* vol. 3, nº 2, p. 189-204.

DRS et DDSES-Kayes (2007), *Rapport d'activités 2006 Santé et Développement Social et Plan Opérationnel 2008 – Compilé Régional, Région de Kayes,* Direction régionale de la santé et Direction du développement social et de l'économie solidaire de Kayes.

Drummond, M. F. *et al.* (1998). *Méthodes d'évaluation économique des programmes de santé,* 2ᵉ éd., Paris, Economica.

Dryzek, J. S. (1990), *Discursive Democracy : Politics, Policy and Political Science,* Cambridge University Press.

Dubois, N. (1996), « Le locus of control », dans Deschamps, J.-C. et J.-L. Beauvois (dir.), *La psychologie sociale, t. II. Des attitudes aux attributions. Sur la construction de la réalité sociale,* Grenoble, Presses universitaires de Grenoble, p. 227-236.

Dumont, A. *et al.* (2006), *Enquête de faisabilité des audits de décès maternels au Sénégal : Rapport final.* Montréal, CHU Sainte-Justine.

Du Ranquet, M. (1991), *Les approches en service social,* Québec, Edisem.

Duran, P. (1996), « Les non-dits de l'évaluation », dans Timsit, G., A. Claisse et N. Belloubet-Frier (dir.), *Les administrations qui changent. Innovations techniques ou nouvelles logiques ?,* Paris, PUF, p. 161-186.

Duval, M. et A. Fontaine (2000), « Lorsque des pratiques différentes se heurtent : les relations entre les travailleurs de rue et les autres intervenants », *Nouvelles Pratiques Sociales,* vol. 13, nº 1, p. 49-67.

Earl, S., F. Carden et T. Smutylo (2002), *La cartographie des incidences : Intégrer l'apprentissage et la réflexion dans les programmes de développement,* Ottawa, CRDI.

Erikson, E. H. (1959), « Identity and the life cycle », *Psychological Issues,* vol. 1, p. 1-171.

Estralla, M. (dir.) (2004), *L'évaluation et le suivi participatifs : Apprendre du changement,* Paris, CRDI et Karthala.

Eyken, W. V., D. Goulden et M. Crossley (1995), « Evaluating educational reform in a small state : A case study of Belize, Central America », *Evaluation,* vol. 1, nº 1, p. 33-44.

Fafard, A., A. Bourassa et S. Veilleux (2000), *Portrait Jeunesse de la MRC de Bellechasse*, Régie régionale de la santé et des services sociaux de Chaudière-Appalaches.

Fetterman, D. M. (2000), *Foundations of Empowerment Evaluation*, Sage Publications.

— (2001), *Foundations of Empowerment Evaluation*, Sage Publications.

— (1996), « Empowerment evaluation : An introduction to theory and practice », dans D. M. Fetterman, S. J. Kaffarian et A. Wandersman (dir.), *Empowerment Evaluation Knowledge and Tools for Self-Assessment et Accountability*, Sage Publications.

Fetterman, D. M et A. Wandersman (2005), *Empowerment evaluation principles in practice*, Sage Publications.

Finne, H., M. Levin et T. Nilssen (1995), « Trailing research : A model for useful program evaluation », *Evaluation* », vol. 1, nº 1, p. 11-32.

Flay, B. R. *et al.* (2005), « Standards of Evidence : Criteria for Efficacy, Effectiveness and Dissemination », *Prevention Science*, vol. 6, nº 3, p. 151-175.

Fourez, G. (2003), *Apprivoiser l'épistémologie*, Bruxelles, De Boeck.

Fournier, P. et O. Ouattara, (2005), *Suivi-évaluation du système de référence-évacuation et des caisses de solidarité pour les urgences obstétricales de la Région de Kayes*, Rapports de mission de juin 2004 et mars 2005, Montréal, Unité de Santé Internationale/Université de Montréal.

Fournier, P. *et al.* (2006), *Système de référence-évacuation des urgences obstétricales de la Région de Kayes. Rapport de mission*, Montréal, Unité de Santé Internationale/Université de Montréal.

Frambach, R. T. et N. Schillewaert (2002), « Organizational innovation adoption : A multi-level framework of determinants and opportunities for future research », *Journal of Business Research*, vol. 55, p. 163-176.

Freire, P. (1983), *Pédagogie des opprimés*, Paris, La découverte-Maspéro.

Garant, L. (1992), *Les programmes de soutien familial. Une alternative au placement des jeunes ?*, Québec, ministère de la Santé et des Services sociaux.

Garraud, P. (1990), « Politiques nationales : Élaboration de l'agenda », *L'Année sociologique*, nº 40, p. 17-41.

Geertz, C. (1973), *The Interpretation of Cultures*, New York, Basic Books.

Gendron, S. (2001), *La pratique participative en santé publique : L'émergence d'un paradigme*, Montréal, Université de Montréal.

Gibbs, D. *et al.* (2002), « Increasing evaluation capacity within community-based HIV prevention programs », *Evaluation and Program Planning*, vol. 25, nº 3, p. 261-269.

Giordono, Y. (2003), *Conduire un projet de recherche : une perspective qualitative*, Paris, EMS.

Glaser, B. et A. L. Strauss (1967), *The Discovery of Grounded Theory: Strategies for Qualitative Research*, Chicago, Adline.

Glaser, B. G. (1978), *Theoretical sensitivity*, Mill Valley, Sociology Press.

Goetz, J. P. et M. D. LeCompte (1984), *Ethnography and Qualitative Design in Educational Research*, Londres, Academic Press.

Goggin, M. L. *et al.* (1990), *Implementation Theory and Practice: Toward a Third Generation*, Glenview, Scott Foresman/Little, Brown.

Golan, N. (1978), *Treatment in crisis situations*, New York, Free Press.

Gould, M. S. et R. A. Kramer (2001), « Youth suicide prevention », *Suicide and Life-Threatening Behavior*, vol. 31, p. 6-30.

Gouvernement du Québec (1991), *La protection sur mesure: Un projet collectif.* Rapport du groupe de travail sur l'application des mesures de protection de la jeunesse, Québec, ministère de la Santé et des Services sociaux, 256 p.

Gouvernement du Québec (1998), *Pour une stratégie de soutien du développement des enfants et des jeunes: Agissons en complices*, Québec, Ministère de la Santé et des Services sociaux.

Greene, J. C. (2006), « Toward a methodology of mixed methods social inquiry », *Research in the Schools*, vol. 13, n° 1, p. 93-98.

Greene, J. C., V. J. Caracelli et W. F. Graham (1989), « Toward a Conceptual Framework for Mixed-Method Evaluation Designs », *Educational Evaluation and Policy Analysis*, vol. 11, n° 3, p. 255-274.

Greenhalgh, T. *et al.* (2004), *How to spread good ideas: a systematic review of the literature on diffusion, dissemination and sustainability of innovations in health service delivery and organization*, Rapport au NCCSDO.

Grembowski, D. (2001), *The Practice of Health Program Evaluation*, Sage Publications.

Groleau, D., P. Pluye, et L. Nadeau (2007), « A mixed methods approach to the cultural understanding of distress and the non-use of mental health services », *Journal of Mental Health*, vol. 16, n° 6, p. 731-741.

Groleau, R. (1990), « L'habileté à résoudre des problèmes interpersonnels chez des garçons qui présentent des troubles de comportement », mémoire de maîtrise, Université de Montréal.

Guba, E. G. et Y. A. Lincoln (1987), « The countenances of fourth-generation evaluation: description, judgment and negociation », dans D. J. Palumbo (dir.), *The Politics of Program Evaluation* , n° 15, Sage Publications, p. 202-234.

Guba, E. G. et Y. S. Lincoln (1989), *Fourth Generation Evaluation*, Sage Publications.

Gutstein, S. E. (1987), « Family reconciliation as a response to adolescence crisis », *Family Process*, vol. 26, p. 475-491.

Gutstein, S. E. *et al.* (1988), « Systemic crisis intervention as a response to adolescent crisis : An outcome study », *Family Process*, vol. 27, p. 201-211.

Hacking, I. (1999), *The social construction of what?* Harvard University Press.

Hansen, M., N. Nohria et T. Tierney (1999), « What's your Strategy for Managing Knowledge ? », *Harvard Business Review*, mars-avril, p. 106-116.

Haw, C. et L. Andres (1998), *ASK-ASSESS-ACT : Suicide intervention training program for school personnel*, Vancouver, British Columbia Council for Families.

Hempel, C. G. (1965), *Aspects of Scientific Explanation and Other Essays in the Philosophy of Science*, New York, Free Press.

Henry, G. T. et M. M. Mark (2003), « Beyond Use : Understanding Evaluation's Influence on Attitudes and Actions », *American Journal of Evaluation*, vol. 24, nº 3, p. 293-314.

Hitt, M. A. *et al.* (2001), « Direct and moderating effects of human capital on strategy and performance in professional service firms : A resource-based perspective », *Academy of Management Journal*, vol. 44, nº 1, p. 13-28.

Hogwood B. W. et L. A. Gunn (1984), *Policy Analysis for the Real World*, Londres, Oxford University Press.

House, E. R. (1980), *Evaluating with Validity*, Sage Publications.

House, E. R. et K. R. Howe (2000), « Deliberative democratic evaluation », *New Directions for Evaluation*, vol. 85, numéro du printemps, p. 3-12.

Huberman, A. M., et M. B. Miles (1991), *Analyse des données qualitatives*, Bruxelles, De Boeck.

Hurtubise, R., M. Vatz Laaroussi et S. Dubuc (2000), *Jeunes de la rue et famille. Des productions sociales et des stratégies collectives au travers des mouvances du réseau*, Sherbrooke, Université de Sherbrooke.

INPES (2002), *Évaluer l'éducation pour la santé : Concepts et méthodes*, Paris, CFES, Comité régional d'Aquitaine d'éducation pour la santé, ENSP, Université Victor-Segalen Bordeaux 2.

INSPQ (2001), *Le portrait de santé. Le Québec et ses régions*, Québec, Institut national de santé publique du Québec.

International Organization for Cooperation in Evaluation (2006), « Creating and developing evaluation organizations : Lessons learned from Africa, Americas, Asia, Australasia and Europe », Lima, Centro de Estudios y Promoción del Desarrollo.

Jacob, S. (2005), « Réflexions autour d'une typologie des dispositifs institutionnels d'évaluation », *Canadian Journal of Program Evaluation*, vol. 20, nº 2, p. 49-68.

Jacob, S. (2006), « Trente ans d'évaluation de programme au Canada : L'institutionnalisation interne en quête de qualité », *Revue française d'administration publique*, nº 119, p. 515-532.

Jacob, S. (2007), « L'évaluation au cœur de la nouvelle gouvernance territoriale », dans S. Jacob, F. Varone et J.-L. Genard (dir.), *L'évaluation des politiques au niveau régional*, Bruxelles, Peter Lang, Coll., p. 179-197.

Jacobs, S. et F. Varone (2003), *Évaluer l'action publique : État des lieux et perspectives en Belgique*, Gent, Academia Press.

Jacot, H. *et al.* (dir.) (2007), *L'élu, l'expert et le citoyen : Vers un nouveau rôle des acteurs dans l'évaluation des politiques publiques*, Paris, L'Harmattan.

Jadad, A. R. *et al.* (1996), « Assessing the quality of reports of randomized clinical trials : Is blinding necessary ? », *Controlled Clinical Trials*, vol. 17, nº 1, p. 1.

James, P. D. (1989), *An Unsuitable Job for a Woman*, Londres, Penguin.

Janosz, M. *et al.* (2007), Rapport de validation du Questionnaire sur l'environnement socioéducatif des écoles primaires, Groupe de recherche sur les environnements scolaires, Université de Montréal, 155 pages.

Johnson, R. B., A. J. Onwuegbuzie et L. A. Turner (2007), « Toward a definition of mixed methods research », *Journal of Mixed Methods Research*, vol. 1, nº 2, p. 112-133.

Joint Committee on Standards for Educational Evaluation (JCSEE) (1981), *Standards for Evaluations of Educational Programs, Projects and Materials*, New York, McGraw-Hill.

Jones, C. O. (1970), *An Introduction to the Study of Public Policy*, Belmont, Duxbury Press.

Kallerud, E., et I. Ramberg (2002), « The order of discourse in surveys of public understanding of science », *Public Understanding of Science*, vol. 11, p. 213-224.

Katrak, P. *et al.* (2004), « A systematic review of the content of critical appraisal tools », *BMC Medical Research Methodology*, vol. 4, nº 22.

Kazi, M. A. F. (1996), « Single-case evaluation in the public sector using a combination of approaches », *Evaluation, The International Journal of Theory, Research and Practice*, vol. 2, nº 1, p. 85-97.

Kerlinger, F. N. (1972), *Foundations of Behavioral Research*, New York, Holt, Rinhart & Winston.

Khan, K. S. *et al.* (2006), « WHO systematic review of causes of maternal deaths », *Lancet*, vol. 367, p. 1066-1074.

Kincheloe J. L. et P. McLaren (2000), « Rethinking critical theory and qualitative research », dans N. K. Denzin et Y. S. Lincoln (dir.), *Handbook of Qualitative Research*, 2e éd., Sage Publications, p. 282.

Kingdon, J. W. (1984), *Agendas, Alternatives, and Public Policies*, Boston, Little Brown.

Kinney, J., D. Haapala et C. Booth (1991), *Keeping families together : The Homebuilders Model*, New York, Aldine de Gruyter.

Kinney, J., K. Dittmar et W. Firth, (1990), « Keeping Families Together: The Homebuilders Model », *Children Today*, vol. 19, p. 14-19.

Kirkpatrick, D. L. (1996), *Evaluating Training Programs. The Four Levels*, San Francisco, Berrett-Koehler Publishers.

Knoepfel, P., C. Larrue et F. Varone (2001), *Analyse et pilotage des politiques publiques*, Bâle, Helbing et Lichtenhahn.

Kovner, A. R. et T. G. Rundall (2006), « The Promise of Evidence-Based Management », *Frontiers of Heath Services Management*, vol. 22, n° 3, p. 3-22.

Krathwohl, D. R. (1982), Social and Behavioral Science Research: A Framework for Conceptualizing, Implementing and Evaluating Research Studies, San Francisco, Jossey-Bass.

Kuhn, T. (1983), *La structure des révolutions scientifiques*, Paris, Flammarion, trad. de *The Structure of Scientific Revolutions*, University of Chicago Press, 1962.

Lane, P. J. et M. Lubatkin (1998), « Relative absorptive capacity and interorganizational learning », *Strategic Management Journal*, vol. 19, n° 5, p. 461-477.

Lasswell, H. D. (1956), *The Decision Process: Seven Categories of Functional Analysis*, College Park, University of Maryland.

Last, J. M. (2004), *Dictionnaire d'épidémiologie*, Paris, Edisem / Maloine.

Latour, B. (1989), *La science en action. Introduction à la sociologie des sciences*, Paris, Gallimard.

Lavis, J. (2004), « A Political science perspective on evidence-based decision-making », dans Lemieux-Charles et Champagne (2004), p. 70-85.

Leclerc, J. (2001), *Gérer autrement l'administration publique: La gestion par résultats*, 2e éd., Sainte-Foy, Presses de l'Université du Québec.

LeCompte, M. D. et Preissle, J. (1993), *Ethnography and Qualitative Design in Educational Research*, San Diego, Academic Press.

Légaré, J. et A. Demers (dir.) (1993), *L'évaluation sociale: Savoirs, éthique, méthodes, Actes du 59e congrès de l'ACSALF*, Québec, Éditions du Méridien.

Lemieux, V. (1995), *L'étude des politiques publiques: Les acteurs et leur pouvoir*, Québec, Les Presses de l'Université Laval.

— (2002), *L'étude des politiques publiques, les acteurs et leur pouvoir*, 2e éd., Sainte-Foy, Les Presses de l'Université Laval.

— (2006), « Évaluation de programmes et analyse des politiques », *Téléscope: Revue d'analyse comparée en administration publique*, vol. 13, n° 1, p. 1-8.

Lemieux-Charles, L. et F. Champagne (dir.) (2004), *Using Knowledge and Evidence in health Care, Multidisciplinary Perspectives*, Toronto, University of Toronto Press.

Levin-Rosalis, M. (1998), « Are evaluation and research really the same thing? » *Megamot*, vol. 39, n° 3, p. 303-319 (en hébreu).

Levin-Rozalis, M. (1987), *The Process of Partially Evaluating the Change Caused by Intervention in a Community*, Thèse de maîtrise en sciences sociales, Université Ben-Gourion du Néguev (en hébreu).

Levin-Rozalis, M. (2000), « Abduction, a logical criterion for program evaluation », *Evaluation, The International Journal of Theory, Research and Practice*, vol. 6, n° 4, p. 411- 428.

Levin-Rozalis, M. et N. Bar-On (1994), *Diagnosis and Evaluation in Youth Village « Eshel-Hanasi »*, Internal report submitted to the youth village board, management and staff (en hébreu).

Leviton, L. C. (2003), « Evaluation Use : Advances, Challenges and Applications », *American Journal of Evaluation*, vol. 24, n° 4, p. 525-535.

Li, X. F. *et al.* (1996), « The post-partum period : the key to maternal mortality », *International Journal of Gynæcology and Obstetrics*, vol. 54, p. 1-10.

Lincoln, Y. S. et E. G. Guba (1986), « But is it rigorous ? Trustworthiness and authenticity in naturalistic evaluation », *New Directions for Program Evaluation*, juin, p. 73-81.

Lindblom, C. E. et D. K. Cohen (1979), *Usable Knowledge : Social Science and Social Problem Solving*, New Haven et Londres, Yale University Press.

Lindblom, C. E. (1979), « Still muddling, not yet through », *Public Administration Review*, vol. 39, n° 6, p. 517-525.

Lomas, J. *et al.* (2005), *Conceptualizing and Combining Evidence for Health System Guidance*, Rapport de la Canadian Health Services Research Foundation.

Maine, D. *et al.* (1997), *La conception et l'évaluation des programmes de prévention de la mortalité maternelle*, New York, Colombia University.

Manning-Kendrick, J. (1991), « Crisis intervention in child abuse : A family treatment approach », dans Roberts, A. R. (dir.), *Contemporary perspectives on crisis intervention and prevention*, Englewood Cliffs, Prentice Hall.

Mark, M. M., G. T. Henry et G. Julnes (2000), *Evaluation : An integrated framework for understanding, guiding, and improving policies and programs*, San Francisco, Jossey-Bass.

Mathison, S. (dir.) (2004), *Encyclopedia of Evaluation*, Sage Publications.

Mays, N., et C. Pope (2000), « Qualitative research in health care : Assessing quality in qualitative research », *British Medical Journal*, vol. 320, n° 7226, p. 50-52.

Mays, N., C. Pope et J. Popay (2005), « Systematically reviewing qualitative and quantitative evidence to inform management and policy-making in the health field », *Journal of Health Services Research and Policy*, vol. 10, n° 3, Suppl. 1, p. 6-20.

McDonald, B., P. Rogers et B. Kefford (2003), « Teaching People to Fish ? Building the Evaluation Capability of Public Sector Organizations », *Evaluation*, vol. 9, n° 1, p. 9-29.

Miles, M., et M. Huberman (1994), *Qualitative Data Analysis*, Sage Publications.

Milstein, B. et D. A. Cotton (2000), « Defining Concepts for the Presidential Strand on Building Evaluation Capacity », *American Evaluation Association*. En ligne : <www.eval.org/eval2000/public/presstrand.pdf>.

Ministère de l'Économie et des Finances du Mali (2002), *Politique Nationale de Population-Révision 1,* Bamako, ministère de l'Économie et des Finances.

Mintzberg, H. (1979), *The structuring of organizations : A synthesis of the research*, Englewood Cliffs, Prentice-Hall.

Moher, D. *et al.* (1999), « Assessing the quality of reports of randomised trials : Implications for the conduct of meta-analyses », *Health Technology Assessment*, vol. 3, n° 12, p. 1-108.

Monnier, E. (1992), *Évaluations de l'action des pouvoirs publics : Du projet au bilan*, Paris, Economica.

Moore, D., D. Gagnon et A. Perreault (1998), *Stratégie de travail de rue. Pertinence et recommandations*, Longueuil, Régie régionale de la santé et des services sociaux Montérégie, p. 37.

Mor, Y. (1992), *The Use of Grey Documentation in the Comprehensive Evaluation of a Broadly Aimed Social Program*, Paper presented at the International Expert Meeting on Information and Social Welfare Policy and Planning, novembre, Jérusalem.

Morgan, D. L. (2007), « Paradigms Lost and Pragmatism Regained : Methodological Implications of Combining Qualitative and Quantitative Methods », *Journal of Mixed Methods Research*, vol. 1, n° 1, p. 48-76.

Muchielli, A. (1994), *Les méthodes qualitatives*, Paris, Presses Universitaires de France.

Muller, P. (2003), *Les politiques publiques*, Paris, PUF.

Nachemias. D. et H. Nachemias (1982), *Research Methods in Social Sciences*, Tel-Aviv, Am-Oved (en hébreu).

Nahapiet, J. et S. Ghoshal, (1998), « Social capital, intellectual capital, and the organizational advantage », *Academy of Management review*, vol. 23, n° 2, p. 242-266.

Nelson, K. E. , M. J. Landsman et W. Deutelbaum (1990), « Three models of family-centered placement prevention services », *Child Welfare*, vol. 114, p. 1-21.

Nevis, C. E., A. J. Dibella et J. M. Gould (1995), « Understanding Organizations as Learning Systems », *Sloan Management Review*, vol. 36, n° 2, p. 73.

Nevo, D. (1989), *Useful Evaluation : Evaluating Educational and Social Projects*, Tel-Aviv, Massada (en hébreu).

Ninacs, W. A. (2002), « Types et processus d'empowerment dans les initiatives de développement économique communautaire au Québec », thèse de doctorat, Québec, École de service social, Université Laval.

Nonaka, I. (1994), « A dynamic theory of organizational knowledgde creation », *Organization science,* vol. 5, n° 1, p. 14-37.

Owen, M. J. et P. J. Rogers (1999), *Program Evaluation : Forms and Approaches*, Sage Publications.

Organisation mondiale de la santé (2008), Mortalité maternelle en 2005 : Estimations OMS, UNICEF, FNUAP et Banque mondiale, Genève, OMS.

Parazelli, M. (2002), *La rue attractive. Parcours et pratiques identitaires des jeunes de la rue*, Sainte-Foy, Presses de l'Université du Québec.

Patton, M. Q. (1978), *Utilization-Focused Evaluation,* Sage Publications.

— (1981), *Creative Evaluation*, Sage Publications.

— (1988a), « The evaluator's responsibility for utilization », *Evaluation Practice*, vol. 9, n° 2, p. 5-24.

— (1988b), « How primary is your identity as an evaluator ? », *Evaluation Practice*, vol. 9, n° 2, p. 87-92.

— (1994), « Developmental evaluation », *Evaluation Practice,* vol. 15, n° 3, p. 311-320.

— (1996), « A World Larger than Formative and Summative », *Evaluation Practice*, vol. 17, n° 2, p. 131-144.

— (1997), *Utilization-Focused Evaluation : The New Century Text,* 3e éd., Sage Publications.

— (1997b), « Implementation Evaluation : What happened in the program », dans *Utilization-focused evaluation*, p. 195-214.

— (1998), « Discovering Process Use », *Evaluation*, vol. 4, n° 2, p. 225-233.

— (2000), « Utilization-focused evaluation », dans Stufflebeam D. L., G. F. Madaus et T. Kellaghan (dir.), *Evaluation Models*, Boston, Kluwer.

— (2001), « Evaluation, Knowledge Management, Best Practices, and High Quality Lessons Learned », *American Journal of Evaluation*, vol. 22, n° 3, p. 329-336.

— (2002), *Qualitative research and evaluation methods*, Sage Publications.

Pawson, R. (1996), « Three steps to constructivist heaven », *Evaluation*, vol. 2, n° 2, p. 213-219.

— (2006), *Evidence-based Policy : A Realist Perspective,* Sage Publications.

Pawson, R. *et al.* (2005), « Realist review : A new method of systematic review designed for complex policy interventions », *Journal of Health Services Research and Policy,* vol. 10, n° 3, Suppl. 1, p. 21-34.

Pawson, R. et N. Tilley (1997), *Realistic Evaluation*, Sage Publications.

— (2005), « Realistic Evaluation », dans S. Mathison (dir.), *Encyclopedia of Evaluation*, Sage Publications, p. 362-637.

Paxton, A. *et al.* (2005), « The evidence for emergency obstetric care », *International Journal of Gynæcology and Obstetrics*, vol. 88, p. 181-193.

Peirce, C. S. (1960), *Collected Papers of Charles Sanders Peirce*, vol. 3-4, C. Hartshorne et P. Weiss (dir.), Cambridge, Belknap Press.

Péladeau, N. et C. Mercier (1993), « Approches qualitative et quantitative en évaluation de programmes », *Sociologie et Sociétés*, vol. 25, n° 2, p. 111-124.

Penrose, E. T. (1959), *The Theory of the Growth of the Firm*, Oxford, Blackwell.

Peres Y. et G. Yatsiv (1994), *Introduction to Research Methods in Behavioral Sciences*, 2ᵉ éd., Jérusalem, Academon Press (en hébreu).

Perret, B. (2001), *L'évaluation des politiques publiques*, Paris, La Découverte.

Pfeffer, J. et R. I. Sutton (1999), *The Knowing-Doing Gap : How Smart Companies Turn Knowledge into Action*, Cambridge, Harvard Business School Press.

Pierson, P. (2000), « Increasing returns, path dependence, and the study of politics », *American Political Science Review*, vol. 94, n° 2, p. 251-267.

Pineault, R. et C. Daveluy (1995), *La planification de la santé : Concepts, méthodes, stratégies*, Montréal, Agence d'Arc.

Pittman, F. S. (1987), *Turning points : Treating families in transition and crisis*, New York, W. W. Norton.

Plante, J. (1994), *Évaluation de programme*, Sainte-Foy, Les Presses de l'Université Laval.

Pluye, P. *et al.* (2005), « Program sustainability begins with the first events », *Evaluation and Program Planning*, vol. 28, n° 2, p. 123-137.

— (2007), *Mixed Studies Reviews in Health Sciences*, article présenté à la Mixed methods conference, Cambridge.

— (2009), « Understanding divergence of quantitative and qualitative data (or results) in mixed methods studies », *International Journal of Multiple Research Approaches*, vol. 3, n° 1.

Pluye, P., L. Potvin et J.-L. Denis (2004), « Making public health programs last. Conceptualizing sustainability », *Evaluation and Program Planning*, vol. 27, n° 2, p. 121-133.

Poland, B. D., E. Tupker et K. Breland (2002), « Involving street youth in peer harm reduction education. The challenges of evaluation », *Canadian Journal of Public Health*, vol. 93, n° 5, p. 344-348.

Polanyi, M. (1966), *The tacit dimension*, Londres, Routledge et Kegan Paul.

Popay, J., A. Rogers et G. Williams (1998), « Rationale and standards for the systematic review of qualitative literature in health services research », *Qualitative Health Research*, vol. 8, n° 3, p. 341-351.

Popper, K. R. (1959), *The Logic of Scientific Discovery*, Londres, Hutchinson and Co.

Posavac, E. J. et R. G. Carey (1992), *Program evaluation: Methods and case studies*, 2e éd., Englewood Cliffs, Prentice-Hall.

Preskill, H., B. Zuckerman et B. Matthews (2003), « An Exploratory Study of Process Use: Findings and Implications for Future Research », *American Journal of Evaluation*, vol. 24, nº 4, p. 423-442.

Pressman, J. L. et A. Wildavsky (1973), *Implementation*, Berkeley, University of California Press.

Projet Objectifs du Millénaire (2005), « Investir dans le développement: plan pratique pour réaliser les objectifs du Millénaire pour le développement », ONU.

Quinn J. B. (1992), *Intelligent Enterprise*, New York, Free Press.

Quinn, J. B., P. Anderson et S. Filkeilstein (1996), « Managing professional intellect: Making the most of the best », *Harvard Business Review*, vol. 74, nº 2, p. 71.

Rallis, S. et G. Rossman (2003), « Mixed methods in evaluation contexts: A pragmatic framework », dans A. Tashakkori et C. Teddlie (Éds.), *Handbook of mixed methods in social and behavioral research*, Sage Publications, p. 491-512.

Renzulli, J. S. (1975), *A Guidebook for Evaluation Programs for the Gifted and Talented*, Ventura, Office of the Ventura County Superintendent of Schools.

Ridde, V. (2005), « S'informer avant de réaliser pour la première fois une évaluation de programme en promotion de la santé », *Reviews of Health Promotion and Education Online*, <www.rhpeo.org/reviews/2005/30/index.htm>.

— (2006), « Suggestions d'amélioration d'un cadre conceptuel de l'évaluation participative », *Revue canadienne d'évaluation de programme*, vol. 21, nº 2, p. 1-23.

— (2006a), « Programmes communautaires et innovations méthodologiques: participation, accompagnement et empowerment », *Revue canadienne d'évaluation de programme*, vol. 21, nº 3, p. 133-136.

— (2006b), « Suggestions d'amélioration d'un cadre conceptuel de l'évaluation participative », *Revue canadienne d'évaluation de programme*, vol. 21, nº 2, p. 1-23.

Ridde, V., J. Pommier et F. Jabot (2009), « De l'évaluation des programmes à la réduction des inégalités sociales de santé », dans Potvin, L. *et al.* (dir.), *Inégalités sociales de santé: guide d'aide à l'action*, Montréal, INPES, coll. « Varia ».

Ridde, V. *et al.* (2003), « L'évaluation participative de type empowerment: une stratégie pour le travail de rue » *Service Social*, vol. 50, nº 1, p. 263-279.

— (2006), « Le Magicien du Temps: Approche participative axée sur le développement d'un projet et l'utilisation des résultats d'une évaluation », *Revue canadienne d'évaluation de programme*, vol. 21, nº 3, p. 235-255.

Ridde, V. et S. Sahibullah (2005), « Evaluation Capacity Building and Humanitarian Organization », *Journal of MultiDisciplinary Evaluation*, vol. 3, p. 78-112.

Ridde, V., P. Pluye et L. Queuille (2006), « Évaluer la pérennité des programmes de santé publique. Un outil et son application en Haïti », *Revue d'Épidémiologie et de Santé Publique*, vol. 54, nº 5, p. 421-431.

Ridde, V., T. Delormier et L. Gaudreau (2007), « Evaluation of Empowerment and Effectiveness : Universal Concepts ? », dans D. V. McQueen et C. M. Jones (dir.), *Global Perspectives on Health Promotion Effectiveness*, New York, Springer Science & Business Media, p. 389-403.

Roberts, A. R. (1990), « An overview of crisis theory and crisis intervention », dans A. R. Roberts (dir.), *Crisis Intervention handbook, Assessment, treatment and research*, Belmont, Wadsworth.

Roberts, A. R. (1991), « Conceptualizing crisis theory and the crisis intervention model », dans Roberts, A. R. (dir.), *Contemporary perspectives on crisis intervention and prevention*, Englewood Cliffs, Prentice Hall.

Rootman, I. *et al.* (2001), « A framework for health promotion evaluation », dans Rootman, I. *et al.* (dir.), *Evaluation in health promotion : principles and perspectives*, Coppenhague, WHO Regional office for Europe, p. 7-39.

Ronsmans, C., et W. J. Graham (2006), « Maternal mortality : who, when, where and when », *Lancet*, vol. 368, p. 1189–1200.

Rose, R. et P. L. Davies (1993), *Inheritance in Public Policy : Change without Choice in Britain*, Yale University Press.

Rossi, P. H. et H. E. Freeman (1982), *Evaluation : Systemic Approach*, Sage Publications.

Rossi, P. H. et J. D. Right (1984), « Evaluation research : An assessment », *Annual Review of Sociology*, nº 10, p. 331-352.

Rossi, P. H., M. W. Lipsey et H. E. Freeman (2004), « Assessing and Monitoring Program Process », dans *Evaluation : A Systematic Approach*, 7e éd., Thousand Oaks, Sage Publications, p. 169-199.

Rouge, J.-C. (2004), « The origin and development of the African evaluation guidelines », *New Directions for Evaluation*, nº 104, p. 55-66.

Rousseau, D. M. et S. McCarthy (2007), « Educating managers from an evidence-based perspective », *Academy of Management Learning and Education*, vol. 6, nº 1, p. 84-101.

Rycus, J. S. et R. C. Hughes (2000), *What is competency-based inservice training?* Colombus, Institute for Human Services.

Sabar, N. (1990), *Qualitative Research in Teaching and Learning*, Tel Aviv, Massada Press (en hébreu).

Sabatier, P. A. (1997), « The Status and Development of Policy Theory », *Policy Currents*, vol. 7, nº 4, p. 1-10.

Saint-Martin, D. (2004), « Managerialist advocate or "control freak" ? The Janus-faced Office of the Auditor General », *Canadian Public Administration*, vol. 47, nº 2, p. 121-140.

Saltman, R., R. Busse et E. Mossialis (dir.) (2002), *Regulating Entrepreneurial Behaviour in European Health Care Systems*, Buckhingham, Open University Press.

Sandelowski, M. (1993), « Rigor or rigor mortis : The problem of rigor in qualitative research revisited », *Advances in Nursing Science*, vol. 16, nº 2, p. 1-8.

Sandelowski, M., C. I. Voils et J. Barroso (2007), « Comparability work and the management of difference in research synthesis studies », *Social Science and Medicine*, vol. 64, nº 1, p. 236-247.

Sanderson, S., I. D. Tatt et J. P. T. Higgins (2007), « Tools for assessing quality and susceptibility to bias in observational studies in epidemiology : A systematic review and annotated bibliography », *International Journal of Epidemiology*, vol. 36, nº 3, p. 666-676.

Schneider, A. L. (1986), « Evaluation research and political science. An argument against the division of scholarly labor », *Policy Studies Review*, vol. 6, nº 2, p. 222-231.

Schorr, L. B. et D. Schorr (1988), *Within our Reach : Breaking the Cycle of Disadvantage*. New York, Anchor Books.

Schwandt, T. A. (2002), *Democratization, Globalization, and Performativity : Implications for Learning in and from Evaluation*, Discours d'ouverture prononcé au 5ᵉ Congrès biennal de l'European Evaluation Society, 12 octobre 2002, Séville, Espagne.

Scriven, M. (1967), « The methodology of evaluation », dans R. E. Stake (dir.), *Curriculum Evaluation*, AERA Monograph Series on Evaluation, Chicago, Rand McNally.

— (1983), « The evaluation taboo », *New Direction in Program Evaluation*, p. 75-82.

— (1991), « Beyond Formative and Summative Evaluation. », dans M. W. McLaughlin et D.C. Phillips (éds.), *Evaluation and Education : At Quarter Century*, 90th Yearbook of the National Society for the Study of Education, University of Chicago Press, p. 18-64.

— (1991), « Beyond Formative and Summative Evaluation », dans McLaughlin, M. W. et D. C. Phillips (dir.), *Evaluation and Education : At Quarter Century*, University of Chicago Press, p. 18-64.

— (1991a), *Evaluation Thesaurus*, 4ᵉ édition, Sage Publications.

— (1997), « Empowerment evaluation examined », *Evaluation Practice*, vol. 18, nº 2, p. 165-175.

Segsworth, R. V. (2002), « Evaluation in the twenty-first century : Two perspectives on the canadian experience », dans J.-E. Furubo *et al.*, (dir.), *International Atlas of Evaluation*, New Brunswick, Transaction Publishers, p. 175-189.

Segsworth, R. V. (2005), « Program evaluation in the governement of Canada : Plus ça change… », *The Canadian Journal of Program Evaluation*, vol. 29, n° 3, p. 175-197.

Shadish, W. R., T. D. Cook et D. T. Campbell (2002), *Experimental and Quasi-Experimental Designs for Generalized Causal Inference*, Boston, Houghton Mifflin Company.

Shaffer, D. *et al.* (2001), « Practice parameters for the assessment and treatment of children and adolescents with suicidal behaviour », *Journal of the American Academy of Child and Adolescent Psychiatry,* vol. 40, n° 7, p. 24-51.

Shaffer, D., et L. Craft (1999), « Methods of adolescent suicide prevention », *Journal of Clinical Psychiatry,* vol. 60 (suppl. 2), p. 70-74.

Shank, G. et D. J. Cunningham (1996), *Modelling the Six Modes of Peircean Abduction for Educational Purposes,* <www.cs.indiana.edu/event/maics96/Proceedings/shank.html>.

Sharp, L., et J. Frechtling (1997), « Introducing this handbook : The need for a handbook on designing and conducting mixed method evaluations », dans *User-Friendly Handbook for Mixed Method Evaluations*, Arlington, National Science Foundation, Directorate for Education and Human Resources.

Shaw, I., J. C. Greene et M. M. Mark (dir.) (2006), *The Sage Handbook of Evaluation*, Sage Publications.

Shulha, L. M. et J. B. Cousins (1997), « Evaluation Use : Theory, Research, and Practice Since 1986 », *Evaluation Practice*, vol. 18, n° 3, p. 195-208.

Simard, P. *et al.* (2002), *Le travail de rue à Rouyn-Noranda : une histoire de collaboration,* Rouyn-Noranda, Arrimage Jeunesse, Régie régionale de la santé et des services sociaux de l'Abitibi-Témiscamingue, 16 p.

Simard, P., J. Caron et J.-P. Marquis (2000), *Evaluation du programme « travail de rue » de Rouyn-Noranda : cartographie dynamique du jeu des acteur/trices,* Rouyn-Noranda, Régie régionale des services sociaux de l'Abitibi-Témiscamingue.

Simon, H. A. (1945), *Administrative Behavior,* New York, McMillan.

Slive, A. B. et N. McConkey-Radetzki (1989), « The utilisation of residential treatment as family crisis intervention », *Journal of Child Care,* vol. 3, p. 59-68.

Société canadienne d'évaluation (1999), *Série des compétences essentielles,* Ottawa, Société canadienne d'évaluation, <www.evaluationcanada.ca>.

Stake, R. E. (1969), « Language, rationality and assessment », dans H. W. Beaty (dir.), *Improving Educational Assessment and an Inventory of Measures of Affective Behavior,* Washington, Association of Supervision and Curriculum Development.

Stake, R. E. (2004), *Standards-Based and Responsive Evaluation*, Sage Publications.

Steele, W. et M. Raider (1991), *Working With Families in Crisis : School-Based Intervention*, New York, Guilford.

Stevahn, L. *et al.* (2005), « Establishing essential competencies for program evaluators », *American Journal of Evaluation,* vol. 26, n° 1, p. 43-59.

Stone, D. A. (1989), « Causal stories and the formation of policy agendas », *Political Science Quarterly,* vol. 104, n° 2, p. 281-300.

Strauss, A. (1987), *Qualitative Analysis for Social Scientists,* New York, Cambridge University Press.

Stuart, C., J. K. Waalen et E. Haelstromm (2003), « Many helping hearts : An evaluation of peer gatekeeper training in suicide risk assessment », *Death Studies,* vol. 27, p. 321-333.

Stufflebeam, D. L. (1971), « The CIPP model for program evaluation », dans G. E. Madaus, M. Scriven et D. L. Stufflebeam (dir.), *Evaluation Models : Viewpoints on Educational and Human Services Evaluation,* Boston, Kluwer-Nijhoff.

— (2001), « Evaluation models », *New Directions for Evaluation, n° 89,* San Francisco, Jossey-Bass.

Stufflebeam, D. L. *et al.* (1974), *Educational Evaluation and Decision Making,* 4e éd., Itaska, Illinois, F. E. Peacock Publishers.

Sugarman, S. et C. Mashester, (1985), « The family crisis intervention litterature : What is meant by "family" ? », *Journal of Marital and Family Therapy,* vol. 2, p. 167-177.

Tashakkori, A. et C. Teddlie (2003), *Handbook of mixed methods in social and behavioral research,* Sage Publications.

Teddlie, C., et A. Tashakkori (2003), « Major issues and controversies in the use of mixed methods in the social and behavioural sciences », dans A. Tashakkori et C. Teddlie (Éds.), *Handbook of mixed methods in social and behavioral research,* Sage Publications, p. 3-50.

Teece, D. J. (1981), « The Market for Know-How and the Efficient international Transfer of Technology », *Annals of the American Academy of Political and Social Science,* vol. 458, p. 81-96.

Thaddeus, S. et D. Maine (1994), « Too far to walk : maternal mortality in context », *Social Science* et *Medicine,* vol. 38, n° 8, p. 1091-1110.

Thonneau, P. *et al.* (2002), « Abortion and maternal mortality in Africa », *New England Journal of Medicine,* vol. 347, p. 24.

Tierney, R. J. (1988), *Comprehensive evaluation for suicide intervention training,* thèse de doctorat non publiée, Calgary, University of Calgary.

— (1994), « Suicide intervention training evaluation : A preliminary report », *Crisis,* vol. 15, n° 2, p. 69-76.

Tousignant, R. et D. Morissette (1990), *Les principes de la mesure et de l'évaluation des apprentissages,* 2e éd., Boucherville, Gaëtan Morin éditeur.

Tremblay, R. E. *et al.* (1992), « A prosocial scale for the preschool behaviour questionnaire : Concurrent and predictive correlates », *International Journal of Behavioral Development,* vol. 15, n° 2, p. 227-245.

Trochim, W. M. (1985), « Pattern matching, validity, and conceptualization in program evaluation », *Evaluation Review*, vol. 9, p. 575-604.

Trosa, S. (2003), *Le guide de la gestion par programme : Vers une culture du résultat*, Paris, Éditions d'Organisation.

Tucker, A. S. et J. V. Dempsey (1991), « A semiotic model for program evaluation », *The American Journal of Semiotics*, vol. 8, n° 4, p. 73-103.

Turner, J. H. (1986), *The Structure of Sociological Theory*, 4e éd., New York, Wadsworth.

Tyler, R. W. (1942), « General statements on evaluation », *Journal of Educational Research*, vol. 35, n° 7, p. 492-501.

— (1950), *Basic Principles of Curriculum and Instruction*, Chicago, University of Chicago Press.

Umana, R., S. J. Gross et M. T. McConville (1980), *Crisis in the Family : Three Approaches*, New York, Gardner Press.

Wallace, L. W. (1971), *Sociological Theory*, Londres, Heinmann Educational Books.

Walshe, K. et T. G. Rundall (2001), « Evidence-based management : From theory to practice in health care », *Milbank Quarterly*, vol. 79, n° 3, p. 429.

Weaver, L. et J. B. Cousins (2005), « Unpacking the participatory process », *Journal of Multidisciplinary Evaluation*, vol. 1, p. 19-40.

Weber, M. (1995), *Économie et société : Les catégories de la sociologie*, Paris, Plon.

Weiss, C. H. (1988a), « Evaluation for decisions : Is anybody there ? Does anybody care ? », *Evaluation Practice*, vol. 9, n° 1, p. 5-19.

— (1988b), « If program decisions hinged only on information : A response to Patton », *Evaluation Practice*, vol. 9, n° 3, p. 5-19.

— (1998), « Have We Learned Anything New About the Use of Evaluation ? » *American Journal of Evaluation*, vol. 19, n° 1, p. 21-33.

— (1996), *Theory Based Evaluation : Past, Present and Future*, Communication présentée au congrès annuel de l'American Evaluation Association, Atlanta, Californie.

— (1998), *Evaluation*, Prentice Hall.

Whitmore, E. et C. Mckee (2001), « Six street youth who could... », dans P. Reason et H. Bradbury, *Handbook of Action Research. Participative Inquiry and Practice*, Sage Publications, p. 396-402.

Wiener, R. L. *et al.* (1994), « Needs assessment. Combining qualitative interviews and concept mapping methodology », *Evaluation Review*, vol. 18, p. 227-240.

Wildavsky, A. (1979), *Speaking Truth to Power : The Art and Craft of Policy Analysis*, Boston, Little and Brown.

William, P. *et al.* (2001), « Knowing the Risks : Theory and Practice in Financial Market Trading », *Human Relations*, vol. 54, n° 7, p. 887-910.

Williams, B. (2001), « Building evaluation capability ». En ligne : <http ://users.actrix.co.nz/bobwill/>.

Wilson, H. S. et S. A. Hutchison. (1991), « Triangulation of qualitative methods : Heideggerian hermeneutics and grounded theory », *Qualitative Health Research*, vol. 1, p. 263.

Yin, R. K. (1994), *Case Study Research : Design and methods*, Sage Publications.

Zahra, S. A. et G. George (2002), « Absorptive Capacity : A Review, Reconceptualization, and Extension », *Academic Management Review,* vol. 27, n° 2, p. 185-203.

Zorzi, R., M. McGuire et B. Perrin (2002), « Projet de la société canadienne d'évaluation visant à appuyer la défense des intérêts et le perfectionnement professionnel », Toronto, Zorzi & Associates.

Table des matières

DEUXIÈME PARTIE

PRATIQUES ÉVALUATIVES

NOUVEAUTÉS PARAMÈTRES

L'aide canadienne au développement
Sous la direction de F. Audet, M.-E. Desrosiers et S. Roussel

L'évaluation : concepts et méthodes
Sous la direction de A. Brousselle, F. Champagne, A.-P. Contandriopoulos et Z. Hartz

Les inégalités sociales de santé au Québec
Sous la direction de K. Frohlich, M. De Koninck, A. Demers et P. Bernard

Le privé dans la santé
Les discours et les faits
(hors collection)
Sous la direction de F. Béland, A.-P. Contandriopoulos, A. Quesnel-Vallée et L. Robert

AUTRES TITRES DISPONIBLES DANS LA COLLECTION

Agrippine, Arthur et compagnie
Sous la direction de Mario Proulx, Nicole Cardinal et Lorraine Camerlain

L'aide canadienne au développement
Sous la direction de F. Audet, M.-E. Desrosiers et S. Roussel

Alimentation et vieillissement
Deuxième édition
Guylaine Ferland

Anatomie de la prison contemporaine
Deuxième édition
Marion Vacheret et Guy Lemire

L'aide canadienne au développement
Sous la dir. de François Audet, Marie-Eve Desrosiers et Stéphane Roussel

L'approche systémique en santé mentale
Deuxième édition
Sous la direction de Louis Landry Balas

L'art de soigner en soins palliatifs
Deuxième édition
Claudette Foucault, avec la collaboration de Suzanne Mongeau

L'autoformation : pour apprendre autrement
Nicole Anne Tremblay

Comprendre le suicide
Brian L. Mishara et Michel Tousignant

Constructions méconnues du français
Christine Tellier et Daniel Valois

La consultation en entreprise
Théories, stratégies, pratiques
Francine Roy

Culture mobile
Les nouvelles pratiques de communication
André H. Caron et Letizia Caronia

La démographie québécoise
Enjeux du XXIe siècle
Sous la direction de Victor Piché et Céline Le Bourdais

Les dictionnaires de la langue française au Québec
De la Nouvelle-France à aujourd'hui
Sous la direction de Monique C. Cormier et Jean-Claude Boulanger

Les dictionnaires Larousse
Genèse et évolution
Sous la direction de Monique C. Cormier et Aline Francoeur

Les dictionnaires Le Robert
Genèse et évolution
Sous la direction de Monique C. Cormier, Aline Francoeur et Jean-Claude Boulanger

Diversité et indépendance des médias
Sous la direction d'Isabelle Gusse

Drogue et criminalité
Une relation complexe
Deuxième édition
Serge Brochu

Éléments de logique contemporaine
Deuxième édition
François Lepage

Emploi et salaire
Jean-Michel Cousineau

L'entrepreneuriat féminin au Québec
Dix études de cas
Louise St-Cyr, Francine Richer, avec la collaboration de Nicole Beaudoin

L'éthique de la recherche
Guide pour le chercheur en sciences de la santé
Hubert Doucet

Éthique de l'information
Fondements et pratiques au Québec depuis 1960
Armande Saint-Jean

La face cachée de l'organisation
Groupes, cliques et clans
Luc Brunet et André Savoie

Faire dire
L'interview à la radio-télévision
Claude Sauvé
En collaboration avec Jacques Beauchesne

Le fédéralisme canadien contemporain
Fondements, traditions, institutions
sous la direction d'Alain-G. Gagnon

La gestion des ressources humaines dans les organisations publiques
Louise Lemire et Yves-C. Gagnon

La gestion environnementale et la norme ISO 14001
Corinne Gendron

Images et sociétés
Le progrès, les médias, la guerre
Catherine Saouter

Immigration et diversité à l'école
Le débat québécois dans une perspective comparative
Marie Mc Andrew

Les inégalités sociales de santé au Québec
Sous la dir. de K Frohlich, M. De Koninck, A. Demers et P. Bernard

L'interaction professionnelle
Efficacité et coopération
Yves St-Arnaud

Introduction à la métaphysique
Jean Grondin

Introduction à la politique africaine
Mamoudou Gazibo

Introduction à la victimologie
Jo-Anne Wemmers

Introduction aux littératures francophones. Afrique, Caraïbe, Maghreb
Sous la direction de
Christiane Ndiaye

Introduction aux relations internationales
Troisième édition
Diane Éthier et Marie-Joëlle Zahar

Le journalisme radiophonique
Dominique Payette, avec la collaboration de Anne-Marie Brunelle

Justice et démocratie
Christian Nadeau

Le leadership partagé
Edith Luc

Lexicologie et sémantique lexicale
Notions fondamentales
Nouvelle édition
Alain Polguère

Méthodes de planification en transport
Yves Nobert, Roch Ouellet et Régis Parent

Les meurtriers sexuels
Analyse comparative et nouvelles perspectives
Jean Proulx, Maurice Cusson, Eric Beauregard et Alexandre Nicole

Le modèle ludique
Le jeu, l'enfant avec déficience physique et l'ergothérapie
Troisième édition
Francine Ferland

Musique et modernité en France
Sous la direction de S. Caron, F. de Médicis et M. Duchesneau

Paysages en perspective
Sous la direction de P. Poullaouec-Gonidec, G. Domon et S. Paquette

La politique comparée
Fondements, enjeux et approches théoriques
Mamoudou Gazibo et Jane Jenson

La politique internationale et défense au Québec et au Canada
Kim R. Nossal, Stéphane Roussel et Stéphane Paquin

Pour comprendre le nationalisme au Québec et ailleurs
Denis Monière

Préparer la relève
Neuf études de cas sur l'entreprise au Québec
Louise Saint-Cyr et Francine Richer

La psychocriminologie
Apports psychanalytiques et applications cliniques
Dianne Casoni et Louis Brunet

La psychologie environnementale
Jean Morval

Publicités à la carte
Pour un choix stratégique des médias publicitaires
Jacques Dorion et Jean Dumas

La radio à l'ère de la convergence
En collaboration avec la chaîne culturelle de Radio-Canada

La religion dans la sphère publique
Sous la direction de Solange Lefebvre

Le régime monétaire canadien
Institutions, théories et politiques
Nouvelle édition
Bernard Élie

Savoir entreprendre
Douze modèles de réussite
Études de cas
Louis Jacques Filion

Séduire par les mots
Pour des communications publiques efficaces
Deuxième édition
Jean Dumas

La sociocriminologie
Stéphane Leman-Langlois

Statistiques
Concepts et applications
Robert R. Haccoun et Denis Cousineau

Le système politique américain
Quatrième édition
Sous la direction de Pierre Martin et Michel Fortmann

Téléréalité
Quand la réalité est un mensonge
Luc Dupont

Les temps du paysage
Sous la direction de Philippe Poullaouec-Gonidec, Sylvain Paquette et Gérald Domon

La terminologie : principes et techniques
Marie-Claude L'Homme

Traité de criminologie empirique
Sous la direction de Marc Le Blanc, Marc Ouimet et Denis Szabo

L'univers social des adolescents
Michel Claes

Violences au travail
Diagnostic et prévention
Sous la direction de François Courcy, André Savoie et Luc Brunet

Les visages de la police
Pratiques et perceptions
Jean-Paul Brodeur

Ce livre a été imprimé au Québec
en janvier 2009 sur du papier entièrement
recyclé sur les presses de Marquis Imprimeur.